비고츠키와 창의성

놀이, 의미 만들기,
예술에 대한 문화 · 역사적 접근

비고츠키와 창의성

놀이, 의미 만들기,
예술에 대한 문화 · 역사적 접근

캐스린 코너리 · 베라 존-스타이너 · 애나 마랴노비치-셰인 엮음
조현희 · 정영철 옮김

한국문화사

비고츠키와 창의성
놀이, 의미 만들기, 예술에 대한 문화 · 역사적 접근
VYGOTSKY AND CREATIVITY:
A Cultural-historical Approach to Play, Meaning Making, and the Arts

1판 1쇄 발행 2015년 1월 22일
1판 2쇄 발행 2023년 3월 3일

엮 은 이 캐스린 코너리 · 베라 존-스타이너 · 애나 마랴노비치-셰인
옮 긴 이 조현희 · 정영철
편 집 강인애
펴 낸 이 김진수
펴 낸 곳 **한국문화사**
등 록 제1994-9호
주 소 서울시 성동구 아차산로49, 404호(성수동1가, 서울숲코오롱디지털타워3차)
전 화 02-464-7708
팩 스 02-499-0846
이 메 일 hkm7708@daum.net
홈페이지 http://hph.co.kr

ISBN 978-89-6817-196-3 93370

엮은이 감사의 글

어떤 책이든 성공적인 창조를 위해서는 다양한 형태의 전문성과 재능 그리고 헌신이 필요하다. 우리는 이 작품을 탄생시키기 위해 우리의 춤에 합류하여 아주 중요한 재능을 나눈 여러 기고자에게 깊이 감사드린다. 친절하고 현명한 편집자인 그레그 굿맨, 피터 랭 출판사의 소피 아펠과 인내심 있는 제작진, 그리고 훌륭한 동료이자 친구인 발레리 클레멘트와 보니타 퍼거슨에게도 우리의 심심한 고마움을 전한다. 우리는 또한 마타 에바와 홀리 웨그너의 연구 보조비를 지원해준 이타카Ithaca 대학 교육학과에도 감사드린다. 힘든 여름학교 일정에도 불구하고 많은 도움을 준 이 두 대학원생에게 고마움을 전한다. 우리는 함께 일하면서 경험한 창의적 공동작업을 영감, 성장, 공감, 발달의 원천이라고 믿는다. 우리는 또한 우리의 사고를 다듬고 서로를 격려하고 용기를 주고 자신감과 신뢰를 키우면서 이 창의적 과정에 진정으로 몰두할 기회를 가질 수 있었던 점에 대해 감사한다.

옮긴이 서문

비고츠키의 이론은 그의 사후 몇십 년이 지난 후에 더욱 활발히 연구되고 있다. 특히 교육 관련 연구자들은 다양한 측면에서 비고츠키 이론의 의미를 재구성해오고 있는데, 아쉽게도 해외에 비해 국내의 교육계에서는 그에 대한 논의가 다소 피상적이고 제한적으로 이루어지고 있다. 따라서 역자들은 국내에서 비고츠키에 대한 이해를 넓히고, 현시대에 가장 필요하다고 인식되는 창의성과 관련하여 그의 이론이 어떻게 재해석되고 적용되고 있는가를 소개하고자 이 책을 번역하였다.

이 책에서 초점을 두는 창의성은 개인이 기존에 없는 무엇을 새로 창조하는 능력보다는 자신의 경험과 생각 그리고 그를 둘러싸고 있는 사회·문화·역사적 상황과의 상호작용을 통해 의미를 구성하고 발달시키는 과정에서 나온다. 각 장은 비고츠키의 이론적 시각에서 창의성이 학습자와 교수자 간 뿐만 아니라, 학습자 간 그리고 학습자와 사회·문화·역사적 환경과의 상호작용을 통해 어떻게 생성되고 발달되는지 보여준다.

이 책에 소개된 화가, 무용가, 음악가, 문학가, 교사 등 다양한 분야에서 창의성 계발을 위해 노력한 사람들의 공통점은 현재 자신이 알고 있는 세계에만 안주하지 않고 확실한 예측을 할 수 없는 낯선 세계로 계속 탐험을 했다는 점이다. 이것은 창의성 교육의 성공을 위해 매우 중요한 시사점을 제공해준다. 창의성 교육이 성공하기 위해서는 당연하게 받아들여지고 있는 근본적인 패러다임의 변화가 함께 이루어져야 한다. 즉 학습자가 구조화되고 표준화된 학습환경에 갇히지 않고 자신을 둘러싸고 있는 사회·문화·역사적 환경을 학습의 매개물로 이용할 수 있는 자유를 가질 때,

학습자가 자신의 정서적 체험을 학습과 통합시킬 수 있을 때, 그리고 학습자들의 대화가 끊이지 않는 공동체로서의 공간이 형성될 때 의미 있는 학습 활동이 일어날 수 있다.

역자들은 이 책을 번역하면서 비고츠키의 창의적 사고를 위한 환경이 우리 문화와 정신 속에 녹아 있다고 생각하였다. 우리의 전통문화에 내재되어 있는 협동과 공유에 대한 가치는 개인의 경험과 생각을 존중하면서 상호작용을 통한 공동체 형성을 중시하는 비고츠키의 이론과 연결된다. 이 책을 통해 창의성 계발에 대한 폭넓은 이해와 다양하고 구체적인 창의성 교육방법에 대한 논의가 교수자와 학부모, 그리고 교육 관계자들 사이에 활발히 이루어져서, 이 번역서가 우리의 창의적 잠재성을 발전시키는데 하나의 디딤돌이 되기를 바란다.

이 책을 번역하면서 각 전문 분야의 용어에 대해 조언을 해주신 여러 교수님께 감사드린다. 아울러 이 책을 번역할 수 있도록 기회를 주신 한국문화사의 김진수 사장님과 기획과 세심한 편집 및 교정 작업을 해주신 김태균 전무님과 강인애 편집자께도 감사드린다.

2014년 12월

옮긴이

차례

3부

창의적 표현, 학습, 발달의 연관성

| 1부 |

이론적 토대

· 1장 ·

뮤즈와 춤추기:

놀이, 의미 만들기, 창의성에 대한 문화 · 역사적 접근

베라 존-스타이너
M. 캐스린 코너리
애나 마랴노비치-셰인

바이올린 연주자의 활이 스치자 현들이 노래한다. 몸이 격렬한 북의 심장박동에 맞춰 움직이는 동안, 빛과 그림자가 비단의 강처럼 무대 위에 드리운다. 점토가 물레 위에서 원통형의 돔 모양으로 올라올 때, 해바라기가 캔버스 위에서 꽃망울을 터뜨린다. 우리는 재료를 천상의 것처럼 보이게 탈바꿈시키는 예술 능력에 오랫동안 매료되어 왔다. 아이로서 그리고 어른으로서, 우리는 모두 종이 위나 시 속에서, 또는 개인적인 삶과 전문적인 삶 속에서 행위를 통해 놀이하고 활동하고 꿈을 꾸도록 고취되어 왔다. 시간과 공간 그리고 정치와 종교의 영역에 걸쳐서, 우리는 집단적 필요에 의해 예술가와 관객으로서 하나가 되어 뮤즈와 춤을 춘다.

그런데 왜 예술은 인간 발달에 대해 연구하는 많은 학자에 의해 등한시되어 왔을까? 교육제도에 대한 이성주의적인 편견의 결과일까? 문식력과 수학의 발달이 연극, 음악, 혹은 그림에서의 향상보다 측정이 더 가능하고 쉽기 때문일까? 이 책에서 우리는 관계 형성뿐만 아니라, 사고와 감정, 놀이, 그리고 창의성이 하나의 통합체라고 주장한다. 이 통합체의 일부 요소가 분리되면 학습과 발달은 줄어들 것이다.

이 문제의 해답을 찾기 위하여 우리는 현재 활동하고 있는 예술가와 교육자들의 배경뿐만 아니라 비고츠키Vygotsky의 학문적 바탕을 이루는 배경을 가져오고자 한다. 러시아 심리학자인 비고츠키의 획기적인 아이디어들은 학습에 있어서 발달의 사회적 원천을 강조하고 컴퓨터와 같은 도구와 산물의 중심적인 역할을 강조하는 전문가들에게 점점 더 영향력을 미치고 있다. 비고츠키의 이론은 그 당시에 더욱 지배적이었던 접근법, 즉 발달을 특정한 역사적·문화적 환경과 관계없이 보편적으로 공유된 과정으로 보았던 구성주의자들(예를 들면, 피아제)의 이론과 선명하게 대조된다. 문화와 사회적 상호작용을 매우 중시하는 비고츠키 이론은 현대의 다문화 사회와 특별히 관련이 있고, 문식력과 개념 형성, 이중언어주의 연구에 효과적으로 적용되어 왔다. 역설적이게도 비고츠키의 첫 번째 저서가 예술에 관한 것이었음에도 불구하고, 그의 사고를 헌신적으로 연구하는 문화·역사적 학자들은 놀이와 의미 만들기 그리고 창의성을 분석하는 데 거의 관심을 두지 않았다.

우리는 놀이와 의미 만들기, 창의성에 대해 각자가 가지고 있는 관심을 연구하기 위해 비고츠키의 이론적 틀을 활용하여 이 책을 편집하였다. 우리는 이러한 탐구를 통해 다양한 분야에서 열정과 호기심을 공유하는 동료들을 만났다. 비고츠키 이론의 토대 위에서 이전의 소비에트 연방공화국과 미국, 그리고 그 밖의 여러 나라들에서 더욱 발전된 접근법인 문화·역사적 이론을 사용하여, 우리는 정신의 세계에서 일어나는 근본적인 과정들에 대해 분명한 대답을 얻고자 함께 노력하였다. 우리는 비공식적, 공식적, 정치적, 창의적인 노력을 통하여 이 책을 출간할 수 있었다.

이 서론의 목적은 세 가지이다. 첫째, 우리는 독자를 교사이자 연구자이고 학자이면서 창의적인 동료인 비고츠키에게 소개하려고 한다. 둘째, 우리는 문화·역사적 이론에 대해 광범위하게 연결된 이론들을 모은 책에서 아주 중요한 개념들을 요약함으로써 비고츠키의 아이디어에 대한 배경을 제공하고자 한다. 셋째, 우리는 예술에 대한 풍부한 이해를 제시하기 위해 비고츠키의 관점에서 놀이와 의미 만들기 그리고 창의성에 대해 논의하고자 한다.

L. S. 비고츠키: 창의적 활동의 삶

비고츠키는 1896년에 지금은 벨라루스의 한 부분인 러시아의 오르샤라는 작은 도시에서 태어났다. 이 어린 소년은 고멜에서 자랐으며, 수준 높은 교육을 받은 유대인 대가족의 일원이었다. 비고츠키는 청소년기가 될 때까지 철학과 역사를 포함한 많은 학문 분야에 강한 지적인 흥미를 발달시켰고, 시를 사랑하는 어머니를 닮아 시를 좋아했다. 그는 김나지움을 우수한 성적으로 마친 후에 모스크바 대학에 진학하여 법학을 공부하였다. 그는 법학을 공부하면서 역사와 철학에 대해서도 흥미가 있었는데, 샤야브스키 인민대학Shanjavsky People's University에서 이와 관련된 수업을 들으면서 자신의 지적 호기심을 보충했다. 그는 청소년이었을 때 셰익스피어의 『햄릿』을 분석하여 여러 편의 글을 썼는데, 이는 후에 박사학위 논문의 토대가 되었다. 이 기간에 그는 또한 언어학과 심리학에 대한 지식을 넓혔다. 비고츠키는 윌리엄 제임스와 지그문트 프로이트의 영향을 받았고, 생애 내내 유럽과 미국의 심리학 이론을 철저히 연구했다.

대학 공부를 마치고 비고츠키는 고멜로 돌아와 공립학교에서 교편을 잡았다. 그는 고멜의 문화적 삶에도 참여하였으며, 이 시기 동안 대부분

문학 평론을 출간하면서 교육 심리학에 흥미를 느끼기 시작했다. 그의 문학과 연극에 대한 관심은 그를 뛰어난 강연자로 명성을 날리도록 만들었다. 불행히도 고멜은 내전과 다른 군대들과 지역 반란자들의 공격으로 고통받고 있었는데, 그럼에도 불구하고 비고츠키는 고멜의 사범대학에서 가르치면서 그의 첫 번째 심리학 연구를 시작했다. 그 기간에 비고츠키의 가족이 결핵에 처음으로 걸렸고 그의 남동생이 결핵으로 사망하였다. 비고츠키도 남동생을 돌보는 동안 결핵을 앓았다. 1924년에 로자 스메크호바Roza Smekhova와 결혼한 후, 그는 원로 교수이자 심리학자인 알렉산더 루리아Alexander Luria의 초대를 받아 고멜을 떠나 모스크바로 갔다. 그가 루리아와 레온테프Leont'ev와 한 공동 연구는 나중에 아주 창의적인 시도라고 평가받았다.

비고츠키는 수도에서 한 때 실험 심리연구소에 관여했는데, 그는 그곳에서 "전문인으로서의 삶의 초기부터 인간에 대한 과학의 발전을 지켜보았으며, 이것을 자신의 대의명분으로서 아주 진지하게 생각했고 모든 에너지를 쏟아 부었다"(van der Veer & Valsiner, 1991). 그의 첫 번째 출간물은 이 책에서 캐스린 코너리Cathrene Connery가 설명한 『예술의 심리학』*The Psychology of Art*(Vygotsky, 1925/1971)이었다. 비고츠키는 계속해서 강연과 평론, 외국 작가들 작품의 서문을 포함하여 일 년에 15개의 글을 게재했다. 그의 두 번째 책은 『교육 심리학』*Educational Psychology*(1992)이며 영어로 출간되었다. 1920년대 말에 그의 관심사는 시각장애와 청각장애, 그리고 지능발달이 느린 아동들을 포함해 비정상적인 발달을 보이는 아동들에게로 확장되었다. 이 주제에 대한 간행물은 그의 전집 제2권에 수록되어 있다. 비고츠키의 이론적인 분석은 「심리학에서 위기의 역사적 의미」(1927)에 처음으로 요약되었으며, 그의 전집 제3권에서 영어로 처음 소개되었다.

비고츠키는 「아동 발달에서 도구와 상징」에서 처음 발전시킨 주제인 인간 활동이 인공물의 영향을 어떻게 받는지에 관해 점차 흥미를 느끼게 되었다. 이 원고는 마이클 콜Michael Cole, 베라 존-스타이너Vera John-Steiner, 실비아 스크리브너Sylvia Scribner, 엘런 소버만Ellen Souberman이 공동 편집한 『사회 속에서의 정신』*Mind in Society*(1978)의 제1부가 되었다. 비고츠키는 생애 내내 인간과학의 발달과 연구를 위해 변증법적 마르크스주의 접근법을 따랐다. 그의 저서 중 가장 널리 읽힌 것은 1962년에 영문판으로 처음 발행한 『사고와 언어』*Thought and Language*였는데, 그는 이 책에서 생각하기와 말하기의 상호관계에 초점을 두고 그의 문화·역사적 사상들을 집약하였다. 이 책은 수년에 걸쳐 영향력이 커짐에 따라 여러 번 출간되고 재편집되었다. 비고츠키의 아이디어는 그의 범상치 않은 학문과 매우 독창적인 생각 그리고 동료와 친구들과 상호 의존하며 일할 수 있는 능력에 의해 형성되었다. 비고츠키가 결핵으로 38세의 때 이른 나이에 죽음을 맞이한 후, 비고츠키의 연구를 세상의 독자들에게 알리려는 루리아의 확고한 노력이 없었다면 그의 업적은 사라졌을지도 모른다.

문화·역사적 이론의 기본 개념

비고츠키의 개념적 체계는 인간 심리학 이론에 풍부하고 독창적이며 실용적인 기여를 한다. 발달의 사회적 원천, 매개, 페레지바니예perezhivanie, 근접발달영역(ZPD) 그리고 방법론에 대한 그의 개념들은 개인과 사회를 변화시키는 발달에 대해 총괄적으로 기술한다. 다음의 논의에서는 놀이와 의미 만들기 그리고 창의성에 대한 문화·역사적 이해를 돕기 위해 이러한 개념들의 중요성을 조명한다.

발달의 사회적 원천

비고츠키의 다양한 글에 녹아있는 공통 주제는 심리학적 과정의 사회적 기원이다. 인간은 필연적으로 상호의존적이다. 우리는 유아일 때 생존과 배움을 위해 우리를 돌봐주는 사람들에게 의지한다. 어린아이들은 발달 과정에서 가족 구성원과 교사와 친구들에 의해 공유되고 전달되는 광대한 양의 경험에 의존한다. 비고츠키는 자주 인용되는 "유전 법칙genetic law"에서 어린이의 문화적 발달에서 모든 과정은 두 번씩 일어난다고 주장하면서 사회적 상호작용의 중요성을 강조했다. 즉, 사회적인 면에 관한 기능이 먼저 나타나고 그다음에 심리적인 면에 관한 기능이 나타나거나, 혹은 기능이 사람들 사이에서 먼저 나타나고 그다음으로 아이 내면에서 개인 내 정신적 intrapsychological 과정으로서 나타난다.

학습과 발달에 핵심적인 심리적 기능으로서의 상상력은 또한 사회적 상호작용 속에서 아동 발달의 문화·역사적 순간에도 형성된다. 비고츠키는 "상상력은 자유롭게 일어나는 것이 아니라, 마치 다른 사람의 지시에 따르는 것처럼 누군가의 경험에 의해 유도된다."고 썼다(Vygotsky, 1930/2004, p. 17). 이러한 방식으로 상상력은 "한 개인이 직접 경험하지 못한 것을 다른 사람의 말과 글을 통해서 개념화할 수 있고 보지 못한 것을 상상할 수 있기 때문에 경험을 확장하는 수단이 된다"(Vygotsky, 1930/2004, p. 17).

비고츠키의 발달에 관한 유전 법칙은 언어 발달과정에서도 관찰될 수 있다. 그는 언어는 의사소통과 인식의 수단으로 기능한다고 주장했다. 어린이들은 주변 환경에서 일어나는 발화를 전유하여 자신의 것으로 만든다. 이러한 대화적 상호작용의 내재화는 언어와 사고의 발달을 초래한다. 내재화 과정에서 어린이가 사용하는 기호학적 수단은 자신의 내적 언어inner speech와 언어적 사고의 토대가 된다.

비고츠키는 내적 언어의 응축된 본질에 대해 유명한 비유적 기술을 했는데, "사고는 말이라는 소나기를 흩뿌리는 구름에 비유될 수 있다…. 어떤 생각에 자동적으로 대응되는 말은 없으므로 말로부터 사고로의 전환은 의미를 통해 인도된다."(Vygotsky, 1987, p. 251)라고 하였다. 현대의 언어 습득 연구자들은 언어 학습과 언어 사용에서 상호 작용적 원천을 강조한다(Tomasello, 2008). 언어의 의사소통적 혹은 상호작용적 사용은 사실 상대방에 대한 상상에 많이 의지한다. 따라서 실제적인 학습이 일어나기 위해서는 다른 사람으로부터 배우는 것이 "상상력에 바탕을 둔 경험"이 되어야 하며 또한 그렇게 될 수 있다"(Vygotsky, 1930/2004, p. 17). 이를 위해, 캐리 롭먼Carrie Lobman은 이 책에 기고한 글에서 교사의 상상력이 얼마나 중요한가 보여준다.

매개

제임스 워치James Wertsch는 비고츠키의 이론에서 매개mediation의 중요한 역할에 대해 매우 면밀하게 분석했는데, 그는 다음과 같이 말하였다.

> 그의 관점에서 보면, 인간 의식의 특징은 도구, 특히 '심리적 도구' 혹은 '기호'라는 도구의 사용과 관련된다는 것이다. 우리는 사회적이고 물리적인 세계에서 직접적이고 매개되지 않은 방식 대신에 간접적인 방식이나 기호를 매개로 하여 세계와 접촉한다 …. 그것은 인간의 정신적 기능이 사회·역사적으로 기반을 두고 있는 특정한 문화적, 역사적, 제도적인 힘에서 나오는 매개 형식을 내면화하기 때문이다(Wertsch, 2007, p. 178).

이 인용에서 워치는 비고츠키 사상의 다른 중요한 측면을 강조한다. 즉 심리적 도구는 인간의 다양한 문화적이고 역사적인 환경 내에서 발달한다. 컴퓨터만 떠올려도, 우리가 기억하고 계획하고 글 쓰고 편집하는 과정들이 비교적 신기술의 인지적인 이 도구로 말미암아 얼마나 많이 변했는지 깨달을 수 있다.

문화· 역사적 전통을 따르는 대부분의 학자는 언어가 사고에 중요한 역할을 한다는 사실을 강조하면서도 상징체계와 다른 기호학적 도구에는 별로 관심을 보이지 않는다. 우리는 언어의 중요한 역할을 인정하면서도 존-스타이너(1995)가 "인지적 다원론cognitive pluralism"이라고 명명한 다원주의 이론을 더 선호한다. 이러한 다양한 기호학적 도구에는 수학적 상징체계, 지도, 예술적 묘사, 수화, 형상화 그리고 악보가 포함된다. 이러한 표현체계는 사회적 관례에 내포되어 있는데, "생태, 역사, 문화 그리고 가족 구성이 지식을 창조하는 과정에서 경험과 사건을 범주화하는 역할을 한다"는 점에서 그러하다(John-Steiner, 1995, p. 5).

이 책의 장들에서 저자들은 다양한 매개 도구에 관해 기술한다. 패트리샤 세인트 존Patricia St. John은 자신의 글에서 아동의 악기 놀이에 대해 기록한다. 피터 스마고린스키Peter Smagorinsky는 학생들의 가면 만들기와 글쓰기 활동에 미치는 영향에 관해서 기술한다. 캐스린 코너리Cathrene Connery는 회화에서 물리적 도구와 심리적 도구의 전유를 강조한다. 비고츠키가 강조했듯이, 매개 도구에 의존하는 것은 "**간단히 발명되는 것도 아니고 어른들로부터 전수되는 것도 아닌**" 하나의 발달 과정이다. "그것은 원래 기호 작용이 아닌 것에서 발생하며, 일련의 **질적인** 탈바꿈을 겪은 후에만 기호 작용이 된다"(Vygotsky, 1978, p. 46).

페레지바니예

비고츠키의 연구는 인지적 경향이 강하지만, 인간 발달과 의식에 관한 이론에서는 정의적 측면도 고려했다. 그중 하나가 페레지바니예perezhivanie인데, 이것은 "살아진 정서적 경험lived emotional experience"으로 번역된다. 어린이들과 어른들 사이의 사회적 상호작용은 이전 경험을 통해서 보는 시각으로 인지되고, 매개 수단은 각자의 독특한 방식으로 각 개인에 의해 전유되고 표현된다. 미셸 조스Michelle Zoss는 수업시간에 학생들에게 자신들의 경험을 인지하는 방법을 표현할 기회를 제공할 때 교수와 학습이 어떻게 더 풍부해지는가를 강조한다. 애나 마랴노비치-셰인Ana Marjanovic-Shane은 정서적 참여를 일으키는 경험을 생생하고 은유적으로 기술하면서, 놀이에서 신뢰적인 관계를 기반으로 할 때 상호작용과 가르치는 것이 어떻게 증진되는지 보여준다.

페레지바니예는 연극 감독인 스타니슬라프스키Stanislavsky가 배우들을 가르칠 때 사용하는 중요한 용어이다. 그는 배우들에게 새 역할을 준비할 때 이전의 경험에서 연관되거나 중요한 것을 되살리도록 했다. 비고츠키는 여기에서 영향을 받았고 정서적 경험에 관한 그 자신의 사고를 위해서 그 개념을 이용했다. 살아진 경험lived experience에 대한 자신의 생각을 전개한 논문인 「환경의 문제」는 최근에서야 영어로 출간되었다. 이제 이 개념에 익숙한 문화·역사적 이론 공동체에 속한 여러 학자는 육아와 교수 그리고 상대방과의 의사소통에서 페레지바니예의 중요한 역할을 인식하면서 그 용어를 점점 더 많이 언급한다. 베스 퍼홀트Beth Ferholt는 영화를 통해서 페레지바니예를 연구하는 새로운 독특한 방법을 소개한다.

경험의 정서적인 측면은 상상력에도 매우 중요하다. 비고츠키는 "모든 형태의 창의적인 상상은 정의적인 요소를 포함한다."라고 말하면서 이 점에 동의했다(Vygotsky, 1930/2004, p. 19). 비고츠키는 아동의 상상력과 창의성에 대해 탐구하면서 상상의 순환적 경로에 대해 자주 언급했다. 이것은 상상을 통해 살아진 경험으로부터 경험 요소들을 통합하고 재통합함으로써 이미지, 음악, 무용, 이야기와 같은 물질 형식의 예술 작품 속에서 상상력을 구체화하기까지의 과정을 일컫는다. 그에 따르면 그러한 순환 경로가 완성되려면 지적이고 정서적인 요인이 필수적이다(Vygotsky, 1930/2004,

p. 21). 배리 오렉Barry Oreck과 제시카 니콜Jessica Nicoll은 젊은 무용가들이 몸동작에 대한 개인적인 용어를 개발하면서 그들이 어떻게 이 경로에 참여하는가에 대해서 기술한다.

근접발달영역

비고츠키의 저서에서 가장 폭넓게 논의되는 개념은 근접발달영역ZPD(Zone of Proximal Development)인데, 그는 다음과 같이 주장했다: "학습의 중요한 특징은 그것이 근접발달영역을 창조한다는 것이다. 즉 학습은 아동이 그가 속한 환경 내에 있는 사람들과 상호작용할 때 그리고 그의 또래들과 협력할 때만이 일어나는 다양한 내면적인 발달 과정을 일깨우는 것이다. 일단 이러한 과정이 내면화되면 그것은 아동 발달에서 독립적인 성취의 한 부분이 된다"(Vygotsky, 1978, p. 90). 학습자가 독립적으로 과제를 해결할 수 있는 능력을 갖추기 이전 단계, 즉 타인의 도움을 받아서 과제를 수행하는 단계에서 이 개념을 중요시하는 것은 폭넓은 교육적 함의를 가지고 있다. 학습자들은 도움을 효율적으로 이용하는 정도에서 차이를 보이는데, 이러한 차이는 비고츠키의 주장에서 매우 중요하다. 근접발달영역을 완전히 이해하려면 그것이 교수 기술을 위한 단순한 처방이 아니라는 것을 인식해야 한다. 로이스 홀츠만Lois Holzman이 강조하는 것처럼, 근접발달영역은 발달의 사회적이고 개인적 측면을 완전히 통합하는 상호관계적 과정인데, 그 속에서 아직 성숙하지 않은 새로운 기능들이 실현된다.

현재의 연구자들은 이 개념을 확장하여 또래 중심의 상호 도움을 포함하였다. 이것은 "학습자의 행위와 사고 그리고 감정의 모든 면"(Wells, 1999, p. 331)과 협력적 파트너를 위한 공동의 근접발달영역(John-Steiner, 2000)을 포괄한다. 이같이 더 폭넓은 근접발달영역의 관점에서, 학자들은 새로운 생각들을 공동으로 구성한다는 것은 위험과 건설적인 비판을 나누고 안전지대를 함께 창조하는 것을 포함한다는 사실을 확인했다. 일시적이긴 하지만 파트너들은 상대방의 머릿속에서 살 수 있다. 그들은 자신들의 차이점과 배경지식, 학습 방식과 기질뿐만 아니라 서로의 상호관계도 활용한다. 만Mahn과 존-스타이너John-Steiner(2002, p. 52)는 "문학과 연극 그리고 과학과 같은 혁신적인 연구는 교수와 학습이 전 생애를 통해 일어나는 것처럼 지속적인 지원에 의해서 함양된다."고 했다. 작가와 문인 사회 간의 복잡한 관계는 셰이너 모란Seana Moran이 쓴 장에서 다루어진다.

비고츠키의 방법

비고츠키 저서의 중심 주제는 움직임이다. 그는 현상의 본질은 변화 과정 중에 드러난다고 주장하였고, 이 원칙을 따르면서 다음과 같이 썼다.

> 무엇인가를 역사적으로 연구한다는 것은 그것을 변화 과정에서 연구하는 것을 의미한다. 이것이 변증법적 방법의 기본적인 요구이기 때문이다. 주어진 사물의 발달 과정, 즉 탄생에서 죽음에 이르기까지의 모든 단계와 변화 과정을 연구에 포함한다는 것은 근본적으로 그것의 본질, 그것의 정수를 발견한다는 것을 의미한다. 왜냐하면 '한 실체는 움직임 속에서만 그것이 무엇인가를 보여주기 때문이다'(Vygotsky, 1978, pp. 64-65).

비고츠키는 실험자와 참여자가 상호작용함으로써 새로운 해결 과정이 촉발되는 상황을 만들었다. 예를 들면, 『사고와 언어』에서는 아동들이 그림을 그리려고 할 때 자신들에게 필요한 색깔이 부족한 상황이 기술되어 있는데, 이러한 설정은 과업 난이도에 대한 아동들의 반응을 연구하기 위해서 실험자가 고안한 것이다. 어린 예술가들은 "연필은 어디 있지? 난 파란 연필이 필요해. 괜찮아, 난 빨간 연필로 그려서 물로 적실 거야. 그러면 색깔이 어두워져서 파랗게 보일 거야."(1986, p. 30)라고 혼잣말하면서 그 문제를 해결하였다.

이 예는 비고츠키가 사적 혹은 자기중심적 발화의 역할을 논하면서 제시한 것이지만, 한편 심리적 발달 과정을 인위적으로 일깨우고 창조한다는 점에서 그의 "실험적·발달적 방법" 또한 설명해준다(1986, p. 61). 이런 실험적 방법의 또 다른 예들은 학습자가 수학 연산을 할 때 연구자나 교사나 부모가 수직선과 같은 심리적 도구를 제공하거나 개념 형성을 돕기 위해 낱말이나 과업 카드와 같은 기호를 제시할 때 일어난다. 이 방법의 발달적 측면은 시작에서부터 여러 변화를 거쳐서 능숙하게 될 때까지의 과정을 연구하는 데 초점을 맞춘다. 이에 관하여 비고츠키는 다음과 같이 썼다.

> 우리는 아동 발달을 복잡한 변증법적인 과정이라고 믿는다. 이 과정은 여러 가지 기능 발달의 주기성과 비일정함, 한 형태에서 다른 형태로의 탈바꿈 또는 질적인 변화, 내적이고 외적인 요인들의 얽힘, 그리고 아동이 겪게 되는 장애를 극복하는 적응 과정 등으로 특징지어진다(1978, p. 73).

놀이, 의미 만들기, 창의성에 대한 문화 · 역사적 관점

이 이론체계 내에서 우리는 놀이와 의미 만들기 그리고 창의성이 개인과 집단의 경험에서 뚜렷이 구별되면서도 상호의존적인 과정을 구성한다고 강조한다.

놀이

비고츠키(1933/1976)에 의하면, 놀이는 상상력이 상호작용적인 사회적 형태로 구체화된 것을 나타내는 역동적이며 복잡한 활동이다. 놀이는 복잡하고 상징적인 구성과 방식의 터득, 공동 규약, 감정의 자극과 통제, 집단 문화 지식의 산출을 요구하는 동시에 그러한 것들을 습득하도록 이끈다. 비고츠키(1933/1976, p. 537)는 "놀이는 아동의 취학 전 시기의 발달에 매우 중요한 원천이다."라고 언급했다. 유아기에 하는 놀이는 아동이 성장하면서 개인적인 욕망을 실현하게 해주는 동기로 나타난다. 이러한 욕망은 현실에서 성취될 수 없으므로 아동은 상상을 통해서 그것을 실현하고자 한다. 비고츠키는 놀이는 발달에서 상상력의 첫 번째 출현, 즉 상상력이 행동으로 나타나는 것이라고 보았다.

비고츠키는 다음 두 가지 중요한 특징을 바탕으로 놀이를 다른 활동들과 구별했다. 첫째, 어린이들은 놀이에서 상상적인 상황을 창조한다. 둘째, 놀이는 항상 규칙을 바탕으로 한다. 사실 비고츠키에게 상상적인 상황은 이미 행동 규칙을 내포하므로 "규칙 없는 놀이는 없다"(1933/1976, p. 541). 아동은 사회적 행동과 관계의 규칙을 탐색하면서 가상 놀이 속에서 만들어진 상상적인 상황에 대해 의미를 만듦으로써 성장한다. 비고츠키는 어린이들이 일상 속에서 실제 상황의 규칙을 준수하기 이전에 놀이 속의 규칙을 따를 수 있다는 것을 발견했다. 발달은 "상상적 차원에서만 생각할 수 있는" 상황에서 행동하는 능력을 요구하는데, 이는 두 가지 이유로 직접적인 현실과는 무관하다. 첫째, 학습이 일어나기 위해선 어린이들은 상황(혹은 사물)을 표면적으로 지각하는 것과 상관없이 그들의 의미와 느낌을 해석할 수 있어야만 한다. 다시 말해, 학습자들은 관련된 가치와 규칙 그리고 기대를 바탕으로 사건과 사물을 평가할 수 있어야 한다. 둘째, 상상된 의미와 규칙의 사용은 물리적 자극에 대한 즉각적 **반응**과 무관하게 의지와 자발적인 **행동**의 발달을 초래한다(1933/1976, p. 545-550). 비고츠키는 이러한 통찰력을 바탕으로 하여 "상상적 상황과 상상의 영역에서 하는 행동, 자발적인 의도의 창조, 그리고 실생활의 계획과 자발적인 동기의 형성, 이 모든 것이 놀이에서 나타나므로 놀이는 취학 전 발달의 최고 단계가 된다."(1933/1976, p. 552)라고 확언하면서,

놀이는 근접발달영역의 특별한 형태를 나타낸다고 주장했다. 놀이와 놀이의 발달적 의미에 관한 비고츠키의 연구는 전 세계 많은 연구자와 교육자들에게 영향을 끼쳤으며, 이 책의 마무리 장에서 강조되는 여러 프로그램의 혁신으로 이어졌다.

의미 만들기

놀이는 삶의 전반에서 의미 만들기나 기호현상을 표현하는 하나의 수단에 불과하다. 의미를 만든다는 것은 다양한 맥락과 행동규범 속에서 다른 사람들을 이해하는 지식을 쌓는 것이다(Vygotsky, 1986). 일반적으로 학습하기, 파악하기, 혹은 이해하기 등으로 언급되는 의미 만들기는 개인과 공동체 그리고 인류 구성원으로서 삶의 경험을 조직화하려는 우리의 필요에 의해 발전했다.

비고츠키는 의미가 사람의 머릿속에 존재하는 개념의 개인적 콜라주라고 여기지 않았다. 의미 만들기에 관한 그의 생각은 전통적으로 대립적이라고 여겼던 것을 하나로 결합했다는 점에서 신선하다. 예를 들어, 비고츠키는 사고의 형태를 분리된 별개의 기술로 나누는 대신, 의미 만들기를 상호의존적인 과정의 복잡한 종합으로 보았다. 그는 또한 정서와 사고를 동시에 발생하는 동등한 과정으로 함께 묶었다. 의미 만들기는 근접발달영역의 사회적인 관계 속에서 일어나지만, 의미는 페레지바니예의 개인적인 프리즘을 통해서 처리된다. 이와 유사하게, 아동이나 초보자가 의미 만들기 노력을 처음 시작할 때는 종종 그들의 내적이고 외적인 상태가 서로 뒤얽힌다. 역설적이게도 오늘날 학습자의 발달적 과제는 과거 세대로부터 물려받은 구체적이고 개념적인 도구의 발견과 재창조에 있다. 학습자는 이러한 문화적 도구의 전유와 적용을 통해 의미와 역사를 만드는 사람이자 중개인이 되는 것이다(Vygotsky, 1978, 1986).

의미 만들기는 근접발달영역 속에서 하는 의사소통으로부터 내용과 의미 모두를 얻는다. 근접발달영역은 다양한 형식과 방식으로, 의미를 만드는 사람과 학습 자원을 연결하는 가교역할을 한다. 사고와 기호를 함께 전유할 때 의미가 만들어지기 때문에 어린 아동과 초보자는 사고 공동체로 사회화된다고 할 수 있다. 태어나서 죽을 때까지, 점점 확장되는 영역에서 나오는 문화적 지식과 사회적인 관습은 상호 교환과 공동 활동 그리고 비계된scaffolded 경험을 통하여 내면화된다. 우리는 이런 방식으로 이해의 폭과 깊이를 점차 키워간다.

창의성

비고츠키의 발달이론 체계에서 과정으로서의 창의성은 아동의 놀이와 상상, 그리고 공상을 포함한다. 과정으로서의 창의성은 감정과 의미, 인지적 상징이 통합되는 변형적 활동이다. 그는 "실제에 대한 어떠한 정확한 인식도 어떤 상상적 요소 없이는, 즉 이 실제가 제시되는 즉각적이고 구체적이고 단독적인 인상들로부터 어느 정도 벗어나지 않고는 불가능하다…."(Vygotsky, 1987, p. 349)라고 강조하면서, 여러 세대에 걸쳐서 지속적인 영향을 미치는 창의적 유물이나 산물을 만드는 것뿐만 아니라 매일매일의 또는 일상의 창의적인 활동에도 초점을 맞추었다.

유아의 놀이는 창의적 과정에 매우 기본적인 '새로운 것을 구성하는' 발단을 제공하지만, 비고츠키는 또한 청소년기에 더욱 강력하게 나타나는 욕망에 이끌린 공상의 중요성을 강조했다. 청소년기는 젊은이들이 더욱 반성적이고 비판적이 되어서 공상과 인지작용을 결합하는 시기이기도 하다. 그러한 연결성은 예술의 다양한 형식과 과학의 다양한 탐구 양식을 추구하는 것을 포함하여 지속적인 탐구의 기본이 된다. 청소년기의 사회적 과정과 개인적 과정 사이에서의 긴장은, 대개는 모방적이지만 미래의 더욱 독창적인 방향을 위한 원천을 제공하는 일들을 시작하면서 새로운 방식으로 해결된다. 창의적인 아동이 어려운 결정을 할 때, 가족과 교사와 친구들로부터 정서적 지지를 받는 것이 매우 중요하다. 아동이 처음 독립적으로 일할 때는 견습기간 동안 습득한 예술적 지식을 변형시키는 일에 몰두하기 때문이다.

『정신의 공책』*Notebooks of the Mind*에서 존-스타이너(1985)는 작곡가들의 회상을 바탕으로 다음과 같이 썼다. 이고르 스트라빈스키는 젊을 때 러시아 작곡가 림스키-코르사코프에게서 수학하였다. "나는 내 작품을 일주일에 한 번씩 그에게 보여주었고, 그는 나에게 필요한 모든 설명을 해주면서 그것을 비판하고 수정해주었다. 그리고 동시에 나에게 고전작품들의 형태와 구조를 분석하도록 했다. 일 년 반이 지난 후 나는 교향곡 작곡을 시작했다. 한 악장의 일부를 끝내는 즉시 그에게 그것을 보여주곤 했는데, 이는 기악 편성법을 포함한 내 작품 전체가 그의 통제하에 있도록 하기 위해서였다"(1985, p. 147). 이 구절에서 스트라빈스키는 작곡가가 된다는 것이 그의 스승과 근접발달영역의 실천과 어떤 깊은 관계가 있는지에 대한 예를 보여준다. 스트라빈스키가 "통제"라는 용어를 사용하기는 하지만, 이 지문은 숙달의 경지에 이른 후에 혁신으로 옮겨 가는 과정에서 작용하는 비계scaffolding의 힘을 보여준다.

비고츠키는 초기에 쓴 『예술의 심리학』에서, 예술은 "열정의 효과를 소개하고, 내적 평정을 깨뜨리며, 의지를 새로운 의미로 변화시키고, 감정과 정서, 열정, 악을 일깨우는데, 이러한 요소가 없으면 사회가 무기력하고 감정이 없는 상태가 될 것이다."(1925/1971, p. 249)라고 했다. 전통적으로 창의성은 개인적인 과정, 즉 성향, 재능, 견습기간 그리고 일반적인 경향에 대한 인식의 결과로서 연구되어 왔다. 비고츠키는 이와 대조적으로 창의성을 개인과 그를 둘러싸고 있는 세계의 변증법적인 관계에서 바라보았다. 아동기의 상상력과 창의성에 관한 에세이 중 하나에서 비고츠키는 "모든 발명가는, 심지어 천재도, 항상 그의 시대와 환경의 결과물이다. 그의 창의성은 이전에 창조된 필요성으로부터 나오며, 자신의 밖에 존재하는 가능성에 달려 있다."(van der Veer & Valsiner, 1991, p. xi에서 인용)라고 썼다. 이 주제는 이 책의 세 부분에 스며들어 있다. "이론적 토대"라는 제목이 붙은 제1부는 놀이, 의미 만들기, 창의성에 대한 사회·문화적 접근을 자세히 설명한다. 제2부인 "예술적 표현 영역"은 비고츠키의 업적이 문학과 춤 그리고 시각 예술에서 어떻게 실행되었는지 기술한다. "창의적 표현, 학습, 발달의 연관성"이라는 제3부이자 결론은 보다 나은 인간 성장과 이해를 고양하기 위하여 교육실천에서 놀이와 상상, 예술의 원리들을 어떻게 구현할 것인지에 대해서 자세히 설명한다.

창의성을 사회적 삶의 일부로서 바라보는 관점은 다음 장들에서 다양한 방식으로 제시된다. 어떤 저자들은 무용가와 안무가의 협력 활동으로서 즉흥 무용하기에 초점을 맞춘다. 다른 학자들은 즉흥적 활동을 교사와 연구자 그리고 학생들 사이의 협력 작업으로 본다. 예술과 과학에서 인간의 지식 영역을 엄청나게 변화시키는 변형적 창의성과 매일 또는 "일상의" 창의성 사이의 전통적인 이분법은 그러한 협력을 기반으로 하는 활동에서는 구분이 약화된다. 창의성에 관한 문헌에서는 흔히 소문자 "c", 즉 새로운 해결책이나 우리가 일상생활에서 고안한 접근법들과 창의적인 개인들이 평생 인간 유산의 발전을 추구하면서 깊이 전념한 결과인 대문자 "C"를 구분한다. 비고츠키의 관점에서 "창의성은 위대한 역사적 업적을 창조하는 곳뿐만 아니라 인간의 상상력이 새로운 것을 결합하고 변화시키고 창조하는 곳이면 어디에나 존재한다"(Vygotsky, 1988, p. 90). 즉흥적 활동은 과제에 대한 넓은 안목과 열정 속에서 과거의 일에 토대를 둔 발전이라는 항구적인 원칙과 연결되지 않으면 순간적인 것으로 그친다. 비고츠키는 아동과 청소년에게 초점을 맞추며 새로운 것의 구성을 가져오는 발달 과정을 강조했다. 놀이, 공상, 개념의 이해 그리고 창의적인 상상력은 모두 인간 삶을 가능하게 하는 문화적이고 사회적인 과정에 스며들어 있다. 그는 『예술의 심리학』에서 처음으로 창의적인 작업은 매우 사회적이라는 중요한 원리를 공식화하였다.

> 예술은 우리 안의 사회적인 것이다. 예술 행위가 한 개인에 의해 수행된다 할지라도 그것의 본질이 사적이라는 것을 의미하지는 않는다…. 예술은 감정의 사회적 기술, 즉 우리 존재의 가장 내적이고도 개인적인 면을 사회적인 삶의 장으로 불러오는 사회의 도구이다…. 우리 개개인이 예술 작품을 경험할 때 감정이 사적으로 된다고 하는 것이 더 정확할 것이다. 즉, 감정은 사회적이 되는 것을 그치지 않으면서 사적인 것이 된다… (Vygotsky, 1925/1971, p. 249).

이 책에서 기고자들은 이러한 문화·역사적인 이론의 틀을 확장하면서 창의성이 여러 가지 측면에서 학습, 교수, 발견 그리고 변형적 변화와 어떻게 얽혀 있는가를 보여준다.

참고문헌

John-Steiner, V. (1985). *Notebooks of the mind: Explorations of thinking* (1st ed.). Albuquerque: University of New Mexico Press.

John-Steiner, V. (1995). Cognitive pluralism: A sociocultural approach. *Mind, Culture and Activity, 2*, 2-11.

John-Steiner, V. (2000). *Creative collaboration.* Oxford UK; New York: Oxford University Press.

Mahn, H., & John-Steiner, V. (2002). The gift of confidence: A Vygotskian view of emotions. In C. G. Wells & G. Claxton (Eds.), *Learning for life in the*

21st century (pp. 46-58). Oxford, UK: Blackwell.

Tomasello, M. (2008). *Origins of human communication.* Cambridge, MA: MIT Press.

Van der Veer, R., & Valsiner, J. (1991). *Understanding Vygotsky: A quest for synthesis.* Oxford, UK; Cambridge, MA: Blackwell.

Vygotsky, L. S. (1925/1971). *The psychology of art.* Cambridge, MA: MIT Press.

Vygotsky, L. S. (1927/1997). The historical meaning of the crisis in psychology: A methodological investigation. In R. W. Rieber & J. Wollock (Eds.), *The collected works of L. S. Vygotsky* (Vol. 3, pp. 233-343). New York: Plenum Press.

Vygotsky, L. S. (1930/2004). Imagination and creativity in childhood. *Journal of Russian and Eastern European Psychology, 42*(1), 7-97.

Vygotsky, L. S. (1933/1976). Play and its role in the mental development of the child. In J. S. Bruner, A. Jolly, & K. Sylva (Eds.), *Play-Its role in development and evolution* (pp. 537-554). New York: Penguin Books Ltd.

Vygotsky, L. S. (1934/1986). *Thought and language* (A. Kozulin, Trans. rev. ed.). Cambridge, MA: MIT Press.

Vygotsky, L. S. (1962). *Thought and language.* Cambridge, MA: MIT Press.

Vygotsky, L. S. (1978). *Mind in society: The development of higher psychological processes.* Cambridge, MA: Harvard University Press.

Vygotsky, L. S. (1987). Imagination and is development in childhood (N. Minick, Trans.). In R. W. Rieber & A. S. Carton (Eds.), *The collected works of L.S. Vygotsky* (Vol. 1, pp. 339-350). New York: Plenum Press.

Vygotsky, L. S. (1990). Imagination and creativity in childhood. Soviet Psychology, *28*(10), 84-96.

Wells, C. G. (1999). *Dialogic inquiry: Towards a sociocultural practice and theory of education.* Cambridge, UK; New York: Cambridge University Press.

Wertsch, J. V. (2007). Mediation. In H. Daniels, M. Cole, & J. V. Wertsch (Eds.), *The Cambridge Companion to Vygotsky* (pp. 178-192). New York: Cambridge University Press.

• 2장 •

비고츠키 예술 심리학의 역사적 의의

M. 캐스린 코너리

예술이란 무엇인가? 예술가와 관객 그리고 창조적인 대상 또는 사건은 서로 어떤 관계인가? 개인과 집단의 삶에서 예술의 기능과 가치는 무엇인가? 젊은 학자로서 비고츠키는 이런 근본적인 질문에 대한 답을 신중히 생각했다. 그의 가정생활과 교육은 문학과 연극 그리고 그림을 위한 열정으로 가득 찼다. 비고츠키는 열아홉에서 스물다섯 살이 되는 시기에 그러한 질문들에 대한 일련의 예비적이지만 심오한 답을 발전시켰다. 그가 스물아홉 살이 되었을 때 그의 초기 분석은 박사학위 논문과 첫 번째 주요 작품인 『예술의 심리학』(1925)에 포함되었다.

이 책은 정서와 창의성이 비고츠키 사고의 초석이라고 밝히는데, 이 주제는 그의 삶 내내 간헐적으로 나다니곤 하였다. 실제로 그는 미학과 역사 그리고 인간의 창조성에 대한 비평 연구를 통하여 기존의 접근법을 변형시켜 지성과 감성, 사고와 기호, 개인과 사회를 변증법적으로 통합하는 분석방법을 발전시켰다.

몇몇 비평가들은 『예술의 심리학』을 미숙한 학문의 산물로 여기지만,

이 독창적인 연구는 창의적 과정에 대한 비고츠키의 형성적 관점을 엿볼 수 있는 창을 제공해주며, 현대 이론가와 연구자 그리고 실천가들이 더욱 정교한 이론을 발전시킬 수 있는 기본 개념을 제공했다. 이 목적을 위하여 이 장은 예술가와 관객 그리고 창의적 산물 사이의 삼자적 관계에 대한 그의 관점뿐만 아니라 그의 형성적 연구의 역사적인 중요성을 강조한다. 이 장은 또한 예술의 변형적 가치뿐만 아니라 창의적 과정과 미적 반응을 통한 카타르시스의 경험인 예술의 정신생물학적 기원에 대한 그의 생각도 보여준다.

비고츠키의 박사학위 논문은 프로이트 이론, 독일 이상주의 철학, 분트의 심리학 그리고 러시아 형식주의 미학에 걸친 세심한 비평을 포함하고 있다. 비고츠키는 전통적으로 서로 대립적이었던 미학의 개인적이고 집단적 흐름을 독창적으로 통합하면서 그 시대의 이데올로기들을 의도적으로 파괴하고 비판했다. 학자들은 이전에는 예술의 심리적이고 사회적인 차원을 밧줄의 양 끝인 것처럼 보았다. 비고츠키는 이것을 나란히 두고 양끝을 원처럼 이음으로써 이 두 개념 사이에 새로운 철학 체계를 창조하는 변증법적 관계가 있음을 지적하였다. 비고츠키가 변증법을 연구방법론으로 적용한 것은 그의 연구를 동시대의 다른 연구와 구별 짓는다.

게다가 비고츠키는 창의적 산물의 전수가 그 산물의 핵심적 기능이라고 보는 이전의 생각을 일축했다. 『예술의 심리학』은 학문적인 전통을 거부하면서 정서를 창조적 과정의 중심에 두었다. 아래에 잘 나타나 있듯이, 그의 카타르시스 이론과 단순한 이분법에 대한 반론은 여전히 동시대 학자들에게 모델이 되고 있는 그의 후기 연구에서 그가 더욱 완전한 이론을 확립하도록 하는 동기를 부여했다. 비고츠키의 접근은 정서에 기반을 둔 문화·역사적 실행으로서의 학습과 의미 만들기 그리고 의사소통과 같은 심리적 과정을 다시 생각하도록 하였다. 『예술의 심리학』에서 비고츠키는 이러한 과정들을 생산적으로 통합하고 역사적이고 문화적으로 이러한 과정들이 어떻게 발전하고 변화하였는가를 완전히 기술했을 뿐만 아니라 후기 연구에서 더욱 완전히 확립된 이론을 정립하기 위해 매진하였다.

예술가, 청중, 예술 작품 사이의 삼자 관계

예술가는 누구인가? 고독한 장소에서 홀로 작업하는 유리된 개인에 대한 서구적 관념과는 대조적으로 비고츠키는 예술가를 다른 공동체 구성원들과 함께 창조의 인지적·정의적 과정에 집단적으로 관여하는 사회적 존재로 보았다. 예술가는 창의적 과정 중에 문화·역사적 규범에 내재된 이데올로기를 포함하여 그가 선택한 장르의 유산을 전유한다. 이 창의적 유산은 예술가의 독특한 문제해결 과정과 상호작용하여 그의 심리적 과정에 영향을 주는 생산력과 경제적 조건 그리고 사회정치적 변항들에 의해 더욱 변형된다.

청중은 누구인가? 비고츠키는 미적 결과를 경험하고 창의적 산물에 대해 새로운 이해를 획득한 사람들을 관중, 관객, 독자라고 했다. 개인 또는 집단은 상징적 연관성을 통해 새로운 지식을 구성하는데, 창의적 산물이 경험되는 **이차적** 문화 맥락뿐만 아니라 그 산물이 구상되고 구성되는 **일차적** 문화집단에서도 이를 구성한다. 비고츠키는 미적 반응을 개인 내적인 intra-personal 동시에 개인 간의inter-personal 과정으로 보았다. 그는 관중과 독자, 관객을 활동적이고 역동적인 것으로 묘사하였다.

창의적 산물은 무엇인가? 비고츠키에 의하면, 창의적 산물은 분리된 생각 또는 물리적 형태에 부여된 대상이 아니라 오히려 창의적 산물 또는 사건이 완전히 실현되기 이전에 존재하는 원래의 요소를 포함한다. 그는 예술가의 실제 작품은 그 결과로 생긴 인공산물 혹은 사건뿐만 아니라 화가, 무용가, 플루트 연주자 또는 시인의 인지적·정의적 과정까지 포함한다고 주장했다. 그 젊은 학자는 추상적이고 구체적인 요소들을 산물 그 자체에 내재하는 변증법적 방식으로 바라보았다. 다시 말해서 예술가는 창의적인 산물 혹은 사건에 의미를 불어넣으며 그 결과 내용의 물리적이고 심리적인 통합이 일어난다.

내용은 형식을 통해 비유적 유사함을 띠거나 상징적으로 나타난다. 그 젊은 철학자는 형식을 정적인 모양이나 글자, 나무, 점토 혹은 등장인물에 부과된 인상으로 보지 않았다. 대신에 형식은 작품 그 자체에 내재하는 예술가의 작업(인지적 · 정서적 과정)과 내용(추상적이고 물질적 특징) 사이의 상승적인 상호작용의 결과이다. 이런 방식으로 비고츠키는 형식을 행위 혹은 **동사**, 즉 "구체적인 미적 효과를 생성할 목적으로 주어진 재료를 예술적으로 배열하는 것"(p. 53)이라고 언급하였다.

흥미롭게도 비고츠키는 예술적 산물과 예술 그 자체를 구별했다. 비고츠키는 언어, 신화, 관습, 종교, 법, 윤리적 규범과 함께 예술은 움직이고 있는 아이디어가 물질적으로 드러나 존재하는 것이라고 주장했다. 모든 창의적 대상물과 사건은 예술적 장르가 다양하지만, 기호와 상징 그리고 정형화된 양식을 외부 형태와 내부 형태 그리고 핵심 요소로 조직화한다. 예를 들면, 조각품의 외형은 청동과 같은 재료로 구성되는 반면 노래의 외부 형식은 멜로디로 형성된다. 창작품의 내부 형식은 외부 형식에 의해 압축된 이미지, 감각, 혹은 아이디어를 포함한다. 같은 조각품의 내부 형식은 한 손에는 검을 다른 손에는 한 벌의 큰 저울을 들고 서 있는 눈가리개를 한 여성으로 보일 수 있다. 미국 흑인영가의 내부형식은 모세와 그의 민족이 약속의 땅으로 간 여정과 관계가 있을 수도 있다.

이런 실증적 관점과 대조적으로 예술작품의 핵심 요소는 내부형태에 숨겨진 대상 혹은 사건의 의미를 반영한다. 즉 정의의 비유적 표현은 그 조각품의 상징적 의미를 구성하고 그 노래의 핵심은 지하철도에서 노예들의 희망적인 탈출과 관계가 있다.

예술은 인간이 일상생활에서는 경험할 수 없는 현실과 삶의 현상을 응축시켜 놓은 것이다. 이런 식으로 비고츠키는 예술은 "예술가와 관객이 두려움과 고통의 느낌을 뛰어넘는 여행을 가능하도록 해주는 보통의 평범한 내용 이상의 그 무엇"(p. 243)을 포함한다고 증명했다. 예를 들면, 앞에서 언급한 조각상을 볼 때 개인은 강력한 안도감과 확신감을 경험할 수도 있지만, 동시에 폭력적인 세계의 맥락에서는 구체적이고 권위주의적인 금속의 단단함 속에서 정의에 대한 포착하기 어려운 신념이 드러나는 것을 경험할 수도 있다. 이 장 앞 부분에서 언급한 흑인영가에서는 리듬감 있는 패턴을 가진 소리가 점점 커지면서 노래의 절정에서 합창단과 신도들이 창조주를 받아들이는 감미로운 발산감을 순간적으로 경험할 수 있다. 비고츠키는 그런 심오하고 감정적인 상태는 초기 인류가 발전시킨 복잡하고 변형적인 심리적 과정에 뿌리를 두었음을 발견했다.

예술의 정신생물학적 기원

왜 예술 창작이 인간의 독특한 활동으로 진화되었는가? 그리스인들은 예술은 처음으로 경제활동의 부산물로서 시작되었다고 했다. 그와 반대로, 비고츠키는 예술과 교역, 혹은 금융 교환 간의 관계를 인정하면서도 예술은 내적인 정신생물학적 근원에서 기원했다고 주장했다. 그의 이론은 초기 인류 대뇌피질의 혁명적인 발달이 본능을 의식으로 교체했다고 가정한다. 이 새로운 심리적 작용의 결과로 인간은 자신들을 둘러싼 종종 불안정하며 위협적인 환경을 통제하기 위해 다중적인 양식의 기호를 사용하는데 의존하게 되었다. 이러한 기호들은 정신에 의해 창조된 상징적인 구성물로서, 무작위적인 동작과 몸짓, 소리와는 구별되며 통합된 유형을 낳고, 그 유형이 체계화될 때 리듬이 된다.

비고츠키는 고대 사람들이 리듬이 있는 패턴을 신비적 세계로 들어가는 통로라고 간주한 것은 우연의 일치가 아니라는 것을 확인했다. 춤과 북소리 그리고 노래에 존재하는 매혹적인 리듬은 청하고 기도하고 곡을 하기 위해 영계로부터 환영을 불러내는 데 사용되었다. 이렇게 리듬이 있는 기호를 체계적으로 적용하는 것은 잠재적으로 미래를 수정하거나 방향을 재설정할 수 있는 것으로 여겨졌다. 많은 전통적 공동체들은 음조가 있는 리듬은 마음을 달래고 잠재적으로 몸과 마음을 치유할 수 있다고 믿는데, 현대 과학은 이러한 주장을 뒷받침하고 있다. 리듬이 있는 패턴이 춤이나 장식, 혹은 북에서 나왔건 간에, 그것의 사용은 시각적이나 언어적 담화, 또는 몸동작 담화의 형태로 시작되었다. 여러 다양한 공동체들은 그들보다 더 큰 힘을 가진 집단과 소통하고, 치유하고, 관계를 맺기 위해서 이렇게 다중적이고 리듬적인 기호를 사용한다.

비고츠키는 예술의 정신생물학적인 기원에 대한 그의 이론을 음악으로 예증했다. 청각적 리듬 패턴을 노래에 적용하는 것은 힘든 노동에 대한 반응에서 진화했다. 규칙적인 리듬은 육체적 동작을 조직하고 지지하고 조절하는 노래의 능력을 통해서 힘든 노동을 하는 인간을 돕고, 이로써 계속되는 노동으로부터 인간에게 피로의 완화와 휴식을 제공한다. 비고츠키는 노동가의 가사는 근로자 자신들의 목소리뿐만 아니라 일의 목소리도 특징적으로 표현한다는 것을 관찰했다. 활동의 성격과 소요 시간, 노동자들의 희망과 꿈, 그리고 권위에 대한 그들의 태도에 관한 보편적인 주제가 전 세계의 대륙과 문화, 그리고 노래에 스며들어 있다.

비고츠키는 예술의 정신생물학적인 기원의 두 번째 예로서 춤을 가리켰다. 그는 몸동작 패턴을 체계적이고 율동적으로 사용하는 것은 자신을 둘러싸고 있는 환경과의 항상성을 지속해서 재정립하기 위한 필요성과 직접적인 상관관계가 있다고 주장했다. 시각적, 청각적, 운동적 리듬의 사용은 아주 기쁘고 고통스러운 때나 삶의 큰 의식이나 통과의례와 함께함으로써 전통적으로 인간에게 도움을 주어왔다. 그래서 그는 예술의 토대는 인간이 강렬한 신체적, 정신적 또는 정서적인 긴장을 관리하고 발산하고자 하는 필요성에 깊이 뿌리박고 있다고 주장했다.

카타르시스의 대안적 견해

카타르시스에 대한 비고츠키의 견해는 무엇인가? 비고츠키는 자신만의 의미를 정의하기 위해서 몇 가지 전통을 검토하면서 그 용어의 기원에 대해 말했다. 그리스인들은 처음 카타르시스를 장에서 나오는 배설물을 신체적으로 제거하는 것이라고 했다. 아리스토텔레스는 이 의미를 확장하여 간접 경험을 통해서 성취되는 정서적 정화의 형태라고 보았다. 때마침 그리스 문화는 드라마와 음악을 도덕적인 정화를 순조롭게 유도하는 잠재력을 가진 예술적 산물로 보게 되었다. 카타르시스의 개념은 나중에 자기 채찍질과 고문의 사용을 통해 얻어지는 순수함에 대한 기독교적 의미를 가정했지만, 비고츠키는 감정이나 치유, 정화 간의 삼자적 관계에 주목하고 예술은 고대에 확고하게 바탕을 두고 있다고 했다. 그는 『예술의 심리학』에서 카타르시스를 어릴 적부터 잠재해 있던 무의식적이고 범 성적인 갈등을 정화하는 것으로 보는 프로이트의 견해를 추가적으로 제시했다. 프로이트의 이론은 카타르시스를 정신분석의 가장 중요한 요소로 상정하고 환자의 정서적 상태를 어린 시절의 기억과 연결함으로써 강렬한 감정의 방출을 돕고자 하였다.

비고츠키는 이러한 학설들을 꼼꼼하게 비판하면서 카타르시스를 육체 혹은 정신의 부정적인 문제에서 파생되는 심리적인 사건으로 보는 것을 거부했다. 대신 그는 카타르시스 과정을 모든 개인과 그들이 살아가는 사회가 자연적으로 타고난 건강한 심리적인 욕구라고 정의했다. 비고츠키는 무의식적인 마음이라는 개념에 의문을 던지면서 모든 사고와 정서는 어느 정도는 의식적으로 경험된다고 주장했다. 그의 저서들에서는 정의적이고 지적인 지식은 의식의 연속 선상에서 의식이 한 상태의 깨달음에서 다른 상태의 깨달음으로 이동하는 것을 따라 여러 장소에 존재한다고 제시한다.

감정의 변형적 가능성은 카타르시스에 대한 비고츠키의 대안적 견해의 중요한 특징이다. 그는 감정이 "득이 될 수도 있고 실이 될 수도 있는 것" 또는 "사용하지 않고 있던 에너지를 발산하고 소비하는 것"(p. 246)이라고 보았다. 비고츠키는 신경계를 끊임없이 교전 중인 전장 혹은 막히지 않고 통과하는 깔때기라고 특징지으면서 "세상은 인간에게 … 수천 개의 요구, 염원, 자극 등을 쏟아 붓고, 그것들은 인간 속으로 들어간다. 하지만 단지 그들 중 극히 작은 부분만 실현되어 좁은 구멍을 통해서 흘러나온다. 삶의 실현되지 않은 부분은 … 어떻게든 사용되고 살아져야만 하는 것이 명백하다."(p. 247) 라고 말했다. 그는 "세상과 평형을 다시 맞추기 위해서는 사용되지 않은 에너지를 방출하고 그것에 전권을 일임할 필요성이 가끔 일어난다."(p. 246)라고 말했다. 비고츠키는 차 주전자 은유를 사용하여 수증기 압력이 "용기의 내구력을 초과"할 때 우리의 정신은 가끔 "수증기의 압력" 혹은 감정의 방출을 요구한다고 주장하였다. "명백히 예술은 우리 행동의 결정적인 시점에서 환경과 균형을 맞추기 위한 심리적인 수단이다"(p. 247).

비고츠키는 동시대의 예술적 노력이 일과 관련되었던 예술의 기원과는 분리된 것처럼 보인다는 사실을 인정하면서도, 예술은 개인과 사회가 카타르시스를 이룰 수 있는 수단이라는 초기의 정신생물학적인 뿌리를 오늘날 간직하고 있다고 주장했다. 그 젊은 심리학자는 예술가 자체가 독립적으로 "이전에 노동에 의해서 생성되었던 요소를 예술 작업 안으로 도입한다. 즉 (완화를 필요로 하는) 아픔과 고통 그리고 어려움의 감정들이 이제 예술 그 자체에 의해 일어난다. 그러나 그것들의 본질은 그대로이다."(p. 245)라고 관찰했다. 달리 말하면, 고대 피라미드 건축 노동자가 불렀던 노래의 정신생물학적인 기원은 힙합 음악 청취자와 교향곡 청중들이 음악과 함께 하며 안도감과 휴식을 경험할 수 있는 기초를 깔았다. 예술은 일상적인 삶의 어려움 속에서 만나는 거대한 양의 현상들을 통합하기 위한 수단으로서 지속되어왔고 인지적·정의적 균형을 이루기 위한 장을 제공했다. 예술의 생물학적 기반은 "정상적인 일상의 삶 속에서는 표현을 찾을 수 없는 강렬한 열정을 예술로 방출할 수 있는 가능성"(p. 246)을 제공하면서, 예술이 존재를 위한 투쟁 속에서 필수적인 도구의 기능을 하는 것이 적절한 것임을 확인한다.

카타르시스와 예술적 혹은 심미적 반응

개인과 집단의 삶에서 예술의 카타르시스 기능이 어떻게 일어나는가? 비고츠키는 예술가와 관객 양자는 창의적 제작과 심미적 반응의 상호과정에 관여함으로써 감정을 초월적으로 해결할 수 있다고 지적했다.

카타르시스는 창의적 과정에 관여하려는 예술가의 필요와 욕망에서 비롯한다. 예술 공동체 회원과 문화적 상속인으로서 예술가는 정서와 상상, 그리고 기호 체계 간의 강한 연계에 의지한다. 상징적 수단을 통한 의미의 재현은 예술가의 매개체의 상관적 능력과 인간 두뇌의 인지 수용력에 대한 예술가의 이해와 보조를 같이한다. 예술가는 예술품이나 사건으로 관객에게서 심미적 반응을 의도적으로 불러내기 위해 내용과 장르 그리고 재료에 의해 주어지는 상징적 패턴과 리듬의 통합에 의지한다.

비고츠키는 이러한 예술적 혹은 심미적 반응에 대해 세 가지 부분을 밝힌다. 즉, "예술적 형식의 구조와 예술적 내용의 구조에서 발견되는 대조"는 카타르시스가 일어나도록 해주는 율동적 패턴을 창조한다(p. 215). 처음 두 부분은 모순되는 예술 요소들을 포함한다. 비고츠키는 조각에서 재료와 형식 사이의 대비에 대해 언급하면서 "예술가가 돌을 식물 모양으로 만들어 가지가 나고 잎이 달리고 꽃이 피도록 하는 것은 대단한 일이다."(p. 237)라고 했다.

나란히 두고 보았을 때, 창작품의 물질적이거나 구체적 혹은 외적 형태는 그것의 심리적이고 추상적인 내적 핵심 혹은 의미와 충돌하며, 그 결과 비고츠키가 리듬이라고 밝힌 제3의 요소가 창조된다. 비고츠키는 건축에서 "고딕 건축가가 육중하고 둔한 돌에서 이끌어내려고 하는 가벼움과 투명함은 이런 생각의 가장 좋은 증거"(p. 237)라고 언급했다. 대성당의 "재료에서 나오는 육중함"과 "장려한 수직선" 사이의 대조는 "엄청난 힘으로 위로 상승하려고 하는 건물 전체를 관람자가 느끼도록 만드는"(p. 237) 리듬을 창출한다.

카타르시스에서 예술가와 관객은 "읽은 것 [혹은 본 것]을 분해하여 이전에 마음속에 저장된 정서와 연관시키는 과정"(p. 81)에서 창의적인 작품이나 사건의 율동적인 패턴과 상호작용한다. 내적인 텍스트와 외적인 텍스트 사이에서 일어나는 변증법적 방식은 물질적이고 상관적이며 심리적인 변형 속에서 실현된다. 그런 혁명 혹은 진화는 잠재적으로 예술가와 관객이 정서적으로 해방감을 맛보도록 이끈다.

예를 들면, 창의적인 작품의 효과와 내용은 종종 서로 대조를 이루어서 희극과 드라마 그리고 비극에서 보이듯이 카타르시스적인 리듬의 박자를 형성한다. 이러한 두 대조적인 요소들은 두 개의 분리된 궤도로 발전하여 궁극적으로 하나의 정서적 정점에서 만나게 된다. 비고츠키는 "관중이나 독자들이 플롯에서 투쟁을 지켜보면서 느끼는 분노나 공포, 회한, 슬픔의 감정들은 주인공이 파멸되는 순간 희망과 열정 그리고 행복으로 바뀐다"(p. 243)라고 설명했다. 카타르시스의 역학은 "감정을 극복하고 해결하고 정복하는 창의적 행위"(p. 248)를 유발하여 "고통스럽고 불쾌한 정서들이 방출되어 정반대의 것으로 … 감정의 복잡한 변형으로 탈바꿈될 때"(p. 214) 달성된다. 비고츠키는 이러한 변형적 특징에 사로잡혀서 "예술의 진정한 본질을 화체설化體說 transubstantiation"(p. 243)로 보았다.

감정의 사회적 기술

아래의 설명은 비고츠키의 예술에 대한 연구와 경험의 사회적 영역과 개인적 영역의 통합에 관한 후기 연구를 잇는 가장 중요한 가교를 제공한다. 그는 심미적인 반응은 즉각적인 행동을 초래하지 않는다고 했다. 오히려, 예술은 지각 아래에 감춰진 지층을 드러내는 지진과 같이 "우리 속에 감춰진 강력한 힘이 표출되도록 길을 열어 준다"(p. 253). 카타르시스는 강렬한 감정을 표출하는 것 외에도 지성과 정서의 통합으로 특징지어지는 새로운 형식의 이해를 만들어 낸다. 미켈란젤로의 「피에타」를 처음으로 마주할 때, 관객은 예수 그리스도라는 이름을 가진 남자의 육체적 죽음에 대해 갑작스럽고 새롭고 원초적인 의미를 경험할 수도 있다.

비고츠키는 일상적 느낌은 예술가와 관객의 고양된 상상적 활동을 통해서 예술적인 감정으로 진화한다는 것을 알아냈다. 카타르시스는 구체화된 이미지나 개념에 대한 **정서적 지식**을 만들어 낸다. 예를 들면, 대부분의 사람은 공포의 감정을 흔하고 인식할 수 있는 순간적인 정서적 상태라는 것을 알아차릴 수 있다. 뭉크의 그림 「절규」는 공포의 인지적·정의적 개념을 극적으로 포착하는 뚜렷한 "이차적인" 표현 형태를 제공한다. 이런 식으로 "예술은 감정의 사회적 기술이자 사회의 도구로서, 우리 존재의 가장 은밀하고 개인적인 면을 사회생활의 장으로 가지고 온다"(p. 249). 다시 말해, 예술가는 그들의 내적이고 사적이며 개인적인 느낌들을 예술 작품 속으로 스며들게 한다. 그들의 감정은 외적이고 공적인 사회적 사건 속에서 "우리의 외부에서 객관화되고 구체화되고 투사된다"(p. 249). 심미적인 창조와 반응의 상호 과정들은 보편적인 것을 개인화하고 개인적인 것을 보편화할 수 있도록 해 주면서 우리가 미래 행동을 조직하도록 고취시키는 잠재력이 있다.

예술의 변형적 가치

비고츠키는 『예술의 심리학』의 결론에서 예술의 카타르시스적 잠재력은 개인과 공동체 모두에게 똑같이 많은 점진적인 이득을 제공한다고 강조한다. 심미적 반응은 비가 온 뒤 창문을 여는 것과 같이 개인과 집단의 정신을 편안하게 해주고 드러내며 생기를 되찾게 해준다. 휴면 중이거나 격리 혹은 박탈당한 감정들을 현재로 불러올 때, 감정적 몰입을 재정립하면서 엄청난 에너지가 방출된다. 이 사용되지 않은 에너지의 방출은 독립적인 차원과 공동의 차원에서 "우리 감정의 정신세계에 질서와 조화를 도입한다"(p. 248). 지각적 현실과 감정 그리고 지식이 더 고차원적 의식의 형태로 변형될 때, 예술은 예술가와 청중이 그들의 개인적인 현실을 넘어 인류와 관계가 있는 진리에 대해 더욱 심오한 이해를 집단적으로 경험하도록 매개하는 수단을 제공한다(Vygotsky, 1971에 있는 Leont'iev, 1971).

창의적 독창성은 과거에 묶여 있지 않다. 따라서 예술가는 우리가 미래의 청사진을 그리는 도구를 활발하게 구성하는 대리인으로서 우리의 문화에 이바지한다. 여기에 문화적이거나 개념적 또는 진화적인 변화를 위한 인간의 잠재력이 있다. 우리를 정서적 수면상태에서 깨우는 뮤즈인 예술은 행동을 촉진하고 개인, 집단, 공동체, 그리고 문화가 과거를 극복하여 좌절하지 않고 미래로 나아가도록 격려한다.

참고문헌

Vygotsky, L. S. (1925/1971). *The psychology of art*. Cambridge, MA: MIT Press.

·3장·

근접발달영역의 창조 없이는 창의성도 없다

로이스 홀츠만

비고츠키는 초기 아동 발달에서 놀이의 중요한 역할을 논의하면서, "아동은 놀이할 때 항상 자신의 평균 나이 이상으로, 자신의 일상적 행동보다 높은 수준으로 행동한다. 놀이를 할 때는 아이가 마치 실제 자신보다 머리 하나만큼 더 큰 것 같다."(Vygotsky, 1978, p. 102)고 언급했다. 이 장에서 나는 인간 발달과 학습을 창출해내는 일상적인 창의성을 연구하는 맥락에서 "머리 하나만큼 더 큰"이라는 놀라운 은유를 탐구하고자 한다. 달리 말하면, 이 장에서 나의 초점은 **집단적인 창조 활동**에 있다. 나는 사회적 단위들이 그들 자신과 그들의 환경을 질적으로 탈바꿈시키는 상황을 어떻게 창조하는지를 발견하는 것에 관심이 있다. 나는 창의성을 사회적으로 모방적이고 완성적인 활동으로 이해할 것을 제안한다. 나는 25년간 교육 중재 연구를 하면서 사람들이 근접발달영역을 창조하도록 안내하고 지도함으로써 "머리 하나만큼 더 큰" 경험을 일생에 걸쳐 실현시키도록 매진한 결과 이러한 이해에 도달하게 되었다. 이 연구는 현재의 논의에서는 배경으로서만 쓰이며, 다른 글들에서 다루어진다. 가장 최근

의 것은 『일하고 놀이하는 비고츠키』*Vygotsky at Work and Play*(Holzman, 2009)이다.

ZPD는 ZPD이다—맞는가?

비고츠키의 근접발달영역(ZPD)이 **발달과 학습 그리고 놀이 사이의 관계**를 이해하는 데 매우 중요함에도 불구하고, 그 개념은 현재 더 좁은 의미로 학습과 지식 그리고 기술을 학교에서처럼 배우고 습득하는 것과 연결된다. 이 논의에서 내가 하고 싶은 것은 비고츠키가 발견한 ZPD의 복잡성과 근본정신 그리고 실용성을 회복시키는 일이다.

근접발달영역은 비고츠키가 학습은 발달 다음에 일어나며 발달에 의존적이라는 일반적인 믿음을 거부한 것을 이해하는 데 중요한 개념이다. 이 개념은 또한 그가 전통적인 교수를 비판하면서 "가르치는 것이 발달 과정에서 이미 성숙한 것을 이용하기만 하는 것이라면, 그것 자체가 발달의 원천이 아니라면 교수는 전혀 불필요할 것이다."(Vygotsky, 1987, p. 212)[1] 라고 한 것을 이해하는 데에도 매우 중요하다. 비고츠키는 학습은 발달에 의존적이며 발달 다음에 일어난다는 견해를 거부하면서 이 두 활동 사이의 새로운 관계를 제안했다. 즉, 발달을 더욱 밀어붙이면서 새로운 형성을 이끌어 내기 위해 "어린 시절에 유용한 유일한 교수는 발달을 앞서 가면서 이끌어 가는 것이다"(p. 211). 다시 말해, 비고츠키의 관점에서는 **학습이 발달을 이끌어가는 것이다**. 이전 연구들에서 나는 이 발견을 단순한 새로운 관계가 아닌 (적어도 심리학에서는) 새로운 **종류**의 관계, 즉 학습이 이끄는 발달learning-leading-development의 변증법적 통합이라고 했다. 나는 비고츠키가 학습과 발달을 총체적인 것으로 보고 변화를 전체의 질적 탈바꿈으로 보는 방식을 포착하기 위해 이런 시도를 했다(Holzman, 1997; F. Newman

& Holzman, 1993).

학습이 발달을 어떻게 이끌어가는지에 대한 질문은, 적어도 부분적으로는, 우리가 근접발달영역이 무엇인지를 어떻게 이해하는지에 달려있다. 비고츠키의 글에서 가장 널리 알려진 개념인 ZPD는 교육 연구가와 심리학자 외에도 많은 사람에 의해서 다양한 해석을 낳았다. 다양한 의미들이 부분적으로는 비고츠키 글의 다른 번역들(Glick, 2004)과 그가 ZPD에 관해 썼던 수많은 맥락 속에서 발견된다. 나는 이런 맥락과 이해, 그리고 여기서 나오는 시사점 몇몇을 간략히 점검하면서, 비고츠키의 논평을 다양한 출처로부터 모아서 내가 제안하려고 하는 관점의 바탕을 제공하고자 한다.

개인

근접발달영역에 대한 공통적인 이해는 그것이 개별 아동의 특징 혹은 특성이라는 것이다. 이러한 이해는 다음 문구에서 비롯된다.

> 심리학자는 자신의 분석을 이미 성숙한 기능들에만 국한하지 말아야 한다. 그는 발달 과정에 있는 기능들도 고려해야 한다. 만약 심리학자가 아동의 발달 상태를 제대로 평가하려면 현재 발달 수준뿐만 아니라 **근접발달영역**까지 고려해야 한다(Vygotsky, 1987, pp. 208-209).

몇몇 교육 연구자들은 이 문구를 아동 잠재성의 측도가 되거나 그 측도를 만들어내는 근접발달영역으로 해석하고 아동을 개인별로 측정하고 평가하는 대안적인 수단을 고안해 내었다(예를 들면, Allal & Pelgrims, 2000; Lantolf, 2000; Lidz & Gindis, 2003; D. Newman, Griffin, & Cole, 1989; Tharp & Gallimore, 1988).

양자 관계

다른 문구에서는 근접발달영역은 학습과 발달이 근본적으로 사회적이며 일체가 된다는 비고츠키의 주장에서 핵심적인 역할을 한다. 아동의 일상생활에서 공동활동과 협동작업 또한 다음 문구에서 말하는 것처럼 연관되어 있다.

> 우리가 근접발달영역이라고 부르는 것은 … 독립적인 문제해결에 의해서 판단되는 실제 발달 수준과 안내를 받거나 좀 더 능력 있는 또래와의 협동 작업으로 문제를 해결함으로써 판단되는 잠재적 발달 수준 사이의 거리이다(Vygotsky, 1987, p. 86).

근접발달영역을 쇼터 Shotter(1989)와 워치 Wertsch(1991)는 보철로, 우드 Wood와 브루너 Bruner 그리고 로스 Ross(1976)는 비계라고 일컬은 도움의 형태로 개념화 한 것은 아마 "좀 더 능력 있는"이라는 구절 때문일 것이다.[2] 이 개념화는 널리 알려져서, 대학교재에서는 일반적으로 ZPD를 비계와 동일시하고 두 용어를 비고츠키에서 나온 것으로 여기는데, 이것은 부정확한 것이다(예를 들면, Berk & Winsler, 1995; MacNaughton & Williams, 1998; Rodgers & Rodgers, 2004). 더구나 비고츠키가 위의 구절에서 "또래"라고 언급했음에도 불구하고, 그런 관점을 가진 대부분의 실험 연구는 "그 도움"이 더 능력 있는 개인이 주는 것이라고 간주했는데, 가장 흔히 ("초보" 어린이와 대조되는 "전문가"로 불리는) 어른이라고 보았다.

근접발달영역의 이러한 양자 관계 해석과 보조를 맞추어서 "사회적 수준"과 "개인 간 정신적"이라는 개념이 흔히 다음의 구절에서 두 사람 단위로 축소된다.

> 아동의 문화 발달에서 모든 기능은 두 번 일어난다. 첫 번째는 사회적 수준에서 그리고 나중에는 개인적 수준에서; 처음에는 사람 **사이**

> **에서**(개인간 정신적인interpsychological) 그러고 나서 그 아동 **내면에서**(개인내 정신적인interpsychological). 이것은 모든 자발적인 관심, 논리적 기억, 그리고 개념 형성에 동일하게 일어난다. 모든 고차원적인 정신 기능들은 사람 사이의 실제적인 관계에서 비롯된다(Vygotsky, 1978, p. 57).

집단

비고츠키는 다른데서 더 명확히 강조하기를, 학습이 이끄는 발달의 사회적 성격은 집단적이고, ZPD는 유일하거나 우선적으로 양자적 관계가 아니며, ZPD에 가장 핵심적인 것은 사람들이 무엇을 함께 하는 것이라는 점이라고 했다. 예를 들면, "학습은 아동이 그가 속한 환경에서 사람들과 상호작용하고 그의 또래들과 협동할 때만 작동할 수 있는 다양한 내적 발달 과정들을 일깨워준다"(Vygotsky, 1978, p. 90).

비고츠키가 학습과 발달 간의 관계의 특성이라고 보는 집단 활동의 필요성은 특수 교육에 대한 그의 접근에서 중심을 차지한다. 이 주제에 관한 그의 글들은 (수집되어 『결함학의 기본 원리』*Fundamentals of Defectology*(1997)라는 이름으로 영어로 출간됨) 정신지체나 시각장애, 청각장애 등과 같이 이상이 있는 어린이들도 실제로 발달할 수 있다고 주장한다. 그들은 평가절하되어서도 안 되고 교정을 받아야 하는 것도 아니며 분리되어 자신들과 같은 어린이들만 있는 학교에 배치되어서도 안 된다. 비고츠키는 (암기학습과는 반대로) 질적인 탈바꿈은 공동의 성취라고 주장했는데, 「비정상아 발달의 한 요인으로서의 집단」이라는 글에서는 이것을 "집단적인 형태로 '함께 학습하기'"라고 했다(Vygotsky, 2004, p. 202). 그는 똑같은 글에서 사회적 차원이나 개인 간 정신적 차원의 발달(Vygotsky, 2004, p. 4)을 "집단적 행동의 기능, 즉 협동이나 협력활동의 형태"(p. 202)라고 특징지었다.

나는 "집단의 형태로 함께 일하기"라는 문구를 좋아하는데, 그것은 연구자와 교사 그리고 훈련가로서의 나의 경험과 잘 맞는 것 같다. 여기서 나는 비고츠키가 **ZPD는 적극적으로 그리고 사회적으로 창조된다**고 말하는 것으로 해석한다. 이것은 심리적·문화적·사회적 공간과 시간에 존재하는 하나의 실체로서 널리 알려진 ZPD의 개념과는 다를 수 있다. 나로서는 ZPD를 시공간적 실체로서보다 하나의 과정으로서, 그리고 영역이나 공간, 혹은 거리보다는 하나의 활동으로서 이해하는 것이 더 도움이 된다. 더 나아가 나는 **ZPD 활동**이 그 영역(환경)과 아울러 창조되는 것(학습이 이끄는 발달)을 동시에 창출한다고 제안한다.

창의성

근접발달영역 활동이라는 개념은 인간 발달에 대한 이해에서 창의성을 핵심위치에 두는 새로운 방법을 제공한다. 하지만 그것은 일반적으로 이해되는 창의성을 말하는 것은 아니다. 매일매일의 심리적 담화에서 창의성은 개인의 속성으로 취급된다. 나아가서 창의적 개인들은 "창의적이지 못한" 사람들에 비해서 특별한 물건들, 즉 독창적이고 새롭고 독특한 것과 아주 중요한 물품들을 만들어 낸다고 인식된다. 근접발달영역 활동과 관련하여 내가 이야기하고자 하는 종류의 창의성은 개인적 속성이 아니라 사회적 단위(예를 들어 한 쌍, 무리, 공동체 등등)의 속성이며, 특별하거나 비범한 것이 아닌 보통의 일상적인 것이다(일상적이면서도 마력이 있다!).

사회적 단위가 어떻게 근접발달영역을 창조하는가? 한 예를 든다면, 우리는 개인적으로나 집단적으로, 어떻게 하는지 모르는 일을 하는 능력이 있어야 한다. 인간은 방법을 모르면서 혹은 우리가 안다는 것을 모르면서 배우고 발전한다. 달리 말하면, **우리는 인식론을 이용하지 않으면서 인식론자가 된다**. 비고츠키는 역설적으로 보이는 인간 삶에 관한 이 말을 적어도 초기 아동기에 대해서는 인정했다. 그는 “아동이 할 수 있는 것으로부터 할 수 없는 것으로 옮겨가는 잠재력”(Vygotsky, 1987, p. 212)을 학습이 이끄는 발달의 가장 중심적인 특징이자 창의적 활동이라고 밝혔을 때와 마찬가지로, 발달적 활동은 방법을 알 것을 요구하지 않는다고 이해했다.

더 나아가, 그는 아동이 어떤 일을 하는 방법을 안다고 해서 그 특정한 일을 하고 있다는 것을 알아야 하는 것은 아니라고 믿었다. 그가 설명한 대로, “… 어떤 아동이 문법과 문어를 습득하기 전에는 일을 어떻게 하는지를 알지만, 자신이 알고 있다는 사실을 모른다 …. 아동이 놀이할 때는 어떤 일을 하고 있다는 사실을 모르면서 대상물로부터 의미를 분리할 수 있는 능력을 즉흥적으로 이용하는데, 이는 마치 그가 산문으로 말하고 있다는 사실을 모르고서 단어에 신경을 쓰지 않고 말을 하는 것과 마찬가지이다”(Vygotsky, 1978, p. 99). 내 생각으로는 비고츠키 사고의 이런 맥락은 초기 아동기 연구에서뿐만 아니라 전 생애에 걸쳐 일어나는 발달의 이해와 육성에 대해 지니는 함축적 의미에서도 무시되었다. 만일 어린이들이 알 필요가 없다면 그 밖의 사람들은 왜 알아야 하는가(Holzman, 1997; F. Newman & Holzman, 1997)? 이 질문은 물론 포스트 모더니스트에 의해 격렬하게 토론되었지만, 문화·역사적 활동 이론가들에 의해서는 거의 거론이 되지 않았는데, 나는 이런 상황을 바로 잡으려고 시도해 왔다(예를 들어 Holzman, 2006a 참조).

나는 어린 아동들과 장애 아동들이(학습 – 주도적 발달을 위한 환경을 창조하고 동시에 주도적 – 발달을 학습하면서) 어떻게 자신을 뛰어넘어 ZPD 활동에 참여하게 되는지에 대한 비고츠키의 통찰력에 고무되어, “머리만큼 하나 더 큰 ZPD 창조”를 치료상에서와 교육에서, 그리고 조직적인 실천에서 구축하고, 동시에 우리가 쌓아온 실천에 대해 연구하면서 다른 사람들과의 협력을 통해 이 창의적인 방법론을 확장시켜 왔다. 이 관점에서 보면, 발달은 사람들이 자신에 대한 관계와 서로에 대한 관계, 그리고 그들의 세계에 있는 물질적이고 심리적인 도구와 대상물에 대한 관계를 형성하고 재형성하는 **되어가기**becoming**의 방법론**을 실천하는 것이다.

모방

지금까지 나는 발달적이고 교육적인 관점에서 근접발달영역을 활발히 창조되는 것으로 이해하는 것이 유용하며, 창조자들은 개인이라기보다는 사회적 단위이며, 창의적 근접발달영역 활동은 되어가기의 비인식론적 방법론이라고 제안했다. 이 방법론은 무엇인가? 다른 말로 하면, 머리 하나만큼 더 크다는 것은 무슨 의미인가?

이 질문에 대한 대답은 모방에 대한 새로운 시각을 요구한다. 내 생각에는, 모방은, 모른다는 상태와 함께, 사회·문화적 연구자들에 의해 무시되어왔다. 나는 모른다는 것도 마찬가지지만, 모방이 일반적으로는 창의성을 위해서, 그리고 구체적으로는 ZPD의 창조를 위해서 필요하다고 제안한다. 나는 내 제안을 ZPD와 관련시키면서, "근접발달영역 개념을 완전히 이해하게 되면 학습에서 모방의 역할을 재평가하게 된다."(1978, p. 87)는 비고츠키의 말로 뒷받침한다.

비고츠키는 재평가의 일부로서 "일상의 의식에서뿐만 아니라 전통 심리학에 뿌리박고 있는"(Vygotsky, 1987, p. 209) 모방에 대해 근본적으로 기계적인 견해를 무시했다. 그는 예를 들면 "아동은 무엇이든 모방할 수 있다."든지 "내가 모방으로 할 수 있는 것은 전혀 내 마음을 표현하는 것이 아니다."(1987, p. 209)는 관점으로부터 도출된 개인주의적 편향성이 있는 추론 또한 경계했다. 그 대신에 비고츠키는 "협동과 모방에 바탕을 둔 발달은 아동에게서 발달하며 인간에게 고유한 모든 의식의 특징의 근원이다."(1987, p. 210)라는 점에 주목하면서 모방이 발달에 꼭 필요한 사회적

· 상관적 활동이라고 상정했다.

아동들은 앵무새처럼 아무것이나 모방한다기보다는 발달적으로 말해서 "그들의 수준을 넘는" 것이면서도 그들의 환경과 관계 속에 현존하는 것을 모방한다. 즉, 모방은 기본적으로 창조적인데, 이 말은 모방이 ZPD를 창조하는 데 도움이 된다는 뜻이다. 아주 어린 아이들과 그들을 돌보아 주는 사람 사이의 대화에 전형적으로 나타나는 언어유희는 아마 이 점을 명확히 해줄 것이다. 여기에 유아기의 언어 발달에 대한 비고츠키의 많은 기술 중의 하나를 소개한다. 이 문구는 어려워서 매번 읽을 때마다 의미를 재발견해야 한다.

> 이제 겨우 말을 하기 시작한 아이가 있는데, 아이는 단어를 발음한다 …. 그러나 그것은 아이의 환경 속에 이미 존재하며 이 발달 시기의 마지막에서만 달성할 수 있는, 완전히 발달된 발화인가? 실제로 그렇다. 아이는 한 단어로 된 어구를 말하지만, 아이의 엄마는 이미 문법적으로 통사적으로 형성되고 많은 어휘를 포함하고 있는 언어로 아이에게 말한다 …. 그 아이의 발달 단계 마지막에 나타날 것으로 생각되는 이 발달된 형태를 마지막 혹은 이상적인 형태라고 하자. 그리고 그 아이의 발화 형태를 초보적 혹은 가장 기본적인 형태라고 하자. 어린이 발달에서 가장 중요한 특징적 자질은 이런 발달은 환경과 상호작용하고 있는 특별한 상황에서 이루어진다는 점인데 … 발달 과정 마지막에서만 나타날 것으로 여겨졌던 이 형태는 그 환경 속에 이미 존재하고 있을 뿐만 아니라 … 그 아이의 첫 번째 발달 단계에서 실제 상호작용하여 초보적 언어 형태에 실제적인 영향을 미친다. 발달의 맨 마지막 단계에서만 형성될 것으로 여겨지는 것이 발달의 가장 첫 번째 단계에 어떻게든 영향을 미친다 (Vygotsky, 1994, p. 348).

발달된 언어와 가장 기본적인 언어는 둘 다 환경 속에 존재한다고 비고츠키는 말한다. 이 경우에 환경이란 무엇인가? 만약 두 가지 형태의 언어가 공존한다면 환경은 공간과 시간 속에 고정된 그 무엇이 아니며 또한 어린이와 엄마로부터 분리될 수도 없다. 오히려 환경은 아이와 엄마가 존재하는 구체적인 사회·문화·역사적 조건이며 그들의 언어 활동에 의해서 창조되는 변화된 환경으로서 존재하게 되는 것임이 틀림없는 것 같다. 다른 말로 하면, 이 환경은 맥락인 것만큼 활동 그 자체이다. 어린 아동들과 그들을 돌보는 사람들은 함께 대화할 때 "아주 기본적"이고 "발달된" 형태의 언어를 계속해서 재형성한다. 나는 이 활동이 ZPD 그 자체이고 ZPD를 창조하며, 아동은 이 ZPD를 통하여 화자와 의미를 만드는 자와 언어 사용자로서 발달한다고 제안한다.

완성

모방과 함께 언어·학습의 근접발달영역을 창조하는데 일어나는 또 다른 활동이 있는데 그것은 완성이다. 이 아이디어는 비고츠키의 사고와 말하기의 관계에 대한 이해에 바탕을 두고 있는데, 그는 (인간의 언어는 사고와 감정을 표현한다는) 언어의 표현주의적 관점에 도전했다. 그는 말하기는 생각을 밖으로 표현하는 것이 아니라 통합적 변형 과정의 한 부분이라고 했다. 『사고와 말』 *Thinking and Speech*에 나오는 다음 두 문구는 특히 그의 대안적 이해를 명확히 묘사해준다.

> 말에 대한 사고의 관계는 과정 이외 어떤 것도 아니다. 즉, 생각이 말로 말이 생각으로 옮겨 가는 것이다 …. 생각은 표현되는 것이 아니라 말로 완성된다. 그러므로 우리는 언어 속에서 사고의 확립(즉, 존

재와 비존재의 통합)에 관해 이야기할 수 있다. 어떤 사고든 한 가지와 다른 것 사이의 관계를 통일하고 확립하려고 한다. 어떤 사고도 움직임이 있다. 그것은 전개된다(Vygotsky, 1987, p. 251).

말의 구조는 단순히 사고의 구조라는 거울에 비친 상이 아니다. 그러므로 말은 옷이 옷걸이에서 분리되는 것처럼 사고 위에 얹혀질 수 없다. 말은 단지 발달된 사고를 표현하기 위해서만 쓰이는 것은 아니다. 사고는 말로 변형될 때 재구조화된다. 사고는 표현되는 것이 아니라 언어로 완성되는 것이다(Vygotsky, 1987, p. 251).

사고하기라는 사적 영역과 말하기라는 사회적 영역으로 분리하는 대신, 변증법적 통일체인 말하기/사고하기라는 하나의 영역만이 있는데, 여기에서 말하기는 사고하기를 **완성한다**. 비고츠키는 개인에게 일어나는 사고하기와 말하기의 과정을 상세히 기술했지만, 그의 개념화는 다음과 같이 확장될 수 있다. 즉, 만약 말하기가 생각을 완성하는 것이라면 그리고 그 과정이 사회·문화적 공간에서 지속적으로 창조적이라면, 그 "완성자"는 반드시 그 생각을 하는 사람이어야 할 필요는 없다. 다른 사람들이 우리를 위해 완성해 줄 수도 있다(Newman & Holzman, 1993; Holzman, 2009). 생각해보라. 만약 사고하기/말하기가 다른 사람들이 아동을 위해 말을 완성해주는 사회적인 완성 활동이 아니라면 아동이 언어를 알기 전에 언어유희/대화를 할 수 있을까?

지속적인 완성 활동은 유아가 발화하는 한 단어나 어구에 대한 돌보는 사람의 전형적인 반응과 같이 그들이 창조하는 대화에서 볼 수 있다(예를 들어, 아이: "쿠키!" 어른: [쿠키를 가져다가 아이에게 주면서] "쿠키 먹고 싶어?" 아이: "엄마 쿠키." 어른: "그래, 엄마가 너에게 쿠키를 주고 있지."). 완성하기는 또한 그 아이의 모방처럼, 언어학습 ZPD를 창조하는 주된 활동이다.[3] 모방과 완성하기는 함께 언어유희의 많은 부분을 구성하고 전체 환경을 탈바꿈시키며, 이 변형의 과정에서 새로운 화자가 나타난다.

현재의 문화는 내가 제시한 것, 즉 세부적인 것이 아니라 일반적이고 상식적인 개념을 너무 자주 망각한다. 아동은 나중에 받게 될 제도화된 교수·학습의 전형적인 특징인 구조화되고 체계적이고 인지적이고 습득적이며 전달하는 방식으로 언어를 배우지도 않으며, 그렇게 가르칠 수도 없다. 그들은 가족과 공동체, 문화의 사회적 삶의 참여자이자 그것을 탈바꿈시키는 일에서 뗄 수 없는 일원으로서, 화자이자 언어 창조자, 그리고 언어 사용자로서 발달한다. 아기가 옹알이를 시작할 때, 자신을 화자 공동체로 받아들이고 대화를 창조하는 주위 사람들 덕분에, 어떻게 말을 하는지 알기도 전에 혹은 자신이 말을 한다는 사실을 알기도 전에 이미 말을 하고 있는 것이다. 엄마와 아빠, 할머니와 할아버지, 형제자매 그 밖의 다른 사람들은 교육과정도 없고, 아기에게 공부할 문법책과 사전을 주지도 않으며, 옆에서 말없이 있지도 않는다. 오히려 그들은 영유아와 유아가 자신의 수준을 넘는 일을 할 수 있는 것으로 생각한다. 그들은 영유아와 유아를 동료 화자, 느끼는 사람, 생각하는 사람, 그리고 의미를 만드는 사람으로 받아들인다. 다시 말해, 동료 창조자로서 받아들인다. 이렇게 하는 것이 아주 어린 아이들이 머리 하나만큼 더 클 수 있도록 하는 것이다.

놀이

이제 비고츠키가 "머리 하나만큼 더 크는" 경험을 만든다고 한 활동인 놀이로 가 보자. 그는 놀이에 관한 저술에서 어린 아동의 자유로운 공상과 가상 놀이와 후기 아동 시기에 빈번해지는 좀 더 구조화되고 규칙의 지배를 받는 놀이에 관해 언급한다.

비고츠키는 모든 놀이는 상상적인 상황을 창조하고 그런 모든 상황은 규칙을 가지고 있다고 믿었다. 여러 종류의 놀이에 따라 상상적 상황과 규칙 간의 관계가 바뀐다. 후기 아동기의 게임 놀이에서는 규칙이 뚜렷해지고 미리 만들어진 것이 많으며 상상적인 상황을 지배한다. 가상을 구성하는 요소들이 배경에 매우 많으며, 규칙은 놀이의 도구로써 필수적이다 (Vygotsky, 1978).

아주 어린 아동들의 초기 놀이, 즉 자유로운 가상놀이의 풍부한 의미 만들기 환경에서는 상상적인 상황이 규칙보다 우위를 차지한다. 규칙은 상상적인 상황을 만듦으로써, 그리고 만드는 동시에 생기기 때문에 놀이가 시작될 때까지 존재조차 하지 않는다. 비고츠키의 말로 "규칙은 미리 만들어지고 놀이 과정에서 변하는 것이 아니라 상상적인 상황으로부터 나오는 것이다"(1978, p. 95). 즉, 그것은 **놀이 활동**에서 창조된다.

어린이가 연필을 들고 말과 같은 동작을 할 때, 그는 이런 상상적인 상황을 만드는 동시에 그 놀이의 "규칙"(계속해서 뛰기, 히힝 하는 말 울음소리 내기, 종이에 쓰지 말 것)을 창조하고 있다. 어린이가 엄마와 아기 놀이를 할 때, 상상적인 상황이 창조하는 새로운 의미가 놀이의 "규칙"도 창조한다(예를 들면, 엄마와 아기가 어떻게 "배역에 맞게" 서로를 대하는지). 이런 예들에서, 연필과 자아, 또래와 함께 새로운 의미가 창조되는 동시에 말과 연필, 엄마, 아기와 같은 "옛" 의미들은 대상물과 사람으로부터 유예된다. 옛 의미와 새로운 의미가 함께 그 상황 속에 존재하게 된다. 이것은 조금 전에 논의한 언어학습 ZPD의 창조와 유사한데, 환경에는 어린이들이 놀이를 하는 구체적인 사회·문화·역사적 상황과 그들의 놀이 활동으로 창조되는 변화된 상황이 함께 존재한다. 언어학습 ZPD의 경우에서처럼, 여기서 환경은 맥락인 만큼 활동 그 자체이다.

비고츠키가 놀이의 ZPD를 교수·학습의 ZPD로부터 구분하는 것은 자유 혹은 가상 놀이의 이러한 요소들 때문이다.

> 놀이와 발달의 관계가 교수와 발달의 관계에 비유될 수 있지만, 놀이는 필요와 의식의 측면에서 훨씬 넓은 변화의 배경을 제공한다. 상상적인 영역과 상상적인 상황에서의 행동, 자발적 관심의 창출, 그리고 실제 삶의 계획과 자발적 동기의 형성, 이 모든 것이 놀이에 나타나며, 이로써 놀이가 아동의 취학 전 발달에서 가장 높은 수준이 된다 (Vygotsky, 1978, pp. 102-3).

나는 비고츠키가 이 구분을 할 때 놀이와 교수·학습을 너무 엄격하게 분리한다고 생각한다. 놀이가 아동의 취학 전 발달의 최고 높은 수준이면서 전 생애에서도 발달적으로 여전히 중요하지 않은가? 나는 그렇다고 생각한다. 나는 비고츠키가 그 두 가지 ZPD 사이에 있는 어느 정도의 연속성을 간과했다고 생각한다. 이것은 그가 형식화된 학교 맥락에서의 학습을 너무 염두에 두었기 때문이기도 하다. 이 연속성은 내가 믿기로 후기 아동기와 그 이후의 발달에 매우 중요하며, 지금까지 논의해 온 ZPD 활동에서 나타나는 창의적 특징과 관련이 있다.

학교 밖에서 놀듯이 배우기

아주 어린 아이들을 창의적이라고 보는 것은 서구문화(그리고 대부분의 다른 문화들)의 특징이다. 이 글에서 소개했듯이, 아동이 근접발달영역의 창조에 참여한다는 의미와 아동의 개인적 산물(낙서, 구절, 노래, 춤 등)을 향유한다는 전통적 의미에서 그렇다. 우리는 아이들이 점점 더 나이 들어감에 따라 창의성과 연관시키는 것을 그만둔다. 우리는 학습과 놀이를 두 갈래로 나누고 그 과정에서 놀이를 사소한 것으로 만든다. 그리고 우리는 그렇게 구분한 것과 하찮아 보이게 만든 것을 유지하기 위해 제도화된 구조를 만들었다. 우리는 일이라는 개념을 도입한다. 거의 모든 학교에서 ZPD 창조와 앎으로부터의 해방, 창의적 모방, 그리고 완성과 같은 요소들이 부재하다.

우리는 아주 어린 아이들의 모방적 활동 또한 일상적인 의미와 높이 평가하는 의미에서 창의적인 것과 연관시키는데, 아이들은 점점 크면서 모방하는 것을 중단한다. 모방하는 것은 베끼는 것이 된다. 예전에 즐거움을 주었던 것을 피해야 한다. 서너 살 된 어린이는 창조적으로 모방한 것에 대해 영리하거나 똑똑하다(혹은 적어도 귀엽다)는 말을 들을 것이다. 대부분의 학교에서 일곱 여덟 살이 된 어린이는 모방은 부정행위이므로 베껴서는 안 된다는 말을 들을 것이다.

극단적으로, 학교 교육은 모르는 것을 결핍으로 변형시키고, 창조적 모방을 개별화된 성취와 암기, 시험으로, 그리고 완성을 교정과 경쟁으로 바꾸어 버린다. 이것이 현재의 상황이다. 이것이 학교가 하는 것과 하지 않는 것이다. 나는 이것에 대해 누구 못지않게 걱정이 되며, 그만큼 비공식적인 학습을 교육자와 연구자, 정책 입안자, 그리고 일반 대중 사이에서 대화와 토론의 중심으로 가져오는 것에 관심이 있다. 이는 비공식적인 학습이 여전히 창의성이 살아있는 곳이기 때문이다. 연극이나 연주회를 할 때와 팀으로 농구를 하는 것은 그 구성원들이 집단적인 형태로 함께 일하기를 창조할 것을 요구한다. 불행하게도, 학교에서 공부를 잘하는 것은 잘하는 것이 아니다. 교육 중재 연구를 하면서 비공식적 교육 혹은 학습 프로그램에 관한 문헌들을 읽어보면, 이런 프로그램들(특히, 예술과 스포츠를 포함하는 프로그램들)이 대개 학습이 발달을 이끌어가는 환경임을 보여주는데, 이것은 유아기의 ZPD와 방법론적으로 유사하며 학령기 아동들과 청소년들에게도 적절한 방식이다.[4] 그 프로그램들은 의도적이든 아니든 간에 어린아이들이 일상적인 의미와 높이 평가하는 의미에서 창의적이라고 본다.

이런 종류의 문화적이고 비공식적 학습 프로그램들은 중요한 특징들을 공유하는데, 가장 두드러진 특징은 근접발달영역을 창조하는 활동들을 조성하는 것이다. 그것은 아는 것으로부터의 해방과 사회적으로 모방적이고 완성적인 활동이다. 첫째, 어린이들은 자신들이 어떻게 하는지 모르는 것을 배우기 위해 그 프로그램에 온다. 아마 그들은 연극 공연을 하든지, 음악 비디오를 만들든지, 플루트를 불든지, 춤을 추든지, 농구를 하고 싶어 할 것이다. 그들은 자신들이 **배울 것**이라는 어떤 기대를 하고 온다. 그들이 그 프로그램에 들어올 때 얼마나 많이 알고 있는지와 상관없이 흔히 전문가들로 이루어진 노련한 비공식적 교육 강사에 의해 학습할 수 있는 능력이 있다고 여겨진다. 물론 젊은이들이 비공식적인 학습 프로그램에 가져오는 기술과 경험에 차이는 있지만, 그 놀이의 장은 학교에서보다 더 평등하다. 실제로 정말로 좋은 프로그램은 그런 이질성을 이용하여 모두에게 득이 되도록 한다(Gordon, Bowman, & Mejia, 2003; Holzman, 2006b, 2009).

둘째, 이런 프로그램에서는 모방하고 완성하는 것이 허용된다. 사실 모방과 완성은 필수적이다. 사람은 다른 사람들이 하는 것을 행하고 그 기반 위에서 발전시킴으로써 연기자, 음악 제작자, 음악가, 무용가, 그리고 운동선수가 된다고 여겨진다. 고급 기술과 형식을 통해 기본적인 것을 배우면서 강사와 동료를 창의적으로 모방하고 그들에 의해서 완성될 것이라는 것이 기대되고 강화된다.

나는 이런 특징들을 가진 비공식적인 학습 프로그램을 **놀이하듯이 학습하기**를 통해 창조되고 그것을 허용하는 학습 환경으로 보게 되었다. 이런 의미에서, 비공식적인 학습 프로그램은 비고츠키의 교수·학습에 대한 ZPD와 놀이를 시공간적 영역으로서가 아니라 일상적인 창조적 활동으로서 종합한 것이다. 초기 아동기의 자유놀이나 가상놀이에서처럼, 놀이 참가자(학생과 교수자)들은 학습과 놀이의 지각적, 인지적, 정서적 요소들을 생성하고 조정하는 책임을 지고 그들의 환경과 활동을 더욱 직접적으로 생산하는 사람들이 된다. 대부분의 심리학자와 교육자들은, 놀이가 개인과 문화 간의 매개를 통해 특정한 문화가 전유 되도록 해주는 도구라고 여기는 사회·문화적 연구자들과 함께, 놀이를 매우 중요하게 생각한다(Nicolopoulou & Cole, 1993; Rogoff, 1990; Rogoff & Lave, 1984; Wertsch, 1985). 왜냐하면, 놀이가 사회적 역할의 학습을 촉진하기 때문이다. 역할을 실연하는 것(연기하기)을 통해 어린이들은 그들이 곧 "실제 생활"에서 취하게 될 역할들을 연습하게 된다. 나는 이 생각에 공감하나, 놀이가 발달에 기여하는 부분이 이것보다 더 많이 있다고 생각한다. 머리 하나만큼 더 크게 된다는 것은 단순한 "하나의 행위"가 아니라 합주단의 공연이다. 어쨌든, 우리는 옹알이하는 아기가 어떤 역할을 수행하고 있다고 말하지는 않는다.

나는 놀이가 문화를 전유하고 창조하는 것, 즉 우리가 되어가고 있는 사람을 연기하는 것이라고 본다(Newman & Holzman, 1993; Holzman, 1997, 2009). 나는 창의적 모방을 일종의 연기로 본다. 아주 어린아이들은 언어로 놀이할 때 동시에 자신이 **되기**becoming를 연기하고 있다. 연극에서 연기한다는 말의 의미는 "우리가 누구인가"라는 입장을 취해서 새로운 무엇을 창조하는 방법이다. 이 경우에는 "타인"과의 협력을 통해 새로 탄생하는 화자, 무대에서는 새로 나타나는 배우, 학교 프로그램 밖에서는 숙련된 무용가 혹은 운동선수이다.

비고츠키는 아동의 성격과 세계관 발달에 관한 글에서 미취학 아동은 "자기 자신이 되는 것만큼이나 쉽게 다른 사람이 될 수 있다."(Vygotsky, 1997, p. 249)라고 썼다. 비고츠키는 이것을 아동은 자신이 "나"라는 인식이 부족하기 때문이라고 했고 계속하여 후기 아동기를 거치면서 성격과 놀이가 어떻게 변하는지를 논의하였다. 나는 비고츠키의 말을, 다른 사람으로 연기한다는 것은 "나" 이전의 삶의 시기에 이루어지는 발달의 아주 중요한 원천이라는 의미로 받아들인다.

유아기는 "나" 이전의 시기이기도 하고 "나는 안다" 이전의 시기이기도

하다. 우리는 학습이 이끄는 발달이 일어나고 "나"와 "나는 안다"가 창조되는 살아진 활동의 형태를 완전히 재생할 수는 없다. 그리고 우리는 그렇게 하기를 원하지도 않는다. 그러나 학교 밖의 프로그램들은 (일상적이든 혹은 그 반대이든) 창의성을 위한 공간과 무대가 되는 한, 놀이와 연기의 재생을 통해 젊은 사람들의 학습이 이끄는 발달을 지원하는 것 같다. 그런 프로그램들이야말로 학교가 계속해서 창의성을 저해하는 한 학교에 있어야 하는 바로 그런 종류의 지원을 제공한다.

참고문헌

Allal, L, & Pelgrims, A. (2000). Assessment of-or in-the zone of proximal development. *Learning and Instruction, 10*(2), 137-152.

Berk, L. E., & Winsler, A. (1995). *Scaffolding children's learning: Vygotsky and early childhood education.* Washington, DC: National Association for the Education of Young Children.

Glick, J. (2004). The history of the development of higher mental function. In R. W. Rieber & D. K. Robinson (Eds.), *The essential Vygotsky (*pp. 345-357). New York: Kluwer Academic/Plenum Publishers.

Gordon, E. W., Bowman, C. B., & Mejia, B. X. (2003). *Changing the script for youth development: An evaluation of the all stars talent show network and the Joseph A. Forgione Development School for Youth.* New York: Institute for Urban and Minority Educations, Teachers College, Columbia University, pp. 23-44.

Holzman, L. (1997). *Schools for growth: Radical alternatives to current educational models.* Mahwah, NJ: Lawrence Erlbaum Associates.

Holzman, L. (2006a). Activating postmodernism. *Theory & Psychology, 16*(1), 109-123.

Holzman, L. (2006b). Lev Vygotsky and the new performative psychology: Implications for Business and organizations. In D. M. Hosking & S. McNamee (Eds.), *Organizational behaviour: Social constructionist approaches* (pp. 254-268). Oslo, Norway: CBS Press.

Holzman, L. (2009). *Vygotsky at work and play.* New York: Routledge.

Lantolf, J. P. (2000). *Sociocultural theory and second language learning.* Oxford, UK; New York: Oxford University Press.

Lidz, C. S., & Gindis, B. (2003). Dynamic assessment of the evolving cognitive functions in children. In A. Kozulin, B. Gindis, V. S. Ageyev, & S. M. Miller (Eds.), *Vygotsky's educational theory in cultural context* (pp. 99-116). New York: Cambridge University Press.

MacNaughton, G., & Williams, G. (1998). *Techniques for teaching young children: Choices in theory and practice.* French Forests, Australia: Longman.

Newman, D., Griffin, P., & Cole, M. (1989). *The construction zone: Working for cognitive change in school.* Cambridge, UK: Cambridge University Press.

Newman, F., & Holzman, L. (1993). *Lev Vygotsky: Revolutionary scientist.* London; New York: Routledge.

Newman, F., & Holzman, L. (1997). *The end of knowing: A new developmental way of learning.* London; New York: Routledge.

Nicolopoulou, A., & Cole, M. (1993). The generation and transmission of shared knowledge in the culture of collaborative learning: The Fifth Dimension, its play world, and its institutional contexts. In E. A. Forman, N. Minick, & C. A. Stone (Eds.), *Contexts for learning: Sociocultural dynamics in children's development* (pp. 283-314). New York: Oxford University Press.

Rodgers, A., & Rodgers, E. M. (2004). *Scaffolding literacy instruction. Strategies for K-4 classroom.* Portsmouth, NH: Heinemann.

Rogoff, B. (1990). Apprenticeship in thinking: Cognitive development in social context. New York: Oxford University Press.

Rogoff, B., & Lave, J. (1984). *Everyday cognition: Its development in social context.* Cambridge, MA: Harvard University Press.

Shotter, J. (1989). Vygotsky's psychology: Joint activity in the zone of proximal development. *New Ideas in Psychology, 7*, 185-204.

Tharp, R. G., & Gallimor, R. (1988). *Rousing minds to life: Teaching, learning, and schooling in social context.* Cambridge, UK; New York: Cambridge University Press.

Vygotsky, L. S. (1978). *Mind in Society: The development of higher psychological processes.* Cambridge, MA: Harvard University Press.

Vygotsky, L. S. (1987). *The collected works of L. S. Vygotsky* (Vol. 1). New York: Plenum Press.

Vygotsky, L. S. (1994). The problem of the environment. In R. van der Veer & J. Valsiner (Eds.), *The Vygotsky reader* (pp. 338-354). Oxford: Blackwell Publishers.

Vygotsky, L. S. (1997). The historical meaning of the crisis in psychology: A methodological investigation. In R. W. Rieber & J. Wollock (Eds.), *The collected works of L. S. Vygotsky* (Vol. 3, pp. 233-343). New York: Plenum Press.

Vygotsky, L. S. (2004). The collective as a factor in the development of the abnormal child. In R. W. Rieber & D. K. Robinson (Eds.), *The essential Vygotsky* (pp. 201-219). New York: Kluwer Academic/Plenum Publishers.

Wertsch, J. V. (1985). *Vygotsky and the social formation of mind.* Cambridge,

MA: Harvard University Press.

Wertsch, J. V. (1991). Voices of the mind: A sociocultural approach to mediated action. Cambridge, MA: Harvard University Press.

Wood, D. J., Bruner, J. S., & Ross, G. (1976). The role of tutoring in problem solving. *Journal of Child Psychology and Psychiatry, 17*(2), 89-100.

‖ 미주 ‖

1 비고츠키는 교수와 학습을 동시에 지칭하는 러시아어 단어 "obuchenie"를 사용했다. 이는 일반적으로 "학습"으로 번역된다.

2 랜톨프와 쏜(Lantolf & Thorne, 2006)은 이 잘못 이해된 개념에 주목하고 비계와 근접발달영역에서의 발달 사이에 중요한 구분을 한다.

3 내가 완성이라고 기술하고 있는 것은 언어습득과 언어학 문헌에서는 인지 체계 속에서 발견되는 확장 혹은 수반성과 같은 용어와 동일시된다. 비고츠키의 용어에 대한 나의 확장과 자유로운 해석은 이와 다르다.

4 그 프로그램들이 성취도 차이를 줄이는 데 도움이 될 수 있다는 주장을 포함하여 문화적으로 기반을 둔 학교 밖 프로그램의 이점에 대한 보고는 많이 있다. 예를 위해 다음을 참조(Arts Education Partnership, 1999; Bodilly and Beckett, 2005; Childress, 1998; Heath, 2000; Heath, Soep and Roach, 1998; Carnegie Council on Adolescent Development, 1992; Gordon, Bridglall and Meroe, 2005; Mahoney, Larson and Eccles, 2005).

• 4장 •

예와 아니오에서 나와 너에게로:

관계와 의미의 장난스러운 변화

애나 마랴노비치-셰인

> 나는 은유에서 인식 가능성의 문제와는 별개이며 미적 성격과는 아무 관련성이 없는 한 지점을 제안하고 싶다. 이 지점은 친밀감의 달성이라고 생각한다. 은유를 만든 자와 감상하는 자가 서로 가까워지는 독특한 방법이 있다(Cohen, 1980).

이 장에서는 의미 만들기의 과정을 관계를 탈바꿈시키는 존재론적인 과정으로서 조사하며, 그 과정에서 놀이와 장난스러움의 역할을 검토한다. 이를 위해, 장난스러운 행동은 놀이하는 사람들에게 새로운 판단 기준을 제공하고 자신과 타인을 그 상황의 공저자로서 경험할 수 있도록 함으로써 대인관계를 변화시키는 잠재력이 있다는 점을 주요 가정으로 한다. 더 중요한 것은, 놀이하는 사람들이 상황과 상호 관계의 의미를 함께 구성하게 되면서 관계의 변화가 역할의 변화를 촉진한다는 것이다. 놀이하는 사람들 간의 관계와 역할이 어떻게 바뀌며 그러한 변화가 남들과 관계를 맺고 대화를 창조하고 세계를 보는 방법을 함께 구성하는데 어떤 의미를 지닐 것인지를 이해하는 것이 중요하다.

나는 이러한 목적을 위해 인간 발달에 대한 현재의 대다수 텍스트에 지배적으로 나타나는 것(El'konin, 1981; Garvey, 1976; Holzman, 2009; McMahon, Lytle, & Sutton-Smith, 2005; Paley, 1992, 2004b; Sutton-Smith, 1976a, 1976b, 1979, 1985, 1986; Sutton-Smith & Kelly-Byrne, 1984; Sutton-Smith & Pellegrini, 1995; Vygotsky, 1930/2004a, 1933/1976, 1971, 1978, 1986; Vygotsky & Luria, 1994)과는 조금 다른 시각에서 놀이를 바라본다. 즉, 아동과 인간 발달에 대한 현대 서구의 문헌에서 놀이가 개인 발달의 근원이자 아동기의 지배적인 활동이라고 보는 것은 관례적인 것이 되었다. 서튼-스미스Sutton-Smith의 견해에 의하면 이러한 경향은 "놀이의 발달 수사학progress rhetoric of play"(Sutton-Smith, 1997, p. 36)에 해당하는데, 놀이는 중요할뿐더러 상징적 기능의 발달에 핵심적인 것으로 인식된다. 따라서 놀이는 인지적인 발달과 언어 발달에 필수적이다. 놀이의 발달 수사학은 놀이 활동을 그 자체로서 가치가 있다고 보기보다는 다른 심리적, 사회적 기능들의 발달에 차지하는 가치의 견지에서 보기 때문에 강력한 도구적 성향을 지닌다. 더 나아가, "놀이의 발달 수사학"은 아동과 성인이 하는 온갖 종류의 놀이 중에서 대개 "가상 놀이"나 "상상", "극화된 놀이"라고 알려진 놀이 형태에 초점을 둔다.[1] 어른들은 드물지만, 아동은 보통 이러한 놀이를 하면서 상상적 상황을 창조하고 경험에 근거하여 자신의 역할을 구성한다(Bretherton, 1984; Garvey, 1990; Paley, 1984, 1992, 2004a, 2004b; Vygotsky, 1930/2004b, 1933/1976). 놀이에 대한 문헌에서는 흔히 아동들이 상상적 상황을 탐험함으로써 중요한 인간관계와 활동들과 상황들을 배운다고 묘사한다. 아동들은 놀이를 통해 탐험하면서 발달하고 성장한다. 아동 놀이의 도구적 발달 수사학은 기억과 의지, 인지, 감정, 그리고 도덕성과 같은 보다 높은 정신적 기능의 근접발달영역 개념으로 가장 잘 이해될 수 있다(Vygotsky, 1933/1976, 1978, 1986; Vygotsky & Luria, 1994). 비고츠키는 "아동은 놀이 속에서 가장 큰 것들을 성취할 수 있는데, 이러한 성취가 훗날 아동의 실제 행동과 도덕성의 기본 수준이 될 것이다"(Vygotsky, 1978, p. 100)라고 했다. 놀이에서 창조되는 근접발달영역은 일반적으로 아동 개인의 발달과 관련이 있다. 한편으로는 아동이 규칙을 탐사하고 역할을 발전시키면서 놀이를 하는 가운데 구성되는 상상적 상황과 다른 한편으로는 아동 자신이 미래에 이루게 될 발달 간에 관련성이 성립된다. 가령, 비고츠키는 아이가 놀이할 때 자신의 행동을 자발적으로 이끌고 갈 수 있으며, 규칙들을 현실에서는 아직 개념화하지 못하지만, 상상적 상황에서는 개념화할 수 있을 것이라고 추정하였다. 그는 "아동이 실제 삶에서 알아채지 못하고 지나가는 것이 놀이에서는 행동 규칙이 된다"고 하였다(Vygotsky, 1978, p. 95).[2]

그러나 이 장에서는 놀이의 다른 측면, 즉 직접적인 상황에서 놀이가 놀이하는 사람들의 공동체에서 창조하는 의미와 놀이 자체의 가치를 검토하고자 한다. 나는 놀이가 참여자들 간의 상호 관계에서 갖는 의미와 중요성을 알아보고, 참여자들이 직접적인 상황, 그들이 참여하는 사건들, 그들 자신에 대해 어떤 시각과 의견, 느낌들을 구성하는지 조사한다. 다시 말해, 나는 "[놀이를 통한] 다른 형태의 능력 창조에 대한 인식론"보다는 "놀이를 하는 사람의 존재론"에 대해 검토한다(Sutton-Smith, 1997, p. 106). 나는 놀이를 특별한 종류의 대인관계 행위로서 이해한다. 이때 행위는 세르비아어(와 러시아어)로 "포스투팍postupak"[3]이라고 한다. 포스투팍은 놀이하는 사람들 간에 (나이를 불문하고 흔히 성인들도 포함하여) 일어나는 행위라고 조사된다. 놀이하는 사람들은 놀이의 상상적 상황 속의 인물이라기보다는 놀이의 저자들이다. 놀이 참여자들은 자신들의 실제 관계와 판단과 가치관, 그리고 심지어 규칙까지 함께 창조하고 지시하는 협력자들로 이해된다. 나는 놀이하는 사람들 간의 관계의 변화의 성격을 탐구하며 놀이하기가 놀이하는 사람들이 서로 관계를 짓는 방식에 어떤 차이를 가져오는지를 묻는다.

정서

이 장의 분석에서 특히 흥미로운 것은 의미 만들기에서 연결성을 확립하고 관계를 구축하는 과정 전반에 스며드는 정서의 탈바꿈이다. 나는 긴장과 갈등이 쌓이는 것과 이것이 탈바꿈하는 순간, 그리고 해결책으로 가능한 것들을 분석한다. 나는 놀이를 지속적인 상호작용으로 도입함으로써 관계의 정서적 특질상의 변화를 가져올 수 있다고 가정한다. 나는 장난스러운 상황에서 일어나는 정서적인 역학이 놀이하는 사람과 (어떤 이유에서든) 놀이에서 제외된 사람 사이에 다르게 나타나는지를 조사한다. 상상력과 창의적인 구성(예술)을 수반하는 놀이와 이와 유사한 상호작용 형태들은 정서를 탈바꿈시킬 수 있으며 이 변화는 자아의 반성적 경험을 구축하는 구성요소가 된다. 비고츠키(1971)가 정의한 카타르시스 현상이 정서적인 경험의 한 유형(페레지바니예perezhivanie라는 러시안 개념)으로서 검토될 것이다. 이것은 예술을 창조하고 지각하는 것뿐만 아니라 다른 사람들과의 관계와 자아와의 관계의 변화에서도 중요하다. 여기서는 놀이의 관계를 발달시키고 탈바꿈시키는 기능과 관련된 인식론적이고 인지적인 측면을 검토한다.

방법론적인 문제들

이 장에서 하는 분석 목표 중의 하나는 상상력과 놀이가 의미 만들기에서 하는 역할에 대한 문화적 역사적 이론을 수립하는 첫걸음을 창조하는 것이다. 나는 이러한 첫걸음을 위해 문화기술학적인 자료와 근거이론(Glaser & Strauss, 1967) 절차를 사용한다. 소개되는 사건은 한 방과 후 프로그램에서 녹화한 것이며, 이것이 "연구 자료"의 일부를 이룬다. 그러나 "자료"

가 무엇인가라는 질문은 특히 의미 구성에 대한 연구에서는 중요하며 널리 퍼져있는 방법론적인 문제이다. 참여자들 간의 관계의 생생한 구성과 역동적인 감정, 참여자들이 그렇게 행동해야 했던 이유로 추정되는 것들, 그리고 일어난 각 사건의 의미들을 포함하여 이 연구의 목적 자체는 텍스트 전사만으로는 발견할 수 없듯이 녹화된 영상을 보는 것만으로도 발견할 수가 없다. 사실, 분석에서 사용해야 할 "자료"부터 먼저 재구성해야 했다. 이 장에서 녹화 영상과 전사물은 "자료"로서 보다는 자료를 재구성하는 데 사용한 증거로서 다루어진다. 비고츠키의 말처럼, 사회과학자는 "자신의 연구 대상을 사실상 창조해낼 필요성에 직면한다"(Vygotsky, 1971, p. 23). 따라서 나는 이 연구의 목적을 위해 실제 사람들의 맥박을 재구성하고 그 역동성과 감정들과 의미들을 보존하기 위하여 실제로 살아진 사건으로부터 자석 테이프로, 그리고 마지막으로 종이로 "전이"해가면서 이야기를 창조했다. 다음 부분에서는 사건의 녹화 영상과 참여자들 몇 명과의 면담에 기초하여 이야기를 제시한다.[4]

"예"가 "아니오"이고 "아니오"가 "예"일 때: 어떤 이야기

동부해안 라틴아메리카 공동체 센터(ECLACC)에서는 다양한 연령대의 아이들이 스티브 씨의 안내와 지휘 하에 "레고-로고" 프로그램에 몇 년간 참여하고 있다. 이 프로그램은 인근의 주립 대학의 도움으로 시작되었다. 이것은 레고 블록으로 로봇과 컴퓨터 조정이 되는 장치들을 만들고 로봇이 큰 보드 판 위에서 움직이면서 일련의 행동을 정확하게 수행하도록 컴퓨터로 프로그램을 만드는 것이다. ECLACC의 레고-로고 프로그램은 국가 대회에 등록되어 있는데, 이 대회에는 로봇이 수행해야 할 과제와 규칙들이 정해져 있다. ECLACC의 많은 아동이 이 활동에 자발적으로 참여하는 것을 즐기는 것으로 보인다. 방은 온갖 연령대의 아이들로 자주 북적거린다. 스티브 씨가 이 활동을 통솔하는 교사이자 ECLACC의 컴퓨터 센터장이다(이 프로그램에 대한 더 상세한 설명은 Matusov, 2009 참조).

이 장에서 초점이 되는 일화의 주인공들은 스티브 씨, 페드로와 매뉴얼이라고 하는 9세와 10세 된 친구들, 릴리와 쥴리아, 미미라는 11세에서 13세 사이의 여자아이 3명, 그리고 로버트라는 더 큰 아이이다. 이들 외에도 다양한 연령의 아이들 7, 8명이 이 방에 있다. 인근 대학의 한 교수와 스티브 씨가 교육 연구 프로젝트를 위해 그 방에서 하는 활동들을 촬영해오고 있다. 연구의 공동참여자인 스티브 씨가 녹화를 위해 자신의 카메라를 방금 설치하였다. 그는 아이들에게 녹화한 영상을 보여주고 아이들이 어떻게 하면 활동을 함께 더 잘할 수 있을까를 토론하고 싶어한다. 교수는 다른 카메라를 설치하고 있다. 방의 한가운데에는 로봇의 활동 수행을 위해 준비된 큰 보드 판이 놓여있다. 그 보드 판 때문에 방의 양 벽 쪽에 나란히 놓여 있는 여러 대의 컴퓨터로 걸어가기엔 공간이 비좁다. 오늘은 활동을 녹화하는 첫날이다. 여기서 이야기하는 사건은 녹화를 시작한 후 5분 정도 지난 후에 일어난 것이다.

릴리는 레고-로고 방에 처음 들어와 본다. 릴리는 쥴리아라는 다른 아이와 같이 있다. 릴리는 조용하고 수줍은 아이처럼 보인다. 릴리와 쥴리아는 큰 보드 판의 한쪽에 서서 로봇에 대한 계획을 적는 과제에 대해 그들이 했던 질문에 스티브 씨가 대답하기를 기다리고 있다. 그러나 스티브 씨는 레고-로고 자료 준비를 끝내기 위해 보드 판의 반대쪽 끝으로 갔다.

페드로와 매뉴얼이 카메라 렌즈 바로 앞에서 점프하고, 팔을 마구 흔들어대고, 장난을 치면서 우스꽝스러운 표정을 짓고 있다. 페드로가 카메라 앞으로 다가와 매우 가까이에서 카메라를 들여다본 후에 뒤로 물러나서 멀리서 쳐다본다. 아이는 마치 카메라에 놀라운 어떤 일이 일어나기를 기대하듯이 미소를 지으며 호기심에 차 있다.

페드로가 카메라를 보고 점프를 하고 손을 흔들어대는 동안에 스티브 씨는 방의 뒤쪽에서 레고-로고 활동을 위한 자료를 준비하는 일에 열중해 있다. 그 다음, 스티브 씨는 보드 판 옆을 따라 페드로 쪽으로 걸어온다. 그는 걸어가면서 페드로의 사촌인 10대 소녀인 미미와 얘기를 하고 있다. 미미도 보드 맞은 편에서 페드로 쪽으로 걸어가고 있다.

페드로는 카메라 앞에서 자신의 행동에 완전히 몰두하여 양팔을 위아래로 풍차처럼 돌리기 시작한다. 그 순간, 스티브 씨와 페드로의 사촌인 미미가 카메라 바로 앞에서 페드로와 부딪힌다. 페드로가 뻗은 채로 흔들고 있는 손이 언뜻 미미의 가슴에 잠시 닿는다. 페드로는 잠시 당황하는 것처럼 보인다. 미미는 짜증을 내며 경고 아니면 따지듯 하는 목소리로 "야!"라고 소리 지른다.

페드로는 미미의 팔을 잡고 미미를 밀치려고 한다. 미미는 페드로에게 "손 치워!"라고 경고하면서 팔을 빼낸다. 그러나 페드로는 "입 다물어!"라고 대꾸하면서 미미의 팔을 약간 밀쳐버린다. 페드로의 표정은 의기양양한 미소로 바뀐다.

바로 그 순간에 스티브 씨가 "얘들아, 카메라 녹화 중이야!"라고 외치며 페드로에게 카메라 앞에서 한 행동에 경고를 한다.

쥴리아와 릴리가 큰 소리가 나는 것에 궁금했는지 고개를 돌리고 페드로가 미미를 밀치는 것을 본다. 쥴리아와 미미는 기분 나쁘고 불쾌해 보인다. 특히 쥴리아가 혐오스럽다는 듯이 아랫입술을 살짝 깨물면서 입을 삐죽하고 페드로를 한참 쳐다본다.

그러나 페드로는 쥴리아와 릴리 쪽을 바라보고 있지 않으며 그들이 쳐다보고 있다는 것도 모르고 있다. 마침내 스티브 씨가 자기에게 무슨 말을 했는지를 들은 것 같다. 페드로는 카메라 앞으로 다시 가서 생각에 잠겨 카메라를 응시한 후에 다시 조금 뒤로 물러나서 살피듯이 본다. 페드로는 궁금하고 당황하고 약간 놀란 것처럼 보인다. 페드로는 자신의 질문에 아니라는 대답이 나올 것이라고는 생각하지 않은 채 쥴리아와 릴리를 돌아보며, "이게 정말로 우리를 녹화하고 있는 거야?"라고 묻는다.

쥴리아가 경멸스럽고 약간 짜증스러운 목소리로 크게, "그래!"라고 대답한다. 릴리도 쥴리아 말을 따라 한다. 쥴리아의 어조는 날카롭고 무시하는 듯하다. 그것은 마치 나에게는 "어린애야, 행동 좀 조심해!"라고 거의 위협하는 것처럼 들린다.

페드로는 몸을 까딱이며 어색하게 웃는 표정을 짓는데 상당히 기가 죽어 보인다. 페드로는 대들며 "아니야!"라고 대꾸한다. 그러나 페드로는 이 비난으로 인해 아마도 미미와 부딪힌 것이 카메라에 잡히고 녹화되었을지도 모른다고 깨닫게 된 것 같다.

릴리가 페드로에게 좀 더 큰 소리로 "그래!"라고 대꾸한다.

페드로가 다시 "아냐!"라고 주장한다.

그러자 쥴리아가 페드로에게 몸을 기울이고 마치 저능아에게 말하듯이 각 단어를 천천히 발음하면서 "**그! 래!**"라고 아주 크게 소리 지른다. 릴리는 쥴리아가 한마디 할 때마다 고개를 끄덕이면서 페드로가 어떻게 할지를 계속 지켜본다.

페드로는 가만히 서서 어색하게 웃고 있다! 아이는 점점 더 긴장하고 화가 나는 것 같이 보인다. 페드로는 보드 위로 몸을 기울이고 카메라를 다시 한번 잘 살펴본 후 "스티브 선생님, 맞지요? 지금 녹화 안 하고 있잖아요!"라고 스티브 씨에게 달려가며 마치 도움을 청하듯이 소리를 지른다. 페드로는 스티브 씨의 왼팔을 잡지만 스티브 씨는 다른 아이들과 레고 로봇들을 준비하는데 몰두해 있으므로 곧장 대답하지 않는다. 페드로는 스티브 씨를 자기 쪽으로 잡아당겨 스티브 씨가 자기를 보도록 하려고 한다. 아이는 머리를 힘차게 흔들며 "스티브 선생님! 맞지요? 지금 녹화 안 하고 있잖아요!"라고 급한 말투로 반복한다.

스티브 씨는 사무적이고 진지한 태도로 고개를 끄덕이면서 페드로와 보드 판 주변의 다른 아이들한테 "응, 녹화하고 있어."라고 대답한다. 그는 보드 판 건너편에 있는 릴리가 조용히 웃으며 자신이 한 말에 찬성하는 표정을 짓고 있는 것을 본다. 스티브 씨는 카메라 정면에 빨간 불이 깜빡이는 것을 손가락으로 가리키며 릴리에게 "저 작은 불빛 보이니?"라고 말한다. 릴리는 고개를 끄덕이며 다시 미소 짓는다. 스티브 씨와 릴리는 서로 이해하는 표정을 교환한다.

페드로는 스티브 씨의 말을 전혀 듣지 않은 것처럼 시종일관 스티브 씨의 팔을 붙들고 "맞지요? 녹화 안 하고 있잖아요!" 라고 점점 더 크고 다급한 어조로 머리를 계속 흔들며 되풀이한다. 아이는 계속 스티브 씨의 팔을 붙들고 위아래로 뛰기 시작하며 "맞지요? 녹화 안 하고 있잖아요, 스티브 선생님!"이라고 점점 더 큰 목소리로 반복한다.

그러나 스티브 씨의 관심은 지금 릴리에게 가 있다. 릴리가 빨간 불빛이 보인다고 하자 그는 "그래!"라고 하고 릴리는 고개를 끄덕인다. 스티브 씨는 보드 위로 몸을 숙이고 오른손을 들어 릴리에게 "하이파이브"를 보낸다. 릴리는 응대하여 자기의 손을 스티브 씨의 손과 맞부딪힌다. 스티브 씨는 미소를 지으며 "잘했어!"라고 외친다. 그는 릴리 쪽으로 조금 더 다가가 "이름이 뭐니?"라고 묻는다. 릴리는 매우 작은 목소리로 대답한다. 스티브 씨는 릴리에게 다시 한 번 묻는다. 릴리가 다시 말하자 그는 미소를 지으며 "알고 있었어!"라고 말하며 웃는다.

그러나 페드로는 여전히 스티브 씨의 관심을 끌려고 하면서 포기하지 않고 있다. 페드로는 스티브 씨를 두 손으로 잡는다. 마치 스티브 씨가 자기를 보도록 필사적으로 애쓰고 있는 것처럼 보인다. 페드로는 머리를 흔들며 "맞지요? 녹화 안 하고 있지요?"라고 반복하고 있다.

스티브 씨는 마침내 페드로를 본다. 그는 페드로를 안아주고 머리를 몇 번 힘차게 토닥여주고 환하게 미소 짓는다. 그다음 그는 페드로의 손에서 벗어난다. 그는 "흠! 너랑 뭘 하겠니, 철부지야?" 라고 말하는 듯한 표정을 아주 잠깐 지으며 머리를 살짝 기울인다. 그는 페드로에게 똑바로 몸을 돌리고 눈을 곧바로 들여다보고 다시 한 번 크게 미소 지으며 "그래"라는 의미의 몸짓으로 머리를 위아래로 끄덕이기 시작한다. 그러나 동시에 머리를 끄덕일 때마다 박자에 맞추어 "아니-녹화하고-있는 것-아니야."라고 발음한다. 그다음 그는 크게 활짝 웃는다.

페드로는 스티브 씨의 말을 처음에는 진지하게 받아들인다. 그는 릴리와 쥴리아를 돌아보고 만족스럽고 심지어 약간은 의기양양한 듯한 목소리로 "내가 뭐랬어!! 어?…응?…쥴리아!"

스티브 씨는 계속 고개를 끄덕이며 웃는다. 그는 페드로에게서 릴리에게로 몸을 돌리고 보드 판 위로 몸을 기울인 채 "얘야!"라고 릴리를 부른다. 릴리가 고개를 들자 그는 릴리와 좋은 농담을 같이 나눌 것을 기대하는 듯한 미소를 지으며 릴리의 눈을 똑바로 응시한다. 그는 "아니-녹화하고-있는 것-아니야."라고 리듬을 살려 챈트하면서 "그래"의 몸짓으로 머리를 끄덕이기 시작한다. 그는 큰 소리로 웃기 시작하고 릴리도 너무 웃어서 몸을 구부리고 웃기까지 한다.

그러나 페드로는 웃지 않고 있다. 페드로는 진지해 보인다. 아이는 스티브 씨에게서 조금 떨어져서 그가 릴리와 주고받는 것을 거리를 두고 쳐다보고 있다. 아이는 이 게임에 들어가 있지 않을뿐더러 아마도 이것을 전혀 게임이라고 보고 있지 않을 것이다.

그 방의 다른 아이들이 관심이 끌려 스티브 씨를 바라본다. 누군가가 옆에서 "그래!"라고 소리친다. 스티브 씨는 이 신호를 받아들인다. 그는 릴리를 계속 바라보고 "아, 그래! 맞아! 녹화-중이야!"라고 리듬을 지어내어 챈트하면서, 위아래로 고개를 끄덕이던 것을 "아니"를 뜻하는 몸짓으로 매우 천천히 그리고 크게 좌우로 흔든다. 그가 더 웃는 모습이 릴리를 더 크게 웃게 한다.

스티브 씨는 페드로의 눈길을 다시 마주치고 페드로를 다시 곧바로 쳐다보며 "그래-맞아!"라고 계속하여 읊고 "아니"를 가리키는 몸짓으로 고개를 좌우로 흔든다. 페드로는 한 번 더 "아니에요!"라고 고집한다. 아이는 장난스러운 것이 아니라 진지하고 집요한 목소리이다. 그러나 이제는 목소리가 덜 크고 말꼬리가 작아진다.

스티브 씨가 교수를 갑자기 돌아보고 말한다. "제가 저 아이한테 말하길…"이라고 릴리를 가리키며 교수에게 말한다.

그다음 스티브 씨는 그래-아니야 게임 전체를 교수에게 다시 보여준다. 그는 릴리에게 다시 몸을 돌리고 릴리를 향해 보드 판 위로 몸을 숙인다. 릴리가 스티브 씨를 보자 그는 "아니-녹화하고-있는 것-아니야."의 챈트에 "그래"의 몸짓으로 머리를 다시 위아래로 끄덕이기 시작한다.

페드로는 그동안 카메라로 다시 온다. 아이는 카메라에 아주 가까이 다가가서 렌즈 안을 들여다본다. 아이는 스티브 씨와 거의 동시에, "**녹화**하고 있는 것…아니야!"라고 되풀이하나 전혀 장난스러운 목소리는 아니다. 아이는 릴리와 스티브 씨를 돌아보고 그들을 향해 보드판 위로 몸을 구부린다. 스티브 씨가 챈트를 "그래-녹화-중이야."로 바꾸고 머리를 좌우로 흔들기 시작하자 페드로는 "아냐! 아니야!"라고 다시 소리친다.

페드로의 사촌 형인 로버트는 이 광경을 처음부터 줄곧 보고 있었다. 로버트도 녹화 중인지를 직접 보려고 한 번 카메라 앞으로 왔었다. 로버트는 이제 페드로 뒤로 가서 고개를 움직이지 않고 잠시 서 있다. 로버트는 마치 무지하지만 사랑스러운 어린아이를 볼 때와 같은 표정으로 따스한 미소를 지으며 페드로를 바라본다.

스티브 씨는 릴리에게서 몸을 돌려 교수를 바라보며 걸어간다. 그는 "하, 하, 하, 하!"하며 크게 웃는다. 교수는 약간 미소 지으며 "혼란스럽네요!"라고 대답한다. 그는 들뜬 것 같지 않으며 웃지도 않는다. 그는 놀이 안에 들어와 있지 않다. 그가 나중에 나한테 말했는데,[5] 그는 페드로가 수치심을 느끼지 않게 하려고 했다고 했다. 그러나 스티브 씨는 웃으며 손뼉을 치면서 "어어! 누군가 걸리겠네!"라며 자신의 놀이가 매우 즐거운 듯한 목소리로 외쳤다. 페드로는 몸을 돌렸고 전체 녹화가 끝났다.

도전으로서의 놀이: 분석과 토론

우리가 의미 창조의 행위를 연관성과 대인관계를 쌓고 탈바꿈시키는 행위로서 연구한다면 우리는 형성되고 변화한 이러한 연관성과 대인관계의 본질에 대해 의문을 갖게 된다. 스티브 씨의 장난스러움은 어떤 점에서 중요한가? 그의 장난스러움이 참여자들 간의 관계와 참여자들이 상황에서 만들어내는 연관성을 바꾸는데 어떤 역할을 하는가? 그는 어떻게 해서 장난을 치기로 결정한 것인가? 그가 페드로와 릴리에게 보여준 반응과 교수와 한 말 대신에 어떤 대안이 가능했을까? 대안들이 더 나았을 것인가? 더 낫다면 그 이유는 무엇일까? 나는 이러한 질문에 답하기 위하여 이 일화 속 사건들의 전개를 다양한 돋보기와 관점을 통해 바라본다.

긴장의 발전

스티브 씨가 장난스러운 반응을 한 것은 여러 참여자 간의 관심이 점차 서로 충돌하면서 긴장이 팽팽해질 때였다. 게다가 스티브 씨 자신의 여러 가지 관심도 서로 상충되기 시작하고 있었다. 예를 들어, 그는 그 활동에 처음 참여하는 수줍은 릴리와 함께 작업하는 것을 포함하여 그 활동 자료를 준비하는 일을 해야 했고 점점 더 일에 방해가 되고 있는 페드로의 불안감을 해결해야 했다.

나는 스티브 씨의 놀이가 그 상황에 가져온 변화를 더 잘 보기 위하여 주요 참여자들의 시각이라고 보이는 것을 우선 소개하겠다. 이들은 스티브 씨와 릴리, 페드로, 그리고 교수이다. 나는 동영상 녹화에서 관찰 가능한 증거와 스티브 씨와 교수와의 면담을 통해 릴리와 페드로에 대해 얻은 정보에 기초하여 릴리와 페드로의 관점을 구성했다.

릴리의 관점. 릴리는 레고-로고 활동이 처음이지만 이 활동에 같이 참여해보고 싶어하는 기색이 역력했다. 릴리는 스티브 씨를 열심히 바라보고 있었으며 그의 말에 반응하였다. 어떤 상황에 처음이라는 것은 아마도 그 속에서 일어나는 많은 일을 가늠하고 판단을 내리는 것을 뜻할 것이다. 다시 말해, 릴리는 아마도 그 상황 전체가 어떤 느낌인지에 대해 민감했을 것이며 상황 속에 계속 있든지 아니면 밖으로 나가든지를 결정해야 했을 것이다. 릴리와 쥴리아는 페드로가 미미를 밀치는 것을 보았다. 릴리와 쥴리아는 그 사건 처음부터 전체를 보지는 않았다. 아이들의 표정으로 보건대, 아이들은 아마도 페드로가 공격적이고 옳지 않으며 버릇없다고 생각하고 있었을 것 같다. 그 아이들이 카메라가 녹화 중이었는지 아닌지에 대해 페드로와 이야기를 할 때, 쥴리아는 페드로에게 대놓고 조롱과 경멸을 표현했다. 릴리도 나중에 비슷하게 멸시하는 어조로 맞장구를 쳤다. 쥴리아가 방의 다른 쪽으로 갔을 때 릴리는 제자리에 서서 페드로가 스티브 씨에게 카메라가 녹화 중이 아니었다고 해 달라고 매달리는 것을 바라보았다. 릴리는 스티브 씨가 페드로에게 어떻게 응대해줄지를 보려고 기다리고 있었던 것 같다. 또한, 스티브 씨의 관심을 더 받기를 원했던 것 같기도 하다. 릴리는 그 방에서 행동하는 방식과 일어나는 활동들을 비롯해 레고-로고 방 전체를 판단하고 있었던 것 같다.

페드로의 관점. 페드로와 그의 친구 매뉴얼은 카메라에 호기심을 느끼는 것 같았다. 그 날은 녹화 첫날이었고 페드로와 매뉴얼은 카메라 앞에서 점프하면 어떻게 되는지를 탐색하고 있었다. 그 아이들은 방을 향하고 있는 카메라의 작은 디지털 화면에서 자신들의 모습을 볼 수 있었다. 화면은 아이들이 갖가지 표정을 짓고 점프를 하면서 자신의 상을 볼 수 있는 거울과 같았다. 페드로는 카메라 앞에서 여러 가지 동작을 실험하는데 완전히 빠져 있었다. 아이는 미미와 스티브 씨가 다가오는 것을 몰랐으며 미미와 부딪힌 것은 우연한 일이었다. 페드로는 자기의 손이 미미의 가슴에 잠시 닿았을 때 당황해 보였으나 기분 나빠하는 것 같지는 않았다. 페드로는 미미가 항의를 했을 때 얼굴에 살짝 미소를 띠고 미미의 팔을 붙들고 미미를 밀쳐냈다. 그러나 자신이 카메라에 녹화되었을지도 모른다는 스티브 씨의 경고를 이해하자 아이는 심각하게 걱정을 하기 시작하는 것처럼 보였다. 아이는 자신의 질문에 대해 쥴리아와 릴리가 냉담하고 거의 적대적으로 대답하자 걱정이 더 커졌다. 아이는 점점 더 자의식에 빠지고 당황스러워하는 것처럼 보였다. 아이가 스티브 씨에게 달려가서 카메라가 녹화 중이 아니었다고 확답해주기를 요청했을 때는 도와달라는 외침처럼 들렸다. 페드로에게는 자신이 카메라에 녹화되지 않았다는 것이 무척 중요한 일이 된 것 같았으나, 그 이유가 무엇일지에 대해서는 추측밖에 할 수가 없다.

스티브 씨의 관점. 스티브 씨는 여러 가지 일을 조직해야 하는 복잡한 상황이었다. 그는 레고-로고 활동을 위해 모든 자료를 확실히 제 자리에 준비하고 있었다. 그는 방 뒤쪽에 있는 큰 아이들 몇 명과 분주하게 일하고 있었으며 레고 조각들과 이전에 만든 로봇들을 찾고 있었다. 그는 그 방에 새로 온 여자아이가 있다는 것을 알고 있었으며 그 아이에게 특히 신경을 쓰는 것 같았다. 그의 의도는 그 아이를 활동에 포함하고 그 아이가 편안하게 느끼도록 하는 것이었다. 게다가 이날은 그가 몇 년간 매우 잘 알아 온 교수와 비디오 녹화를 하는 첫날이었다. 그러나 녹화는 가뜩이나 번잡한 레고-로고 방을 더 복잡하게 한 것 같았다. 스티브 씨는 페드로가 카메라 앞에서 "실없는 짓"을 하고 미미와 부딪히는 것을 보았을 때, 아이들에게 얌전히 있으라는 말 대신에 방의 다른 아이들을 포함해 페드로에게 녹화 중이라고 말했다. 잠시 후 페드로가 그에게 카메라가 녹화 중이 아니었다고 말해달라고 "애원"하기 시작하자 스티브 씨는 한 가지 문제에 더 직면했다. 즉, 이것은 페드로가 그의 말을 듣고 있지 않다는 점과 카메라가 정말로 녹화 중이라는 정보를 분명히 부정하고 있다는 점이다.

그 순간의 여러 가지 긴장은 강렬하고 복잡했다. 그러한 긴장되고 복잡한 상황은 어려우며 정해진 해결 방법은 없다. 모든 포스투팍마다 다른 결과가 나올 것이다. 스티브 씨는 놀이를 창조함으로써 반응하였다. 나는 이 특정한 상황뿐만 아니라 다른 상황에서도 대인관계를 변화시키는 행동인 상호작용적 포스투팍으로서의 놀이의 성격과 의미를 분석하는 데 있어서 세 가지 주요한 발견사항을 강조하고자 한다.

1. 함께 하는 놀이는 다층적으로 중첩되는 의미들을 생산할 수 있다.
2. 놀이는 상호 자발적이다. 즉, 놀이를 하고 싶어 해야 하며 다른 사람들에게서 요청을 받아야 한다(최소한 대놓고 거절당하면 안된다).
3. 놀이하는 사람들의 공동체에 들어가는 것은 그들의 관계의 특질에 변화를 가져오며, 이것이 상황과 자아와 타인들에 대한 이해에도 변화를 초래할 수 있다.

다음 부분에서는 스티브 씨의 놀이의 복합적이고 다층적인 의미에 대해 논의하겠다. 특히 놀이 외에 다른 선택으로 가능한 비놀이non-play와 대조하여 논의하겠다.

놀이의 여러 의미

나는 스티브 씨가 한 일련의 장난스러운 언행들은 여러 명에게 한 것이었으며, 참여자들 간의 관계와 그들이 상황 전체에 연관성을 맺는 방식에서 여러 가지 탈바꿈을 가져온 것 같다고 주장한다.

나는 우선 스티브 씨의 놀이를 릴리에게 한 제의로서, 릴리가 그 상황에 대해 긍정적인 감정을 키우도록 하고 아이의 신뢰감을 얻고 아이와의 관계를 형성하려는 의도로서 탐구한다. 나는 또한 스티브 씨의 놀이를 모든 참여자가 공동체 전체에 정서적인 유대감을 늘이도록 하려는 수단으로서도 논의한다. 더 나아가, 스티브 씨의 놀이는 페드로를 유머감각 있게 놀린 것으로서도 논의될 것이다. 마지막으로, 이 일화는 스티브 씨가 교수에게 한 장난스러운 제의로서 자신이 동료일 뿐만 아니라 연구의 초점이기도 한 상황에서 자신과 교수 간의 신뢰감과 우정을 다진 것으로도 볼 수 있다.

릴리에게 한 장난스러운 제의. 나는 스티브 씨가 릴리를 돌아보았을 때 그의 놀이가 릴리에게 장난을 같이 하자는 제의가 되었다고 주장한다. 스티브 씨와 릴리는 "**그래**"와 "**아니**"를 우습게 사용하는 것에 대해서 함께 웃었는데, 아마도 페드로에 대해서도 웃었을 것이다. 릴리에게는 스티브 씨의 "**그래**"와 "**아니**"의 융합이 또 다른 측면을 띄었을 수도 있다. 즉, 자신과 쥴리아가 페드로와 이전에 한 말싸움의 장난스러운 패러디처럼 보였을 수도 있다. 그러한 주고받음은 말과 행동을 서로 다르게 하는 역설로 바뀌었으며, 상반되는 것들이 결합하여 불가능하지만 환상적인 코미디가 되었다. 스티브 씨가 릴리에게 장난스러운 제안을 한 그때는 페드로에 대해서가 아니라 우스운 것들 여러 가지에 대해서인 것 같았다. 사람들이 강한 적대감을 느끼고 화를 낼 수 있는 것에 대한 웃음이었던 것 같으며, 스티브 씨는 이 적대감을 우습고 유쾌하고 실없는 모순어법으로 탈바꿈시켰다. 사실 스티브 씨가 놀이로 탈바꿈시킨 상황은 비디오 녹화에서 보이는 것보다 더 많은 긴장과 말싸움의 가능성이 있었을 수도 있다. 스티브 씨는 나중에 면담에서 이 아이들 집단에 있는 여러 형제자매, 그리고 사촌 간인 아이들의 관계에 대해 묘사하였다. 페드로는 이러한 아이 중 한 명이었다. 스티브 씨는 자신이 알고 있는 싸움과 갈등의 소지에 대해 언급하였다. 그는 자신이 "이 장면의 여기에 등장하는데 Y(페드로의 누나)가 그곳에 있는 것을 알고 있어요… [그런데] Y와 M은 이따금 다른 아이들을 친절하게 대하지 않아요…. 그리고 나는 Y가 여기 있으리라는 것을 알고 … 이런 것들이 작용합니다. 그러면 이 일들이 모두 … 일어날 거예요."라고 말했다(Villanueva, 2009).

스티브 씨는 면담에서 아이들에게 자기가 얼마나 우스꽝스러울 수 있는지를 보여줌으로써 아이들이 자기 자신들이 우스꽝스럽다는 것을 보도록 할 수 있다고 암시하였다. 그는 이렇게 말했다: "아이들은 … 자신들이 하는 우스운 행동을 봅니다 … 자신들이 하는 행동뿐만 아니라 내가 하는 우스운 행동도 봐요 … 그리고 어른들 모두가 하는 행동도 말이죠 … 그것이 긁적긁적하는 것이든 … 아니면, 어, 나처럼 하는 것이든 말이에요! 하하 하 하!" 그가 릴리와 주고받은 것은 릴리와 다른 아이들 모두가 세상 전체를 향해 웃도록 함으로써 이 세상을 우스꽝스럽고 유쾌하도록 자유롭고 다정한 장소로 탈바꿈시키는 카니발적인 농담과 같은 것이었다.

폭발 가능성이 있는 상황에 대처한 것 외에도, 릴리는 스티브 씨가 활동에 포함시킴으로써 환영받는다는 느낌이 들도록 해 주고 싶어 했던 새로 온 아이였다. 스티브 씨는 "릴리는 처음 온 아이였어요. 매우 똑똑하고, 매우 집중력이 있고, 열심히 배우고 싶어하는 아이예요. 그러나 수줍음을 많이 타요! [그 아이는 거기에] 처음 온 거예요! 나는 아이들을 어떻게 해서든 편안하게 느끼도록 해주어야 해요. 그러면 모든 애들이 … 서로를 느끼게 되지요."

바흐찐(1984)은 "어떤 고립된 "희극적인" 사건 [혹은 사람]에 대한 개인적인 반응이 아니라" 모두를 아우르는 놀림이나 웃음이라는 이 특별한 자질을 모든 사람의 세상 전체에 대한 웃음인 보편적 카니발적 웃음이라고 묘사하였다. "세상 전체의 우스꽝스러운 면이 보인다.", 즉 세상의 희극적인 방식과 가소로운 상대성, 그리고 가장 중요한 것인 깊은 양면성이 인식되고 경험된다. 그 웃음은 "유쾌하고 의기양양한 동시에 놀리고 조롱하는 것이다. 그것은 확언하면서 부정하고 매장하면서 회생시킨다…"(Bakhtin, 1984, p. 11-12). 이와 마찬가지로, 놀이와 연결된 웃음은 참여자들이 웃는 동시에 자신들을 향해서 웃도록 한다는 점에서 관계를 탈바꿈시킬 수 있다. 사람들을 함께 웃도록 이끌어 들임으로써 놀이하는 사람들 간의 신뢰와 이해의 특별한 유대감이 구축되며 거의 공모에 가까운 관계가 된다. 스티브 씨가 릴리에게 한 제의는 모든 아이에게 함께 웃자는 공적인 제의가 되었다. 여러 아이가 그의 농담에 참여했으며 그가 언제 노래와 몸짓의 결합을 바꿀 것인지를 암시하였다. 그리고 거의 모든 아이가 함께 웃었다.

함께 웃음에 참여하지 않은 아이는 페드로뿐이었다. 페드로는 놀이의 밖에 머물러 있었으며 스티브 씨가 그를 웃음에 포함시키려고 여러 차례 시도했음에도 불구하고 카메라가 녹화하고 있지 않았다고 고집하였다. 나는 다음 부분에서 그 상황이 페드로에겐 어떤 의미가 있었을 것이며 스티브 씨의 행동이 페드로에게 어떤 의미가 있었을지를 논의하겠다.

페드로 놀리기. 스티브 씨는 하던 일을 멈춘 후에 페드로를 안아주고 크게 미소 지으며 머리를 토닥여주었다. 그는 그리고 나서 페드로 앞에 서서 의미심장한 표정을 짓고 "아니-녹화하고-있는 것-아니야."라고 리듬 살린 챈트를 부르며 "그래"를 뜻하는 몸짓으로 고개를 끄덕이기 시작했다. 그것은 스티브 씨의 페드로에 대한 다정하고 장난스러우며 짓궂은 응답의 시작이었다. 그의 응답은 페드로를 시험하려는 의도였다. "그것은 모닝콜이었어요!" 라고 스티브 씨는 나중에 나와 한 면담에서 말했다. "나는 페드로의 지능을 가지고 조금 장난을 치고 싶었어요!" 스티브 씨는 페드로가 카메라의 작은 빨간 불빛을 볼 수 있었으므로 카메라가 녹화 중이라는 것을 알고 있었다고 믿었으며, 다음과 같이 말했다.

> 그래서 나는 페드로가 원하는 것을 줍니다! 아이가 나에게 주고 싶어 하는 것과 똑같은 혼란을 말이에요 …. 내가 페드로에게 "그래, 그건 녹화 중이었어"라고 처음 말했을 때 아이는 그것을 깨닫는 것에 감질이 났다고 생각해요. 그래서 다시 나한테 와서 … [부인을 했고] 나는

> 아이의 지능을 가지고 놀이를 했지요. [나는] "[부정의 의미로 고개를 흔들며] "그래", 아니면 [긍정의 뜻으로 고개를 끄덕이며] "아니"라고 합니다! 그렇게 하면 아이가 어떻게 하겠습니까? 하 하 하! 그러면 결국 그만두는 것이지요.

나는 아이들의 욕구에 대한 이러한 유형의 다정하고 장난스러운 놀림을 더 큰 맥락에서 아이들의 불안감과 두려움을 사회화하는 데 있어 문화적으로 적절한 관행이라고 볼 필요가 있다고 주장한다. 어떤 공동체와 문화에서 어른이 아이들을 짓궂게 놀리는 것은 여러 가지 중첩되는 목적이 있는 것으로 발견되었다. 가령, 놀리는 것은 행동을 통제하고 아이와 재미있게 장난을 치는 동시에 상호작용의 참여자들 간에 이미 존재하는 유대관계를 강조하기 위해 이용될 수 있다(Eisenberg, 1986, p. 182-183). 어떤 히스패닉 공동체[6]에서는 어른들이 아이들이 아주 어린 나이일 때부터 사랑의 유대감을 높이기 위해 유머와 농담을 이용하여 아이들과 놀리기를 주고받는 것 같다(Eisenberg, 1986; Miller, 1986). 아이들을 놀리는 중요한 이유는 두려움과 불안감을 완화하는 데 있다. 이젠버그는 아주 어린아이들을 아이들이 두려워하는 상황에 장난스럽고 과장된 방식으로 노출시킴으로써 아이들이 두려워하는 것을 놀리는 것에 대해 묘사했다(Eisenberg, 1986, p. 187).

내 의견으로는, 무엇보다도 아이들이 가질 수 있는 두려움과 불안을 완화시키기 위한 이러한 유형의 장난스러운 놀리기는 어디에서나 볼 수 있는 "까꿍" 놀이에 견줄 수 있다고 본다. 보편적으로 하는 이 게임에서는 아이들이 길을 잃거나 보호자에게서 떨어지는 것에 대해 두려워할 가능성을 놀림감으로 삼는다. "까꿍"은 완전히 터무니없고 우스운 방식으로 현실과 초현실을 융합하는 것이며 "너"가 여기에 있음과 동시에 있지 않다는 사실에 대해 "예가 아니오이고 아니오가 예"임을 주장하는 특질이 있다.

놀리기가 가질 수 있는 매우 중요한 또 다른 기능은 다툼과 논쟁에서 쌓이는 긴장을 흩어버리는 것이다. 밀러Miller(1986)는 "놀리는 것은 싸움을 거짓 싸움으로 전환하는 것이다."(p. 209)라고 말했다. 놀리기는 종종 놀림감이 되는 사람과 논쟁을 하는 동시에 놀림감이 되는 사람이 자신의 행동과 감정을 보고 웃도록 한다는 모호한 특질이 있다. 해결되지 않은 이러한 이중성과 같은 것이 상상적 상황을 창조하는 활동의 특징이다.

놀이에서 구성된 상상적 상황은 "크로노토프chronotope"라고 볼 수 있다. 바흐찐은 "크로노토프"라는 용어를 공간·시간 속에서 물리적인 한 지점으로서만이 아니라 사람들이 사회적이고 심리적으로 작업하는 가치관과 믿음체계, 역할, 그리고 위치를 묘사하기 위해서도 사용하였다. 따라서 크로노토프는 시간의 한 지점(또는 어떤 기간)과 실제 공간 안에서 사회적이고 개인적인 가치관의 의미 있는 결합이다.

놀이에서 구성된 크로노토프는 흔히 하나 이상의 실제적 크로노토프를 반영하여 창조된 것이다. 놀이 크로노토프 안에서 재현된 현실은 버겐Bergen(2002)에 인용된 울펜슈타인Wolfenstein(1954)의 제안처럼 "진지"하거나 "농담조"일 수 있다. 따라서 놀이 크로노토프는 잠재적으로 현실에 대한 언급을 나타낼 수 있다. 그러한 언급은 어떤 담론의 주제를 은유적인 시각으로 뒤집음으로써 특별한 의미를 부여하는 행위이다(Marjanovic-Shane, 1996).

스티브 씨가 페드로의 행동에 대해 장난스럽고 놀리는 듯이 모방한 것은 페드로와 일어날 가능성이 있는 다툼을 실제 사건으로부터 놀이의 영역으로 탈바꿈시켰음을 나타내는 것이라고 볼 수 있다. 스티브 씨는 다른 방법으로 페드로에게 어리석게 굴지 말라고 간단히 말하던가 틀렸거나 모르고 있다고 하면서 더 주의집중을 하라고 명료하게 말했을 수도 있다. 그러나 그의 장난스러운 반응은 페드로에게 도전을 가했다. 그것은 페드로에게 상황 전체에 대한 행동과 자신의 감정을 바꾸도록 하는 권유이자 새로운 기회였다.

스티브 씨는 페드로가 카메라 앞에서 한 행동에 당황했을 수 있다는 것을 이해했다. "아이는 자신이 알면서 … 행동한 것을 … 찍히고 싶지 않은 겁니다!"라고 스티브 씨는 녹화 테이프를 본 후에 말했다. 스티브 씨는 페드로가 느꼈을 감정에 대한 설명이라고 할 수 있는 것을 덧붙였다. 그는 "아 … 참, 점프하거나 줄 안서는 것은 … 하면 안 된다는 것을 알아! 하지만 난 맨날 그렇게 하는데! 하하하! 상관없어, 하지만 걔들[아이들]은 싫어하지." 스티브 씨는 놀이를 창조함으로써 페드로에게 두려워하고 안절부절 못할 이유는 정말 없으며 일들은 늘 생각처럼 되지는 않는다는 것도 말하고 있었던 것 같다.

그러나 페드로는 스티브 씨가 여러 차례 제안했음에도 불구하고 놀이에 참여하지 않았다. 우리는 페드로가 참여하지 않은 이유에 대해 추측만 할 수 있을 뿐이다. 스티브 씨가 나중에 면담에서 말했듯이 페드로가 자신의 행동이 녹화되었다는 것에 너무나 당황했기 때문일 수도 있다. 아이는 스티브 씨가 도와주지 않고 놀리는 것에, 아니면 도와주면서 놀리는 것에 상처를 입었을 수도 있다. 아이는 불안감에 빠진 것처럼 보였다. 아이는 방의 모든 아이가 웃고 있는 데서 모든 아이들이 분명하게 알고 있는 사실과는 정반대로 카메라가 녹화 중이 아니었다고 혼자 고집하고 있었다.

교수에게 한 장난스러운 제의. 스티브 씨는 마지막으로 교수에게도 자신의 놀이를 했다. 그는 교수에게 똑바로 몸을 돌리고 자기가 릴리와 방 안의 다른 아이들과 어떻게 놀이를 하는지를 보라고 했다. 그는 교수가 관객의 한 명으로서 그 놀이를 다 봤는지가 확실하지 않았기 때문에 놀이 전체를 다시 반복했다. 페드로에게 함께 놀이하자고 제의하고 교수에게 함께 놀이하자고 제의한 것은 모두가 함께 놀이하는 사람들의 공동체에서 협력자들 간의 친밀함과 평등함을 창조하는 데 그 목적이 있었다. 그러나 그와 동시에 이 제의는 스티브 씨가 두 가지의 대인 관계에서 놓여 있는 각기 다른 위치에서 나온 것이었다. 페드로에게 놀이를 하도록 허락한 것은 그에게 힘을 주고 자신의 두려움을 극복하도록 도움을 준 것일 수 있다. 교수에게 놀이할 기회를 준 것은 스티브 씨가 관찰 대상이 되고 교수가 관찰하고 판단도 할 수 있는 상황에서 스티브 씨 자신에게 힘을 주었을 수도 있다.

교수도 스티브 씨의 놀이에 참여하지 않았다. 그는 스티브 씨가 페드로를 놀리는 것에 마음이 편하지 않았다.[7] 그는 놀이에 참여하지 않음으로써 페드로의 자존심을 지켜주고 아이와의 유대감을 표현하려고 하였다.

함께 쓰기와 협력하기의 관계와 놀이

위에서 언급했듯이, 놀이의 크로노토프는 다른 모든 "현실적인"[8] 크로노토프를 반영하되, 특별한 방식으로 반영한다. 더 나아가서, 사람들이 놀이의 크로노토프를 창조하기 시작할 때는 장난스러운 상상적 크로노토프의 공동 구성에 참여하는 놀이하는 사람들의 공동체도 창조하게 된다. 여기서 나의 질문은 참여자들이 놀이하는 사람들의 공동체를 형성할 때 그들 간에 창조되는 관계의 성격에 대한 것이다.

놀이는 상호 자발적이다

놀이하는 사람들의 공동체 참여자들 간의 관계에서 첫 번째 특징은 그들이 상호 자발적인 구성원이라는 것이다. 자발적으로 놀이에 참여하지 않는 사람들에게는 아무도 놀이를 하도록 "시킬" 수 없다. 놀이에 초대까지는 할 수 있으나 강제로 놀이를 하게 할 수는 없다. 또 한편, 놀이에 초대받지 않은 사람은 놀이에 참여할 수 없다! 우리는 이 장에서 소개한 일화에서 스티브 씨가 초대를 공개적으로나 암시적으로나 여러 번 했음에도 불구하고 페드로가 놀이하는 사람들의 공동체 밖에 서서 아이들의 집단적 웃음에 참여하지 않는 것을 보았다. 페드로는 복잡한 다른 이유로 인해 놀이에서 떨어져 있었던 것 같은데, 그 이유는 녹화와 스티브 씨와 교수와의 면담으로는 완전히 판단할 수 없다. 아이는 자신의 행동이 녹화되고 있었다는 것이 너무 불안했던 것 같기도 하다. 스티브 씨의 놀림감이 되었기 때문에 놀이에 사실상 초대받지 못했다고 느꼈을 수도 있다.[9] 그러나, 이유가 무엇이건, 사람은 놀이에 참여하고 싶어 해야 하고 초대받았다고 느껴야 한다. 놀이에 참여하지 않는 것은 상황에 대한 자신의 이해를 바꾸지 않는 것이며 다른 사람들과의 관계의 성격을 바꾸지 않는다는 것도 의미한다. 카메라가 녹화 중이 아니었다고 계속 주장하는 페드로는 웃음소리로 가득한 방에서 혼자 서서 정말로 자신의 불안감에 빠진 것 같았다. 나는 놀이가 참여자들에게 자발적인 것으로 인식되지 않으면 멈추게 될 것이라고 주장한다.

관계의 특질 바꾸기

나는 놀이하는 사람들 공동체의 구성원들 간의 관계는 협력의 관계라고 주장한다. 참여자들은 상상의 세계(크로노토프)를 창조하고 그 속에서 가치 체계와 규칙, 기대, 그리고 가능성을 동시에 공동 구성하며, 그들이 놀이하는 상상의 세계 속에서 "주인공들" 간의 관계를 구성한다. 구성원들은 이러한 유대관계로 인해 위험을 감수하는 한편 서로 신뢰하지 않는다면 협력을 할 수가 없다. 그들 간의 관계는 놀이를 구성하는 활동을 중심으로 형성되기 때문에 어떤 "현실의" 크로노토프에도 속하지 않는다. 그러나 다소 역설적이게도, 이러한 관계는 상상이나 놀이의 크로노토프 영역에도 속하지 않는다. 나는 이러한 새로운 관계가 현실과 놀이의 크로노토프 사이의 경계에서 구성된다고 주장한다. 그것은 상상의 세계를 함께 쓰는 동시에 서로를 함께 쓰는 관계이다. 즉, 참여자들 간의 관계에서 새로운 특질이 형성되는 것이다. 참여자들은 서로에게 "**나**"와 "**너**"가 된다(Marjanovic-Shane, 1989; Marjanovic-Shane & Beljanski-Ristić, 2008). 놀이의 틀을 창조하는 행위는 창조와 동시에 다른 사람들이 공저자가 되어 새로운 크로노토프의 창조를 위해 협력하도록 그들을 초대하는 행위이다. 그것은 행위로서, 그리고 포스투팍으로서 어떤 "현실의" 크로노토프에도 속하지 않으며 이 속에서는 어떤 가치도 지니지 않는다. 그 행위가 창조하는 관계는 자유롭게 그리고 자발적으로 형성된다. 이것은 대화적 듣기의 관계이다. 상상적 크로노토프는 같이 쓰는 사람들의 자발적 몰입과 전적인 참여, 그리고 평등함이 없이는 창조되고 존재할 수 없다. 그것은 대상들의 "자유 선택"보다는 활동의 구조와 상황에 의해 대상들에게 위계질서와 역할을 부여하는 "현실적인" 크로노토프의 구속에서 벗어나서, 인간 간의 접촉을 재확립하는 데 있다. 서로가 서로에게 제공할 수 있는 것은 **나**와 **너**에 의해 함께 이룩되고 그들 사이[10]에서만 존재하는 상상의 세계이다. 상상의 세계는 그들이 상호 간에 지속적으로 줄 수 있는 선물이며 그들 간의 관계에 새로운 성질을 부여한다. 즉, 그것은 그들에게 관계 속의 개인들로서의 삶을 수여한다.

놀이자들의 공동체의 일원들(**나**와 **너**)이 상상의 세계와 관련하여 하는 행동은 생성적이고 심미적이다(Bakhtin 외, 1990). 그들은 그 세계를 세우고 조직하고 정리한다. 상상의 세계를 만드는 모든 행위에는 그 세계를 형성하고 형태를 잡고 "마무리 짓는"데 있어 미적 가치가 있다(Bakhtin 외, 1990). **나**와 **너**는 서로에게 그 세계가 더 잘 빚어지고 형성되고 의미가 있도록 매 순간 그 세계를 함께 창조한다. 서로를 향한 포스투팍은 대화적이다. 상상 속의 세계를 만드는 모든 움직임은 **너**를 향한 **나**의 몸짓이다. 그것은 서로의 시야를 받아들이고 완성하고 확장하며 탈바꿈시키는 몸짓이다. **나**와 **너**는 함께 창조하고 있는 세계에 대한 대화가 되고 대화를 통해 존재한다. 그리고 그 세계 – 놀이의 크로노토프 – 는 그들 삶의 다른 "현실들"에 대해 서로에게 하는 말에서 엮어져 나온다.

맺는말

함께 놀이하는 것은 놀이하는 사람들의 공동체 속에서 관계를 탈바꿈시킬 수 있으며 유대감, 즉 **나**와 **너** 사이의 상호 완성감을 강화한다. 이 감정, 즉 **나**와 **너**가 되는 에너지는 새로운 정서이다. 그것은 대화적 유대감 속에서 상호 간의 이해를 경험하는 감정이다. 그것은 **나**와 **너** 사이의 "완성"의 감정(Holzman, 2009)이다. 더 나아가, 이 감정은 목표 지향적인 활동 체계 activity system의 위계적인 크로노토프 참여자들 간의 관계 속에 존재하는 "진지한 정서"(Vygotsky, 1971)에 의해 탈바꿈되고 극복되는 감정이기도 하다. 다른 사람에 대한 의무의 이행(혹은 불이행)에서 느끼는 감정, 도움을 받고 친구가 있다는 감정, 적대자와 싸우는 데서 느끼는 감정, 목표를 성취하거나 성취하지 못하는 데서 느끼는 감정 – 이 모든 것들이 목표지향적인 "현실적" 크로노토프에서 발생하는 것이다. 이러한 감정은 참여자들을 서로 배치하고 목표지향적인 활동 속에서 분업이라는 비인격적인 힘에서 파생된 가치체계와 규범으로 구속하면서 포스투팍의 즉각성을 가진다. 그러나 서로를 상상의 세계를 만드는 협력자로서 이해하는 새로운 감정, 즉 새로운 정서는 **나**와 **너** 사이의 관계에 새로운 깊이와 의미를 주며 모든 것을 극복하는 정서이다.

비고츠키는 예술 감상을 할 때 일어나는 정서를 약간 다른 시각에서 묘사면서, "작가의 감정을 진심으로 경험하는 것만으로는 충분하지 않다. 예술 작품의 구조를 이해하는 것만으로는 충분하지 않다. 사람은 자신의 감정을 창의적으로 극복하고 자신의 카타르시스도 발견해야 한다. 이때만이 예술의 효과가 완전하게 된다."(Vygotsky, 1971, p. 248)라고 주장하였다. 다시 말해, 사람은 작가의 **나**의 공저자가 될 때 새로운 모습을 창조한다. 장난스러운 제의나 예술 작품을 이해한다는 것은 대화적인 청자로, 즉 누군가의 **나**를 위해 **너**로 탈바꿈한다는 것을 의미한다. 따라서 놀이와 그 밖의 창의적인 활동에서 자기 자신의 감정을 창조적으로 극복하는 것은 대화적 관계를 창조하고 유지하는 새로운 에너지를 발산한다. 다시 말해, 이것은 **나**의 완성이다. 즉 **너** 안에서, **너**와 함께, 그리고 **너**에 의해서－모두가 함께 이해의 공동 창조자와 공저자가 되는 것이다.

참고문헌

Bakhtin, M. M. (1984). *Rabelais and his world* (1st Midland book ed.). Bloomington: Indiana University Press.

Bakhtin, M. M., Holquist, M., & Liapunov, V. (1990). *Art and answerability: Early philosophical essays* (1st ed.). Austin: University of Texas Press.

Bergen, D. (2002). Finding the humor in children's play. In J. L. Roopnarine (Ed.), *Conceptual, social-cognitive, and contextual issues in the field of play* (pp. 209-220). Westport, CT: Ablex.

Bretherton, I. (1984). Representing the social world in symbolic play: Reality and fantasy. In I. Bretherton (Ed.), *Symbolic play*. Orlando, FL: Academic Press.

Buber, M., & Kaufmann, W. A. (1970). *I and thou*. New York: Scribner.

Cohen, T. (1980). Metaphor and the cultivation of intimacy. In S. Sacks (Ed.), *On metaphor* (pp. 1-10). Chicago: University of Chicago Press.

Eisenberg, A. R. (1986). Teasing: Verbal play in to Mexicano homes. In B. B. Schieffelin & E. Ochs (Eds.), *Language socialization across cultures* (pp. 182-198). New York: Canbridge University Press.

El'konin, D. B. (1981). *Psihologija dečje igre* [Psychology of child play] (B. M. Marija Marković, Trans. First ed., Vol. 4). Beograd: Zavod za udžbenike I nastavna sredstva.

Garvey, C. (1976). Some properties of social play. In J. S. Bruner, A. Jolly, & K. Sylva (Eds.), *Play: Its role in development and evolution* (pp. 570-583). New York: Penguin Books.

Garvey, C. (1990). *Play* (Enl. ed.). Cambridge, MA: Harvard University Press.

Glaser, B. G., & Strauss, A. L. (1967). *The discovery of grounded theory: Strategies for qualitative research.* Chicago: Aldine.

Holzman, L. (2009). *Vygotsky at work and play.* New York: Routledge.

Marjanovic-Shane, A. (1989). "You are a pig": For real or just pretend?-Different orientations in play and metaphor. *Play & Culture, 2*(3), 225-234.

Marjanovic-Shane, A. (1996). Metaphor-A propositional comment and an invitation to intimacy. Paper presented at the The Second Conference of ISCRAT. Retrieved June 1, 2009 from http://www.speakeasy.org/~anamshane/intima.pdf..

Marjanovic-Shane, A., & Beljanski-Ristić, L. (2008). From play to art－From experience to insight. *Mind, Culture, and Activity, 15*(2), 93-114.

Matusov, E. (2009). *Journey into dialogic pedagogy.* New York: Nova Science.

McMahon, F. F., Lytle, D. E., & Sutton-Smith, B. (2005). *Play: An interdisciplinary synthesis.* Lanham, MD: University Press of America.

Miller, P. (1986). Teasing as language socialization and verbal play in a white working class community. In B. B. Schieffelin & E. Ochs Keenan (Eds.), *Language socialization across culture* (pp. 199-212). New York: Cambridge University Press.

Opie, I. A., & Opie, P. (1969*). Children's games in street and playground: Chasing, catching, seeking, hunting, racing, dueling, exerting, daring, guessing, acting, pretending.* Oxford, UK: Clarendon Press.

Paley, V. G. (1984). *Boys & girls: Superheros in the doll corner.* Chicago: University of Chicago Press.

Paley, V. G. (1992). *You can't say you can't play.* Cambridge, MA: Harvard University Press.

Paley, V. G. (2004a). *A child's work.* Chicago: University of Chicago Press.

Paley, V. G. (2004b). *A child's work: The importance of fantasy play.* Chicago: University of Chicago Press.

Sutton-Smith, B.(1976a). *A children's games anthology: Studies in folklore and anthropology.* New York: Arno Press.

Sutton-Smith, B.(1976b). *The psychology of play.* New York: Arno Press.

Sutton-Smith, B.(1979). *Play and learning.* New York: Gardner Press; distributed by Halsted Press.

Sutton-Smith, B.(1985). *Children's play: Past, present & future.* Philadelphia: Please Touch Museum for Children.

Sutton-Smith, B.(1986). *Toys as culture.* New York: Gardner Press.

Sutton-Smith, B.(1997). *The ambiguity of play.* Cambridge, MA: Harvard University Press.

Sutton-Smith, B., & Kelly-Byrne, D. (1984). *The masks of play.* New York: Leisure Press.

Sutton-Smith, B., & Pellegrini, A. D. (1995). *The future of play theory: A multidisciplinary inquiry into the contributions of Brian Sutton-Smith.* Albany, NY: State University of New York Press.

Villanueva, S. (2009). Interview about the episode taped on October 16, 2006.

Vygotsky, L, S.(1930/2004b). Imagination and creativity in childhood. *Journal of Russian and Eastern European Psychology, 42*(1), 7-97

Vygotsky, L, S.(1933/1976). Play and its role in the mental development of the child. In J. S. Bruner, A. Jolly, & K. Sylva (Eds.), *Play - Its role in development and evolution* (pp. 537-554). New York: Penguin Books.

Vygotsky, L, S.(1971). *The psychology of art.* Cambridge, MA: MIT Press.

Vygotsky, L, S.(1978). *Mind in society: The development of higher psychological processes.* Cambridge, MA: Harvard University Press.

Vygotsky, L, S.(1986). *Thought and language* (A. Kozulin, Trans. Rev. ed.). Cambridge, MA: MIT Press.

Vygotsky, L, S., & Luria, A. R. (1994). Tool and symbol in child development. In R. Van Der Veer & J. Valsiner (Eds.), *The Vygotsky reader* (pp. 73-98). Cambridge, MA: Blackwell Publishers.

Wolfenstein, M. (1954). *Children's humor, a psychological analysis.* Glencoe, IL: Free Press.

마랴노비치-셰인 박사는 유진 매터서브 박사와 "스티브 씨"가 자료의 일부와 그 상황에 대한 기억을 공유하고, 이 장에 묘사한 사건에 대한 설명과 해석의 실마리를 제공해준 데 대해 깊은 감사를 표한다.

‖ 미주 ‖

1 예를 들어, 성인이 아동이나 다른 성인과 하는 놀이와 게임뿐만 아니라 유아들의 "까꿍 놀이"와 취학 전 아동들과 학령 아동들이 하는 "술래잡기"와 같은 쫓기 게임, 추측 게임, 모험 게임, 그리고 연기 게임들처럼 정해진 형식이 있는 전통적인 게임들(Opie & Opie, 1969).

2 놀이에 대한 이러한 관점은 이 책의 다른 장에서 더 깊이 탐구한다.

3 세르비아어로 "포스투팍postupak"의 의미는 영어의 "행위deed"에 가장 가깝다. 행위는 참여자들 간의 윤리적이고 책임 있는 상호교류의 행동이다. 이것은 목표를 성취하거나 성취하지 못하는 것에 의해, 그리고 더욱 중요한 것은, 사람들이 자신이 작업하는 크로노토프 속에서 갖고 있는 가치와 기대, 규칙, 규범들에 대한 순응이나 저항에 의해 판단되고 측정되는 행위들이다. 바흐찐에 의하면 이 행동들은 "존재의 단일하고 유일한 사건 속에서 발생하는데 … 그 사건 속의 한순간으로서 그 사건과 타자의 실제적 변화를 향한 것이다. 그것은 순전히 윤리적인 행동이나 행위이다"(Bakhtin, Holquist, & Liapunov, 1990, p. 24).

4 이 이야기에 나오는 모든 이름은 참여자들의 사생활을 보호하기 위해 바꿨다.

5 개인적 대화, 2009년 6월 10일.

6 위에서 언급했듯이 스티브 씨와 센터에 있는 학생들 대부분은 라틴계 미국인 공동체에 속해있다.

7 2009년 6월 10일 매터서브 Matusov와의 개인적 대화.

8 여기서 쓰인 크로노토프에서 "현실적" 이라는 단어는 "진지"하고 "실제적"이고 "구속력 있는" 특징을 지닌다. 이와 대조적으로 놀이의 크로노토프는 덜 "존재하는" 것은 아니나, "실제적"이지 않고 상상적이고 허구적이며 환상적인 상황까지 구성한다.

9 놀이하는 사람들로부터 초대받지 않은 사람에게 일어날 수 있는 일은 다른 곳에서 묘사하였으며(Marjanovic-Shane, 1989) 이 글의 범위를 벗어난 것이다.

10 마틴 부버는 "나"와 "당신 Thou" 간의 관계를 둘 사이에서 [지속적인] 무엇인가를 갖고 있는 것이라고 묘사하였다(Buber & Kaufmann, 1970).

| 2부 |

예술적 표현 영역

·5장·

스크립트 넘나들기와 리프 바꾸기:
유아들이 음악 의미를 만들다

패트리샤 세인트 존

네 살짜리 엘리자베스는 카펫 위에 있는 많은 리듬 악기들을 훑어본 후 나무로 만든 스터 실로폰stir xylophone과 말렛을 골랐다. 아이는 나에게 다가와서 "선생님께 뭘 만들어 드릴게요!"라고 외쳤다. 그리고는 여러 가지 색깔의 에그 셰이커를 주의 깊게 고른 후, 그릇으로 변신한 그 원통형의 도구를 구슬로 가득 채우고 열심히 저어대었다. 아이는 플라스틱 구슬로 채워진 에그 셰이커와 다양한 길이의 나무 조각이 함께 만들어내는 음색에 세심하게 귀를 기울이면서, 그 나무망치를 숟가락처럼 사용하여 내용물들을 천천히 섞었다. 그러고 나서 자신이 만든 국을 나에게 자랑스럽게 보여주고는 마치 불쾌한 반응을 기대하는 것처럼, "벌레 국인데 다 잡수셔야 해요. 그렇지 않으면 못 가요!"라고 선포했다.

원의 반대편에 앉아있는 애비게일은 자신의 "요리하기"에 맞추어 즉석에서 노래를 만들었다. 아이는 규칙적인 리듬에 맞춰 작은 손북을 치면서, "나는 국이 좋아! 둥-두-둥-두-둥!"이라고 노래를 부르며 원 주위를 돌았다. 엘리자베스의 국 만들기는 애비게일의 즉석요리하기에 영향을 미친 것이

틀림없었으며, 요리하기라는 주제는 이제 그 유치원생들의 악기 탐색 시간의 일부가 되었다.

아이들 모두가 요리하는 원을 자연스럽게 들락날락하면서 대화는 식당 장면으로 진전되었다. 사비에르는 다양한 악기들을 바라보면서 마음대로 탐색을 했다. 아이는 어떤 재료로 어떻게 소리를 낼 수 있는지, 대신 쓸 수 있는 재료는 어떤 것이 있으며 어떻게 소리를 낼 수 있는지를 점검했다. 아이는 내가 가짜 음식을 받을 때마다 반응하는 것을 관찰했다. 내가 "으음, 맛있어. 주방장이 훌륭하네!"라고 하자 아이는 펄쩍 뛰면서 "난 주방장이야!"라고 소리쳤다. 그리고는 갑자기 모래 블록 하나를 집어서 나에게 건네주면서 "손님, 계산서입니다."라고 말했다.

사회적 지식과 음악적 이해를 이용하여 경험을 비계하기

위에 기술한 시나리오는 어린이들이 세상을 이해해가면서 관여하는 상호작용의 복잡성을 보여준다. 이런 참여는 문화·역사적 활동 이론(CHAT)의 시각을 통해 해석될 수 있는 정교한 **활동 체계**(Cole & Engeström, 1993)를 보여준다. 아동들은 이러한 상호작용을 통해 정교한 관계의 망, 혹은 브론펜브레너Bronfenbrenner(1974, 1976, 1977)가 "내포 현실nested realities"이라고 일컬은 것을 만들어내는데, 이것은 그들이 활발하게 지식을 구성할 때 바탕이 되고 연결이 되는 생태학적 맥락을 제공해준다. 개인과 환경적 결정요인들의 지속적인 상호작용은 심리적 기능에 영향을 미친다.

이 장은 특히 유아들이 악기를 가지고 자유롭게 놀이를 하면서 집단적으로 음악을 만드는 데 내재해 있는 사회화의 힘과 사회적으로 공유된 문화적 지식이 음악 학습자 공동체에 갖는 힘을 탐구한다. 어린이들은 음악 놀이를 할 때 노동의 분담과 참여 규칙, 그리고 매개적 산물의 기본 역할에 의해 특징지어지는 복잡한 상호작용 체계를 드러냈으며, 사전 지식의 바탕 위에서 경험을 비계하고 지식을 구성하였다.

사회적 상호작용을 분석하고 사회적이고 문화적인 맥락이 어떻게 발달에 영향을 주는지를 연구하는 것은 새로운 일이 아니다. 그러나 사회·문화적 이론이 특히 음악 만들기 상황에서 유아기 행동에 주는 의미를 입증하기 위한 연구는 거의 없다. 나는 유아기 음악 만들기에서 이론과 실제를 연결해주는 미시발생학적microgenetic 분석을 사용하여 두 가지를 연구하고자 한다. 즉 1) 악기 탐색 중 유치원생들의 가상놀이에 나타난 상호작용의 흐름을 조사하고 2) 경험을 비계하고 개념 발견과 음악적 이해를 돕기 위해 유치원생들의 사전 경험과 **사회적 스크립트**(Nelson, 1983)를 조사하는 것이다.

나는 이 두 가지 목적하에 아동들이 악기를 가지고 자유롭게 놀이를 하는 동안 상호작용이 개념 발달에 어떤 영향을 미치는지, 그리고 그들의 사전 경험과 다양한 사회적 실재물들과의 관련이 어떻게 그들의 학습을 유도하고 음악적 이해를 돕는지를 분석하여 보여주고자 한다.

학습자 공동체

공동체는 이러한 역동적 상호작용의 중심에 있다. 아동은 자신이 속한 학습 환경에서 편안하고 안전하게 성장하면서 관계를 형성하고 소속감을 깨닫게 된다. 디사나야크Dyssanayake(2000)는 소속감은 기본적으로 의미를 발견하고 능력을 발전시키고 공들여 완성하는 우리의 능력과 관련되어있다고 주장한다. 아동은 학습 공동체의 이런 집단적 재능을 발판으로 하여 창조적으로 협력하여 의미를 구성하고, 상세히 다듬고, 변형시킨다. 각각의 아동이 학습 공동체에 가져오는 독특한 경험이라는 부분 집합은 잠재력이 풍부한 환경을 창조한다. 의견을 제시하고 받아들이면서 생각 주고받기는 개인의 능력을 넘는 학습경험으로 진화한다.

비고츠키 이론은, 의미 만들기는 사회적 맥락 속에서 이루어지며 (매일매일의 상호작용 속에서) 자연발생적인 개념과 (교수를 통해) 과학적 개념을 습득함으로써 학습이 발달을 추진한다고 제안한다(Panofsky, John-Steiner, & Blackwell, 1990). 문화적 산물의 매개와 "내포 현실"과 교차되고 상호협동적 노력과 결합된 즉흥적/과학적 개념들 간의 역동적 상호작용은 **근접발달영역**이라고 불리는 활기차고 상호작용적이며 영향력 있는 학습공간을 생성한다(Vygotsky, 1978). 사회문화적 이론가들(Cole & Engeström, 1993; Chang-Wells & Wells, 1993; John-Steiner, Panofsky, & Smith, 1994; Rogoff, 1994)은 학습을 개념화하기 위해 근접발달영역 개념을 확장했다. "**널리 분포된**", "**상호작용적인**", "**맥락상의**" 등과 같은 용어들과 **학습자의 실행 공동체 참여**의 결과는 풍부하고 "다양한 환경"을 시사한다(Brown, Ash, Rutherford, Nakagawa, & Campione, 1993, p. 191). 학습자 공동체는 모든 참여자의 발생적emergent 이해를 비계한다. 따라서 학습 공동체 회원들이 가져오는 다양하고 많은 사회적 · 문화적 맥락들은 풍부한 다층적 자원을 제공하면서 교실에서 수렴된다. 창의적 공동작업을 통해 이러한 자원을 탐색하고, 발견하고, 확장하고, 개발하는 것은 교실 공동체의 과업이며 그 결과 의미와 이해가 모습을 드러낸다.

교실 공동체를 특징짓는 사회적 영향들은 아동의 음악 만들기 경험에 아주 중요한 역할을 한다. 음악 교실 공동체에서의 상호작용을 관찰하는 것은 아동이 서로를 위해서 그리고 함께 학습 전략들을 전유할 때 그들의 행동 주체자로서의 힘agency을 볼 수 있는 독특한 창을 제공한다. 아동은 그 공동체 내에서 사회 · 문화적 규범과 규칙 그리고 **노동의 분담**을 통합하는 동시에 자유놀이와 악기탐색을 통해 자신이 발견한 음악적 이해를 보여준다. 아동은 리프를 빌리고 릭을 주고받는 노련한 재즈 음악가처럼 서로 기여한 것을 이용하면서 지식 구성에 활발히 관여한다. 그들은 당면한 과제에 열정적으로 몰두하면서 자신의 경험을 비계하는 데 가장 필요한 것이 무엇인지를 발견하기 위해 문화적 지식과 학습자 공동체, 주변의 매개물들을 이용하면서 자신의 근접발달영역을 창조하는 것 같다. 비고츠키(1978)는 놀이에서 어린이들은 자신의 나이와 일상적 행동 수준보다 머리 하나만큼 더 큰 아이처럼 행동하는 것 같다고 했다(p. 102). 이것이 자아 비계가 실현되는 지점인가? 아동은 자기 주도적인 문제 해결하기/찾기와 자신이 발견한 의미 만들기에 함축된 연관성을 통해 다음에 무엇을 가장 알아야 하는지를 발견함으로써 그들이 행동의 주체임을 보여준다. 어린이들은 주위에서 발견한 자원을 이용하고 사람과 재료와의 상호작용을 통해 학습을 스스로 비계하고, 그렇게 함으로써 자신의 학습 공간을 규정한다. 가상놀이는 그들이 역할을 깨닫고 살아진 경험의 범위를 넘는 기능들을 수행하는 것을 가능하도록 해준다. **스크립트**는 그 살아진 경험과 과학적 개념 사이의 중재자로서의 역할을 한다.

비계 전략을 탐구하는 이전 연구들(예로서, Roberts & Barnes, 1992; Pratt, Green, McVicar, & Bountrogianni, 1992)은 어른이 학습자를 위해 무엇을 할 수 있는지, 그리고 학습자가 도움을 받아서 무엇을 할 수 있을 것인지를 토대로 하여 만든 아주 주도면밀한 계획표를 보여준다. 이 연구는 학습자가 능력을 달성하기 위해선 다음에 무엇이 필요한지를 평가한다는 점에서 어른의 시각에서 본 것으로 여겨질 수도 있다. 숙달 동기에 대한 연구들(예를 들면 McCall, 1995)은 아동이 의미를 찾고 의미를 만들어 가는 자연스러운 도전 추구 성향에 관해 이야기한다. 이들 연구는 능력에 대한 욕구와 알고자 하는 욕구를 가진 학습자의 성향을 보여준다. 아동들의 음악 만들기 몰입 경험에 관한 연구는 아동의 도전 추구 전략과 도전 모니터 전략을 보여준다(Custodero, 1998, 2002b, 2005; St. John, 2004; Sullivan, 2004). 이 연구는 교사가 제시한 자료에 학습자가 적극적으로 몰두하고, 개인적인 기술이라고 여겨지는 것에 따라 음악의 단순성이나 복잡성을 협상하면서 음악 내용을 어떻게 다루어 나가는지에 대해 이야기한다.

교실 환경에서 타인을 아는 것과 우리가 서로 어떤 연관성이 있는지를 아는 것은 학습자 공동체로 발전하는 사회적 틀을 제공한다. 이런 의미의 공동체는 아동에게 지식을 공동으로 구성하는 힘을 부여해준다. 지식의 사회적 구성은 아동이 문제 해결과 문제 찾기 전략에 참여할 때 행동 주체로서의 자신을 학습 과정에 불러내도록 한다. 아동의 음악 만들기에 관한 몰입 연구(예를 들어, Custodero, 1998, 2005; St. John, 2004, 2005)는 집단에서의 경험과 일대일 간의 경험은 어른과 동료 간의 상호작용의 질에 따라 아동의 몰입을 쉽게 만들 수 있다는 사실을 보여준다. 동료와 어른들은 아동의 기술 수준으로 여겨지는 것을 끌어 올리고 공유된 경험에 몰입을 지속하게 하도록 본보기로서의 도움을 줄 필요가 있는 것 같다. 사회적 영향은 에너지를 발산하도록 돕는다. 공동체는 그것이 두 명이든 한 집단이든 사람들의 의식을 조직화하는 역할을 하고, 집단적 경험과 **소속감**은 과업을 수행하는데 개인의 에너지를 자유롭게 사용하도록 한다.

교수전략이 아동의 창의적 반응을 인정해 주고, 발생적 이해를 존중하고, 학습 과정에서 행동 주체자로서의 힘을 키워준다면, 어린이들의 음악 만들기에서 결과보다 경험을 평가하는 능력은 바람직할 뿐만 아니라 필요한 것 같다. 몰입 모델(Csikszentmihalyi, 1975, 1990, 1997)은 음악에 대한 학습과 음악과의 만남을 관찰하고 평가하는 적절한 이론적 틀을 제공한다(Custodero, 2002b).

나는 이 장에서 유아들이 주도하여 자신의 학습 공간을 창조하는 자유 악기 놀이 활동을 조사한다. 이 교수법에는 행동 주체자로서의 아동에 대한 믿음이 내포되어 있다. 교육자는 아동이 자신의 경험을 비계하고 학습을 촉진하려면 다음에 무엇이 필요한지를 발견할 것이라고 믿는다. 아동에게는 가능성을 탐험하고 대안을 발견하는 자유가 주어진다. 아동은 이 자유 속에서 산물과 공동체를 매개해 주는 자아와 객체의 연관성을 발견한다. 아동에게 자신의 참여를 협상하고, 생각을 시험하고, 생각의 확장을 탐색할 시간을 주는 것은 아동이 기울인 노력의 가치에 대해 서로 소통하는 것이고 아동이 기여하는 것을 존중하는 것이다. 이런 종류의 학습 공동체는 소여(Sawyer, 2004)가 "즉흥적으로 실행하기"(p. 12)라고 했던 것을 필요로 한다. 아동은 이런 상황에서 자신의 호기심을 따르고 지식 구성에 협동적으로 참여하는 자유를 얻기 때문에 자신이 하는 일에 소유권을 가진다. 이런 학습은 효과적일 뿐만 아니라 아동의 독특한 개인 경험으로부터 유기적으로 생성되는 것이다.

나는 아동이 음악 시간에 가져오는 내포 현실들의 교차가 어떻게 음악적 성장을 촉진하는지 궁금했다. 나는 상호작용을 조사함으로써 공동체 속의 문화적 지식과 이에 수반되는 규칙, 노동의 배분 그리고 매개적 산물들이 아동의 학습을 어떻게 돕는지도 연구하고 싶었다. 나는 음악적 놀이가 개념 발달에 어떻게 기여하는지를 알고 싶었다. 나는 이 연구에서 제기되는 방법론적인 문제를 다루기 위하여 비고츠키의 이론, 특히 근접발달영역에서의 비계 전략과 문화·역사적 활동 이론, 그리고 몰입 패러다임의 상보성을 포함하는 역동적인 이론적 틀을 사용하고자 한다.

음악 메뉴

손님과 장소

3년 6개월에서 4년 9개월에 이르는 여덟 명의 아동이 미국 동북부 지역에 있는 한 음악학교의 유치원 음악 수업에 등록했다. 여덟 명 중 여섯 명은 유아기 때부터 그 학교 음악센터 프로그램에 참여해왔던 학생들이었다. 2004년 가을 학기에 총 15주의 수업기간에 걸쳐 주 1회 45분짜리 음악 수업에서 여섯[1] 세션의 악기 탐색 활동이 비디오테이프에 녹화되었다. 녹화된 수업은 쿠스토데로Custodero(1998, 2002b)에 의해 개발되고 개정된 음악 활동의 몰입지표Revised-Flow Indicators in Music Activities(R-FIMA) 형식을 사용하여 부호화되었다.

나는 음악 교사로서 자료수집 과정에서 참여자·관찰자로서 역할을 했다. 글레즈니Glesne(1999)는 연구자가 관찰하는 사회적 상황에 활발하게 관여하는 것의 중요성을 언급했는데, 이는 연구자가 연구 참여자들의 행동에 관해 직접 알 수 있기 때문이다. 이런 경우에 학습자 공동체는 그들의 말과 행동양식 그리고 기대뿐만 아니라 기대하지 않았던 것에도 부합한다. 교사/연구자는 높은 수준의 신뢰감을 발전시키게 되고 이것은 참여자가 학습 과정에 거리낌 없이 참여할 수 있도록 해준다.

분석

분석 단위는 한 번의 음악적 사건과 악기 탐색, 그리고 이를 수반하는 **활동 체계**(Cole & Engeström, 1993), 즉 음악 수업과 그 수업에서 전개되는 가상놀이였다. 코울Cole과 엥게스트롬Engeström은 활동 체계를 분석의 단위로 사용하는 것은 그것이 인간의 인지가 분산되면서 그 활동 체계에 동시에 참여하고 있는 다른 사람들의 중요한 구성요소를 포함하는 장소로 통하는 "개념 지도"를 제공한다는 점에서 중요한 통찰력을 이끈다고 했다(p. 8). 각 세션은 8분 30초에서 12분 30초 사이였으며, 분석을 부호화하는 데 50시간이 걸렸다. 아동 일곱 명이 평균 35개의 개정된 음악 활동 몰입지표(R-FIMA) 형식을 생산해냈다. 악기 자유놀이 시간이 언제 끝날지는 아동들이 결정했다. 교사로서 나는 그들이 어떻게 참여하는지를 관찰했고, 요청받았을 때는 놀이에 참여도 하고 아동들의 언어적 혹은 비언어적 지시에 따라 다른 놀이로 옮겨가기도 했다. 학부모와의 비공식적인 전화 면담 외에도 상세한 일화적 메모를 함으로써 관찰의 아동 별 코딩 분석을 보완했다.

비고츠키 이론에서 언어의 특징을 보여주는 언어적이고 비언어적인 대화의 사용은 내러티브 형식으로 논평 부분 아래의 개정된 음악 활동 몰입 지표(R-FIMA)에 기록되었다. 초기에 이러한 대화는 아동들의 몰입을 어떻게 촉진하고 유지했는지를 분석하기 위해 기록되었다. 대화는 문화·역사적 활동이론(CHAT)의 관점에서 주제와 상호작용 흐름을 밝히고 범주화하기 위하여, 그리고 이런 대화가 어떻게 개념 발달과 분산 인지에 기여하였거나 이들을 보여주었는지를 알아내기 위해 재고되었다. 선정된 비디오테이프들은 계속 되돌리면서 반복해서 검토되었다. 모든 테이프는 최소한 세 번씩 검토되었다.

여기서 주목할 점은 캐서린 넬슨Katherine Nelson(1983)의 발달과 관련된 연구이다. 넬슨의 연구는 어린이들의 일상 활동 관찰을 기반으로 한다는 점에서 비고츠키의 초기 연구를 보충한다. 넬슨은 매일의 인지 활동 관찰을 바탕으로 자연주의적 환경에서의 지식 습득과 더 구조화된 실험실 과제를 결합한다. 그녀는 **스크립트에 기반을 둔 개념들**, 즉 사전 경험으로부터 일반화된 사건의 표상들을 밝혀내는데, 이것은 아동이 학습을 위해 사용함으로써 개념 발달에 도움이 된다. 이런 맥락화된 장소는 과거 경험으로부터 파생된 자연발생적인 개념들을 이용한다. 파노프스키Panofsky와 존-스타이너John-Steiner 그리고 블랙웰Blackwell(1990)은 **스크립트화 하기**가 중간 단계의 역할을 한다고 제안한다. "스크립트화 하기"는 특히 발달궤도를 따라 아동의 과학적 개념으로의 인지적 이행을 촉진한다. 발달궤도 상에서는 사건들이 **여러 스크립트를 넘나들며** 연속적 구조나 통합적인 관계로부터 계열 관계로 발전한다. 계열 관계에서는 공통 요소들이 비슷한 맥락에서 공유되지만 다른 구조를 가진다. 가장 단순한 계열 관계는 통합적 관계보다 실제 세계와 개념적 맥락에서 더욱 추상적 개념을 요구하므로, 아동의 개념 발달은 이런 **스크립트를 넘나드는** 사건들이 발전함에 따라 이루어진다.

"식당 스크립트"는 연속적인 사건들이 어떻게 의미를 창조하는지를 보여주는 전형적인 예이다. "시간이 흐르면서 개념들은 분석과 분할의 과정을 거쳐서 스크립트로부터 파생된다"(Panofsky, John-Steiner, & Blackwell, 1990, p. 254). 아동들이 악기 놀이를 자유롭게 하면서 비계 전략과 결합하여 기울인 공동의 노력은 서로가 놀이에 기여한 것을 이용할 때 발달을 더욱 촉진시킨다. 나는 비디오 녹화한 세션으로부터 얻은 기술적 내러티브를 통해 일상적인 개념과 대본화된 현실의 역동적인 결합이 갖는 복잡성이 어떻게 음악적 이해를 가능하게 하고 풍부한 경험 구조를 창조하는지를 보여주고자 한다.

재료 모으기: 연결하기

자료 분석은 아동들이 음악적 탐험과 음악 외적 기능들 사이를 매끄럽게 이동하면서 악기에 집중적으로 몰두하고 있음을 드러냈다. 녹화된 세션은 아동들이 악기 놀이를 하기 위해 음악 외에서뿐만 아니라 새로운 소리 생성 방법 및 다양한 방법을 찾고 있음을 보여주었다. 활동의 제약이 없었으며 목적이 악기의 자유로운 탐색이라는 명확하고 단순한 것이었기 때문에, 아동들은 악기를 어떻게 사용할 것인지를 **스스로** 결정할 수 있었다. 아동들은 교육용 지침에 구속되지 않았으며, 음악적 기술 발달에 대해 모든 것을 알고 있는 사람으로부터 체계적으로 정해진 안내를 받지도 않았다. 모든 아동이 참여하는 방법을 찾을 수 있었으며 자신이 기여하는 것들이 모두 타당한 것으로 받아들여졌기 때문에 이런 방식은 아동이 스스로 결정한 과제에 몰입하고 열심히 참여하도록 영향을 주었다. 아동의 독창적 가능성은 몰입 지시기, 즉 **자기 과제**와 **확장** 그리고 몸짓의 질에서 높은 평균 점수가 나왔다. 반면 도구 사용 탐색하기는 **주도면밀한 몸짓**에서 높은 평균 점수가 나왔다. 이전 연구(St. John, 2004)에서 높은 기술이라고 파악된 것과 결합된 이 세 가지 도전 지표의 존재는 **몰입**Flow이라고 불리는 새로운 차원을 나았다. 여기서 논의되고 있는 연구의 기술통계 분석 결과는 몰입이 이런 환경에서 작용하고 있었다는 것을 제시한다. 통계 분석은 위에서 언급한 세 가지 지표 사이의 높은 상관관계 이외에도 **동료 인식**과 **기술 수준** 사이의 높은 상관관계를 보여주었는데, 이는 환경에서 타인들이 얼마나 중요한 역할을 하는지 그리고 학습 과정에서 동료들이 서로서로 어떻게 돕는지를 반영한다.

예상대로, 몰입은 활동의 다감각적 성격과 활동에서 오는 즉각적인 피드백, 그리고 행동과 의식이 통합되는 다양한 기회에 의해 촉진되었다. 각 아동이 자신이 **어떻게** 그 경험의 일부가 될지를 결정할 때 다양한 해석들이 관찰되었다. 어떤 아동들 경우는 거의 참선하는 것처럼 한 가지 악기에 집중하면서 아주 단순하게 참여했다. 예를 들면, 한 아이는 악기 탐색 시간 거의 내내 양손에 플라스틱 캐스터네츠를 들고 쳤다. 아이는 마치 음색에 이끌린 듯이 그 악기를 양쪽 귀에 대고 치면서 다양한 리듬을 탐색했다. 다른 아동들은 그들의 즉흥곡에 맞추어 노래를 즉석에서 만드는 방법 등을 이용해 과제의 복잡성을 높이고 개방형 활동을 확장했다. 그들은 또한 가상놀이에 맞는 새로운 음색을 찾기 위해 악기를 바꾸고 또래들과 함께 합주단을 만들었다. 이러한 적용은 스스로 비계하여 모방에서 과업의 숙달로, 심지어는 과업의 탈바꿈으로 이끈 노력을 보여준다. 아동들은 자신의 기술이 향상되었다고 지각하면서 도전을 더 하게 되었으며, 자신의 경험 강도를 높일 방법을 찾았다. 이런 순환이 저절로 계속되면 자신감이 증가하고 능력이 발전됨에 따라 내재적 동기가 생성된다.

그 발견에서 예상치 못했던 것은 가상놀이의 강도와 아동들의 악기 탐색과 그에 상응하는 상호작용에 스며들어 있는 **스크립트화** 하기였다. 이 놀이에 내포된 것은 사회·문화적 규범에 대한 정교한 이해였다. "국 만들기"는 각 악기 자유놀이 시간의 가장 인상적인 부분이었다. 스터 실로폰은 매개 산물의 역할을 하면서 "사발"이 되었다. 어린이들은 매주 그 주위에 모여서 돌아가면서 냄비 기능을 하는 악기 속으로 조심스럽게 에그 셰이커를 숟가락으로 떠 넣어 국을 만들었다. 아이들은 주체와 객체 사이에서 열심히 상호작용하면서 자신들이 창조한 것을 아주 조심스럽게 그리고 큰 기대를 하면서 나에게 가져왔다. 그들은 내가 먹는 것처럼 시늉하는 것을 바라보면서 "이거 다 먹어야 해요!"라고 훈계를 하거나 "좀 더 드실래요?"라고 묻기도 했다. 아이들은 즉석에서 만든 대화를 확장하면서 "그거랑 같이 뭐 좀 마시겠어요?" 혹은 "디저트 좀 드실래요?"라고 물었다. 그들은 나를 바라보면서 다양한 배열과 음색을 시도하고 소리를 탐색하고 울림을 발견하면서 악기 놀이도 하고 있었다. 아이들은 일부러 "저녁 식사 배경음악"을 만들고 있었던 것일까? 다른 아이가 음식을 "새로 가져왔을 때", 다른 일에 몰두하고 있는 것 같았던 애비가 원을 행진하듯 빙빙 돌면서 그 국의 내용에 관한 즉흥곡을 만드는 것이 들렸다. 애비는 중국 종으로 즉흥곡을 만들면서 발로 일정한 박자를 맞추며 행진했다. 애비는 "포장해 가기"나 배달이라는 또 다른 대본화 된 현실, 즉 넬슨Nelson(1983)이 **사건의 재현**이라고 부르는 곳으로 들어가고 있었을까?

국 만들기는 나름의 변형 과정도 거쳤다. 벌레 국으로 시작하여, 진흙국, 스크램블 에그, 아이스크림, 치킨누들 수프, 그리고 마지막으로 음악 식당에서 나온 벌레 찌개로 바뀌었다. 이런 다른 국들은 대상물이 원래 맥락에서 전이되어 새로운 방식으로 사용되는 **스크립트 넘나들기**의 또 다른 면을 보여주었다. 넬슨(1983)은 "물건의 개념을 창조하는 것은 그것의 맥락 속에 있으며 서로 관련된 구체성들로부터 분리된 탈맥락적 단위를 확립하는 것을 포함한다."(p. 139)라고 한다.

"국 만들기"라는 고립된 행위는 웨이터가 계산서를 제시하는 척하기와 잔돈 바꾸기, 신용카드로 지불하기와 같은 식당 배경으로 발전했다. 여기서 어린이 웨이터는 말렛을 펜처럼 사용하여 "서명"하는 행위가 진짜처럼 보이도록 모래 블록을 신용카드 영수증으로 사용했다. 각각의 시나리오에서 어린이들은 국 만들기에서 음악 만들기로 그리고 다시 국 만들기로 자연스럽게 옮겨 가면서 공상 놀이를 악기 놀이와 수반하였다. 아동의 악기 놀이의 자연스러운 본질을 상세히 기록한 연구들이 있는데(예, Littleton, 1998; Custodero, 2002a), 이들 연구는 아동이 사전지식의 바탕 위에서 경험을 비계하면서 내용을 다른 맥락들과 어떻게 타가 수분하는지를 보여준다.

세 번째 세션에서 또 다른 사회적 실체를 창조할 때, 엘리자베스는 북을 규칙적으로 치면서 발을 높이 들고 교실을 돌아다니면서 가상 행진을 했다. 이것을 신호로 하여, 라파엘라는 내 앞에 북을 하나 갖다 놓고 나에게 음악을 만들어 주겠다고 했다. 아이는 무지개색의 작은 북을 내 앞에 내려놓고 말렛 두 개를 찾아서 2분 동안 즉흥곡을 만들었는데, 오른손과 왼손에 쥐고 있는 말렛을 번갈아 가면서 다양한 리듬 패턴을 혼합하였다. 한편, 애비게일이 이전에 나에게 "만들어준" 스크램블 에그에 대한 자작곡을 부르고 있는 동안 사비에르는 엘리자베스가 행진할 때 북을 치면서 돌아다녔다. 반 전체가 "행진 하자!"는 엘리자베스의 제안에 열광적으로 반응했다. 엘리자베스는 행진 대열에 대해선 특별히 동료들에게 자신의 뒤를 따라야 한다고 분명히 지시했다. 자기가 리더였기 때문이다. 흥미롭게도, 그 반의 모든 아이가 처음에는 북을 치려고 하였다. 이곳이 군악대였을까? 아동들이 또 다른 사회적 실체를 생각하고 있었는가?

이런 짧은 삽화들 각각이 **스크립트를 넘나드는** 대상관계로서 공통 요소들이 맥락은 비슷하지만 다른 구조를 갖고 공유되는(Nelson, 1983, p. 138) 예라고 생각해보자. 음악 환경에서 이런 맥락 특유의 내용은 아동이 자신의 놀이에서 **어떤** 대상이 개념화될 것인지를 결정할 수 있도록 해주는 것 같다. 그리고 그 대상은 극적인 내러티브를 중심으로 분석된다. 그 대상을 식별할 수 있는 특징은 원래의 맥락 밖에서도 연결성을 촉진하는 것 같지만, 궁극적으로는 음악적 이해에 적용된다.

다섯 번째 세션에서는 수자의 행진을 했는데, 이것은 세 명의 아동이 원을 그리며 서로 대화하듯이 북을 치면서 놀이하고 반응하는 즉흥적인 행진 음악에 자리를 내주었다. 녹음된 수자 행진곡이 끝나자 사라가 "또 하자!"라고 소리쳤다. 녹음된 행진곡을 사용하든지 행진곡을 나름대로 만들든지 선택하라고 하자 아이들은 "우리가 만들자!"라고 외쳤다. 엘리자베스가 "이번에는 거꾸로 하자!"라고 도전하였다. 나는 곧 아이가 한 말이 행진 방향을 거꾸로 하자는 의미라는 것을 깨달았다! 나는 아이들이 시계 반대 방향으로 행진하고 마지막 행진 연주를 하는 동안 악기를 교체할 때, 자신들의 경험을 함께 비계하고 좀 더 복잡한 활동을 재창조하면서 나름대로 최선으로 준비하고 있다는 것이 명확하게 드러났다.

나는 부모와 비공식적인 전화 면담을 하면서 일주일에 한 번씩 하는 음악 세션에 오는 여덟 명 중 일곱 명이 적어도 일주일에 두 번씩 유치원에 다녔다는 사실을 알았다. 나는 부모들에게 자녀의 유치원 환경이 구조적인지 아니면 탐사를 주로 하는지를 물어보았는데 그들은 "아주 구조적"이라고 응답했다. 더 나아가 그들은 이유가 있어서 "학업" 분위기를 원한다고 했다. 나는 유치원에서 학업 "준비"에 초점을 두고 종종 비구조화된 시간과 자유놀이를 줄이거나 없애는 결과를 낳는다는 점을 의식하면서 이 면담 내용을 여기에 쓴다. 아동은 놀이에서 문제를 해결하고 문제를 발견한다. 그들은 자신의 세계에서 의미를 찾고 만들기 위해 상상과 창의성에 의지하여 가설을 검정한다. 특히 어린 아동의 지식 구성에서 놀이의 가치와 중요성은 잘 입증되어 있다(예로서, Paley, 2005).

주방장 혹은 음악 지휘자: 역할 바꾸기

아동은 일상적인 가정일에 참여하고, 좋아하는 유치원 활동인 음식 하기,

그리고 외식하기와 같이 이미 알고 있는 경험을 불러옴으로써, 자신의 학습에 참여하고 학습에서 의미를 만드는 방법을 찾기 위해 사전 경험과 **스크립트**를 사용했다. 그들은 악기 탐색을 **어떻게** 전개할 것인가를 정하면서, 사건이 시작되는 주제(요리하기)와 대상(스터 실로폰)을 설정했다. 아주 놀랍게도 노동의 분담이 일어났다. 어떠한 위원회의 회의도 없었고 토론이나 학급 임원 선출도 없었다. 전형적인 아동기 직관에 따라서 각 아동은 자신의 역할을 발견하고 묵시적인 규칙을 준수했다. 흥미롭게도, 나에겐 고객 역할이 주어졌다. 나는 잘 연출된 식당 기획에서 아주 세심한 접대를 받았는데, 여러 요리사가 나에게 다양한 종류의 "국 한 그릇"을 제공했으며 종업원들이 교대로 나의 시중을 들었다.

이렇게 확립된 활동 체계는, 항상 국이 있었고 어떤 형태로든 요리를 했다는 점에서 몇몇 측면은 늘 똑같이 보일 수도 있지만, 다른 사건으로의 이행과 재구성을 관찰하는 것은 무척 놀라웠다. 이것은, 마치 재즈 음악가들이 즉흥적으로 변주하듯이, 아동들이 서로 간에 제공하는 것을 이용함에 따라 즉발적이고 발생적인 역동적 다층 경험이 되었다. 이러한 주고받음은 기술과 동료의식 사이의 높은 상관관계를 설명해줄 수도 있다. 참여자들은 상대방이 무엇을 하고 있는지를 정확히 의식하면서 자신들의 경험을 고양시키기 위해 사회적 상호작용과 동료가 제공하는 것을 이용했다.

가상놀이 장면이 발전해감에 따라 역할들이 바뀌었고 도구의 기능도 부엌 기구로부터 음악적 표현을 위한 도구로 옮겨갔다. 이 활동 체계의 복잡성은 평형상태가 오지 못하게 하는 긴장과 변형, 협상과 참신함이라는 특징을 보였다. 아동들 몇 명은 내 식사 내용을 협의하고 다른 아동들은 웨이터와 작곡가의 역할을 교대로 수행하면서 서정적인 음악을 만들어 내었다. 한 예로, 국 만드는 것을 처음 시작했던 애비는 음식 만드는 그룹에서 사라졌는데, 나는 부엌에 요리사가 너무 많았기 때문인 것 같다고 생각한다! 아이는 작은 무지개 북을 발견하고 교실을 돌아다니면서 즉흥적으로 곡을 만들기 시작했는데, 그 경험에 참여하기 위한 다른 방법을 찾기 위해 대안적인 **스크립트**에서 빌려온 것 같다. 애비는 요리 파트너가 스크램블 에그 국을 만들자 즉시 그것을 텍스트로 하여 노래를 만들었다. 애비는 스크램블 에그라는 공통 요소를 사용하여 요리 재료를 서정적 내용으로 바꾸고 국을 노래로 바꾸었다. 아이들이 요리 그룹에서 다른 곳으로 가자 애비는 다시 주방장으로 돌아왔다. 아이는 다른 때에는 드럼을 같이 칠 짝을 발견하여 짝의 즉흥곡에 스캣 창법으로 세심하게 반응하면서 리듬감 있는 대화를 나누었다. 아이는 이제 **스크립트**는 잊어버리고 리프를 교환하고 있었다.

국 만들기로부터 음악 만들기로 이처럼 자연스럽게 넘어가는 것은 악기 탐색 전 과정을 통해 상호보완적이었고 계열 관계를 보여주는 것이었다. 아동들은, 애비가 스크램블 에그 국에서 스크램블 에그 노래로, 또는 모래 블록을 신용카드 영수증으로 쓰고 나서 다시 소리를 내는 도구로 바꾼 것과 같이, 공통적 요소를 다른 구조로 공유했기 때문에 실제 세계와 개념적인 맥락에서 둘 다 추상화를 보여주었다. 아동들은 조리 도구로부터 음악 도구로 도구의 기능을 바꾸면서, 그리고 "내포 현실"로부터 **스크립트**를 빌리면서 사회적 지식과 음악적 이해를 드러내 보인다.

위에 기술된 짤막한 장면들은 아동들의 놀이의 두드러진 모습을 보여준다. 즉 아동들은 사회구조를 단순히 재생하지 않으며, 그들의 **스크립트 넘나들기**는 학습을 돕기 위해 그 순간에 필요한 것을 창조한다. 소여Sawyer(1997)가 제안하듯이, "… 아동은 [사회적] 구조를 전용하여 새롭고 즉흥적인 상호작용을 창조하는 데 사용한다"(p. 182). 이러한 상호작용은 그들의 경험을 비계하고 개념 발달을 돕는 것 같다.

문화적으로 매개된 행동에서 **음악** 언어를 포함한 언어의 두드러진 역할이 여기에서 특히 주목할 만하다. 루리아Luria(1981)는 다음과 같이 썼다.

> [인간은] 언어의 도움으로 간접적으로도 인식하지 못했던 것과 위 세대들의 경험의 일부였던 것을 다룰 수 있다. 그리하여 세상은 인간의 세계에 다른 차원을 보탠다(p. 35).

엘리자베스는 애비의 드럼 탐색을 관찰한 후 드럼을 하나 잡고 행진을 하자고 제안했다. 아이는 "날 따라와!" "내가 리더야. 줄 똑바로 서!"라고 외쳤다. 다른 활동 체계의 예처럼 역할이 주어지고 지위가 상정되고 규칙이 정해졌다. 모든 어린이가 행진에 참여하기 위해 드럼을 선택했을 때 행진에서 드럼이 가장 중요한 역할을 한다는 것을 알 수 있었다. **유사** 군악대를 만듦으로써 문화적으로 전달된 축제 형식과 축하 장르뿐만 아니라 여러 세대에 걸친 분산 인지와 교신할 수도 있다. 이전 세대로부터 축적된 지식은 아동들의 현재 문화적 환경 속에 존재하며 그들이 지식을 적극적으로 구성해감에 따라 현재 경험의 순간에 정보를 제공해준다.

새로운 재료들

악기: 음악적 표현과 놀이를 위한 도구와 대상물

어떤 어린이들은 악기를 탐색하느라 움직이지 않았다. 예를 들어 션은 소리와 느낌을 탐색하면서 최면에 걸린 듯이 음색에 강한 흥미를 보이면서 악기 하나하나에 오랫동안 집중하였다. 그러나 그는 "요리 그룹"에 멈춰서서 좀 더 잘 보기 위해 몸을 앞으로 숙이고는 즉흥곡 만드는 것을 다시 시작하는 것이 보였다. 주목할 점은 션이 그날 아침 유치원에서 만든 종이 모자를 쓰고 이 특별한 세션에 왔다는 사실이다. 그는 연예인처럼 옷을 입고 즐겁게 식사를 하도록 배경 음악을 제공하면서 분위기를 내려고 했던 것인가? 이것은 여러 놀이 상황에서 관계 맺기의 예를 보여주는 것인가,

아니면 이전에 제시한 것처럼 **스크립트 넘나들기**의 예인가?

이전 연구(St. John, 2004)에서 도구 놀이가 유아기 음악 시간에 두 번째로 많은 몰입을 일으키는 활동이고, 몸동작이 가장 많은 몰입을 생성하는 활동이라고 밝힌 바 있다. 현재의 연구에 참여하는 아동들은 도구 놀이에서 스스로 수정을 하거나 모방할 짝을 찾으면서 묵시적으로 상위인지적 적응을 하였다. 그들은 자신의 경험을 향상시킬 대안적 수단을 발견하면서 새로운 방법과 전통적인 방법 둘 다를 이용하여 도구를 사용했다. 도구를 자유롭게 갖고 노는 것은 의식을 구조화함으로써 몰입을 촉진하고 어린이들의 경험을 조직하는 배경으로 작용했다. 이 "최적의 경험"(Csikszentmihalyi & Csikszentmihalyi, 1988)은 순환이 저절로 계속되는 결과로 나타나는 것이다. 즉 어떤 활동에 요구되는 기술을 습득하면 과제의 도전이 더 강화된다. 그 두 구성 요소 사이의 균형은 역동적인 상호작용이다. 기술과 도전은 몰입 상태를 유지할 수 있도록 동등하면서 높아야 한다. 개인은 기술이 제시된 도전보다 더 높으면 지루함을 느끼고, 도전이 기술 수준보다 더 크면 불안함을 느낀다. 목적은 정신적 음엔트로피psychic negentropy[2] 혹은 **몰입 경험**이라고 불리는 조화 혹은 행복감을 유지하는 것이다.

칙센트미하이Csikszentmihalyi(1982)는 학습 공동체에서 대인관계의 복잡성과 타인들이 어떻게 정신적 엔트로피와 음엔트로피에 영향을 미치는지를 다룬다. **사회적** 음엔트로피를 유지시키는 데 있어서 공동체의 역할은 이전 연구에서 밝혀진 바 있다(St. John, 2004). 대인관계 기술은 학습 공동체에서 생각의 교환과 협동, 그리고 자료의 변형을 쉽게 해주기 때문에 필요하다. 자료 분석은 **서로 함께 있다는 것**이 아동의 음악 만들기에 기본이 된다는 사실을 제안하면서 사회적 전략(**동료 의식**)이 모든 형태의 음악 활동에 강한 영향을 미친다는 사실을 보여주었다. 참여자들이 학습 환경에서 어디에 있어야 할지 뿐만 아니라 누구와 함께 있어야 할지를 발견하면서, 그들의 관심이 내적 갈등으로 특징지어지는 부정적 엔트로피 상태로부터 음엔트로피 혹은 조화로운 자아로 되돌아갔다. 소속감은 재미, 즐거움, 기쁨과 같은 음엔트로피와 관련된 주관적 경험을 촉진시켰다. 참여자들은 자아가 조화로운 상태에서 관심을 음악 자료로 돌렸다. 동료들은 그림을 그리는 맥락을 제공하였고 이런 상호작용이 몰입을 촉진했다.

이 연구에서 아동들은 집단적 공간에서 경험의 **일부**가 되는 방법들을 발견했다. 아동들은 공동체의 일부가 됨으로써 새로운 무엇인가를 발견하기 위해 문화적 지식을 추려내어 서로 관계를 맺으면서 관심을 극 놀이나 도구 놀이로 돌릴 수 있었다. 혹은 이와 거꾸로, 아동들은 요리의 공동 시작점을 이용하여 도구 놀이에 참여하는 **방법**에 대한 불안감을 경감시켰다. 그릇으로 사용된 스터 실로폰은 참여를 촉진하기 위한 매개물 역할을 하였다. 국 만들기와 음악 만들기 사이의 역동적 상호작용은, 아동들이 문화적 대상물이자 악기 역할을 하는 도구를 사용하여 요리의 즐거움을 계속 재창조하면서 나름의 몰입 생성 환경을 만들었다.

위에 언급한 연구(St. John, 2004)에서 아동들은 자신의 학습을 위해 전략을 세심하게 사용했다. 이런 비계 전략은 학습자가 몰입 경험을 발견하거나 유지하거나 지속시키기 위해 개인적 조정(**자기수정**과 **모방**과 같은 개인적 전략)과 음악 자료(**예상**과 **확장** 같은 자료 전략) 그리고 타인에 대한 인식(**동료**와 **어른 의식**과 같은 사회적 전략)을 사용하는 것을 보여주었다. 그렇다면 아동들의 도구 놀이가, 그들의 경험을 강화시키고 음악적 기술을 향상시키는 수단으로서 하나의 몰입생성 활동을 다른 몰입생성 활동으로 비계하면서 **음악** 식당에서 행진으로 진화했다는 것은 놀라운 일이 아니다. 여기서 비계 전략과 **스크립트화된 개념** 그리고 몰입 경험의 상호 관련성은 명백하다.

극화된 활동의 상호작용은 아동의 음악적 발달뿐 아니라 인지 발달에 대해서도 많은 측면을 보여주었다. 인지적 관점에서 볼 때, 유치원생들이 가상 요리/식당 놀이에서 악기를 물건으로 사용하는 것은 사고(말의 의미)

를 대상으로부터 분리시켜, **스크립트 넘나들기**에서 입증된 대로 여러 맥락에서 그 대상물을 사용하는 능력이 성장하고 있다는 것을 보여준다. 놀이는 이런 이행 단계를 가능하게 해준다. 비고츠키(1978)는 다음과 같이 썼다.

> "놀이에서 사고는 대상으로부터 분리되고 행동은 사물에서보다는 생각에서 일어난다 … "(p. 97). 이것은 예를 들면, 아동이 모래 블록을 신용카드 영수증으로, 그리고 말렛을 글쓰기 도구로 사용하는 데서 증명된다. 아동의 인지 구조가 변하기 때문에 실제적이고 목전에 있는 구체적인 상황과 아동의 관계가 극적으로 바뀐다. 비고츠키는 인간의 인지 구조(대상/의미)를 표현하기 위해 대상과 의미의 비율을 각각 분자와 분모를 사용했다. 대상은 어린이에게 지배적이고, 의미는 그 대상에 종속된다. 대상이 모래 블록과 같은 경우처럼 다른 어떤 것에서 의미 만들기의 중심점이 될 때 비율이 뒤바뀐다(의미/대상). "아동은 놀이를 할 때 일반적인 대상과 행동으로부터 분리된 의미를 조작한다…"(Vygotsky, 1978, p. 98).

아동이 악기로 자유놀이를 하면서 극적인 이야기를 만들 때, **스크립트**가 자연발생적 개념과 과학적 개념 사이의 빈칸을 메울 가능성이 높다. 아마도, 아동이 명시적인 지도를 받지 않고 악기 탐색을 하면서 개념적인 음악 지식을 습득해갈 때 그들의 의미 만들기는 강화될 것이며 미래의 공식적인 음악 교육에서 성공하는 성향을 갖게 될 것이다. 잠재적으로, 이런 초기 경험들은 아동이 자연발생적인 개념과 과학적 개념 사이의 궤도를 따라가면서 근접발달영역에서 인지적으로 음악과 관계를 맺도록 특히 잘 준비시킬 수 있을 것이다.

비록 수프 만들기 활동을 **음악** 활동 **자체로** 보기에는 의문의 여지가 있지만, 그릇으로 변한 스터 실로폰의 탐색은 말렛을 젓는 속도가 느리다가 점차 격렬해지면서 음색 혹은 음질, 그리고 속도를 실험하는 기회를 제공했다. 예를 들면, 아동이 자기가 선택한 속도와 재료에 따라, 즉 빨리 젓는 경우와 천천히 젓는 경우, 또는 나무 말렛 대신 금속 막대를 사용하는 경우에 따라, 소리가 다르게 만들어진다는 것을 발견하면서 인지적 연결이 창출되었다. 그들은 음색과 음감을 시험하면서 나무, 금속, 그리고 플라스틱 도구 사이의 소리 차이를 구별했고, 그다음에 참여를 위한 매우 중요한 선택을 했다.

아동들은 대안적 해결책을 발견하면서 자신의 경험을 확장하고 변형시키는 방법을 찾았다. 이런 확장은 즉흥적 노래 부르기에서 관찰되었는데, 예를 들면, 그들은 자신들이 만든 노래를 요리 경험에 연계시키거나 도구 놀이에 목소리 탐색을 더하고 선율의 윤곽을 발견했다. 아동들은 자신들의 걸음을 녹음된 음악에 맞추거나 북을 칠 때 일정한 박자를 다시 지키는 자기수정 전략을 보였다. 그들은 문화적으로 수용되었거나 전통적인 형태의 연주를 확장하면서 악기를 연주할 다른 방법들을 찾았다. 예를 들면, 한 아동은 작은 중국 종의 옆 면을 나무 말렛으로 치는 것이 전통적으로 두 개의 종을 서로 부딪히는 것보다 더 좋은 소리가 난다거나 모래 블록을 서로 치는 것이 서로 비비는 것보다 더 큰 소리를 낸다는 사실을 발견했다. 또 다른 음악적 변형에는 협동 파트너와의 복잡한 리듬 교환이 있었다. 이 집단적 음악 만들기는 합주단에 대한 기민한 의식과 음악적 대화를 주고받는 것이 갖는 힘뿐만 아니라 리듬의 양상과 소절 구조에 관한 음악적 형식에 대한 이해도 보여주었다.

마지막으로, 국 만들기라는 집단적 경험은 즉흥적 행진이라는 협동적 모험으로 발전했는데, 이는 집단적 음악 만들기에서 노력을 조율했음을 보여준다. 공동체는 서로의 음악적 기술을 보완하면서 소리내기와 일정한 박자, 음색, 속도와 같은 음악적 개념들에 대한 집단적 이해를 보여주었다. 그들은 **합주단** 연주를 하고 음악적 표현을 통해 비언어적으로 의사소통한다는 것이 무슨 의미인지를 이해했다. 그들은 이 공유된 음악 만들기를 문화적 표현뿐만 아니라 개인적 표현을 위한 강력한 도구로서도 경험했다. 아동들은 "내포 현실"을 넘나들고 이를 서로 연결하면서, 집단적 음악 만들기가 참여자들을 결합하고 공동체임을 축하하도록 장려한다는 점을 보여주었다.

성공의 요리법과 즉흥 악보

아동들은 놀이를 통해 문화적 지식과 음악적 기술 그리고 개념을 통합했다. 아동들은 상호 협력하여 도움을 주고받으면서 서로를 위해 경험을 비계했다. 이런 협동 활동의 가치는 이전에 탐구된 바 있다(St. John, 2005, 2006a, 2006b). 음식 만들기라는 일반적인 주제는 학습 공동체에 속하는 방법을 찾는 개인들에게 사회적이고 음악적인 경험의 **일부**가 되는 시작점을 제공했다. 널리 익숙한 이 주제는 요리 기술, 외식하기 그리고 식당 경영과 같은 **사회적 스크립트**를 알고 있는지를 드러냈다. 요리사, 손님, 종업원 그리고 호텔 지배인의 가상적 역할은 그 공동체에서 **노동의 분담**에 대해 정교한 이해를 하고 있음을 보여주었다. "선생님, 이거 다 먹어야 해요. 그렇지 않으면 못 가요."와 같은 말은, 아동이 권위와 기대 또는 가족의 독특한 문화를 지배하는 규칙과 그것들을 드러내는 스크립트를 알고 있음을 말해준다. 모방은 행진하기, 그리고 다른 집단적, 문화적 현상으로 이어졌는데, 아동은 거기에서 지도자와 참여자, 관객의 역할을 창조하면서 사회적 지식을 갖고 있음을 보여주었다. 그들이 **유사** 군악대를 의식적으로 만든 것인지 아닌지는 알 수 없지만, 북이 행진의 조직에서 가장 중요한 역할을 한다는 것을 이해한 것은 명백했다.

도구를 탐색하는 맥락에서 아동들의 놀이는 그들이 음악과 문화 규범을 사용하여 도구와 사회적 행동을 연결함에 따라 역동적으로 춤추는 대화를 보여주었다. 세심히 조직된 연출은 그들이 부엌에서 음악 교실로, 식당 배경에서 공공장소로, 그리고 다시 거꾸로 이동하면서 **스크립트를 통해 사건의 재현**에 의지할 때, 여러 내포 현실을 인지적으로 연결하도록 촉진했다. 그들의 놀이에서 극을 쉽게 하기 위한 물체로서나 음악적 표현을 위한 기구로서 도구를 번갈아 사용하는 것은 아주 자연스러웠다.

음악 만들기와 극 만들기의 역동적 상호작용은 아동들에게 순서에 대한 배경을 제공한 것 같다. 그들은 불안감이나 지루함을 느끼지 않고, 극 만들기든 음악 만들기든 아니면 그 둘을 합친 것이든 당면한 과제에 집중하여 몰입할 수 있었다. 그들은 도전 추구와 도전 모니터 전략을 사용하면서 도구 놀이를 할 때 몰입을 더 잘했다(Custodero, 2005). 아동들은 사회적 구조와 음악적 시도에 대한 사전 경험을 불러내고 사건과 장소를 넘나들고 **스크립트**를 빌리고 리프를 교환하면서 놀이를 하는 가운데 자연발생적인 개념과 **대본화된 실제**에 대해 이해를 하고 있음을 드러내었다. 그들은 박자 맞추기, 리듬 짜기, 음색 다르게 하기, 노래 만들기, 함께 놀기 등과 같은 것을 탐색하고 즉석에서 함으로써 발견하게 된 음악적 기술을 보여주었다. 아동들은 정교한 활동 체계를 창조하면서 이런 음악적 기술과 주의 깊게 연출된 사회적 기술 사이를 매끄럽게 이동했다.

이 장은 특히 도구를 이용하여 자유 놀이를 하는 동안 집단으로 음악을 만드는데 내재된 사회화의 힘과 음악 학습자의 공동체에서 사회적으로 공유되는 문화 지식에 들어 있는 **스크립트**의 힘에 대해 다루었다. 아동들은 상호 작용과 가상놀이를 통해 노동의 분담과 참여 규칙, 그리고 매개물의 중요한 역할에 의해 특징지어지는 복잡한 사회적 체계를 보여주었고, 그 속에서 사전 지식을 기반으로 경험을 비계하고 지식을 구성하였다.

학습자 공동체는 음악 시간에 관계들이 어떻게 작용하는지에 대한 이해를 공유함으로써 브루너Bruner(1996)가 "상호 학습 공동체"라고 부른 것을 창조했다. 그 공동체는 각 회원의 기여가 필요하고 또한 존중되었다. 아동들은 이 복잡한 **활동 체계**를 통해 음악을 **만들면서** 음악에 **관해** 배웠다. 그들은 음악을 만들면서 음악 기술을 발견했고 음악 개념을 깨달았다. 그들은 음악적 특징들을 음악적 경험의 내부로부터 구체화함으로써 발견했다. 넬슨(1983)은 "…역할을 경험하는 것은 기초적인 벽돌 쌓기가 **아니라** 인지적 성취이다."(p. 130)라고 제안한다. 그녀는 이 전체 만들기를 **개념적 표현의 맥락화된 설명**이라고 부른다.

우리는 아동들이 역할을 교환하고 과거의 경험으로부터 지식을 통합하는 방식에서, 즉 **노동의 분담**을 하는 것을 보면서 그들로부터 배울 것이 있다. 아마 그들 서로 간의 협동과 협력, 그리고 내용과 규칙의 협상으로부터 어떤 통찰력을 얻을 수 있을 것이다. 이제 그 아동은 공동체를 건설하고 존경심을 기르고 다양성을 중요시하는 교육의 기본 원칙 외에도 기초적인 음악 기술과 이해를 쌓은 것이다.

참고문헌

Bronfenbrenner, U. (1974). Developmental research, public policy, and the ecology of childhood. *Child Development, 45*(1), 1-5.

Bronfenbrenner, U. (1976). The experimental ecology of education. *Teachers College Record, 78*(2), 157-204.

Bronfenbrenner, U. (1977). Toward an experimental ecology of human development. *American Psychology, 32*, 513-531.

Brown, A. L., Ash, D., Rutherford, M., Nakagawa, A., & Campione, J. C. (1993). Distributed expertise in the classroom. In G. Salomon (Ed.), *Distributed cognitions: Psychological and educational considerations* (pp. 188-228). New York: Cambridge University Press.

Bruner, J. (1996). *The cultural of education.* Cambridge, MA: Harvard Unoversity Press.

Chan-Wells, G. L. M., & Wells, G. (1993). Dynamics f discourse: Literacy and the construction of knowledge. In E. A. Forman, N. Minick, & C. A. Stone (Eds.), *Contexts for learning: Sociocultural dynamic in children;s development* (pp. 58-90). New York: Oxford University Press.

Cole, M., & Engestrő, Y. (1993). A cultural-historical approach to distributed cognition. In G. Salomon (Ed.), *Distributed cognitions: Psychological and educational considerations* (pp. 1-46). New York: Cambridge University Press.

Csikszentmihalyi, M (1975). *Beyond boredom and anxiety.* San Francisco: Jossey-Bass.

Csikszentmihalyi, M (1982). Learning, "flow," and happiness. In R. Gross (Ed.), *Invitation to lifelong learning* (pp. 166-187). Chicago: Follett.

Csikszentmihalyi, M., & Csikzentmihalyi, I. S. (1988). *Optimal experience: Psychological studies of flow in consciousness.* Cambridge, New York: Cambridge University Press.

Csikszentmihalyi, M (1990). *Flow: The psychology of optimal experience.* New York: Harper and Row.

Csikszentmihalyi, M (1997*). Finding flow: The psychology of engagement in every life.* New York: Basic Books.

Custodero, L. A. (1998). Observing flow in young children's music learning. *General Music Today, 12*(1), 21-27.

Custodero, L. A. (2002a). *Connecting with the musical moment: Observations of flow experience in preschool-aged children.* Paper presented at the ISME Early Childhood Conference, Children's Musical Connections, Copenhagen, Denmark.

Custodero, L. A. (2002b, January/February). Seeking challenge, finding skill: Flow experience and music education. *Arts Education and Policy Review, 103*(3), 3-9.

Custodero, L. A. (2005). Observable indicators of flow experience: A developmental perspective on musical engagement in young children from infancy to school age. *Music education Research, 7*(2), 185-209.

Dissanayake, E. (2000). *Art and intimacy: How the arts began.* Seattle: University of Washington Press.

Glesne, C. (1999). *Becoming qualitative researchers: An introduction* (2nd ed.). New York: Longman.

John-Steiner, V., Panofsky, C. P., & Smith, L. W. (1994). *Sociocultural approaches to language and literacy: An interactionist perspective.* New York: Cambridge University Press.

Littleton, D. (1998). Music Learning and child's play. *General Music Today, 12*(1), 8-15.

Luria, A. R. (1981). *Language and cognition.* Washington, DC: Winston.

McCall, R. (1995). On definitions and measures of mastery motivation. In R. H. MacTurk & G. A. Morgan (Eds.), *Mastery motivation: Origins, conceptualizations, and applications* (pp. 273-292). Norwood, NJ: Ablex.

Nelson, K. (1983). The derivation of concepts and categories from event representations. In E. K. Scholnick (Ed.), *New trends in conceptual representation: Challenges to Piaget's theory?* (pp. 129-149). Hillsdale, NJ: Erlbaum.

Paley, V. G. (2005). *A child's work: The importance of fantasy play.* Chicago: The University of Chicago Press.

Panofsky, C., John-Steiner, V., & Blackwell, P. (1990). Scientific concepts and discourse. In L. Moll (Ed.), *Vygotsky and education: Instructional implications and applications of sociohistorical psychology* (pp. 251-267). New York: Cambridge University Press.

Pratt, M., Green, D., MacVicar, J., & Bountrogianni, M. (1992). The mathematical parent: Parental scaffolding, parent style, and learning outcomes in long-division mathematics homework. *Journal of Applied Developmental Psychology, 13*, 17-34.

Roberts, R., & Barnes, M. (1992). "Let momma show you how": Maternal-child interactions and their effects on children's cognitive performance. *Journal of Applied Developmental Psychology, 13*, 363-376.

Rogoff, B. (1994). Developing understanding of the idea of communities of learners. *Mind, Culture and Activity, 1*(4), 209-229.

Sawyer, R. K. (1997). *Pretended play as improvisation: Conversations in the preschool classroom.* Mahwah, NJ: Lawrence Erlbaum Associates.

Sawyer, R. K. (2004). Creative teaching: Collaborative discussion as disciplined improvisation. *Education Researcher, 33*(2), 12-20.

St. John, P. A. (2004). *A community of learners: An investigation of the relationship between flow experience and the role of scaffolding in Kindermusik classroom.* Unpublished doctoral dissertation, Teachers College/Columbia University, New York.

St. John, P. A. (2005). Developing community, defending context, discovering content: Young children's negotiation of skill and challenge. Early Childhood Connections, *11*(1), 41-47.

St. John, P. A. (2006a). Finding and making meaning: Young children as musical collaborators. *Psychology of Music*, *34*(2), 238-261.

St. John, P. A. (2006b). "Let's dance!" – Inviting musical discovering through relationship. Paper presented at the International Society of Music Education/Early Childhood Conference, Touched by Musical Discovery:

Disciplinary and Cultural Perspectives, Taipei, Taiwan.

Sullivan, J. A. (2004). *Attention and flow in preschool children during music circle time and music choice time.* Unpublished doctoral dissertation in Music Education, University of Kentucky.

Vygotsky, L. (1978). *Mind in society: The development of higher psychological processes* (pp. 84-104). In M. Cole, V. John-Steiner, S. Scribner, & E. Souberman (Eds.). Cambridge, MA: Harvard University Press.

‖ 미주 ‖

1 비디오 촬영 장비 문제로 여섯 번째 세션은 분석에 포함되지 않았다.

2 갈등이 의도를 방해하거나 목적에 지장을 줄 때 의식의 무질서가 일어난다. 의식의 무질서는 주위를 요구하고 초점은 분산된다. 따라서 정신 에너지가 목적을 향해 긍정적으로 유도될 수 없다. 의식이 공포와 걱정 그리고 불안과 같은 많은 방식으로 혼란스러워질 수 있다. 이런 에너지의 부정적 사용은 정신적 엔트로피 entropy로 불린다. 정신적 엔트로피의 반대 상태는 의식의 질서 혹은 칙센트미하이가 적절한 경험이라고 명명한 정신적 음 엔트로피이다. 의식으로 다시 중계된 정보는 목적과 조화를 이루며 "정신적 에너지는 쉽게 흐른다"(Csikszentmihalyi, 1990, p. 39). 사람은 의식을 통제하고 주의를 집중함으로써 정신적 음 엔트로피 혹은 **몰입 경험**을 경험한다.

• 6장 •

시각 언어의 사회적 구성:
화가 되기에 관하여

M. 캐스린 코너리

> 이 새로운 예술은 … 다산과 출생 신비와 연관된 최초의 창조 신화에 관한 것이 아니다 … 이것은 역사적 암흑의 자궁으로부터 나온 여성 재탄생의 신비에 대한 것이다. 글로리아 오렌스타인(Gloria Orenstein, 1990)

새로 교대한 경비원은 초조하게 몸을 움직이며 목을 가다듬었다. 나는 캔버스 모퉁이 쪽에 서서 쳐다보고 있었는데 내가 너무 가까이 접근했다는 사실을 알았다. 나는 굳은 유화물감에 나타난 붓 자락의 방향을 내 손가락 몇 인치 앞에서 가리키면서 친구에게 "저걸 봐. 화가가 생각한 걸 볼 수 있어."라고 재촉했다. 그림으로부터 한 발짝 뒤로 물러서자, 햇볕에 하얗게 탈색된 골반이 주는 충격이 뉴멕시코의 단단한 청록색 하늘에 부딪혀 마르고 공허한 소리를 내었다. 캔버스는 시각적 비밀을 붙들고 있었다. 창틀이 뼈로 된 창문 속에서 맨눈으로 간신히 알아볼 수 있는 여름 달의 부드러운 형체가 거의 들리지 않는 소리로 외치고 있었다. 그 그림은 사막의 노래, 삶과 죽음의 노래, 불모와 충만함의 노래, 상실 이후에 남겨진 슬픔의 노래를 부르고 있었다.

흔히 한 편의 그림이 천 마디의 말을 그린다는 말이 있다. 정말로 나는 미술관의 조용한 전시실들이 소란스러운 장소임을 늘 발견했다. 르네상스의 십자가 처형 그림 앞에 서든지 위에서 묘사한 위대한 화가 조지아 오키프의 그림에서처럼 현대 미국인의 고요한 삶 앞에 서든지, 소리와 말, 대화가 캔버스로부터 솟아올라 광택이 흐르는 홀에서 울려 퍼진다. 보통의 미술 관람객은 자신과 화가를 구분하는 조용한 상징 뒤에 숨어있는 의미를 이해하려고 노력한다. 하지만 캔버스의 반대편에 조용히 서 있는 작업실의 미술가에게는 대중이 음미할만한 가치가 있는 개인의 독특한 메시지를 발전시키는 것이 가장 큰 도전이다. 화가들은 무엇을 그릴 것인지를 어떻게 결정하는가? 그들은 개인적 작품을 어떤 과정으로 발전시키는가? 오키프는 "나에게 말의 의미는 색깔의 의미만큼 정확하지 않다. 색깔과 모양은 말보다 더 명확한 진술을 한다."라고 말한 적이 있다. 예술가들은 시각 언어를 어떻게 발전시키는가? 나는 화가이자 학자, 교육자로서 초기 아동기와 어른 시기에 생성된 나 자신의 예술 작품에 대한 연구를 통해 이러한 질문들에 대한 답을 찾고 싶었다.

비고츠키의 문화·역사적 이론 체계: 기호학적 대안

내가 예술학교에 다닐 때, 같은 회화 프로그램에 있는 학생들 사이에서 11학년이 될 때까지 '자신만의 스타일'을 시각적으로 만들어야 한다는 강한 압박감이 존재했다. 나는 나의 교수님들 중 어느 누구도 자신이 일관성 있고 양식화된 작품을 어떻게 고안하고 발전시켰는지를 구체적으로 공유한 경우는 떠올릴 수 없지만, 과제를 하는 방법에 관한 이론은 다양하고 풍부했다. 예를 들면, 예술 역사 수업시간에 인상주의 화가들의 프랑스 한림원과 나폴레옹의 정치에 대한 급진적인 거부가 그들이 아름다운 경치를 그리도록 한 동기가 된 것이라고 밝혀졌다. 한 교수는 피카소가 크리스털 프리즘을 빛에 비추어 보는 것을 좋아했다는 점을 언급하면서, 그 스페인 예술가의 위대한 천재성의 기원에는 일상적 호기심이 놓여있음을 주장했다.

회화 교수들이 프로이트의 갈등과 성적 욕망을 모든 창조적 이미지를 파생시킨 원천으로 보고, 그에 따라 수업시간에 하는 비평을 학문적 관음증의 연습으로 바꾸어 버리는 것이 유행이었다. 교수진 중 스위스 심리학자인 구스타브 융의 몇몇 추종자는 그런 관점에 도전했지만, 그들은 그 분석가가 1900년대 초기부터 놀라울 정도로 성차별주의적인 관점을 가졌다는 사실을 명백히 고려하지 못했었다. 다른 교수들은 그들 자신의 이론을 낳았다. 한 독일인 남성 방문 예술가는 나에게 말하기를, **만약** 내가 60세 생일이 지나서도 **미국 여성**으로서 계속 그림을 그린다면 내가 실제로 중요한 것을 말하고 싶은 것이 있을 수 있다고 한 적이 있다. 나는 존경받는 다른 교수의 전시회를 배회하다가 이 이론의 타당성을 궁금해하지 않을 수 없었다. 그 교수는 가족생활에 관한 논평에서 자기 아내가 변기 좌석을 머리에 쓰고 있는 초상화를 그렸다. 예술적 발달에 대한 재미있지만 미심쩍은 이론들의 이러한 불협화음은 캔버스와 실제 삶에서 우리가 누구인지를 발견하려고 노력하는 발달단계 상에 있던 나 자신과 20명쯤 되는 내 친구들에게는 거의 가치가 없었다.

후에 다른 장소와 시간에서 박사과정 학생으로서 기호학 – 문화가 의미를 만들기 위해 기호와 상징을 사용하는 방법 – 에 대해 갖게 된 관심이 나를 비고츠키의 연구로 인도했다. 교육자로서 비고츠키의 사회문화적 혹은 문화·역사적 이론은 언어와 문식력 습득에 관한 나의 연구에 영향을 미쳤다. 비고츠키의 저서들은 창의적 노력과 관련된 질문들을 숙고하는 개념적 체계를 제공해주는 것 같았다. 나는 문화·역사적 이론으로 화가들이 시각 언어를 개발하는 방법과 이유를 설명할 수 있는지가 궁금했다.

비고츠키의 이론 체계는 "발달과 공동 구성, 종합, 지식의 변형, 기호학적 매개"와 같은 주제를 통해 "사회적이고 개인적인 과정의 역동적 상호의존성"(John-Steiner, 1999, p. 2)에 초점을 두는 점이 두드러진다. 이런 광범위한 주제들은 학문적 용어를 넘어서 정신이 어떻게 의미를 만드는지에 대한 대안적인 심리적 묘사를 나에게 풍부하게 제공해 주었다. 문화적 관행들이 기호 체계를 포함하여 물리적이고 심리적인 도구를 통해 매개되거나 전달되고 해석되고 처리된다(Vygotsky, 1978; 1986; 1987b)는 전제는 화가이자 예술 역사를 공부하는 학생인 나의 경험에 깊은 반향을 불러일으켰다. 나는 문헌을 더 읽으면서 문화·역사적 이론이 창의적 과정의 총체적이고 과학적인 평가에 적절한 이론적 틀과 연구 방법론을 제공해준다는 것을 확신했다. 특히, 나는 기호학적 매개와 기호의 습득에 관한 비고츠키의 이론에 흥미를 느꼈다.

기호학적 매개

내가 처음 읽은 비고츠키의 글은 기호학적 매개는 복잡한 사회심리적 과정이라는 사실을 강조했다. 말 그대로, 의미의 매개는 우리가 정보를 받고 연결시켜서 세상을 이해하는 방법들을 엮어 짠다. 역사적으로 인간은 기호학적 매개에 관여하기 위해 다양한 도구와 방법을 개발해왔다. 이 도구들과 규약은 우리가 환경에 적응하고 조작하는 것을 가능하게 했다. 그러나 기호학적 도구와 실행은 우리가 자연을 바꾸기 위해 그것들을 사용할 때 **인간** 본성 혹은 우리 자신도 동시에 변화시킨다(Cole, 1996). 예를 들면, 쟁기의 발명은 농업의 발달과 중앙집권화된 정착 공동체의 발전으로 이어졌다. 이런 변화의 결과로 인간은 서로에게 그리고 땅과 새로운 방식으로 관계를 맺게 되었다. 우리 시대에는 우리가 누구인지와 우리가 사는 지구에 대한 이해뿐만 아니라 전문인으로서 그리고 개인으로서의 우리의 삶을 인터넷이 어떻게 재정의했는지를 절실히 경험했다.

비고츠키는 내가 기호학적 매개는 물리적이고 심리적인 도구 모두를 이용한다는 것을 이해하도록 해주었다. 물리적 도구들은 자연과 외적 대상물을 향한 행동을 매개한다(Kozulin, 1986). 그림 붓과 컴퓨터, 전화는 우리의 문화적 이해의 매개를 보조하는 물리적 도구들이다. 반면 심리적 도구는 우리의 개인과 집단의 사고와 감정, 그리고 행동 통제를 도와주는 내면화된 것이다(Vygotsky, 1986; John-Steiner & Mahn, 1996). 예를 들면, 비고츠키(1981a)의 심리적 도구 목록은 "언어, 수를 세는 다양한 체계, 연상 기술, 대수 기호 체계, 예술 작품, 글, 계획, 도표, 지도, 기계 제도, 그리고 모든 종류의 관례적인 기호"를 포함했다(p. 137). 나는 그의 목록에 예술이 들어있는 것을 보고 기뻤던 것이 기억나며, 그림과 조각, 무용, 시가 어떻게 우리가 개인으로서와 집단으로서 하는 일들을 안내할 수 있는지 궁금했다.

존-스타이너John-Steiner와 만Mahn(1996)의 저서들이 부분적인 대답을 해주었다. 그들은 "지식은 직접적으로가 아니라 심리적 도구의 사용을 통해 내면화된다."(p. 193)는 사실에 주목한다. 내가 젊을 때 수녀님들은 정신은 백지상태이며 세속적이고 성스러운 것이 눈에 보이지 않게 지식의 지문을 찍는다고 늘 강조했었다. 반대로 비고츠키(1986)는 심리적 도구는 우리의 사고를 사로잡고 형성하고 연결하고 탈바꿈시킨다고 주장했다. 즉, 우리가 알파벳 혹은 십진법 체계 같은 심리적 도구를 전유하고 사용하는 것을 배워감에 따라 더욱 고차원적인 사고 과정이 발달한다.

아동과 초보자들은 "연장자와 더 잘 아는 사람들을 지켜보면서"(Wells & Caxton, 2002, p. 3) 물리적이고 심리적인 도구 사용을 학습하고 습득한다. 우리는 비계하기와 공동 생산활동 그리고 안내된 실행을 포함하는 다양한 학습 맥락을 통해 그 두 가지 형태의 도구를 오랜 시간 동안 점차적이고 연속적으로 사용하면서 전문성을 개발한다(Echevarria, Short, & Vogt, 2004; Au, 1993). 우리가 컴퓨터와 소프트웨어 혹은 연필과 계산법과 같은 물리적이고 심리적인 도구의 결합을 통해 우리의 발달단계에 따라 의미를 전유하거나 의미 만드는 방법을 배울 때 우리의 시각과 사고가 증진된다. 이와 동시에, 우리는 통계학자의 컴퓨터 실험실이나 미술가의 화실 같은 독특한 공동체와 학문분야라는 더 넓은 사회문화적이고 역사·정치적인 삶 속으로 받아들여지거나 사회화된다. 실제로 물리적·심리적 도구로의 접근 혹은 거부는 우리의 관심과 삶, 존재 자체에 대한 다양하고 차별화된 조건과 성격을 유발한다(Cole, 1996).

기호학적 매개의 인지적 다원주의

비고츠키는 기호학적 매개의 형태로서 음성 언어와 문자 언어에 특히 관심을 가졌다. 하지만 우리 인간의 생리는 의미 만들기의 시각적, 청각적, 언어적, 운동 감각적, 촉각적, 후각적 방식들도 허용한다. 존-스타이너John-Steiner(1995)는 우리의 여러 지각 능력은 우리가 예술과 다른 창의적 노력을 통해 내적이고 외적인 사고를 재현하는 다양한 방법과 일치한다고 지적했다. 그녀는 의미를 만드는 이런 다중양식적인 방법들과 그들의 발전을 인지적 다원주의라고 불렀다. 미국 원주민 어린이와 수학자들의 사고 과정에 관한 존-스타이너의 연구는 우리 각자는 문제를 해결할 때 개인적이고 다양한 접근법으로 세상을 이해하고 경험하는 데서 나온 독특한 양식과 학습 스타일을 선호하며 이를 사용한다는 것을 보여준다(John-Steiner & Osterreich, 1975; John-Steiner, 1995).

존-스타이너(1995)는 또한 뚜렷한 집단과 공동체는 특별한 형태의 인지적 다원주의를 선호하는 의미 만들기 체계로서 수용하고, 형성하고, 유지하고, 증진시킨다는 사실을 발견했다. 예를 들면, 고도로 과학적이고 유동적인 우리의 문화는 속도가 빠른 전자 도구와 실행, 그리고 과정으로 쉽게 일괄되는 음성과 문자, 수학적 상징체계의 효율성을 높이 평가한다. 이런 형태의 인지적 다원주의는 면대면 만남이나 말 없는 악수로 의사소통되는, 일반적인 운동 감각적인 이해를 존중하고 그것에 의지하는 공동체와 대조될 수 있다.

나는 기호학적 수단의 변형적 본질과 우리의 사고와 우리가 누구인지 그리고 우리의 삶을 어떻게 경험하는지를 형성하는 능력을 생각하면서, 세상에 있는 다양한 관점과 성격과 사람들을 설명해주는 문화·역사적 이론의 강력한 수용력에 감명 받았다. 개인적으로 그리고 집단적으로 의미를 표현하기 위해 우리가 선택하는 다양한 도구들은 우리의 문화뿐만 아니라 "우리가 누구인지를 밝히고 정체성과 능력을 재구성하도록 돕는다"(Bruner, 1990, p. vii).

기호학적 기호들: 의미의 구성 요소

인지적 다원주의의 개념은 내가 삶을 매우 시각적인 방식으로 경험하는 것이 타당하다는 것을 인정했다. 그것은 내가 나의 외적이고 내적인 세계들을 해석하고 표현하기 위해 개인적 방식을 형성하면서 시각과 상징에 어떻게 의존하게 되었는지를 나 자신의 역사를 통해 밝힐 수 있도록 해주었다. 만약 다양한 형태의 인지적 다원주의가 우리가 양육된 여러 방식과 우리가 사용하는 다양한 도구들로부터 나온 것이라면, 나는 의미 만들기의 표면 아래에 어떤 심리적 구조나 과정들이 놓여 있는지 궁금했다. 시인과 화가와 무용가의 기호학적 매개 사이에 공동의 연결고리가 있었는가? 기호에 대한 비고츠키의 생각이 답을 주었다.

원자와 우주와의 관계처럼, 모든 형태의 의미 만들기는 기호의 구성 요소에 달려있다(Vygotsky, 1987a). 비고츠키는 기호는 문화적 사고의 운반자 역할을 한다고 강조했다. 사실 가장 원시적 형태의 의사소통은 기호 없이 가능하다. 하지만 비고츠키는 "중요한 것은 기호가 아니라 의미이다. 우리는 기호를 바꿀 수는 있지만, 그 의미는 유지한다."(Van Oers, 1999, p. 1에서)고 강조했는데, 이 점에서 그의 입장은 형식주의 언어학자들과 달랐다.

몸짓과 동작, 말, 시각적 상징을 포함하는 기호는 일반화를 매개하는 효율적인 수단을 제공한다. 기호의 외적 형식은 다를 수 있지만, 내적 구조는 공통적인 특징과 기능을 공유한다(Vygotsky, 1971). 나는 비고츠키의 글을 더 읽으면서 비고츠키(1997a; 1987b; 1978)가 일차적 기호와 이차적 기호 혹은 상징주의를 구분했다는 것을 발견했다. 말은 우리가 서로 의미를 매개하는 가장 기본적인 수단이기 때문에 그는 구어를 일차적인 것으로 간주했다. 이차적 상징은 구어를 위한 보조적인 기호체계이다. 만(Mahn, 1977)은 기호체계의 발달은 "이미 존재하는 발달된 의미 체계 위로 … 새로운 의미 체계"(p. 361)를 가지고 오는 것이라고 했다.

기호체계의 습득

화가로서 나는 모든 기호체계는 똑같은 기본 과정을 통해 습득된다는 비고츠키의 주장을 발견하고서 매료되었다. 사고와 기호는 시각적이든 언어적이든 청각적이든 몸짓이든지 간에 네 가지 상호의존적인 단계를 거쳐 변형이 일어나면서 통합된다. 그는 자신의 실험을 통해 "언어 발달은 계산하기와 기억하기 등과 같이 기호를 사용하는 모든 다른 정신적 작용의 발달과 똑같은 과정으로 일어나며 똑같은 법칙을 준수한다."(Vygotsky, 1986, p. 86)는 것을 믿게 되었다. 이런 단계들은 절대적이거나 엄격한 범주를 따르지 않으며, 기능적인 연속 선상에서 의미를 만드는 자가 이전 단계의 특징에 의존한다고 보는 것이 낫다. 어린 아동의 언어 발달의 성격은 단계들 사이의 이러한 유동성에 대한 강력한 예를 제공한다. 초기 혹은 자연적 단계Primitive or Natural Stage로 불리는 기호 습득의 첫 번째 단계에서는 의미를 만드는 사람의 사고는 기호와 분리하여 존재한다(Vygotsky, 1986). 예를 들면, 유아가 구어를 기호체계로서 처음 배우기 시작할 때, 유아의 사고는 본질적으로 "언어 전" 단계지만 언어는 "지력 전" 단계로 간주된다. 유아들은 "정서와 감정"을 표현하기 위한 생리적 반응으로 울고, 끼익 소리를 내고, 재잘거리고 발화를 하지만, "그것들에는 객관적인 의미가 결여되어 있다"(Vygotsky, 1986, p. 93).

하지만 아기들이 태어나는 세상에서는 아기를 돌보는 사람들이 그들에게 의미를 함께 창조해 준다. 우리는 의사소통적 의도나 의미가 유아의 말과 행동 그리고 기분에 들어 있다고 생각한다(Cole, 1996). 우리는 예변법prolepsis이라는 과정에서 의미를 아동과 그들의 능력에 투사해서 그들의 사고와 감정, 취향을 이야기하고 함께 창조한다. 이렇게 해서 아동의 의도라고 일컬어지는 것이 그들이 최초로 의미를 만드는 원천이 된다.

초기 혹은 자연적 단계가 끝날 무렵 어린이들은 언어를 더 효과적으로 사용하기 시작한다. 일상적인 일과 목욕하기나 기저귀 갈기처럼 스크립트화 된 일은 아이를 돌보는 사람의 행동과 언어 사이에 동시성을 제공한다. 궁극적으로, 아동은 이런 경험적 양상과 언어적 양상의 유사성을 통해 언어의 세계로 들어간다. 달리 말하면, 아동은 일상생활의 고도로 반복적이고 주기적인 양상 속에서 사고와 언어, 의미를 습득하는 것이다. 마침내 사고와 기호의 사용이 겹치면서 수렴되고 일련의 새로운 행동을 창조한다.

두 번째 혹은 단순한 심리Naïve Psychology 단계에서는 시각적이거나 언어적, 청각적, 신체적 기호를 습득하는 의미 생산자는 "기호의 외적 구조를 완전히 익히기"(Vygotsky, 1986, p. 93) 시작한다. 이 시기 동안 초보 기호 사용자는 의미를 만드는 물리적이고 심리적인 도구와 관련하여 자신의 능력을 발견한다. 이 두 번째 단계는 물리적이고 의사소통적 참여를 요구하는 활동을 통해 구체적인 기호체계의 문법이 습득되기 때문에 아주 중요하다. 사실, 의미를 만드는 자는 그런 구조가 무엇을 나타내는지를 이해하기 오래전에 그들이 습득하고 있는 기호의 문법적 형태를 사용한다.

예를 들면, 아동은 구어 발달 시기에 단어 게임을 하는 것으로 잘 알려져 있다. 초기 단어 게임의 반복과 통제, 언어 놀이는 실제로 아동이 정형화되고 체계적인 언어 기호나 단어를 발달시키도록 돕는다. 비고츠키(1986)는 문법은 기호와 기호 작동이 기억 속에 존재하는 데 필요한 구조를 제공하기 때문에 언어 학습자는 실제로 "사고의 문법 이전에 언어의 문법"(p. 87)을 익힌다고 주장한다.

외적 기호와 작동External Signs and Operations이라는 세 번째 단계는 의미를 만드는 자가 기호와 기호체계의 기호학적 수단을 내재화하는 데 있어 중간 지점 역할을 한다. 이 단계에서 의미를 만드는 자는 손가락 셈하기와 같은 문제를 해결하기 위해 기호와 기호체계를 드러나게 사용한다(Vygotsky, 1986). 손가락 셈하기와 같은 기호 체계의 외적 혹은 공개적인 사용은 암산과 같은 내적 기호의 사용으로 연결되는 중개 역할을 한다. 그러나 이 단계에서 외적 기호 사용으로부터 "내적이고 개인적인 심리적 기능 영역으로의"(Vygotsky, 1986, p. 35) 전환이 일어난다.

예를 들면, 아동의 구어 발달 단계에서 들을 수 있는 "혼잣말"은 내적 언어 혹은 내적 목소리로 변형되는데, 이것은 많은 사람이 생각하거나 읽거나 꿈꾸거나 문제를 해결할 때 경험하는 것이다. 우리 각자는 계획이라는 목적을 위해 독특한 형태의 인지적 다원주의의 표현으로서 뚜렷하고 다양한 형태의 내적 기호를 사용하게 된다. 결과적으로 외적 기호의 사용은 사라지고 의미를 만드는 우리는 우리의 사고를 매개하기 위해 내적 수단에 의지하게 된다(Vygotsky, 1986).

비고츠키(1986)는 기호의 작동은 의미를 만드는 사람 속에서 성장하여 내재화되므로 기호 습득의 마지막 단계를 내적 언어 단계Ingrowth Stage라고 불렀다. 이러한 변화는 논리적 기억 발달을 포함하여 우리의 인지능력에 깊은 영향을 미친다. 나는 내가 그림을 그리거나 글로 쓸 때까지는 어떤 것을 정말로 "알지" 못한 것이 이러한 이유에서였는지 궁금했다.

제1 언어습득에서 내적이고 소리를 내지 않는 말이 이 단계에서 처음으로 발달하며, 아동기를 거치면서 성숙한다. 흥미롭게도, 내적 발화와 외적 발화는 "한 형태로부터 빈번하고 수월하게 다른 형태로, 그리고 다시 거꾸로"(Vygotsky, 1986, p. 87) 이동하면서 끊임없이 대화한다. 우리는 모두 어렵거나 혹은 감정적인 과제를 하는 동안 혼잣말을 하거나 아동과 성인이 큰 소리로 혼잣말하는 것을 볼 때 이 현상을 경험하거나 관찰할 수 있다. 의미를 만드는 우리는, 일단 기호체계가 내면화되면 기호 사용의 내적 특징과 외적 특징 사이의 상호작용으로부터 혜택을 보면서 일생을 보낼 것이다(John-Steiner, 1992).

질적 혼합 연구방법 연구

나는 문화·역사적 이론의 배경에서 기호습득에 관한 비고츠키의 이론이 실제로 시각 기호와 시각 기호 체계에 적용되는지를 알아보기로 했다. 나는 그의 이론이 시각적 발달 과정에 얼마나 잘 적용되는지를 알고 싶었고, 그러기 위해 내 예술 작품에 대한 질적 연구와 문화기술학적 연구, 기호학적 분석을 통합하는 연구조사를 설계했다. 나의 목적은 비고츠키의 기호습득 이론이 1967년부터 1987년까지 20년간에 걸친 나 자신의 시각 언어 발달을 설명할 수 있는지를 알아보는 것이었다.

실증적 자료와 자료 수집

자료 수집을 위해 수많은 실증적 자료가 사용되었다. 나는 문화기술학적 사례 연구를 위해 수년간에 걸쳐 모은 카드와 편지, 학교 숙제, 성적표와 시험 점수, 일기와 꿈 일기 발췌본을 포함하여 개인적 자료와 역사적 서류들을 이용했다. 이러한 원천으로부터 나온 자료는 개인적 관계와 역사적 사건, 제도의 영향, 1960년대 중반부터 1980년대까지의 이념적 운동들을 기록한 신상 연대표로 조직되었다.

나의 실증적 자료는 기호학적 분석을 위해 스케치북, 공책, 낙서, 소묘와 인쇄물, 사진, 슬라이드, 회화, 조각 그리고 세 살에서 스무세 살 사이에 만든 장신구를 포함한 시각적 물건들이 포함되었다. 모든 예술 작품은 만든 날짜, 작품을 만들 때의 나이, 작품 제목 그리고 작품에 대한 간단한 기록에 따라 분류되고, 분석되고, 부호화되었다. 각 자료는 또한 내용이나 주제를 전달하는 색인과 아이콘, 상징을 사용하여 (모양이나 색조, 선과 같은) 중요한 형식적 요소의 목록을 만들기 위해 분석되었다. 똑같은 과정이 같은 시기에 쓴 노래와 시, 짧은 이야기, 산문을 포함하여 글로 쓰인 자료에도 적용되었다. 나는 또한 역사적으로 나에게 중요한 다른 시각 예술가들이 창작한 이미지에 대해 비평도 했다. 이미지와 주제, 그리고 내가 어렸을 때부터 받은 영향을 확인하기 위해 다른 작가들의 시와 산문, 노래에 사용된 상징에 대한 조사가 이루어졌다. 이러한 기호학적 분석으로 얻어진 자료는 추가 분석 때 삶의 사건들과 예술 활동을 쉽게 상호 참조하기 위해 연대표에 삽입되었다.

자료 분석

자료 분석은 비고츠키가 그의 미시발생학적microgenetic, "실험 · 발달적experimental-developmental", 혹은 "실험 · 발생학적 experimental-genetic" 방법(1978, p.

61; Cole & Scribner, 1978, p. 12)에서 핵심적이라고 서술한 원칙과 규약에 따랐다. 간단히 말해서, 그의 연구 방법론은 물체 대신에 기호 습득과 의미 만들기를 포함한 심리적 과정을 활발한 변증법적 과정으로 분석할 것을 요구한다. 비고츠키의 방법은 "과정이 전개되면서 각 단계를 재구성할 것"(p. 62)을 요구한다. 그래서 연구자로서 나는 나의 시각 언어의 "우연한 역동적 기초" 혹은 유전적 근원을 밝히기 위해, 나의 삶과 예술적 발전에서 일어난 변화들을 거꾸로 왔다갔다 했다.

나는 또한 나의 시각 언어가 생성되고 형성되게 한 외적 자극과 내적 반응 사이의 관계를 검토했다. 연대표 내에서 외적phenotypic 특징과 내적genotypic 특징 사이의 변증법적 춤을 조사하자 기호 습득에 대한 전체적인 그림이 드러났다.

나는 마지막 단계의 분석에서, 나의 시각 언어의 탄생과 성장을 밝히기 위해 결합과 부정, 변화의 변증법적 과정을 확인하기 위해 통합된 연대표를 거꾸로 읽었다. 내 예술적 발달에서 도약과 획기적인 변화를 밝히기 위해 물리적인 도구와 심리적인 도구, 과정의 출현과 실행, 그리고 전유가 앞뒤로 추적되었다. 개인적 사건과 사회적 과정 사이의 교류도 추가로 조사되었다. 이렇게 해서 주요한 변화들이 더 큰 역동적 설명 속에서 밝혀졌다. 자료로부터 다음에 소개하는 네 단계가 나왔는데, 이런 발달 단계들은 비고츠키의 기호 습득 이론과 병치되었다. 비고츠키의 이론 체계는 대양 바닥에 가라앉은 고대 갈레온의 발견처럼 내 정신의 깊은 곳에서부터 의미를 암시하고, 20여 년에 걸친 예술적 여행 동안 승선한 심리적인 배를 드러내 주었다.

시각 언어의 발달

1단계: 기호학적 수단과 의미의 습득

나는 내가 세 살에서 일곱 살 사이에 그린 그림들이 내가 20년쯤 후에 그린 최고 작품의 기호학적 수단과 의미를 반영했다는 사실을 발견하고 깜짝 놀랐다. 나의 예술적 발달의 첫 단계는 비고츠키의 기호 습득에서 초기 혹은 자연적 단계와 직접적으로 일치했다. 이 시기가 시작될 때 나의 사고는 이젤 위의 종이에 듬뿍 칠한 장밋빛과 푸른빛의 시각적인 들판으로부터 떨어져 존재했다. 내가 처음으로 붓을 놀리고, 초기에 색을 찍어 붙이고 반원을 그린 것, 그리고 물감이 흐르다 고인 것은 음성 언어를 습득하는 아기들의 초기 표현과 발성에 비유될 수 있다.

초기의 기호학적 수단. 나의 사고는 원래는 내가 나중에 만들 기호들로부터 떨어져 존재했지만, 이런 초기의 부호 만들기 시도는 궁극적으로 방법론적 접근과 디자인 요소, 그리고 초기 상징주의에 대해 계속 선호하게 된 것들이 형성되는 시기로 이어졌다. 예를 들면, 나의 첫 번째 회화와 소묘는 파스텔과 물감 같은 이차원적 매체로 작업하는 것에 덧붙이고 쌓는 접근법을 보여주었다. 이 시기의 그림을 함께 놓고 검토했을 때, 중심 초점이나 1점 투시도법이 들어간 수직 형태를 선호했다는 것도 드러났다. 나의 가장 초기의 소묘는, 선과 대조적으로, 구성 부분들 간의 관계에 대한 감성을 나타내는 형태를 애호했다는 것을 보여주었다. 나는 여러 해가 지나 성인이 되었을 때, “선은 부차적이다. 나는 선 대신 형태 속에서 생각한다. 나는 나의 외적인 환경에서 무엇인가를 검은 선들로 축소해야만 할 때 혼란스러워진다.”라고 저널에 썼다.

일관성 있는 색채의 배합 또한 나의 가장 초기 작품에 가득했는데 이후의 그림에 다시 나타났다. 중간색과 회색이 시각적이고 문화적인 풍경을 지배했던 분위기에서 성장했음에도 불구하고, 활기찬 색조가 이들 초기 소묘와 회화로부터 힘차게 노래했다. 주황색, 붉은색, 청록색이 눈부시게 빛나는 산호색, 따뜻한 노란색, 뜨거운 초록색과 충돌했다. 나는 이 색채 배합의 발달에 대해 생각해보고, 그것의 기원이 본질적으로 사회적이라는 것을 깨달았다. 나의 부모님은 나와 나의 형제자매들에게 꽃무늬나 패턴이 있는 파스텔 색조의 옷보다는 빨간색과 밝은 푸른 색, 그리고 생기 넘치는 초록색의 민무늬 옷을 입혔다. 색채의 배합은 또한 나의 어린 시절에 무척 강조된 천주교 미사 의식에서 붉은색과 보라색, 자주색, 은색, 금색을 상징적으로 사용한 것에서 온 것이기도 하다.

조사 결과, 내가 의미를 만드는 방법으로서 색깔과 형태와 질감을 경험한 강렬한 방식은 처음에는 어머니로부터 받은 것이라는 것을 알았다. 나의 어머니는 예술이나 과학에 대해 많이 알지는 못했으나, 석양과 자연세계의 아름다움을 어린 나에게 알려줌으로써 미적 감수성을 시각적으로 비계해주었다. 어머니는 건축물에서부터 눈 속에서 빛나는 크리스마스 불빛에 이르기까지 수많은 시각적 경험들을 매개했다. 이후에 나는 어머니가 나에게 끼친 영향에 대해, "몸으로 아는 것 같은 것이다. 어머니가 나에게 준 것은 경외감이었다. 이것은 색채에 대한 감각과 연결되어 있다 …. 그 두 개는 아주 유사하다."(개인 저널)라고 언급했다.

최초의 기호학적 의미. 나의 어머니의 영향은 기호학적 수단 외에도 나의 예술적 발달의 첫 단계에서 기호와 아이콘, 상징으로 표현된 의미에서도 명백하게 드러났다. 이 시기의 작품들은 날짜가 적혀 있었으며, 어머니가 각 그림의 내용에 대해 독특한 메모를 해 놓았다. 가늘고 길게 휘갈겨 쓴 설명은 예변법의 과정을 드러내 주었다. 예를 들면, 다리가 막대기 같은 구피가 그려진 작품은 "마호니 선생님의 유아원에서 그린 나의 첫 그림"을 대표했다. 이 기호는 어머니가 초기 "자화상"이라고 간주한 그림으로 발전했다. 나 자신을 그리기 위해 사용한 이런 기호들은 색칠하기 책에 있는 그림들에 의해서도 비계되었다. 나는 "엄마의 도우미"라는 제목이 있는 한 페이지에서 오븐 옆에 있는 한 소녀를 나 자신처럼 보이게 하려고 검은 외곽선 안을 세심하게 색칠했다. 어머니는 그 페이지 모퉁이에 "케이티가 유아원에 있는 동안 엄마가 외로워하지 말라고 이것을 특별히 그렸음."이라고 썼다. 문화적 텍스트로서 이 초기 작품들은 나의 아일랜드계 조상의 가톨릭 문화에서 나온 아주 구체적인 기호를 사용하여 자아를 독특하게 묘사한 것을 보여준다. 어린아이로서 내가 선택한 상징들은 내가 누구이며, 출생 순서, 생물학적 성과 사회적 성, 그리고 종교와 관련해 내가 어떤 사람으로 자랄 것인지에 대한 나의 어머니의 기대에 맞추어져 있었다. 그 결과로, 보살피기와 아이 돌보기, 그리고 가사 일이라는 주제들이 나의 초기의 예술 작품을 지배했다. 예를 들면, 네 살 때에 그린 "롤러를 한 엄마"는 나의 어머니가 내 여동생에게 젖 먹이고 있는 것을 보여준다([그림 1] 참조). 이 단계에서 처음으로 나타난 엄마와 아이라는 기호는 나중에 나의 시각 언어에서 특별한 의미를 지니게 되었다.

[그림 1] 롤러를 한 엄마 작가의 허가로 수록함

사회적 성과 관련된 이런 기호들은 내가 집과 학교, 교회에서 받고 있었던 가톨릭의 가르침에서 나온 이미지에 의해 보완되었다. 나는 선생님들이 내 준 과제를 위해 종교 색인과 아이콘, 상징, 주제들을 기록했다. 예를 들면, 나는 어릴 때 그린 그림들의 수집품 중에서 일 학년생으로서 「창세기」에 대한 개인적 설명을 공식적으로 그렸었다는 사실을 발견하고서 놀랐다. 그 문화적 텍스트의 각 페이지에는 우주 창조의 어떤 측면을 성경의 관점에서 끌어내어 완성도 있는 그림으로 그린 것이 두드러졌다. 예를 들어, 첫 번째 그림에는 신의 우주 창조를 보여주기 위해 거대한 검은 구체와 어렴풋이 보이는 태양, 반짝이는 오각형 별들이 있다. 다음 페이지에는 서투르게 그려진 기린과 양, 사자들이 손으로 그린 지구에서 온 관찰자를 올려다보며 미소를 짓는다. 이 일곱 페이지짜리 책은 머리가 검고 길며 짧은 수염을 한 남성이 베개를 베고 누워있는 그림으로 끝났다. 나는 그 그림 아래에 나는 "하느님이 쉬셨다."라고 썼다.

『나의 십자가의 길』이라고 이름 붙여진 다른 책은 부활절 이야기의 중요한 사건들을 아주 상세히 열거했다. 열다섯 개의 자재화는 예수의 구형과 십자가에 못 박힘, 그리고 부활을 설명한다. 각 페이지는 "예수가 쓰러지다.", "예수가 시몬을 만나다." 혹은 "예수가 아래로 끌어내려진다."와 같은 설명을 두세 단어로 받아 쓴 것이 두드러진다. 나는 그리스도가 갤거리로 가는 길에 베로니카가 그리스도의 땀과 피를 닦기 위해 사용했던 천 위에 그리스도의 얼굴이 묻어난 것을 표현하느라 애쓰던 기억이 희미하게 있다. 흥미롭게도, 아이로서 나는 부활의 이미지보다 수의에 나타난 이 이미지에 더욱 매료되었다. 이런 종교적인 주제는 이야기와 상징, 그리고 이후 나의 예술 작품에 표면화된 삶의 신비로운 차원 사이의 관계를 이해하는데 극적인 인상을 남겼다. 나는 이후에 나의 시각 언어를 표현하는 수단으로서 신화에 의지하게 되었다.

아마도 이 단계에서 발견한 것 중 가장 흥미로운 점은 반복해서 나타나는 기호나 주제로 궁극적으로 발전하게 될 상징들을 알아볼 수 있었다는 것이었다. 니케Nike의 이미지는 내가 다섯 살이었을 때 갓난아기였던 나의 남동생과 나 자신을 천사로 그린 그림에서 처음으로 나타났다. 그 소묘는 동생이 유아 돌연사 증후군으로 죽기 아홉 달에서 열두 달 전에 그린 것이었다. 20년간의 시각적 기록을 봤을 때 니케와 유아의 분리된 상이 이후 작품에서 반복적으로 나타나곤 했다. 신기하게도 이 모든 기호학적 수단과 의미는 의식적으로 계획하지 않았는데도 나의 성인기 초기의 회화에서 반복적으로 다시 나타났다.

2단계: 기본적 기술과 기호 그리고 모티프의 발생

두 번째 발달 단계는 열세 살에서 스물한 살 사이에 만든 예술작품에서 관찰할 수 있다. 주의 깊은 독자라면 이 두 번째 시기에서 여덟 살부터 열두 살 사이에 만든 작품은 건너뛰고 있다는 것을 알아차릴 것이다. 나는 초등학교 시절 동안, 시각 언어 발달의 첫 단계에서 발달된 기호학적 수단과 의미를 의심할 바 없이 계속해서 습득하고 다듬어갔다. 자료에는 또한 내가 여덟 살에서 열두 살 사이에 두 번째 단계인 기본적 기술과 기호 그리고 모티프를 습득하고 있었다는 사실을 보여주었다. 그러나 여덟 살에서 열두 살 사이의 증거를 생략한 것은 두 가지 중요한 이유에서이다. 첫째, 가족에서 일어난 큰 문제들이 내가 지속적으로 시각예술에 대한 사랑을 지속하지 못하도록 했다. 둘째, 예술작품들이 몇 개 안 되었기 때문에 의미 있는 분석을 하는 것이 어려웠다. 나중에 결국 경제적 상태의 변화와 여가의 기회가 생기면서 상당한 수의 예술작품을 만들게 되었다.

나의 시각 언어 발달이라는 넓은 범위 내에서 독특한 단계가 발생했는데, 이 단계에서 나의 청소년기와 성인기 초기에 걸쳐서 기본적 기술과 기호 그리고 모티프가 발달했다. 평면적인 작품과 입체적인 작품, 그리고 글자로 된 이 시기의 작품들에는 소묘, 회화, 조각, 도예, 음악, 사진, 시, 단편 소설이 있었다. 재미있게도 이 단계는 기호 습득에서 비고츠키의 단순한 심리 단계와 비슷했다.

기본적 기술의 발생 나는 8년의 기간에 걸쳐서 나도 모르게 다양한 매체와 형식으로 실험했으며, 아크릴화와 유화, 시, 노래, 단편 소설에서 기술을 반복해서 다듬어갔다. 내가 다양한 매체와 장르에서 탐색하고 모방하고 놀이했던 것이 "기호의 외적 구조를 완전히 익히려는"(Vygotsky, 1986, p. 93) 노력을 반영했다는 사실을 발견하고 매우 기뻤다. 도예가의 물레로부터 판화 제작자의 산욕酸浴에 이르기까지 다양한 물리적 도구를 가지고 실험할 기회는 개인적으로 방법론적 접근법을 연마하는 결과를 가져왔다. 이 기간에 나는 성격상 절대로 철저하고 세밀한 사실주의적인 수채화가가 되지는 않으리라는 것을 알았다. 그러나 서정적인 추상 유화를 그리기 위해 가로세로 6피트와 8피트 크기의 캔버스를 펼치는 것은 나의 마음을 노래하게 만들었다. 비고츠키의 기호 습득 이론대로, 물리적이고 심리적인 도구의 점차적인 습득이 이 단계의 나의 예술적 발달에서 주된 특징을 이루었다.

이 시기의 예술 작품에는 다른 예술가들의 모방이나 탐험적인 연구를 통해 만든 유일하고 독특한 것들이 있었다. 그 작품들은 그전이나 후에 만든 것들과 외관상 거의 혹은 전혀 관련이 없었다. 예를 들면, 어느 해 여름 에드워드 호퍼 기념행사 기간에는 수백 채의 흰 나무집의 자연 그대로의 기하학적 각도를 사진으로 찍었다. 나는 그림에서는 그런 이미지를 전혀 사용하지 않았지만, 필름으로는 이런 구조를 포착해야 한다는 거의 강박적인 욕구가 있었던 것을 분명히 기억한다. 어떤 나바호족 젊은이의 매우 사실적인 초상화 역시 이 시기의 다른 그림들과 구별되었다. 그 유화는 나의 초상화 기법에서 미래에 큰 가능성이 있음을 보여주었지만, 나는 얼굴에 관한 시각적 그림은 다시 그리지 않았다. 이 초상화와 대조적으로,

어린 소녀가 물웅덩이를 관찰하는 괴상한 초현실주의 그림도 그렸다. 이 그림의 양식은 내가 훗날 그린 것에 훨씬 더 가까운 것으로 드러났지만, 그 당시에는 확실히 이례적인 주제였다.

비슷한 이미지를 나타내기 위해 수많은 기법들 또한 사용되었다. 한 유화에서는 정물화를 힘 있게 포착하기 위해 팔레트 나이프가 사용됐지만 다른 대상물들은 명암 연필과 색조를 부드럽게 한 유화 물감으로 묘사되었다. 나는 이 두 번째 시기의 작품이 완성되고 여러 해가 지난 후에 다음과 같이 썼다.

> 너는 네가 누구인지를 시각적으로 볼 수 없는 단계를 거쳐 가는 것 같다. 너는 칠하고, 그리고, 또 칠하지만, 매일 이미지가 바뀌고, 너도 바뀐다. 너는 네가 지금까지 알아왔던 모든 이미지를 던져 버리고 나서 너에게 무엇이 되돌아오는지를 보는 추려내기 과정을 거쳐야 한다. 하루에 30개 이상의 그림을 너의 머릿속에서 그리는 날이 드물지 않았다. 그림은 종종 네가 잠자리에 들 때까지 저절로 연달아 그려졌다(개인 일기).

다양한 심리적 도구에 노출되는 것이 모방과 실험 외에도 이 시기에 똑같이 중요한 것으로 드러났다. 나 자신의 시각적 문법을 발달시키기 위해 다른 예술가들의 글과 음악, 그리고 시각적 장르에 몰입하는 것이 필수적이었다. 예를 들면, 나는 세잔느와 와이어스 그리고 앤설 애덤스가 그린 풍경의 유사성과 차이점을 공부하면서 매우 많이 배웠다.

나는 어린 시절과 청소년기 초기 동안 할머니 외에는 교사든 전문가든, 혹은 나이가 더 많은 친구든 어떤 형태로도 역할 모델을 접할 수 없었다. 그러나 나는 일찍이 6학년 때에 예술 역사와 화가들의 전기를 집중적으로 공부하기 시작했다. 그들의 삶과 작품 그리고 기술적이고 이념적인 성찰의 글은 예술과 창의적 과정, 인간 경험에 관한 나 자신의 질문에 대한 답을 제공했다. 원거리에 있는 멘토로서 그들의 실용적이고 철학적인 안내는 내가 읽은 책의 페이지와 미술관의 전시에서 공부한 작품, 그늘 진 주랑 현관porticos으로부터 나왔다. 나는 과거의 목소리로부터 예술적 공동체에 환영받고 있다고 느꼈다. 카라바지오, 도나텔로, 콜더, 뉴먼, 니벨슨, 로스코, 베츠 그리고 오키프의 시각 언어들이 메아리치고 울려 퍼졌으며, 자아와 상징에 대해 성장하고 있는 내 나름의 의미가 확장되었다. 나는 기호와 장르의 다양성을 통해 여러 세대에 걸친 예술가들의 삶과 목적과 메시지가 나 자신의 내적 목소리의 사색과 그렇게 다르지 않다는 것을 깨달았다.

나는 이 단계 동안 아주 훌륭한 도예가이자 작곡가, 기타 연주자인 캠프 지도자를 만났는데, 이것에 감사한다. 자주 연락은 하지 못했지만, 레슬리는 3년 동안 멘토의 역할을 했다. 나는 후에 다음과 같이 썼다.

> 레슬리는 내 작품과 나의 그림과 시 등에 대한 관심을 알아본 예술 분야의 첫 번째 사람이었다. 그녀는 나의 작품에 대해 비평적이면서 지지하는 시각을 가졌고, 그렇게 끔찍하게 자의식이 강한 나이에 생각을 종이와 캔버스에 포착하려고 노력하는 고통스럽고 감정적인 과정을 이해했다(개인 일기).

더 나아가, 내가 훗날 글에서 썼듯이, 레슬리는 학구적이고 창의적인 성취를 위해 몰두하는 젊은 여성의 본보기를 보여줌으로써 내가 플라스틱 제라늄 정물화와 똥을 싸는 바다 갈매기 그리고 썩어가는 헛간으로부터 현대 및 근대 예술의 엄격하고 다채롭고 지적인 영역으로 옮겨가는 경로를 제공했다. 멘토들의 집단적 조언은 정신과 가슴에서 형성되며 말로 표현할 수 없는 무엇을 포착하거나 창조하려는 힘, 즉 예술계에서 "갈망" 혹은 충동이라고 부르는 것을 표현하는 데 도움을 주었다. 그들의 영향은 나에게 삶의 방향과 목적의식을 제공했다 – 그것은 화가가 되고 그림을 그리면서 더 높은 학위를 얻기 위해 공부하는 것이었다. 나는 진지한 예술 작품을 발전시키기 시작했다.

기본적 기호와 모티프의 발생. 내가 깨닫지 못했던 것은, 이 단계 동안 폭넓은 기술과 형식, 주제를 사용했음에도 불구하고, 나의 다양한 물리적이고 의사소통적 활동이 사실상 몇 개 안되는 공통적인 기본적 기호의 발달을 가져왔다는 것이었다. 나는 내가 시각적 문법을 습득하는 동안 시각 언어의 첫 단어들이 이런 반복되는 상징을 통해 형성되었다는 것을 뒤늦게 알게 되었다. 예를 들면, 일리노이 대학의 아모리 빌딩 바닥에 있던 쓰레기봉투 조각품과 똑같은, 내가 폭파시켰던 식물 같으면서 의인화된 형태가 2-3년 후에 여러 그림에서 성장의 상징으로 나타났다. 물은 호수와 바다와 냇물의 형태로 내가 자연 세계의 힘을 포착하기 위해 그리고 색칠했던 많은 풍경의 공통 특징이 되었다. 물의 기호는 또한 내가 즐거움과 치유, 양육의 모티프를 중심으로 쓴 음악과 시에도 통합되었다. 내가 의식적으로 알지 못한 채 다섯 살 때 그린 그림에 처음 나타났던 니케의 상징은 많은 그림과 하이쿠에서 재현되었다. 그 기호는 내가 의식적으로 의도하지 않았으나 변화의 징조와 영성의 상징이 되었다. 「피에타」처럼 보살핌이나 양육의 영적 주제가 망토를 걸치고 아기를 안고 있는 모습으로, 그리고 구릉으로 펼쳐진 여성화된 풍경을 통해 형상화되었다. 바람에 날리는 외로운 허수아비는 현대에 십자가에 못 박힘을 상징하는 기호나 희생의 시각적 단어가 되었다. 이런 기호들은 흑단 연필 소묘의 극적인 가치를 통해 내 아기 동생의 죽음에 대한 카타르시스를 달성하도록 해주었다. 나는 말을 처음 배우는 어린애처럼 아주 개인적인 시각 언어의 첫 단어들을 의식적인 깨달음 없이 전유하고 내면화하고 외재화했다.

3단계: 핵심적 시각 언어의 확립

자료 분석을 더 많이 함에 따라 화가로서 나의 발전에 대한 통찰력을 계속해서 얻을 수 있었다. 세 번째 단계는 현재까지 내가 계속해서 의지하고 있는 핵심적 시각 언어의 확립을 나타냈다. 이 단계의 분석을 위해 사용한 원래 작품들에는 20대 중반에 내 인생에 중요한 변환점이 된 3일 동안 작업한 30개 정도의 연속적인 스케치가 있었다. 외적 기호와 작동 단계라고 불리는 비고츠키의 기호습득의 세 번째 단계를 돌이켜 볼 때, 그 연속물 속에 구성된 이미지는 나의 예술적 발달에서 결정적인 중심점을 찍었다.

나는 그 당시에 내 예술작품을 되돌아보았을 때 처음 두 단계에서 무의식적으로 나타난 기호가 되풀이되고 있다는 것을 의식적으로 발견하게 되었다. 그 시점까지는 개인적인 인지적·정의적 메시지를 표현하기 위한 시도로 나 자신 밖에서 외적 기호와 공적 이미지를 찾았었다. 성공적인 그림 몇 개가 있었으나 그렇지 못한 것이 많았는데, 나는 왜 그런지를 설명할 수 없었다. 나는 회상을 통해 그토록 오래 추구했던 것, 즉 나 자신의 시각 언어를 확인할 수 있었다. 나는 그 경험을 나중에 다음과 같이 기술했다.

> 모든 게 바로 거기에 있었다 …. 그 깨달음이 나의 양미간을 때린 것처럼 느껴졌다. 나는 [미술학교에서] 그렸던 이미지를 바라보았는데, 마치 베일이 머리와 눈에서 벗겨진 것 같았고 처음으로 맨머리와 맨얼굴로 서 있는 것 같았다. 나는 앞으로 일어날 나의 이야기를 알았다. 나의 죽음을 알았으며, 순간적으로 나의 나머지 삶 전체의 스크립트를 알았다(개인 일기).

역설적이게도 내가 그토록 필사적으로 추구했던 것이 한 움큼의 적은 시각적인 라이트모티프leitmotifs에 있었다. 음악에서 라이트모티프란 "아이디어나 사람, 상황의 재출현을 동반하는 멜로디 구절"이나 "지배적이고 반복되는 주제"(Merriam-Webster, 2003)이다.

모든 예술 작품은 자화상의 한 형태라고 한다. 비고츠키(1986)는 아동기 때 우리의 정체성이 처음으로 발달하는 것은 언어의 힘을 통해서라고 했다. 그 운명적인 날에 내가 처음으로 내 작품으로부터 한 걸음 물러섰을 때 나는 내 가족과 공동체, 어릴 때 다녔던 기관들에서 습득한 아주 적은 수의 반복되는 기호를 확인할 수 있었다. 개별적으로 그리고 집단적으로, 허수아비와 어머니, 산, 어린이의 기호들은 사회가 한 개인으로서의 나를 누구라고 생각하는지를 표현한 것이었다. 내가 이러한 자각을 했을 때, 문화적 텍스트 덩어리로부터 얻은 기호 중 어떤 것에는 나 자신에 대한 거짓되고 해로운 이분법이 있다는 사실을 알았다. 청소년으로서 그리고 젊은 성인으로서 내가 그렇게 성토했던 바로 그 사회적 신화와 종교적 편견들이 종이 위에서 나를 응시하고 있었다. 그 기호들이 바로 내 손에서 나온 것이기에 놀랐고 섬뜩했던 기억이 난다.

엄마와 유아/아이의 분리된 라이트모티프가 데메테르와 페르세포네의 원형과 다르지 않다는 생각이 떠올랐다. 이 고대 그리스 신화에서 딸은 지하의 신에게 유괴되어 그의 방으로 끌려가 아내가 된다. 슬픔에 젖은 데메테르 여신은 그녀의 온기와 햇빛을 거둬들이고서 아이를 찾아 방랑한다. 그녀의 고통과 슬픔 그리고 분노는 모든 생명체가 죽음으로 위협받을 때까지 지상을 영원히 얼어붙도록 했다. 이 갈등은 마침내 다른 신들이 페르세포네가 있는 곳을 밝히도록 만들었다. 엄마는 아이를 구출하기 시작하지만, 혼인 의식이 이미 거행되었기 때문에 페르세포네가 매년 일정 기간 그녀의 남편에게 돌아가야 하는 것으로 합의되었다. 딸이 매년 지상으로 되돌아오는 것은 봄과 영적인 재탄생으로부터 여름 과일이 썩을 때까지로 표시되며, 그 이후에는 그녀는 지하 세계의 왕비로서의 자리를 다시 시작해야 한다. 이 기간에 데메테르는 사랑하는 페르세포네를 추모하고 그녀의 귀환을 기다리면서 가을과 겨울 속으로 걸어간다.

현대 심리학자들이 말하기를, 상징은 우리가 누구인지를 정의하지만 상징의 생성적인 특징은 자아의 재구성도 가능케 한다고 했다(Baker-Miller, 1991; Ortner & Whitehead, 1981). 몇 년 후 나는 학술 문헌에서 이 현상에 관해 읽게 되었다. 게슈탈트 심리치료도 내 자아 속의 엄마와 딸의 차원을 핵심적인 정체성 속으로 통합시키는 개념을 소개했다. 그러나 그 순간, 젊은 예술가였던 나는 이제껏 경험해보지 못한 명확성과 통찰력과 목적을 가지고 종이에 연필을 대고 그림을 그리기 시작하지 않을 수 없었다.

나는 유아-아동과 허수아비-엄마라는 가장 두드러진 두 가지 라이트모티프로 시작하면서, 종이 위에 그 둘을 기본적인 특징적 디자인으로 줄이기 위해 신속히 작업했다. 나는 강력한 직관과 창의적 과정에 몰두할 때 종종 듣는 "내적 목소리"에 따라 그들을 통합한 풍경을 그림으로써 이 이원적인 기호를 연결시켰다. 한 예술가이자 한 개인으로서 엄청난 발달적 도약이라고 느껴지는 것을 받아들이면서, 나는 두 라이트모티프를 시각적으로 통합하고 그 그림을 일부러 내가 알지 못하는 곳으로 밀어붙였다([그림 2] 참조). 그 기호들은 스케치를 여러 번 거치면서 이미지와 색 그리고 동작의 소용돌이 속으로 포함되었다. 최종적으로 의식적으로 구성된 나 자신만의 새로운 기호가 그림에서 나타났다. 이 새로운 라이트모티프는 나의 개인적이고 상징적인 언어를 위한 "시각적 주인공"의 한 형태였다.

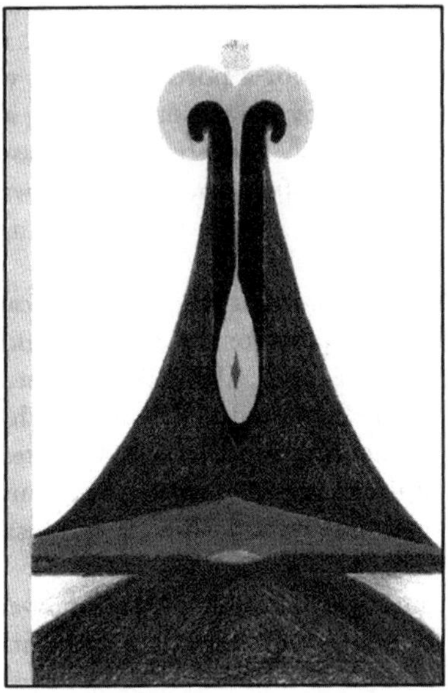

[그림 2] **통합** 작가의 허가로 수록함

나는 페르세포네와 데메테르의 신화를 시각적으로 뒤집고 무의식적으로 사용했던 라이트모티프를 재 부호화함으로써, 상징을 수동적이고 반응적으로 사용하는 것에서부터 문제를 해결하고 내 의도를 전달하기 위해 적극적이고 의도적으로 기호와 기호 체계를 사용하는 접근법으로 이행했다. 비고츠키의 말을 빌리면, 외적 기호 사용으로부터 "내적 · 개인적인 정신 기능 영역으로의"(1986, p. 35) 전환이 일어난 것이다. 이 외적 기호와 작동 단계 동안 뚜렷한 언어가 탄생했다. 나는 그다음에 그림을 그릴 때, 이전 단계들에서 나온 태양과 달과 산을 포함하는 라이트모티프를 풍경 속에 의식적으로 사용하고 그 속에 나 자신에 관한 새로운 상징을 제시했다. 이러한 기본적인 시각적 어휘는 내가 그다음 단계에서 페미니스트의 시각적 내러티브로 생각과 의견과 기억을 표현하면서 응집력 있는 시각적 진술을 할 수 있도록 해 주었다.

4단계: 시각적 내러티브의 발달

나의 예술적 발달의 네 번째 단계는 현재까지 이어지고 있는 과정의 시작이라는 점이 특징이다. 라이트모티프의 발견과 "시각적 주인공"의 창조 직후의 3년간은 치열한 성장으로 특징지어졌다. 나는 이 단계에서, 비고츠키의 기호 발달의 네 번째 단계처럼, 지속해서 진화해가는 시각적 내러티브를 표현하기 위해 핵심적인 시각 언어를 내면화하고 확장하고 다듬었다.

이전에 내 마음속에 떠올랐던 화폭에는 다양한 스타일과 주제가 서로 연관성 없이 들어 있었으나, 이제는 공통적인 기호와 주제들로부터 일관성 있는 일련의 그림들이 지속해서 떠올랐다. 이러한 시각적 대화를 내면에서 상상하고 외면적인 화폭에 포착하는 것은 나의 기억을 더 선명하게 만들어서 마치 영화를 떠올리는 것 같은 느낌이 들었다. 미술 작품이 내 내면의 눈앞에서 형체를 띠어감에 따라 나는 내적 시각 언어의 형태에 지속적으로 몰두했다.

이전 단계들에서 내가 선호하는 기법과 형식과 디자인들이 정해졌으므로 새로운 유화의 구성은 마치 자동조정장치로 접근하고 있는 것 같이 느껴졌다. 내 방식은 정해졌다. 매개물과 붓의 선택, 방법, 원근법은 고려 사항이 아니었다. 나는 특정한 감정을 포착하기 위해 어떤 형태와 색을 이용할 것인지를 구체적으로 아는 상태에서 캔버스에 그림을 그리기 시작할 수 있었다. 내 발달의 두 번째 단계에서 얻은 다중양식적이고 여러 장르에 걸친 감수성으로부터 특수한 이미지나 시각적 효과의 창조에 필요한 중요한 통찰력이 나왔다. 가령, 형태와 색을 조작하여 이 두 가지 디자인 요소가 함께 특정한 기타 코드와 유사한 음악적 특질을 끌어낼 수 있도록 했다.

나는 세 번째 발달 단계를 거친 덕분에 역사적인 라이트모티프에 새로운 상징을 즉각적으로 결합할 수 있었으며, 각각의 예술 작품에서 더 넓은 범위의 인물과 개념과 맥락을 표현할 수 있었다. 이러한 새로운 언어들을 나의 시각 언어에 더하자 내 그림에서 추상주의와 구상주의, 그리고 현실주의 사이에 재미있는 긴장감이 일어났다. 친구들과 작업실 동료들과 강사들로부터 받은 피드백은 시각적 메시지를 전달하는 데 있어서 어느 정도의 구체성이나 명료함을 가늠할 수 있도록 해 주었다. 예를 들어, 캔버스에 누구를 가리키는지를 일부러 나타내는 어떤 기호를 그려 넣음으로써 어떤 사람에 대한 평을 직접적으로 하거나, 사람들의 존재를 암시하는 무척 모호한 상징을 넣음으로써 그들이 그림 속에 있음을 넌지시 가리켰다. 단어를 선택하여 다양한 차원의 담론을 다루는 능력은 비고츠키의 내적 언어 단계를 연상시킨다. 이 단계에서는 언어적 기호체계가 내면화된 후에 내적 언어와 외적 언어가 "자연스럽고 빈번하게 전자의 형태에서 후자의 형태로 변화하고 다시 후자에서 전자로"(Vygotsky, 1986, p. 87) 이동하면서 계속해서 대화한다. 나는 시각적 대화의 폭이 넓어짐에 따라 예전의 시각적 기호와 새로운 시각적 기호의 통합을 마음속으로 시각화하고 물리적으로 표현할 수 있었다.

그 결과로서 생겨난 내러티브는 다양한 형태를 띠었다. 어떤 그림은 내 삶의 내면적 풍경을 반추상적으로 밝게 나타내면서 내 개인적 경험을 자전적인 이야기로 표현하였다. 예를 들어, "마음의 놀이터"(책 표지를 볼 것)에서는 개인적 해방감의 표현으로써 안도감과 즐거움, 어린 시절을 다시 찾은 경험을 전달하기 위해 색상을 이용하고 풍경과 물을 그려 넣었다. 이처럼 더 개인적인 그림들 중 많은 것은 내 기호 발달의 첫 단계로 되돌아가서 세례와 재생이라는 영적인 주제를 기록했다. 그러나 이런 개념들은 어린 시절의 종교적 가르침과는 대조적으로 나 자신의 개인적 내러티브 혹은 신화의 맥락에서 제시되었다.

다른 복잡한 시각적 구성들은 사람들 간의 문화적인 장면을 분명하고 정치적이며 이념적인 논평과 연결하였다. 가령, "아메리칸 파이"([그림 3]을 볼 것)라는 유화에서는 패스트푸드와 그냥 쓰고 버리는 상품들로 가득한 우리의 자본주의 문화에 의해 신성한 땅이 훼손되고 오염되었다는 것에 주의를 촉구한다. 존-스타이너(John-Steiner, 1992)는 내적 언어 단계에서 기호체계가 일단 내면화되면 의미를 만드는 자들은 평생 기호의 외적 특징과 내적 특징 간의 상호작용으로부터 이점을 얻을 수 있다고 했다. 내가 현재 심리언어학의 추상적 특질에 대해 강의를 하고 있건 찰나의 감정이나 감수성을 포착하기로 했건, 나는 오로지 두 눈을 감고 붓이나 펜을 집어 들고 시각적 대화를 계속하기만 하면 된다.

[그림 3] 아메리칸 파이 작가의 허가로 수록함

결론: 화가 되기에 대하여

결국, 문화·역사적 이론은 내 나름의 인지적 다원주의 형태와 나의 창의적 과정의 기원과 방법과 기능을 이해하는 틀을 제공했다. 특히, 일차와 이차 기호 습득에 관한 비고츠키의 개념은 화가로서 나의 발달에 대한 강력한 설명이 되었다. 다른 화가 및 평면 예술가들과 더 많은 연구를 할 필요가 있지만, 우리 중 많은 사람은 고양된 시각적 감각과 이미지 감각을 통해 세계를 극적으로 경험한다. 우리의 눈은 동료와 가족들의 눈과는 달리, 의미를 받고 내면화하고 연관을 시킬 때 궁극적으로 세상을 이해하는 주도적인 수단이 된다. 우리는 화가가 될 때 구어의 첫 번째 뮤즈에게 요청하여 두 번째 언어인 시각 언어를 구성한다. 우리는 비고츠키의 기호 습득 단계를 통해 개인적 여행을 함으로써 비전과 정체성과 시각 언어를 키우며, 이것들을 이용하여 공유된 삶에 관해 서로 중복되는 개인적 내러티브를 공동 창조하려고 노력한다.

캔버스의 반대편에 서 있는 여러분들에게는, 자아와 캔버스 사이의 정적을 깨기 위해 미술관 경비원을 화나게 하는 일을 무릅쓰는 것은 분명히 가치가 있다. 왜냐하면, 여러분이 우리의 붓 놀림을 자세히 들여다보기 위해 가능한 한 가까이 접근한다면 우리의 생각을 보는 데서 그치지 않을 것이기 때문이다. 여러분은 우리가 말하는 소리도 들을 것이다. 그리고 가끔은 우리가 노래하는 소리까지도 들을 것이다.

참고문헌

Au, K. H. (1993). *Literacy instruction in multicultural settings.* Fort Worth, TX: Holt, Rinehart, & Winston.

Baker-Miller, J. (1991). The development of women's sense of self. In J. Jordan, A. Kaplan, J. Baker-miller, I. Striver, & J. Surrey (Eds.), *Women's growth in connection: Writing from the Stone Center* (pp. 11-26). New York: Guilford Press.

Bruner, J. (1990). *Acts of meaning.* Cambridge, MA: Harvard University Press.

Cole, M. (1996). *Cultural psychology: A once and future discipline.* Cambridge, MA: Harvard University Press.

Echevarria, J., Vogt, M., & Short, D. (2004). *Making content comprehensible for English learners: The SIOP model* (2nd ed.). Boston: Pearson.

John-Steiner, V. (1992). Cognitive pluralism: a Whorfian analysis. In Spolsky, B. & Cooper, R. (Eds.) (1992). *Festschrift in honor of Joshua Fishman's 65th Birthday.* (pp. 61-74). The Hague: Mouton.

John-Steiner, V. (1992). Private speech among adults. In R. M. Diaz & L. E. Berk (Eds.), *Private speech: From social interaction to self-regulation* (pp. 285-296). Hillsdale, NJ: Lawrence Erlbaum Associates.

John-Steiner, V. (1995, Winter). Cognitive pluralism: A sociocultural approach. *Mind, Culture, & Activity, 2*(1), 2-11.

John-Steiner, V. (1997). *Notebooks of the mind: Explorations of thinking* (Rev. ed.). New York: Oxford University Press.

John-Steiner, V. (1999). Sociocultural and feminist theory: Mutuality and relevance. In S. Chaiklin, M. Hedegaard, & U. J. Jensen (Eds.), *Activity theory and social practice: Cultural-historical approaches* (Chapter 11). Aarhus: Aarhus University Press.

John-Steiner, V., & Mahn, H. (1996). Sociohistorical approaches to learning and development: A Vygotskian framework. *Educational Psychologist, 31*(3/4), 191-206.

John-Steiner, V. & Osterreich, H. (1975). *Learning styles among Pueblo children.*

NIE Research Grant, Final Report. Albuquerque: University of New Mexico, Department of Educational Foundation.

John-Steiner, V. &Souberman, E. (1978). Afterword. In L. S. Vygotsky, *Mind in society: The development of higher psychological processes* (pp. 121-133). Cambridge, MA: Harvard University Press.

Kozulin, A. (1986). Vygotsky in context. In L. S. Vygotsky (Ed.), *Thought and language* (pp. xi-vi). Cambridge, MA: MIT Press.

Mahn, H. (1997). *Dialogue journals: Perspectives of second language learners in a Vygotskian framework.* Doctoral dissertation, The University of New Mexico, Albuquerque.

Merriam-Webster. (2003). Collegiate dictionary (11th Ed.). New York: Encyclopedia Brittanica.

Ortner, S., & Whitehead, H. (1981). Accounting for sexual meanings. *Sexual meanings: The cultural construction of gender and sexuality* (pp. 1-27). Cambridge, UK: Cambridge University Press.

Van Oers, B. (1999). *On the narrative nature of young children's iconic representation: Some evidence and implications.* Retrieved November 20, 2001 from http://www.geocities.com/nscmolze/vanoers.html.

Vygotsky, L. S. (1971). *The psychology of art.* Cambridge, MA: MIT Press.

Vygotsky, L. S. (1978). *Mind in society: The development of higher psychological processes.* London: Harvard University Press.

Vygotsky, L. S. (1981a). The genesis of higher mental functions. In J. V. Wertsch (Ed.), *The concept of activity in Soviet psychology* (pp. 144-188). Armonk, NY: Sharpe.

Vygotsky, L. S. (1981b). The problem of the cultural development of the child. In J. V. Wertsch (Ed.), *The concept of activity in Soviet psychology* (pp. 144-188). Armonk, NY: Sharpe.

Vygotsky, L. S. (1986). *Thought and language.* Cambridge, MA: MIT Press.

Vygotsky, L. S. (1934/1987a). *Thinking and speaking: The problem and the approach.* Retrieved April 29, 2003 from www.marxists.org/archive/vygotsky/works/words/lev1.htm.

Vygotsky, L. S. (1934/1987b). *Thinking and speech: Written, inner, and oral speech.* Retrieved April 29, 2003 from www.marxists.org/archive/vygotsky/works/words/lev1.htm.

Vygotsky, L. S. (1994). In R. Van Der Veer & J. Valsiner. (1994). *The Vygotsky reader.* Cambridge, MA: Blackwell Publishers.

Vygotsky, L. S. (1997a). The pre-history of the development of written language. In L. S. Vygotsky & R. W. Rieber (Ed.), *The collected works of L. S. Vygotsky. Volume Ⅳ: The history of the development of higher mental functions* (pp. 131-148). New York: Plenum Press.

Vygotsky, L. S. (1997b). The question of multilingual children. In L. S. Vygotsky & R. W. Rieber (Ed.), *The collected works of L.S. Vygotsky. The history of the development of higher mental functions.* (Vol. 4, pp. 253-259). New York: Plenum Press.

Wells, G. & Claxton, G. (Eds.). (2002). *Learning for life in the 21th century.* Oxford, UK: Blackwell Publishers.

• 7장 •

무용 대화:
근접발달영역에서 창조하고 가르치기

배리 오렉
제시카 니콜

첫 번째 발걸음은, 수정으로 점을 친 그 노파가 말했다, **길을 잃을지니**.
골웨이 킨넬Galway Kinnell, 『악몽의 서』*The Book of Nightmares*

안무가 빌 존스는 무용이 즉흥적으로 "발생하는" 방식을 설명했다. "내 마음과 근육으로부터 나오는 주제가 있어요…. 나는 그것을 따르는데, 그러면 '우와! 이게 어디에서 온 거지?'라고 나를 생각하게 하는 뭔가가 나와요."라고 그는 말했다(Morgenroth, 2004, p. 144에서 인용). 메레디스 몽크Meredith Monk는 다른 입장을 취하며, "나는 우리가 즉흥적으로 하려고 하는 리허설에는 가지 않아요. 그렇게 생성되는 자료는 어떻게 사용해야 할지를 전혀 모르겠어요."(p. 97)라고 한다. 그러나 그녀도 "그 과정의 부분은 미지의 세계에서 서성거리지요…. 시작할 때는 어떤 형태가 될지를 모르기 때문에 아주 신나요."(p. 91)라고 말하고는 놀란다. 자월 윌라 조 졸라Jawole Willa Jo Zollar는 자신의 무용단원들에게 안무 과정에서 협동해야

한다고 말한다. 그녀는 이따금 단원들에게, 문제를 해결할 때는 "그것은 창조적 과정이 너를 데리고 가는 곳에 대해 정말 귀를 기울이고 마음이 열려 있느냐의 문제다."라는 자신이 만든 문구를 생각하라고 한다 (Vellucci, 2009, p. 30에서 인용). 우리가 연구한 다른 많은 사람처럼 이런 안무가들은 - 다른 과정을 통하여 - 자신과의 대화 속으로 들어가는 방법들을 찾는다. 그들에게 방법은 공식으로서가 아니라 자세로서 통한다. 즉 그들은 자신의 예술을 만들고 그것의 의미를 발견하기 위해 일부러 미지의 영역으로 발을 들여놓는다.

우리는 종종 무심코 학생 안무가들이 그런 중요한 단계를 밟지 못하게 한다. 교사로서 우리는 학생들이 해결해야 할 아주 흥미로운 문제를 만들고, 예술적 과정을 처리할 수 있는 부분들로 나누어 그 과정을 명확하게 설명해주려고 노력한다. 그렇게 하면서 우리는 창의적 놀이의 근본적인 특징, 즉 흥미 있는 문제를 발견하는 특징을 간과했을 수도 있다.

우리는 안무 수업을 들여다보고 전문 안무가들의 말을 되새기면서 무용과 무용 예술가들의 발달에 관련된 복잡한 관계를 연구할 것이다. 우리는 또한 안무를 구성하는 데 있어 놀이와 신체적 활동의 역할과 경험의 사회적 본질을 조사할 것이다. 그리고 무용 언어가 몸과 마음, 문화적이고 역사적 맥락, 말과 이미지, 의식적이고 잠재의식적 과정의 상호작용을 통해 형성되는 방법들도 조사할 것이다.

근접발달영역에서 예술가와 교사

비고츠키는 "예술적 창조 행위는 가르칠 수 없다."(1971, p. 256)고 했으며, 교사의 역할을 학생들이 "잠재의식적인 과정을 생성하는 방식처럼 의식적인 과정을 조직하도록"(p. 257) 돕는 협동적인 것이라고 기술했다. 시각 예술가이자 교사인 헨리 섀퍼-짐메른Henry Schaefer-Simmern은 그의 획기적인 작품 『예술 활동의 전개』*The Unfolding of Artistic Activity*(1948)에서 예술가가 의식적 과정과 잠재의식적 과정 사이의 대화를 시작하고 지속시켜 나가도록 교사가 어떻게 도와줄 수 있는지를 보여주었는데, 그는 이것이 예술가가 예술적 발달 단계를 연속적으로 거치면서 발전하는 데 핵심적인 것으로 보았다. 그는 학생은 예술적 형식에 관한 타고난 이해를 하고 교실에 오며 교사의 일은 그런 개인이 자신의 내재적 능력을 "자각"하도록 촉진하는 것이라고 주장했다.

교사 혹은 멘토와 성장하고 있는 예술가와의 관계를 연구할 때 비고츠키의 근접발달영역에 관한 이론을 고려하는 것이 도움이 된다(Vygotsky, 1978). 비고츠키는 이 영역을 학생이 독립적으로 해결할 수 있는 문제와 더 유능한 교사나 동료의 안내 하에서 발휘하는 능력 사이의 거리로 정의했다. 우리는 학생의 능력과 구체적인 문제가 무엇인지를 미리 판단할 수 없는 예술에서는 영역 그 자체를 판단할 수 없다고 제안한다. 비고츠키는 이것을 "역동적 발달 상태"(p. 87)라고 일컬으면서, 예술 분야에서는 예술가에게 자신의 사전 능력을 밀쳐버리고 계속해서 미지의 세계로 가도록 요구하지만, 대부분의 경우 무엇을 성취하려면 다른 사람들의 지지와 협동이 필요하다고 말했다. 심지어 노련한 예술가들도 이 미지의 장소를 향해할 때 도움을 받기 위해 종종 멘토와 협력자를 찾는다. 안무가이자 많은 현대 안무가들의 멘토인 필리스 램허트는 그녀의 역할을 "불편함을 안정시키는 것"이라고 묘사했다. 그녀는, "나는 예술가들이 자신의 작품으로부터 재빨리 도망가려 하지 말고 그것을 다시 찾으라고 격려한다."고 했다. 그녀는 대가들도 "항상 신선함을 유지하고 위험을 감수하는 능력을 스스로 시험할 필요가 있다."(개인적 대화, 2009년 3월 3일)고 말했다.

교사가 더 큰 능력을 가지고 있고 학습자는 더 낮은 능력을 갖고 있다고 가정하는 교사·학습자 관계에 대한 전통적인 관점은 학생의 근접발달영역에만 초점을 맞춘다. 하지만 예술 분야에서는 교사나 멘토가 더 훌륭한 경험을 가지고 있을 수는 있지만 학생이 표현하려고 하는 것의 전문가는 아니다. 만약 학생이 교사의 이해를 벗어나는 작품을 창조하거나 사회적으로 용인된 의미를 받아들이지 않는 경우에, 교사에게서 나오는 빈번한 반응은 그런 생각이나 행동을 수정하라는 것일 것이다. 이것은 재미있는 딜레마이다. 많은 예술 교사들은 학생들이 독창성이 부족하다고 한탄한다. 그러나 본질적으로 독창성은 교사가 부과하는 바로 그 구조나 규칙을 깨야만 나오는 것이며, 심지어는 독창성의 가치를 인식하는 교사의 능력이 잘못되었다는 것까지도 입증해야 한다. 예를 들면, 시각 예술을 가르치는 한 친구가 아웃사이더 미술 전시회에서 인물을 큰 캔버스의 작은 한구석에 그린 색다른 역동적 창작품을 보고 놀라워하면서 서 있었다. 그녀는 "만약 내 학생 중 누가 저것을 제출했다면 캔버스 전체를 사용해야 한다고 말했을 거야."라고 했다. 그녀는 자신의 제한된 관점에 충격을 받았다. 시범과 본보기와 비계된 수업을 통한 교수 관례는 종종 전체를 부분으로 쪼개어서 학습을 안내하는 구조는 제공하지만, 학생들이 새로운 시도나 혁신을 하기보다 단순히 모방만 하는 경향도 강화할 수 있다. 더 나아가, 만약 그 교사가 교수자 외에 평가자 역할도 한다면 창의적이고 평가적인 과정은 단지 교사의 능력과 근접발달영역 내에 머물 것이다.

교사/멘토가 어린 예술가의 비전의 진지함과 타당성을 인식하고 진정으로 존중한다면 그들의 관계는 창의적 협동에 더 가까워질 것이며, 그 관계 속에서 협력자들이 "서로에게 근접발달영역을 창조"(John-Steiner, 2000, p. 189)해 줄 것이다. 그들의 협동의 초점은 학생 예술가가 엄밀히 판단하는 결과물이 아니라 학생의 탐구와 내적 대화를 돕는 방법에 있다.

우리는 이런 입장이 학교문화 상황이건 전문 스튜디오 상황이건 교사에겐 매우 도전적이라는 것을 안다. 그러나 결국 교사는 흔히 자기 학생 작품의 질에 의해 평가된다. 게다가, 학교 상황에서 교육과정 기준과 평가에는 유창성과 예술적 질을 증명하는 데 필요하다고 간주되는 요소들이 명시되어 있다. 그러나 그런 입장은 비고츠키와 섀퍼-짐메른, 그 밖의 많은 학자가 제안했듯이, 예술 활동은 (1) 사람들이 행하는 보편적 과정이며, (2) 예술적 형식에 대한 의식을 자극함으로써 자신과 예술작품 사이의 내면화 혹은 대화의 과정이라는 근본적인 믿음을 논리적으로 표현한 것이다.

대화 시작하기

> 예술적 활동은 교육자들이 학생들에게 외부에서 만들어진 이미지와 방법, 개념과 인식을 부과하는 곳에서는 시작될 수 없다. 진정한 예술 활동을 위해서는 개인과 그의 물리적, 심리적 그리고 사회적 환경 간의 교류가 필요하다 …. 간단히 말해서, 개인은 존재 내에 있으며 존재에게서 나오는 **의식을 의식할** 필요가 있다. 그렇게 할 때 자신의 존재의 육체적, 정서적, 그리고 인지적 영역은 예술적 과정과 조화를 이루고 그 과정을 위해 작용한다(Schaefer-Simmern, 2003, p. xx).

1978년에 작고한 섀퍼-짐메른이 비고츠키를 읽었는지 혹은 그의 영향을 직접 받았는지에 대한 증거는 없지만, 그의 방법은 교사/멘토가 자신의 근접발달영역 속에서 성장하는 예술가를 워치(Wertsch, 2007, p. 180)가 "내재적 매개"라고 부른 내면화 과정을 통해 어떻게 지원할 수 있는지를 보여준다. 섀퍼-짐메른이 생각한 자신의 역할은 학생의 시각적 상상하기 발달 단계를 주의 깊게 보고(Schaefer-Simmern, 1948) 그들의 작품 활동이 앞으로 나아가도록 돕는 것이있다. 그는 학생들에게 기술과 형식부터 가르치면서 시작하기보다는 자신의 심상에 바탕을 두고 작품을 창조하도록 하였으며, 자신이 한 것을 연구하고 자신의 내적 심상을 만족하게 한 것과 그렇지 않은 것이 무엇인지를 밝히도록 했다. 그리고 나서 그는 학생들에게 새 페이지나 새로운 재료를 사용하여 자신의 작품을 수정하도록 격려했다.

그는 외부의 시각에서 비평하지 않고, 예술 작품에 대한 자기 평가를 촉진시키는 질문들을 통해 학생들을 안내하였다.

학생들이 이런 과정을 통해 시각적 상상하기의 새로운 단계에 이른 후에는 새로운 도구나 재료, 과정과 역사적 예술 작품(학생들이 발견한 형식과 관련된)이 학습을 강화시키기 위해 도입될 수도 있다. 섀퍼-짐메른은 학생들에게 무엇을 그려야 하고 작품을 어떻게 바꾸어야 하는지를 말해주거나 보여주는 것은 실제로 그들의 창의적 발달을 저해한다고 믿었다. 학생들의 예술가로서의 내적 비전에 대한 그의 존중은 학생들이 자신과 자신의 능력에 대해 갖는 의미를 변화시켰다. 그들이 창조한 예술적 작품들은 섀퍼-짐메른의 저서(1948, 2003)와 그의 동료들의 연구(Abrahamson, 1980; Arnheim, 1972; Sarason, 1990)에서 꼼꼼하게 기록되어 있는데, 이 문헌들은 이전에 “비예술가”라고 여겨졌던 어린이들과 어른들의 놀라운 능력을 증명한다. 섀퍼-짐메른은 그의 분석을 통해, 학생들이 지각적 이미지를 독특하고 완전한 예술 작품으로 변형시키는 것을 돕기 위해 알아야 할 중요한 발달 단계와 외적 매개와 내적 매개를 위한 구체적인 방법들을 밝혔다.

제시카 니콜은 섀퍼-짐메른의 방법을 연구하고 자신이 20년 이상 가르치면서 안무를 소개해 온 방법들에 대한 의문을 갖게 되었다. 그녀는 출발점으로 즉흥 놀이에 꾸준히 초점을 맞추고 창의적 과정에 중요한 자기반성을 포함시켜왔다는 점에서 섀퍼-짐메른과 철학적 연대감을 느꼈지만, 자신이 한 것이 충분했는지에 대해서 의문을 품기 시작했다. 그녀는 정말로 학생들에게 작업의 초점을 스스로 정하도록 하였는가? 학생들은 교사나 동료들에 의한 외적 기준이나 비평에 반응하기보다는 자기 평가와 수정을 통해 다음 단계를 설정하고 있었는가? 안무 기법에서 일반적으로 사용되는 것이기는 하지만, 학생들이 자신의 내적으로 매개된 경험을 통해 이제껏 드러나지 않았던 새로운 형식을 도입하는 것이 그들의 창의적 과정에 어떤 효과를 미쳤는가?

현대 무용가들이 안무를 시작할 때 작품을 보고 형식을 의식으로 이끌어 내는 과정은 복잡하다. 왜냐하면, 작품은 자신과 분리되지 않기 때문이다. 무용수들은 종종 신체는 도구라고 말한다. 신체는 재료이기도 하다. 따라서 대부분의 안무가들은 동작을 구성하여 그것을 스스로 구사하거나 다른 사람들에게 가르침으로써 시작한다. 이 매개는 신체적 훈련을 통해 형성되는데, 이는 대개 학생의 예술가로서의 비전에 의지하는 것이 아니라 전통과 적절한 신체와 정신을 위한 교육에 대한 교사의 인식에 의존한다. 충분한 기술 훈련은 무용수의 신체적 어휘와 동작 범위, 무용가로서의 예술적 기교를 발전시키는 데 중요한 가치가 있으나, 부수기 어려운 습관적인 동작 양상을 확고히 할 수도 있다.

안무 훈련에서 분석적 도구와 전통적 형식의 학습은 흔히 학생들이 자신의 심상이나 개념, 혹은 자기 주도적 신체 탐험으로부터 창조를 시작하기 전에 필요하다고 여겨진다. 개인이 작품과 자신들과의 대화를 통해 의미를 만들고 의식적 사고와 잠재 의식적 사고를 연결하는 근본적 과정들이 종종 간과된다. 비고츠키와 섀퍼-짐메른의 연구에 중심이 되는 그런 대화는 계산보다는 행동을 통해 일어나며, 학생이 예술적 형식을 발견하는데 필수적인 원천이다. 중요한 현대 무용 개척자인 안나 소콜로우는 "나는 절대로 무용을 계획하지 않아요."라고 하면서, "무용을 하고, 그것을 보면서, '음, 내가 뭘 하려고 하는지 알겠어'라고 말해요."라고 했다 (Cohen, 1965, p. 35에서 인용).

무용 만들기

무용은 철저히 공동 활동이며 대부분 비언어적으로 일어나는 사회적 담화의 특별한 깊이를 보여준다. 춤이 일상생활의 필수적인 부분이고 공동체의식의 핵심적인 요소인 문화에서는 어린이들이 구어를 자연스럽게 배우는 것만큼 구성원들이 무용 언어로 대화를 한다. 춤이 모든 문화에 존재하고 시간과 공간, 에너지와 관련된 공통 구조를 보여주는 것은 구체화된 예술적 형식이 인간의 생득권이라는 증거이다(Hanna, 1987). 전통적 춤은 확립된 구조를 따르지만, 춤을 공유하는 사람들이 공동 행위에 관한 인간의 어휘를 만들고 확장함에 따라 계속해서 진화한다.

현대 무용 창시자들은 자기 자신의 개인적 비전을 표현하기 위해 전통에서 탈피했다. 역설적이게도, 이런 개척자들이 개발한 많은 훈련 방법들은 전통에 구속되어 있어서 학생들에게 동작에 대한 자신만의 비전과 스타일을 발전시킬 기회를 제공해주지 못했다(Lakes, 2005). 현대 무용에서 많은 독창적 안무가는 이러한 전통 규칙들을 깨뜨리는 것에 대해 이야기한다. 그들은 세상에 대한 호기심으로 무엇에서나 무용의 원재료를 찾을 수 있다. 그것은 이미지만큼 단순할 수 있다. 케이 타케이는 그런 영감을 다음과 같이 기술한다. 즉 "나는 빗물이 고여 있는 웅덩이를 봤다 …. 그것은 「3부, 빛」의 시작이었다. 그것은 충격적이었지만 이런 일들이 어쨌든 일어난다"(Kreemer, 1987, p. 20).

예술가들은 그런 발견의 순간에 질문을 형성하고 통찰력을 얻게 된 것이 그들의 창조력에서 가장 중요하다는 사실을 안다. 그들은 무엇인가를 정말로 새롭고 의미 있게 만들기 위해서는 말과 사고, 논리와 감정, 그리고 정신적이고 감각적 과정의 상호작용이 일깨워지거나 활기 있는 상태로 유지되어야 한다고 인식했다. 그들은 초기에 얻은 영감을 뛰어넘는 아이디어를 개발하기 위해서 자신들이 해결하려고 하는 문제에 필수적으로 들어맞는 형식을 발견해야 한다. 예술가는 무용수의 공간 배열, 동작의 리듬과 음악에 대한 관계, 빛과 어둠의 사용, 소품과 의상의 일치 등과 같은 형식의 요소들을 통합시킴으로써 비전의 통합, 즉 나눌 수 없는 형식과 내용의 융합인 게슈탈트gestalt를 창조하기 위해 노력한다.

안무가 양성하기

현대 무용 개척자들인 마사 그레이엄, 도리스 험프리 그리고 호세 레이몬이 창조하고 가르쳤던 뉴욕시의 92번가 Y에서 제시카 니콜은 자신의 춤을 만들기 위해 10대들과 작업한다. 니콜의 교수법은 25년에 걸쳐서 Y와 다른 스튜디오에서 그리고 뉴욕시 공립학교 소속 예술가로 일하면서 개발되었다. 그녀는 2004년에 섀퍼-짐메른의 방법들을 무용 만들기에 적용하면서 실험을 시작했다. 그녀는 만약 그녀가 "가르치기"를 덜 하고 한층 더 의도적이고 체계적인 방식으로 질문하기와 자기반성의 방법을 사용한다면 섀퍼-짐메른이 어린이와 어른들에게 한 개인적 투자와 이에서 나온 예술적 성장이 자신의 학생들에게서 더욱 두드러지게 보일 것인지를 알고 싶어 했다. 그녀는 학생들이 예술적 문제를 발견하고 해결하기를 원했고, 그들과 동료, 전문 안무가들의 작업을 둘러싼 그들 자신의 지속적인 대화 과정을 발달시키기를 원했다.

열세 살에서 열일곱 살 사이의 소녀 13명이 이 기간에 "젊은 마스터들" 안무 수업에 참여했으며, 학기당 인원은 여섯 명 정도였다. 학생들은 다양한 무용 배경을 가지고 Y에 왔는데, 세 명은 이전에 니콜에게서 무용 기법과 즉흥 무용을 집중적으로 배운 적이 있었다. 그들은 여러 공립 학교와 사립 학교에 다니고 있었다. 그들 중 몇 명은 이전에 즉흥 무용이나 안무를 해 본 적이 없었지만, 모두가 무용 기법 수업을 적어도 주당 한 시간씩 수강하고 있었다. 그 프로그램은 10년 동안 지속되었고 니콜은 3년을 제외하고는 그 프로그램을 관장하거나 공동 관장했다. 수업은 일주일에 한 번 있었으며, 준비운동, 즉흥 안무, 이전에 개발한 자료의 개인별 혹은 소 그룹별 수정과 연습, 진행 중인 안무 보여주고 반응하기로 이루어졌다. 학기 말에는 대중 공연을 위해 학생들의 창작품을 준비하였다.

2004년부터 실험의 마지막 학기인 2007년 가을까지 니콜은 젊은 안무가들과 함께 자신의 발전 과정을 도표로 만들었다. 그녀는 문제 제시하기나 과제 주기와 같이 이전에는 필요하다고 생각했던 자신의 교수법을 점점 더 수월하게 버리고 있다는 것을 관찰했다. 초기에는 그녀와 학생 모두 가끔 이 새로운 작업 방법으로 어려움을 겪었다. 이 글의 제한된 지면이 그 과정을 자세히 기술하는 것을 허락하지 않지만, 우리는 예술적 대화가 안무 수업에서 어떻게 발달했으며 그것이 경험 많은 예술가들의 과정을 어떻게 반영했는지를 보여주는 몇 가지 면에 초점을 맞출 것이다.

개인적 무용 언어 발견하기

니콜은 "만약 내가 즉흥 안무를 항상 이끌어 가고 과제를 제시한다면, 학생들이 예술가로서 배워야 하는 **자신의** 과제를 스스로 부여하는 단계를 어떻게 내딛을까?"에 대해 궁금해했다. 알레인 스타코Alane Starko가 지적한 대로, "교사가 구조화한 문제는 학생들이 아이디어를 찾다가 좌절감에 부딪힐 때 그들을 보호하기보다는, 다양한 가능성을 마음에 그리면서 아이디어를 찾고 자료와 도구, 형식을 선정하는 것과 같은 예술 만들기의 과정을 그들에게서 빼앗아 간다"(1995, p. 129). 니콜은 이전에는 주제별 수업을 설계하여 학생들이 탐색적 즉흥 안무를 하면서 짧은 연구를 하도록 안내하였지만, 이제는 단지 간단한 준비 운동만 도와주었으며 학생들이 즉흥 안무와 창작을 시작하고 초점을 결정하도록 했다. 학생들은 안무를 할 때 자신의 관심을 끌었던 출처들(예를 들어, 이미지나 리듬, 음악, 글로 쓰인 텍스트나 이야기, 혹은 단순한 움직임)을 이용하여 춤을 창조하도록 권장 받았지만, 자신의 아이디어를 누구에게 명명하거나 설명할 의무는 없었다.

안무가는 본래 출처가 무엇이든지 간에 동작을 선택하여 공간 속에서 동작구phrase와 순서로 배열하고 동작과 음악, 침묵, 말, 혹은 다른 반주와의 관계를 정한 다음, 이런 요소들을 자신이나 다른 무용수 혹은 무용수

집단에게 맞추었다. 안무 멘토인 필리스 램허트는 춤을 만들기 위해 동작을 발견하고 형성하는 이런 과정을 "아이디어를 위한 언어 창조하기"(개인적 대화, 2009년 3월 3일)라고 부른다. 안무가에게 가장 중요한 도전은 동작의 습관적 양상을 인식하고 그것에 저항하면서 계속해서 새로운 어휘를 창조하는 것이다. 안나 소콜로우가 회상했듯이, "나에게 「서정적 모음곡Lyric Suite」은 전환점이 되었어요. 그때부터 나는 나 자신을 위한 동작 언어를 찾기 시작했지요…. 중요한 것은 정적인 상태로 남아있지 않도록 개인 언어를 확장하는 것입니다"(Cohen, 1965, p. 35).

니콜은 학생들에게 자신의 자연스러운 동작 양상을 탐색하고 의식하고, 무엇이 자신의 몸에 맞는지, 자신의 특징적인 동작이 무엇인지, 그리고 자신이 공간과 동료 무용수들과 어떻게 잘 조화가 되었는지를 알아야 한다고 했다([사진 1] 참조). 그녀는 학생들의 성향을 확인하지도 않았고 무엇을 바꾸라고 하지도 않았다. 그녀의 의도는 자아의식을 향상시키는 것이었다. 이전에 안무 경험이 거의 없는 전 체조선수인 루이사는 다음과 같이 설명했다.

[사진 1] 개인적 춤 발견하기 마커스 데니그의 허가로 수록함

> 무용수들이 "도중에 막힐" 때 그들이 어떻게 특별한 형태의 동작 혹은 구체적인 몸짓으로 되돌아가는지 나는 정말 궁금하다. 나도 자주 즉흥 안무와 동작 단락들, 그리고 전체 무용 작품에 통합시키곤 하던 그런 "기본 동작"이 있었다. 그러나 나는 나의 일상적인 어휘의 경계를 초월하고 나에게 정말로 새로웠던 동작으로 실험할 수 있었을 때 내 안무에 가장 만족했다는 사실을 알았다.

체조 경험이 명확히 반영된 루이사의 "기본 동작"은 니콜의 눈에 띄었다. 니콜은 메모를 하고 자신이 유도한 반성과 관련된 자원을 소개하면서, 새로운 발달 단계를 관찰하는 대로 이를 강화하려고 노력했다. 그렇지만 니콜은 루이사에게 습관을 직접적으로 지적하거나 자신이 인지한 문제들에 대한 해결책을 제시하지 않는 것으로 인해 그녀에게 주어야 할 도움을 주지 않고 있는 것은 아닌지 알 수 없었다.

그런 과정이 몇 달 지난 후에 그 반은 루이사가 재치 있고 자신 있는 손으로 공간과 시간 요소들의 층들을 배열한 새로운 단독 무용의 유머와 독창성에 대해 토의하였다. 루이사가 독특한 목소리를 발견한 것은 분명했다. 교사가 구체적으로 개입했다면 그 목소리가 드러났을 것인지(혹은 침묵되었을 것인지)는 알 수 없다. 그러나 루이사의 회상에서 분명한 것은 자신의 경계를 넘는 것이 자신의 예술적 성장에서 가장 만족스러운 점이었다는 것을 스스로 발견한 점이다.

즉흥 안무와 놀이

개별적으로 그리고 그룹으로 한 즉흥 안무는 수업에서 상당한 시간이 할당되었다. 즉흥 안무는 현재의 아이디어를 발전시키는 것이든 그 자체의 목적을 추구하기 위한 것이든 간에, 놀이하듯이 발견하는 태도를 다시 자극하고 잠재의식을 되찾으면서 신체적 충동에 직접적으로 귀를 기울일 수 있는 수단을 제공한다. 안무가인 멜 웡은 “나는 반드시 문제를 설정해서 그것을 해결하려고 노력할 필요가 없다고 생각해요. 내가 알지 못하는 아이디어에 초점을 맞추고 거기서부터 시작합니다…. 난 나 자신을 잠재의식 차원에서 의식하는 상태에 두려고 해요. 잠재의식 차원은 나의 동작을 통해 의식적으로 되지요.”(Kreemer, 1987, p. 75)라고 말했다. 안무가들이 즉흥 안무를 공통적으로 하기는 하지만, 이것만이 놀이를 하는 방법은 아니다. 폴 테일러는 다음과 같이 말했다.

> 당신이 할 수 있는 한 가장 마법적인 작품을 하는 것, 즉 독창적 개념으로부터 솟아 나오는 동작의 아이디어에 관한 연쇄 반응을 허용하는 것이 목적이다. 마음은 논리적으로 생각하는 경향이 있지만, 마법은 논리적이지 않다. 춤이 너무 논리적이면 그것은 예상되고 예측할 수 있게 된다. 그러면 춤은 자체의 생명을 잃게 된다(Cohen, 1965, p. 101).

자발적인 신체 놀이는 예술가들이 그 과정을 합리적으로 설명하려는 경향과 압력을 거부하도록 한다. 이런 경우에 교사의 역할은 결정적이다. 니콜의 학생인 줄리아가 말하듯이 “[제시카]는 항상 우리에게 너무 많이 생각하지 말고 그냥 행동하라고 일러요. 무엇이 예쁘게 보일까 혹은 가장 좋은 기술적 방법이 무엇인가에 대해 걱정하지 말라고 해요. 그녀는 발이 아닌 마음으로 춤을 추기를 원했어요.”

학생들은 각자 흥미롭다고 발견한 과정들을 밝히고 즉흥적인 안무 탐색을 하면서 “만일…?”이라는 자신만의 놀이 구조를 설계하기 시작했다([사진 2] 참조). 이런 놀이 구조에는 공간과 리듬 요소, 역학, 그리고 발성을 비롯한 소리를 가지고 하는 실험이 포함되었으며, 종종 내용과 형식의 관계에 대한 놀이도 포함되었다. 한 에피소드에서는 폐쇄공포증이라는 주제를 탐색하고 싶어 한 어떤 학생 안무가가 갖다 놓은 의자들을 무용수들이 이동 정리하면서 교대로 관찰을 하고 즉흥 안무를 했다. 전에 안무를 한 번도 해보지 않았던 열다섯 살의 알렉스는 두 번째 수업에서 자신의 "만일…?" 목록을 공유했는데, "다른 사람이 내가 하는 동작구를 나와 동시에 하되 거꾸로 하면 어떻게 될까? 크게 한다면? 작게? 느리게? 소리를 내면서 한다면? 무지개 옷을 입고 한다면?"이라고 말하고는 놀라서 반을 바라보았다. 그리고는 "그게 무슨 뜻이지요?"라고 웃으면서 물었다.

[사진 2] 즉흥 안무와 놀이 마커스 데니그의 허가로 수록함

자기반성을 위한 도구

저널은 자기반성과 평가를 위한 중요한 도구이다. 니콜은 여러 해 동안 가르치면서 저널을 쓸 것을 줄곧 강조했지만 십 대 청소년들이 따라 하도록 하는 데 어려움을 겪었다. 하지만 이 과정에서는 학생들이 저널 쓰기를 완전히 받아들였다. 스텔라라는 학생은 나중에 "나는 종종 수업 시간이나 기차에서, 혹은 잠자리에 들려고 할 때 즉흥적으로 터져 나오는 영감을

기록하기 위해 저널을 썼다."라고 썼다. 안무가들도 자신의 무용수들과 대화하고, 다른 안무가들의 작품에 대한 자신의 반응뿐만 아니라 자신의 작품에 대한 다른 안무가들의 반응 또한 기록하기 위해, 그리고 한 학기 동안 수업과 예술 작업의 전개 과정을 기록하기 위해 저널을 썼다.

만들고 있는 작품은 종종 비디오테이프에 녹화되었으며, 학생들에게 자신의 작업을 집에서 연구하고 평가할 기회를 주었다. 줄리아는 "나는 안무 과정으로부터 한 걸음 뒤로 물러서서 나의 발전 상황을 보고 내가 무엇을 더 해야 할 필요가 있는지를 알 수 있었다."라고 기록했다. 모든 학생이 비디오가 똑같이 도움이 된다고 생각한 것은 아니었지만, 특히 안무가가 자기 자신의 작품을 춤으로 출 때 도움이 되었다. 니콜도 다른 무용과 공연 녹화를 보았고 학생들이 무용 콘서트에 참석하도록 주선했다. 그녀는 학생들의 작품과 그들이 고심하고 있는 특별한 문제들을 토대로 하여 학생들을 위해 이런 경험들을 선별하였다.

안내자로서의 교사

교사 중심적인 교수로부터의 탈피는 니콜이 안내자로서의 역할을 포기했다는 것을 의미하지 않았다. 어떤 면에서 그런 방식은 도전을 더욱 강하게 만들었는데, 그녀는 이로 인해 예술적 멘토로서의 자신의 교수 실천 방식에 대해 다시 생각하곤 했다. 니콜은 학생들이 독립적으로 작업하는 동안 마음의 여유를 가지고 그들의 작업 과정에 조급하게 관여하는 것을 피하고자 저널을 썼다. 니콜이 항상 옆에 있지만 자신을 그들의 심판이나 문제 해결자로 생각하지 않는다는 사실을 학생들이 아는 것은 중요했다.

섀퍼-짐메른의 제자인 로이 아브라함슨은 비록 교사가 아무 말을 하지 않더라도 그의 가치 체계는 분명히 드러난다고 지적한다(Abrahamson, 1980). 이것은 예술 교수법에 대한 이 접근 방법을 이해하는 데 매우 중요한 점이다.

아브라함슨은 그것은 "학생들에게 영향을 미치느냐 아니냐의 문제가 아니다. 우리가 관심을 가져야 하는 것은 영향의 종류, 즉 그것이 어디로 이끌어가는 가이다."(p. 43)라고 쓴다. 이 과정은 또한 학생들이 분출시키는 "자기표현"에 초점을 두고 존 듀이가 "솟구침"(Schaefer-Simmern, 1948, p. x)이라고 부른, 교사나 자신에 의해 유도되지 않는 불간섭주의적 방식도 아니다. 작업은 초점이 있고 엄격하지만, 학생들이 원하는 결과를 성취하게 하는 것이 목적이 아니다. 교사가 제기하는 질문과 학생이 실행하는 자기 평가는 섬세하게 균형을 잡는 행위인데, 이 행위는 학생이 예술가가 되기 위해 스스로 밟아가는 과정을 지원한다. 동시에, 교사는 우리가 예술적이라고 여길 자신만의 교수법을 형성하고 있다. 학생들이 사회적인 맥락에서 자아 동기와 자신감, 직관에 대한 신뢰에서 독립하는 것뿐만 아니라 인식과 사고, 개념 영역에서도 완전한 독립을 이루는 것은 모든 참여자가 협력자로서 일하도록 하는 데 그 목적이 있다.

니콜은 학생들이 자기 자신의 작품을 탐색하고 평가하도록 돕기 위해 질문을 사용했으며, 또한 그들이 자신의 질문을 개발하도록 했다. 그녀는 작품의 특별한 면에 대해 주목하도록 하거나 놀이를 위한 가능성을 열어 놓으면서도, 학생들의 과정이나 산출물에 대해서는 어떤 비평도 하지 않았다. 니콜은 질문 구성하기를 통해 학생들이 탐색하기를 원했던 자료에 대한 자신의 관계도 협상했다. 그녀는 잘 이해하기 위해서 스튜디오의 구석에서, 비디오카메라와 손에 든 저널을 통해서 관찰했다. 학생들은 진행 중인 작품을 보여주거나 녹화하기를 원했을 때 그녀에게 알려주었다. 그들은 도움이 필요할 때도 니콜에게 와서 이야기했다. 리디아라는 학생은 다음과 같이 말했다.

> [우리는] 제시카에게 우리 작품을 보여주고 코멘트와 제안을 기대하곤 했어요. 그러나 우리는 이런 것들을 거의 받지 못했고, 대신 "이

동작구에서 무엇을 발전시키고 싶어?"와 "무엇을 수정하고 싶어?" 등의 질문을 받았어요. 우리는 제시카에게 가끔 큰 소리로 대답하곤 했으나 그녀는 더 자주 "나에게 말해 줄 필요가 없어. 그냥 이런 것들에 대해 생각해 보고 계속 연습하렴."이라고 재빨리 덧붙이곤 했습니다…. 우리는 우리가 창조한 것과 아직 창조하지 못한 것, 우리가 이루고 싶은 것, 그리고 우리가 궁극적으로 성취할 수 있는 것에 대해 반성하도록 격려받았습니다.

필리스 램허트는 인정받는 안무가들과 함께 이와 비슷한 과정을 해 봤는데, 이에 대해 "나는 모든 것을 대화로 합니다. 그들에게 내가 말하는 대로 하라고 하기 위해서가 아니라 단지 그 부분에 초점을 맞추도록 하는 것입니다…. 어떤 제안을 하기보다는 무언가에 주의를 환기시키도록 해야 하는데, 이것이 다른 것입니다."(개인적 대화, 2009년 3월 3일)라고 설명했다.

도전과 새로운 관점

안무가의 발달 단계와 관계없이 기저에 있는 원리는 똑같다. 그 원리는 예술가들이 새로운 시각으로 자신의 작품을 바라보고 그 과정을 진전시키기 위해 그들 자신의 질문을 생성하도록 돕는 것이다. 젊은 안무가 중의 한 사람인 애나는 그 도전에 대한 자신의 의미에 대해 다음과 같이 반성했다.

> 쉬운 방법 밖으로 나가는 것은 도전적이었다고 생각한다. 제시카가 나에게 "이 작품으로 뭘 하려고 하니? 새로운 것이 무엇이고, 네 것은 무엇이니?"라고 물었던 것을 기억한다. 그건 내가 듣고 싶어 했던 질문은 아니었다. 그러나 나는 새 작품을 구상할 때마다 그 말에 대해 생각한다.

초기에 받은 영감을 넘어서는 작품을 구상하는 것은 어떤 예술가에게도 가장 어려운 과제 중 하나이다. 니콜에게서 수년간 배운 스텔라는 이것을 지속적인 투쟁이라고 언급했다.

> 매년 안무 과정에서 가장 도전적인 부분은 … 똑같았다. 그것은 작품을 완성하는 것이었다. 나는 종종 1-2분간의 만족스러운 동작구를 창조할 수 있는 영감이 터져 나온다. 그러나 일단 이런 아이디어를 발전시키려고 하면 자주 장애물을 만난다.

스텔라는 계속해서 어떻게 질문이 그런 장애물들을 넘어서도록 도움을 주었는지를 기술했다. 그녀는 또한 자신이 발견한 것을 이후에 그림 수업을 들을 때 적용했고, 예상치 않은 것에 마음을 열어 두고 완성을 찾는 만족감에 대해 "나는 이제 완성으로 이르는 어떤 작품의 발전을 정체된 것이 아닌 과정으로서 봐요. 모든 것은 항상 내동댕이쳐지거나 덧붙여지거나 제거되거나 조종될 수 있어요."라고 설명했다.

집단 토론을 하도록 돕는 것 또한 니콜의 멘토로서의 역할 중 중요한 부분이었다. 그녀는 학생들이 필요한 피드백을 얻기 위해 서로에게 질문하도록 하고 집단의 관심을 유도할 구체적인 질문을 제기하도록 충고했다. 그녀는 학생들이 서로의 작품에서 흥분되거나 놀랍거나 호기심이 생기거나 이해가 가지 않는 측면을 발견하도록 격려했는데, 이것은 긍정적이면서도 정직한 토론의 틀을 확립했다. 니콜은 집단 토론을 하는 동안 먼저 말하거나 권위자 역할을 하는 것을 피하였다. 그녀는 전문가 역할로부터 퇴장하기를 원했고 대신 무용가/안무가 사이에 협동 정신을 기르고자 했다. 스텔라는 다음과 같이 회상한다.

> 이런 토론은 나 자신의 발전 과정에서 가장 흥미로운 측면을 보여주

는 모습 중의 하나였다. 왜냐하면, 토론들로 인해 나는 한 번도 생각한 적이 없지만 해낼 수 있는 다양한 주제에 대해 관심을 갖게 되었기 때문이다. 다른 작품들을 관찰한 것에 귀를 기울이면서도 내 작품과 연관시킬 수 있었고, 그렇게 해서 새로운 아이디어를 얻을 수 있었다.

'실험'의 결과

가장 분명한 결과 중 하나는 학생들이 자신의 예술적 과정에 헌신한 정도였다. 8세부터 Y에 다니면서 니콜에게서 배워 온 한 14세 소녀의 부모는 첫 번째 실험이 끝나는 해 말에 묻기를, "선생님이 무엇을 다르게 했나요? 뭔가 변했어요. 아이들이 전혀 새로운 방식으로 자기의 것을 만들었어요."라고 했다. 애나는 나중에 "정말로 그것이 우리 것처럼 느껴졌어요. '가르쳐진' 것이 아니라 이미 우리 내부에 있던 무엇인가로부터 떠오른 것처럼 말이에요."라고 말했다. 니콜은 변화를 즉시 감지했었다. 안무가들이 새로운 방식으로 반성하고 작업을 전진시키기 위한 도구들을 사용하고 있었으며 진정한 예술가들의 협력체로서 기능하기 시작했다. 그들은 이제 저널을 계속해서 쓰라고 하거나 쉬는 시간에 안무를 개발하라고 상기시켜 주는 어떠한 메모도 필요하지 않았다. 그들은 주중에 서로 연락을 했고, 가족 거실에서부터 아파트 놀이터에 이르기까지 Y의 밖에서 독립적으로 연습할 공간을 발견했다. 그들은 집에서 녹화된 무용을 보았고 손에 쪽지를 들고 스튜디오에 도착했다. 아마 가장 두드러진 점은, 많은 십 대 청소년들이 수정하고 편집하는 것을 어려워하는데도 불구하고, 공개 상영 때까지 그리고 상영 이후까지도 "완성된" 춤을 계속해서 수정한 것이다. 이런 자기 제어 능력과 작품에 대한 집중은 그들의 작품이 많이 공연된 학생 무용 축제에서 분명히 드러났다. 그들은 두 공연 이전과 사이에 무대 위에서 연습 시간을 자발적으로 요청한 유일한 공연자들이었다. 니콜이 측면에서 바라보고 있는 동안에 그들은 어떤 부분을 바꾸고, 공간 문제를 해결하고, 첫 번째 공연에서 잘되지 않은 것을 수정하였다.

예술 작품 자체의 질은 어떠했는가? 우리의 관심은 각 학생의 예술적 과정에 대한 진실성을 넘어, 각 안무가의 발달 단계에서 작품이 보이는 비전의 완성도에 있었으며 작품이 시간이 흐르면서 성장을 보여주었는지에 초점을 맞추었다. 니콜은 안무에 대해서는 각 안무가가 자신이 좋아하는 동작을 단순히 연결하는 것을 넘어 자기 자신의 관심을 추구하면서 춤을 만들었는지를 보고 싶어 했다. 그녀는 그들이 형식적인 구조들을 작품의 필수 요소로 적용했는지, 그들의 아이디어를 표현하는 언어를 발견했는지, 그리고 동작 어휘와 기교가 훈련과 개인적 성향에 의해 형성되지만 이들이 새로운 작품들에도 똑같지는 않았는지를 점검했다. 그들은 자신들이 작품에 불어넣은 의미에 맞으며 새로운 의미를 찾는 것을 가능하게 한 통합적인 비전을 성취했는가? 그 작품들이 전반적으로 게슈탈트 형태주의에서 제안하는 것과 같은 통합성을 보여주고 있는지 판단하기 위해서는 일정 기간에 걸쳐 그들의 안무를 관찰하여야 할 것이다. 관객과 무용센터 감독과 학부모들의 관찰을 보면, 학생들의 작품 창작에 대한 토론과 분석뿐만 아니라 안무도 이러한 예술적 원리들을 세심하게 적용하였음을 보여주었으며 다양하고도 독특하다는 우리의 인식과 일치한다.

실험의 첫해 말인 2005년 봄에 열린 콘서트는 네 명의 안무가들이 만든 일곱 개의 창작품을 특별히 조명하였다. 인디라의 4인무인 「프롬나드 준비하기」는 무대 위 발레 바에서 표현한 발레 어휘와 한 십 대 청소년이 이해하는 불완전성에 대한 의미의 연결성을 탐색했다. 인디라는 예행연습을 할 때 무용단원들에게 "관객이 보는 것은 너희인데, 너희는 그림자를 드리우고 그 그림자는 거울 이미지가 되어 너희 옆에 있는 사람의 불완전함을 드러낼 거야."라고 상상하면서 고정된 동작구를 즉흥적으로 연기하라고 했다. 그 무용은 음성 텍스트를 특색으로 했으며, 무용수들의 무용 녹화가 공연되었고, 인디라가 쓰고 연출하고 녹화하였다.

똑같은 프로그램에서 애나와 리디아는 2인 공동 안무인 「버세이션 닷 컨Versation.con」을 연기했다. 이 작품은 장난스러운 안무에서 발전한 것인데, 그들은 그 과정에서 "우리가 얼마나 세게 잡아당길 수 있는지 … 내가 바닥에서 너 위로 점프할 수 있는지 … 우리가 어디에 착지할 수 있었는지에 놀라고 … 등등 한계를 시험하면서 함께 움직이고 관계를 형성해갔다." 애나는 또한 공연 전 마지막 주에 「교차 감수성」이라는 새로운 작품을 만들었고, 총연습 동안 구조화된 즉흥연기를 배우기 위해 다른 공연단으로부터 12명 이상의 무용수들을 모집했으며, 그날 밤에 타악기 곡을 배경으로 보행자의 움직임과 정지를 부산하게 탐색하는 공연을 했다. 각각의 춤과 그 프로그램에서 공연한 다른 네 개의 춤은 독특한 예술적 표현을 보였고, 비전의 전체성을 표현하기 위해 개인 무용수들의 능력과 형식 요소들을 이용했다. 니콜은 작품의 완전성에 줄곧 놀라워했다. 그녀는 저널에 "나는 그들의 안무에 기뻤다. 이것은 부분적으로 내가 그 안무에 아무런 책임이 없기 때문이다. 난 그것이 어디에서 나왔는지를 모른다는 것을 알고 있다."라고 적었다.

다른 배경에 적용하기

높은 동기를 가진 소그룹의 젊은 여성들과 함께 예술 창작의 본질을 탐색하는 기회는 흔하지 않기에 다른 환경에 적용될 수 있다고 보기는 힘들 것 같다. 그러나 그 과정에서 성장한 문화의 주요 특징들을 점검함으로써 그런 예술적 활동이 다른 상황에 적용될 수 있는 방법을 찾을 수 있을 것이다. 니콜은 뉴욕시 공립학교에서 훨씬 더 큰 집단(25-30명 수업)의 어린 학생들(7-12살)을 대상으로 연구를 진행 중인데, 이 연구는 니콜이 한걸음 뒤로 물러서서 모든 어린이의 예술적 충동을 신뢰하고 사회적 학습이 안무 놀이의 예술적 가능성을 확장한다는 것을 신뢰하는 원칙에 대해 탐색할 기회를 제공해왔다.

니콜의 공립학교 수업이 구체적으로 안무에 초점이 있는 것은 아니지만, 그 수업은 즉흥 안무와 협동 창작이 포함되어 있다. 그녀는 Y에서 한 실험에서 얻은 정보를 바탕으로 하여 공립학교에서 가르치면서 개발한 더 구조적인 과정을 펼쳐 보는 도전을 하기로 했다. 그 접근법의 주요 특징은 다음과 같이 요약할 수 있다.

1. 학생들이 연습이나 구조를 바꿀 아이디어를 제공하도록 격려하라.
2. 학생들에게 리더 역할을 가능하면 빨리 그리고 자주 주어라.
3. 자기 주도적 집단 학습 방법을 정하고 실행하라.
4. 학생들이 자신의 문제를 찾고 자신의 질문을 제기할 수 있는 열린 구조를 제공하라.
5. 모든 수업에 걸쳐서 반성과 집중적 관찰 그리고 토론을 통합하라.

이런 과정들이 학교 체육관이나 강당, 교실에서 완전히 시행되기는 어렵지만, 니콜의 보다 협동적인 모델로의 전환 결과는 자신에게, 그리고 함께 연구하는 교사들에게 분명하게 나타나고 있다. 학생들은 더 큰 동기와 몰두, 향상된 협동 기술을 보여주며, 그들 자신의 학습 과정과 세상에서 관심 있는 것이 무엇인지에 대한 의식이 증대되었음을 드러낸다. 학생들에게 상상력을 사용하고 자신의 아이디어에 바탕을 둔 예술 작품을 만들고 동료들과 협동하라고 격려하는 것은 현재 많은 미국 학교와 교실을 지배하고 더욱 증가하는 표준화와 경직성과 적나라한 대조를 이룬다.

놓아주기

내면화된 교수 모형을 바꾸는 것은 대단히 어렵다. 니콜은 실험기간 동안 대개 수업이 끝날 때마다 그녀가 학생들에게 도움과 전문적 지식을 주지 않음으로써 자신의 책무를 게을리 하고 있는 것은 아닌지 궁금해했다. 니콜은 회상하면서, 비록 다른 방식이기는 하지만 자신이 정말 열심히 일했을 뿐만 아니라 학생들의 몰입 정도와 예술 작품의 수준에서 다른 결과가 나왔음을 깨달았다. 그녀는 학생 주도적이며 구성주의적이라고 생각한 접근법으로 25년간 가르친 후에 "어떤 것들은 어떤 순서로 가르쳐야만 한다는 결론이 어떻게 나왔을까? 이런 결과들이 나의 가정을 어떻게 변화시킬까?"라고 자문했다. 이 과정에 대한 우리의 기술이 철학과 실제의 일치, **우리의** 미적 가치와 학생들이 자기 자신의 미적 가치를 인식하도록 돕는 과제의 일치, 그리고 외적 기대를 충족시켜야 할 필요와 내적 지향적인 예술가들을 개발하는 목적의 일치에 관해 교사와 멘토들에게 비슷한 반성을 불러일으키기를 바란다.

결론

우리는 안무가 개발과 그 과정에서 교사/멘토의 역할에 관한 우리의 기본 전제에 대해 어떤 무용가와 무용 교육가들은 이의를 제기할 수 있다는 것을 안다. 우리의 전제를 받아들이는 사람들조차도 이런 아이디어들의 효과를 완전히 이해하기가 어려울 수도 있을 것이다. 그 기저 원리들을 다시 진술하면 다음과 같다.

1. 모든 사람은 무용에서 예술적 창조를 할 수 있는 능력이 있다.

2. 아동과 성인은 사회적 상호작용과 내적 대화를 통해 예술적 활동의 발달 단계를 거친다.
3. 교사와 멘토들은 학생들과 멘티들이 무엇을 어떻게 창조하려고 하는지를 상상하지 못할 수 있다는 가능성을 열어두어야 한다.

만약 우리가 어린이부터 성인 초보자, 그리고 전문 예술가에 이르기까지 모든 개인의 예술적 과정들이 기본적으로 다르지 않으며 안무의 도구들이 표현과 의미 만들기에 필요한 전제 조건이라기보다 의미 만들기를 돕는 것이라고 믿는다면 우리는 의미가 생성되도록 해주는 내재적 과정들을 존중하고 육성해야 한다. 더 나아가, 가장 생산적 학습은 우리 능력의 최상부에서 스스로 발견하는 것을 통해 일어난다고 믿는다면, 교사는 도움과 가르침을 제공할 준비를 해야 하되 개인의 능력에 대한 가정을 하거나 예술적 창조의 궤도를 예측할 수는 없다. 예술적 활동은 예술가의 능력을 변화시킨다.

『예술의 심리학』(1971)에서 비고츠키는, "[예술은] 결코 실현하지 못할 것을 요구할 수도 있지만, 우리가 우리의 삶을 넘어 그 위에 놓여있는 모든 것을 향하여 가도록 노력하게 만드는 필요조건이다."(p. 253)라고 썼다. 그가 근접발달영역에 대해 여러 해 동안 언급하지는 않았으나, 예술적 노력에 대한 그의 기술은 이 이론에 대한 심오한 인식을 보여주는 것 같다. 예술가가 미지의 세계로 들어가서 근접발달영역에 머무는 것을 연장하고 활성화하기 위해서는 의식과 잠재의식 사이의 대화를 열어 놓는 과정을 만들어야 한다. 강력한 지적 능력은 우리에게 명명하고 설명하고 분석하도록 재촉하면서 우리를 더 안전하고 더 잘 알려진 세계로 되돌려 보내려고 한다. 그러나 안무가 케이 타케이는 "나의 창의성에 안주해서는 안 된다."(Kreemer, 1987, p. 18에서 인용)라고 우리에게 환기시켜준다. 젊은 예술가들과 작업을 할 때는 그들에게 정해진 절차를 따르도록 함으로써 해결책과 편안함을 제공해주고 싶은 유혹이 크다. 그러나 우리가 제공하는 안전망은 우리가 학생들에게서 가장 바라는 상상적 영역을 학생들이 탐색하지 못하게 방해할 수도 있다. 아마도 그들을 좀 덜 세게 붙들고 미지의 공간에서 만난다면 그들을 자신의 예술가적 기교의 중심으로 좀 더 가까이 데려갈 수 있을 것이다. 무용에서 그 여행은 다른 무용수와 교사, 멘토와 함께 자신의 신체를 수반한다. 게다가, 우리의 생각과 이해를 형성하는 문화적이고 역사적인 영향들도 우리와 함께한다. 무용에서 독창적이고 의미 있는 창조는 이런 모든 것들 사이의 대화를 통합하고 심화함으로써 일어난다. 이제 15세가 된 줄리아가 다음과 같이 말했다.

> 무용은, 자신만을 위해 연습한다 해도, 결코 사적인 연습이 아닙니다. 무용은 선생님과 반 친구들, 관객, 그리고 특히 자기 자신과 함께하는 공동체입니다. 만약 이 모든 사람을 한 줄로 엮어서 당신의 사고 과정 속으로 집어넣는다면 당신의 움직임의 소리가 들릴 것입니다.

참고문헌

Abrahamson, R. E. (1980). The teaching approach of Henry Schaefer-Simmern. *Studies in Art Education, 22*(1), 42-50.

Arnheim, R. (1972). *Toward a psychology of art: Collected essays.* Berkeley, CA: University of California Press.

Cohen, S. J. (Ed.)(1965). *The modern dance: Seven statement of belief.* Middletown, CT: Wesleyan University Press.

Hanna, J. L. (1987). *To dance is human: A theory of nonverbal communication.* Chicago: University of Chicago Press.

John-Steiner, V. (2000). *Creative collaboration.* New York: Oxford University Press.

Kinnell, G. (1971). *The book of nightmares.* Boston: Houghton Mifflin.

Kreemer, C. (Ed.) (1987). *Further steps: Fifteen choreographers on modern dance.* New York: Harper & Row.

Lakes, R. (2005, May-June). The messages behind the methods: The authoritarian pedagogical legacy in western concert dance technique training and rehearsals. *Art Education Policy Review, 106*(5), 30-18.

Morgenroth, J. (2004). *Speaking of dance: Twelve contemporary choreographers on their craft.* New York: Routledge.

Sarason, S. (1990). *The challenge of art to psychology.* New Haven, CT: Yale University Press.

Schaefer-Simmern, H. (1984). *The unfolding of artistic activity.* Berkeley: University of California Press.

Schaefer-Simmern, H. (2003). *Consciousness of artistic form.* Carbondale, IL: The Gertrude Schaefer-Simmern Trust.

Starko, A. J. (1995). *Creativity in the classroom: Schools of curious delight.* White Plains, NY: Longman.

Vellucci, M. (2009, March). Phenomenal women. *Dance Teacher, 31*(3), 26-34.

Vygotsky, L. S. (1925/1971). *The psychology of art.* Cambridge, MA: MIT Press.

Vygotsky, L. S. (1978). *Mind in society.* Cambridge, MA: Harvard University Press.

Wertsch, J. V. (2007). Mediation. In H. Daniels, M Cole, & J. V. Wertsch (Eds.), *The Cambridge companion to Vygotsky* (pp. 178-192). New York: Cambridge University Press.

·8장·

학교에서 그래픽 자료에 자아 써넣기

피터 스마고린스키

이 장에서는 미국의 고등학교 12학년들 몇 명에게 초점을 맞추고 학생들이 직접 설계하고 만든 그래픽 텍스트에 자신들을 써넣은 방식을 밝히고자 한다. 모든 학생이 미국의 남서부에 있는 한 고등학교에 재학 중이었으며 대부분이 과거에 학교생활을 힘들어했던 적이 있다. 실제로 이 장의 세 가지 사례연구에서 다룬 네 명의 학생 중에서 한 명만이 제때에 졸업했는데, 그것도 주의력 결핍 장애 때문에 처방된 약의 도움을 받아서였다. 한 명은 학교를 중퇴해 버렸으며, 다른 한 명은 졸업하기 위한 학점이 부족했는데 그 학생이 졸업했는지는 알 수가 없다. 나머지 한 명은 예정된 졸업 날짜를 훨씬 지나서 고등학교를 마쳤다.

학생들은 대체로 학교라는 제도에는 소속감이 약했으나, 자극적이고 과제의 요구사항에 삶의 경험이 잘 연결되며 자신을 표현할 예술적 매체나 그래픽 매체를 이용하면 과제에 깊이 몰두한다는 것을 보여주었다. 예술과 기타 그래픽 표현들은 학교라는 로고스 중심적이고 분석적인 영역에서는 덜 중요한 것으로 여겨지지만(Gardner, 1983), 이 학생들은 이러한 과제에 몰두했을 뿐만 아니라 인상적인 통찰력을 보여주는 작품을 만들어내기까지 했다.

학생들은 그들이 만든 텍스트에 자신의 경험과 세계관을 써넣는 기회를 가질 때마다 학습에 대한 참여도와 학습 정도가 늘어났다. 개인적 삶과 교육 자료를 연결시키는 것에 대해서는 적어도 듀이(한 예로서, Dewey, 1902)를 비롯해 교육 분야의 많은 글에서 높이 평가하여 왔으나 아직도 많은 교육 정책 관련자들은 이것을 사소한 것으로 여긴다(반박의 예로서 Rowan & Correnti, 2009와 Smagorinsky, 2009 참조). 따라서 개인적 지식을 학교 지식에 적용하고 비언어적 표현을 평가 수단으로 사용하는 데서 얻는 행동유도성은 학교가 지루하고 불필요한 경험이라고 생각하는 학생들이 학업에 집중하고 학교를 끝까지 다니게 하려는 교육자들에게 큰 잠재성을 가진 것으로 보인다.

내가 여기서 강조하는 세 가지 사례연구는 교사들이 학생들에게 해석적이고 표현적인 가능성을 열어줄 때 어떤 가능성이 생기는지를 보여준다. 학생들은 자신들의 해석적이고 표현적인 도구 세트를 확장하고 미술과 그래픽 매체를 이용하여 교육과정을 배울 때 자신들의 경험을 써넣을 수 있다. 각 사례연구의 특징은 학생들이 다양한 정도로 개인적 연결을 하여 텍스트를 만들어내는 데 있다:

- 신디 오더널-앨런이 가르치는 12학년 영문학 수업에서는 정체성에 대한 단원에서 가면을 만들었다. 이 과제에서 학생들의 자아 써넣기는 의무적이었으나, 학생들은 이 과제를 신중하게 하였다(Smargorinsky, Zoss, & O'Donnell-Allen, 2005; Zoss, Smargorinsky, & O'Donnell-Allen, 2007 참조).
- 같은 영문학 수업에서 학생들은 존 키이츠(John Keats)의 「내가 존재하기를 그칠지 모른다는 두려움이 엄습하면」(When I have fears

that I may cease to be)을 자신의 개인적 경험과 연결시키라는 특정한 단서를 받지 않고 해석을 그래픽으로 하였다(Smargorinsky, Cameron, & O'Donnell-Allen, 2007 참조).

- 학생들이 언젠가 살 것이라고 상상하는 집의 구조를 설계했는데, 이 과제도 자아 써넣기를 함축하였다. 학생들은 집의 설계에서 스스로 결정한 특정한 삶의 방식을 뒷받침하기 위해 간접적인 표현을 해야 했다(Smargorinsky, Cook, & Reed, 2005 참조).

다음 부분에서는 학생들과 그들의 과제를 소개하고, 텍스트에 그들의 자아 써넣기 이야기를 하면서 학생들의 산출물을 각각 자세히 설명하겠다. 보고되는 자료는 위에서 인용한 연구에서 나온 것이지만 연구 발견의 전부를 나타낸 것은 아니다. 독자들은 학생들이 특정한 상황 속에서 설계한 그래픽 텍스트의 보다 폭넓은 이해를 위해서는 인용된 출간물을 보기 바란다.

정체성 가면의 개인별 제작

조스 외(Zoss et al., 2007)는 12학년 영문학 수업에서 가면을 만든 세 명의 학생들에 대해 보고하였다. 이 장에서는 그들 중의 한 명인 피타(이 장의 모든 학생들 이름은 가명임; Smargorinsky, Cook, & Reed 2005를 참조할 것)에 초점을 두겠다. 피타는 아메리칸 원주민의 체로키 족과 델라웨어 족, 카이오와 족, 수 족, 샤이엔 족, 아라파호 족 혈통과 유럽계인 영국, 아일랜드, 스코틀랜드, 프랑스의 혈통이 다양하게 섞인 남학생이었다. 그 학생의 주 정체성은 아메리칸 원주민이었으며 지역의 아메리칸 원주민 공동체에서 적극적인 역할을 하고 있었다. 반면에 그는 학교가 전반적으로 자신에게 의미가 없다고 생각하고 12학년 10월 중순에 최소한으로 이수해야 할 학점이 많이 부족하여 가면을 완성하자마자 중퇴를 해 버렸다.

이 가면 활동은 정체성에 대한 단원의 일부로 한 것이었다. 이 단원에는 문학과 다른 매체들이 포함되었는데 이 매체들에서 작가와 화자들은 사회에서 자신들의 특별한 위치와 개인적 삶의 궤도를 고려하였다. 학생들은 과제의 일부로서 "가면을 쓰면 그 가면이 나타내는 사람이 되기 때문에 가면은 정체성의 역할을 한다. 우리는 우리의 가면이 되는 것이다."라는 말을 들었다. 학생들은 며칠 동안 수업시간에 블록 일정을 따라 자신의 얼굴 모양에 맞춰 가면의 형태를 만드는 데 전념하였다. 그들은 가면을 말리고 자신들이 세상에 나타내고자 하는 정체성을 가리키는 이미지를 표면에 제작하였다. 가면의 안쪽에는 자신의 더 개인적인 면을 표현할 수 있었다.

피타는 가면을 꾸미는 동안에는 결석하였으나, 완성된 형태를 집으로 가지고 가서 상당한 시간을 들여 표면에 자신의 정체성을 새겨 넣었다. 피타는 수업에 왔을 때 자신이 가면을 만든 과정에 대한 회상적인 진술 자료를 제공하였다. 다시 말해, 피타는 나와 같이 앉아서 가면의 표면 제작 과정에 대해 설명했으며, 나는 피타를 녹음하였다. 피타가 학교를 아주 중단하기로 결정하기 바로 전에 이 과제에 전념했다는 것은 그에겐 지루하고 좌절감만 준다고 보이는 학교 환경에서 이 과제가 유독 활기를 북돋아 주는 활동이었다는 점을 시사한다. [그림 1]은 피타가 만든 작품을 보여준다. 이어서 피타가 자신의 디자인에 자신을 어떻게 써넣었는지를 설명하는 진술 자료를 제시하겠다.

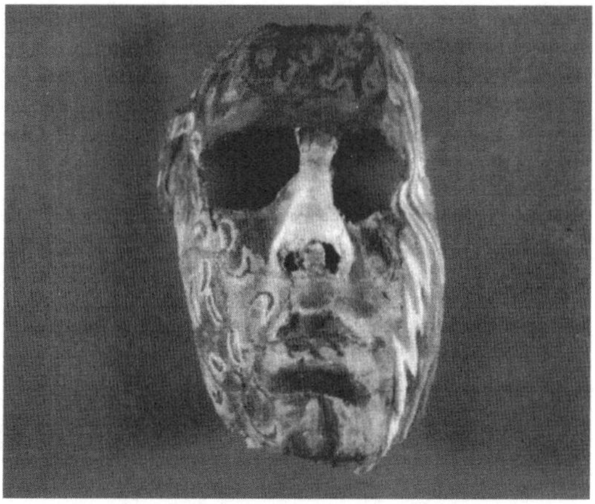

[그림 1] 피타의 가면 학생의 허가로 수록함

이 과제의 맥락에서 볼 때, 피타는 자신과 관계된 문제들에서 자신을 진지하고 생각이 깊으며 헌신적인 젊은이로 나타냈다. 이 문제들은 학교에서 일반적으로 제공하는 추상적인 교육과정의 범위 밖에 있는 것이었다. 구체성에서 분리된 학교 교육과정에서는 일반적으로 학업에서 감정이 일어나는 것을 장려하지 않지만, 가면은 피타가 감정을 표현할 수 있도록 하였다. 예를 들어 다음의 대화에서 피타는 깊은 분노의 감정을 나타내려고 사용한 색에 대해 이야기하였다.

피터: 왜 코가 노란색이고 붉거나 핑크색 삼각형 같은 것이 있지?
피타: 마음속의 분노를 나타내고 싶었기 때문이에요.
피터: 노란색이 분노라고?
피타: 있잖아요, 가끔 화나면 바로 거기가 눌리는데 거기서 생겨요 … 눈썹 둘레에 그렸어요.
피터: 음. 그래서 코가 노란 거야?
피타: 예.
피터: 그러니까 거기가 네가 느끼는 데구나 … 화가 밖으로 나오니

아니면 그냥 거기서 … 아니면 그냥 거기에 있니?

피타: 아마 … 전혀 다른 느낌 같아요. 제 생각엔 아마도 … 예, 다른 느낌처럼 느껴져요. 그 느낌은 … 뭐랄까, 일단 일어나면 일어나요. 물론 그것에 대해 생각하고 표현하고 하면 가라앉아요.

피타의 언급은 지(Gee, 2003)가 투사적 정체성projective identity이라고 일컬은 것을 보여준다. 투사적 정체성은 일 "프로젝트"의 동사와 명사 두 가지 의미를 이용한 말이다. 즉, [비디오 게임에서] "자신의 가치와 욕망을 가상의 인물에 투사하는 것"과 "자신을 투사하여 만들고 있는 가상 인물" [을 보는 것]이다. 지의 관찰은 비디오 게임을 하는 사람들이 아바타에 자신의 정체성을 인격화하여 불어넣는 맥락에서 나온 것이지만 피타의 가면 작업을 고려하는데도 적용된다. 지는 주장하기를, 게임을 하는 사람의 시각에서 보면 이런 가상 인물에는 "시간이 지나면서 내가 그 인물이 어떠했으면 좋겠고 어떻게 되었으면 좋겠는지를 바라는 것들이 어떤 경로를 통해 스며든다."(p. 55)고 한다. 피타는 경험을 통해 "마음 깊은 곳에서부터 분노"를 발전시키게 된 사람으로서 자신의 정체성을 묘사하였다. 그는 이 예에서 자신의 가면 디자인을 이른바 **감정적 매개자**, 즉 자신의 감정을 정체성과 연관 지어 탐사하거나 표현하는 도구로써 이용하였다.

이에 덧붙여 피타의 가면은 **영적인 매개자**의 역할도 하였다. 이것은 자신과 지구와의 더 넓은 관계를 표현하는 방식인데, 제이콥스Jacobs와 제이콥스-스펜서Jacobs-Spencer(2001)는 이 성향을 아메리칸 원주민이 세계를 보는 핵심적인 방식이라고 주장한다. 예를 들어, 피타는 가면의 덩굴을 묘사할 때 그 그림이 자기가 삶의 활동들이 서로 연결되어 있다고 보는 관점을 나타낸다고 다음과 같이 말했다.

피타: 그건 그냥, 제 생각엔, 제가 글을 쓰거나 할 때의 방식이에요. 그걸 그리는데 좀 엉켜있지요 … 그리고 유연하고 그냥 자연스

러워 보여요 … 덩굴말예요. 그리고 잎은 입술처럼 그렸어요.

피터: 궁금한 것은, 그림을 보면 잎이 말야, 너를 조용히 시키려고 입을 막고 있는 것 같이 보이지는 않는데. 입을 막고 있는 거니 … 아니면 네가 열 수 있는 것으로 그린 거니?

피타: 그렇게 보이기는 해요, 하지만 저는 그렇게 그런 생각은 없었어요. 제가 덩굴을 그냥 붉은색으로 한 건 생명이 덩굴 전체에 감겨 있는 것 같기 때문이에요.

피타는 지구와의 영적인 연결성을 다양한 이미지로 묘사했다. 가령, 그는 가면의 배경을 선택한 것에 대해 이야기할 때 갈색을 골랐는데, 그 이유에 대해서, "그건 지구의 색이기 때문이에요. 또 마침 제 피부색이기도 하고요. 하지만 그건 제 피부와는 관계가 없어요."라고 하였다. 따라서 피타는 자신의 정체성을 가면에 어떻게 그려낼 것인가를 결정하고, 감정(예를 들어, 분노)을 전달함과 동시에 그러한 감정을 관리(분노를 가라앉히는 것)하기 위해 디자인을 하였다. 그는 더 나아가 지구와 삶 전체와의 영적인 연관성을 표현하였는데, 이것은 더 중요한 것을 위해 학교를 중퇴했을 때 내던진 분절된 교육과정과 방식과 가치체계들을 가진 교사들과 (대부분이 백인인) 자신의 급우들과의 상호작용에서 일어나는 대립적인 감정에는 없는 것이었다.

앞의 예들은 피타가 가면 디자인을 통해 자신을 표현하기 위해 상징들을 어떻게 사용했는지를 보여준다. 그는 아메리칸 원주민의 정체성의 핵심적인 측면을 묘사하기 위해 자연으로부터 색(가령, 지구를 표현하기 위해 갈색을 사용함)과 상징(예를 들어, 그가 삶에서 본 상호연결성을 표현하기 위해 덩굴을 사용한 것)을 이용하였다. 이와 유사하게, 그의 디자인의 다른 부분에서는 도해법iconography을 사용하였는데, 그가 가면의 이마에 파란 물방울을 그린 것과 같은 것이다.

> 저는 그것을 비의 이미지처럼 보이게 하고 싶었는데 보라색을 쓰고 싶었어요. 왜냐하면, 비를 그리기 위해서 이미 파란색을 썼기 때문이에요. 저는 제 사고방식 상 보라색으로 부드러운 [분위기] 같은 것을 주고 싶었어요. 사실 제가 **생각하는** 방식은 아주 차분해요. 제가 **느끼는** 방식은 아주, 아마도, 조금, 폭력적인 말은 하고 싶지 않지만, 그 정도쯤 돼요.

피타는 또한 그와 자연과의 관계를 상징적으로 표현하기 위해 우리가 곡선적이라고 이름 붙인 요소도 사용하였다. 그의 가면에 "많은 소용돌이 … 많은 회전 움직임"이 있는 것을 가리키자 피타는 "혼돈은 아주 둥글어요. 무질서도 아주 둥글어요. 그래서 그건 그냥 일종의－아마도 자연은 좀 혼돈스러운 것 같아요."라고 대답했다. 이 곡선적 요소는 피타의 상호연결적 요소인 덩굴의 사용에서도 분명하게 드러났다. 피타에게 밝은 노랑과 붉은색, 녹색, 그리고 탁한 녹색을 배경색으로 사용한 이유를 묻자 그는 다음과 같이 대답했다.

> 피타: 그건 일종의, 슬픔과 부러움과 고통과 같아서, 제 말은 우리는 모두 어떤 것들을 겪고 지나가는데 저는 많은 일을 겪어서 많은 일에 통찰력이 생긴 것 같이 느껴져요. 그리고 이것이 제가 글 쓰는 방법에 반영되는 것 같아요. 그리고 항상 느꼈는데, 있잖아요, 아플 때 느끼는 통증 있잖아요? 그런데 저는 늘 왼쪽에 통증이 더 심했던 것 같아요.
>
> 피터: 흥미롭구나. 그래서 날카로운 이미지들이 있는 거야?
>
> 피타: 예. 그런 것 같아요. 예. 그건 고통 같기도 하고 감정 같기도 해요. 그건 늘 아주, 제가 말한 것처럼, 저는, 그게, 늘 강해요. 제 생각엔 제가 느끼는 방식이 아주 기쁘든지 아주 화가 나든지 언제나 극단으로 가는 것 같아요.
>
> 피터: 음. 그것이 모두 내면에 있는 거니, 왜냐하면 너는 외양은 부드

러운 편이라고 말했고 내가 보기에도 거의 그렇거든.

피타: 예.

피터: 하지만 안에서는 네가 보여주는 것보다 훨씬 더 많은 것들이 일어나고 있네?

피타: 예. 하지만 문제가 되지는 않아요, 왜냐하면 그것을 글로 쓸 수 있으니까요.

피타의 마지막 말은 그가 다중양식의 표현 수단을 이용했다는 것을 드러낸다. 그는 과제로 한 가면 프로젝트 외에도 시를 덧붙였다. 전체적으로 그의 가면 작업은 학교에서 비언어적 산출물에 부여하는 것보다 훨씬 더 많은 생각과 심사숙고가 들어갈 수 있다는 것을 보여준다. 가면 프로젝트는 학교에서 거의 항상 피타에게 요구한 것들과는 달리, 피타가 개인적이고 문화적인 배경에 기초하여 이해하는 세계를 표현하되, 반응을 자극하는 창작을 통해 표현하도록 격려하였다. 그가 학교를 중퇴하기로 결정한 것은 교육과정 전반에서 그런 기회의 부재와 급우들의 대부분이 삶과 사회적 투자에 대한 진지함이 결여되어 있다고 생각하는 데서 오는 것 같았다.

그래픽을 이용한 시의 협동적 해석

신디는 가면 활동이 끝나고 2주쯤 지나서 다른 과제를 내주었다. 그 과제는 학생들이 정체성이라는 주제 속에서 시를 분석하고 여러 색의 사인펜으로 그들의 해석을 큰 방습지에 그리는 것이었다. 그 후에 각 그룹은 자신들의 해석을 반 전체에 발표하고 텍스트의 의미에 대해 간단한 토론을 이끌었다. 우리는 아래에 제시한 존 키이츠의 「내가 존재하기를 그칠지 모른다는 두려움이 엄습하면」을 협동으로 해석한 두 명의 학생에게 초점을 맞춘다. 리타와 더크의 해석은 [그림 2]에 제시하였다.

내가 존재하기를 그칠지도 모른다는 두려움을 느낄 때,
나의 펜이 충만한 두뇌에서 이삭을 다 줍기도 전에,
문자로 높이 쌓인 책들이
풍성한 곡식처럼 원숙한 곡식알을 간직하기도 전에;
내가 밤의 별이 총총한 얼굴에서
고도로 낭만적인 거대한 구름의 상징들을 쳐다보고
그 상징의 그림자를, 행운의 마술적인 손으로,
추적할 만큼 결코 살 수 없으리란 생각이 들 때;
그리고 내가, 더없이 아름다운 존재여,
내가 다시는 그대를 더 바라볼 수 없다고 느낄 때,
분별없는 사랑의 요정 같은 힘을
다시는 맛볼 수 없다고 생각할 때;
그때 광막한 세계의 해변에 나는 홀로 서서 생각한다.
사랑과 명성이 무無로 가라앉을 때까지.

존 키이츠 「내가 존재하기를 그칠지 모른다는 두려움이 엄습하면」

리타는 학업에 어려움을 겪은 적이 있는 유럽계 미국인 여학생이었다. 리타는 11학년 때 문제가 눈에 띄게 심해졌는데, 학업장애 테스트를 해 본 결과 주의력결핍장애(ADD) 진단을 받고 리탈린을 처방받았다. 리타는 12학년 때 두 학기 동안 신디의 수업에서 B학점을 받았다. 더크는 매우 매력적이고 다정하며 부드러운 목소리의 아프리카계 미국인 남학생이었다. 더크도 리타처럼 집중력에 문제가 있었으나 정신적 상태를 평가할 만한 공식적 진단과 치료를 받은 적이 없었다. 더크는 첫 학기에 D학점 중에서도 낮은 점수를 받았으며 신디의 12학년 영어수업 5개를 통틀어 2학기 점수 때문에 낙제를 한 유일한 학생이었다(다른 학생들도 낙제를 했으나 결석을 많이 했기 때문이었다). 더크는 영어에서 낙제했기 때문에 급우들과 같이 졸업하지 못했다.

키이츠의 시는 18세기의 영어와 문학적 관습을 자세히 살피고 의미 구성을 하기 위해 엄청난 집중력이 필요하므로 학업에 집중력이 낮은 학생들은 읽고 해석을 하는 데 많은 어려움의 소지가 있다. 학생들의 분석에서는 학생들이 근래 경험한 죽음이 무척 큰 영향을 미쳤다. 죽음에 대한 두려움이 키이츠의 시의 핵심인데, 실제로 키이츠는 이 시를 쓴 지 얼마 안 되어 동생의 생명을 앗아간 폐결핵에 걸려서 25세의 나이에 죽었다.

더크는 그가 다니던 교회의 목사가 3년 전에 죽었는데 그 후 더크는 교회를 그만두었다. 그리고 이 과제를 하기 직전에 리타의 가장 친한 친구의 언니인 메리가 24세에 자살을 했다. 후자의 사건은 그들의 토론에서 해석에 더 중요한 영향력을 가진 것으로 떠올랐는데, 이어지는 분석에서는 이것에 중점을 둘 것이다.

메리의 죽음 후에 일어난 일들을 순서대로 아는 것은 리타의 키이츠 시 읽기를 이해하는 데 있어 중요하다. 메리는 미군 부대의 군인이었는데 우울증으로 10월 10일 화요일에 자살하였다. 리타는 10월 11일에 학교에 갔으나 신디의 수업에는 출석하지 않았다. 신디는 리타가 결석을 한 날, 다음 수업인 금요일 블록 수업에서 다룰 읽을거리들을 「내가 존재하기를 그칠지도 모른다는 두려움이 엄습할 때」도 포함하여 나누어 주었다. 10월 13일에 신디는 학생들이 과제로 받은 다양한 문학 작품들을 예술적으로 해석하도록 소그룹별로 다른 시를 고르게 하고 방습지와 색 사인펜을 나누어 주었다. 금요일에 리타와 더크는 키이츠 시를 해석했고, 토요일에 리타는 메리의 장례식에 갔다. 그다음 화요일에 학생들이 그룹별로 예술적 해석을 학급에서 발표하였다. 목요일에 리타와 더크는 나와 회상적인 면담을 했는데, 그들이 완성한 그림을 회상 자극으로 이용하여 그림을 만든 과정을 재구성하였다.

[그림 2] 더크와 리타의 해석적 그림 학생과 부모들의 허가로 수록함

리타가 끔찍한 상실을 겪은 가족과 갖고 있는 가까운 관계는 리타와 더크가 「내가 존재하기를 그칠지도 모른다는 두려움이 엄습할 때」를 읽는 데 강력한 영향을 주었다. 다음 부분에서는 자신과 무척 가까운 가족이 겪은 죽음에 대한 리타의 경험과 리타와 더크가 같이 읽은 폐결핵의 저주를 받은 가족의 일원이 죽음에 대한 두려움에 초점을 두고 적은 시와의 관련성을 설명하고자 한다.

리타는 강한 성격인데다, 자기 죽음에 대한 경험과 시 읽기의 교차점을 진심으로 믿고 시 해석에서 지배적 역할을 하였다. 리타는 메리의 외모와 시의 화자의 외모 간의 유사점을 많이 그렸는데, 특히 그 두 인물의 삶에 대한 부정적 성향과 그들이 한 행동들이 선택 가능했던 정도, 그리고 사후 세계의 가능성에 대한 것이었다. 리타는 화자에 대한 자신의 느낌을 다음과 같이 말했다.

> 자기가 일단 죽으면 더 나아질 것으로 생각하는 것은 정말 나쁜 거예요. 이 사람은 지금 일어나고 있고 자기가 죽은 후에 일어날 나쁜 일들 모두와 왜 자기가 이 세상에 태어났는가를 생각하고 있고, 자신

이 살면서 한 좋은 일들을 생각해요…. 하지만 저는 그래도 그가 죽음을 두려워해야 한다고 생각해요. 그가 슬픈 감정과 자신에 대해 한탄하는 감정을 모두 끄집어내면 안 된다고 생각하고 이렇게 하는 것이 옳지 않다고 생각해요. 그는 자기가 하려는 일을 무서워해야 한다고 생각해요. 하지만 그가 모든 것에 그렇게 부정적이라고 지적하려고 하는 것은 아녜요.

리타의 메리에 대한 시각은 시의 화자에 대한 시각과 유사했다. 리타는 그들 둘 다가 자신들의 삶에 대해 지나치게 비관적인 관점에 굴복했다고 느꼈다.

메리는 그렇게 부정적이지 말아야 했고 그 사람[시의 화자]도 그렇게 부정적이지 말아야 했어요. 그 사람은 자기가 죽을지 아닐지에 대한 선택권이 없었어요. 하지만 그 사람은 부정적이지는 말아야 했어요. 그런데 메리는 선택을 할 수 있었어요 …. 메리는 [병으로] 죽어가는 것이 아니었어요 …. 메리는 우울증으로 죽어가고 있었어요. 우울증이 병인 것 같기는 하지만 그녀는 모든 것에 너무나도 부정적이었어요 …. 그것[그 해석]은 제가 죽음을 얼마나 무서워하고 있는지와 모든 사람이 죽음을 두려워해야 한다고 말하는 방법이었고, 그런 해석이 그 주에 너무나 뼈저리게 느껴졌어요.

그들이 학급에서 한 발표는 이러한 주제를 반복하여 보여주었다. 그들의 발표는 반에서 죽음을 어떻게 이해하고 죽음에 어떻게 반응해야 하는지에 대한 토론을 야기했다. 다음은 토론을 기술한 것이다. 이것은 현장 기록에서 재구성한 것인데, 완전하지는 않지만 대개 정확하다.

리타: "내가 존재하기를 그칠지 모른다는 두려움이 엄습하면"이 무슨 뜻일까? 빌리?

빌리: (손으로 얼굴을 가리려고 한다.)

제임스: (대답하려고 하나 말을 끝내지 못한다.)

리타: 존재하기를 그치면 죽는 거야. 그 사람이 왜 죽기를 두려워해야 할까?

제니: 아마도 자기가 하고 싶었던 것을 다 하지 못했기 때문일 거야.

신디: (시에 붙어 있는 전기적 지문에 키이츠와 그의 동생이 둘 다 요절했다는 설명을 가리킨다.)

리타: 이 시는 어려워. 이 사람은 동생이 일찍 죽었기 때문에 죽기를 두려워하고 있어. 그는 은유를 많이 썼어. 첫째 행은 그가 머릿속에 있는 것을 다 모아서 펜으로 끄집어내려고 하는 것에 대한 거야. 그래서 그는 펜을 가지고 무슨 소리인지 모르겠지만, 머리 밖으로 끄집어내. 그가 그 생각들을 머리 밖으로 꺼낸 다음에는 무엇을 하려고 하는 걸까? 책으로 쓰려는 건가?

앨런: 왜 모든 사람이 죽음을 두려워해야 할까?

리타: 난 지난 주말에 친구가 자살하기 전까지는 죽음에 대해 생각해 본 적이 없어. 나는 모든 사람이 죽음을 무서워한다고 생각해. 아무도 죽음이 무엇인지 모르기 때문에 죽음을 무서워할거야.

숀델: 난 무섭지는 않지만 내가 곧 죽으리라는 것을 안다면 아직 젊기 때문에 마음이 괴로울 거야. 하지만 죽은 다음에 어떻게 될지에 대해선 겁나지 않아.

루시: 많은 사람은 정말로 무서워한다기보다는 신기해하지.

리타: 너는 무서워할 거라고 생각해. 네가 정말로 나처럼 강한 [종교적] 믿음이 있다 해도 무서울 거야.

숀델: 아니야.

빌리: 만일 네가 늙었고 이 세상에서 네가 목적했던 것을 했다면 무섭지 않을 거야.

앨런: 아마 그만큼이 네가 이루도록 운명 지어진 것이겠지. 만일

네가 24세인데 죽는다면? 그럼 그만큼 살도록 운명 지어진 거야.

숀델: 괴롭겠지만 무섭지는 않을 것 같아.

리타: (죽음의 두려움에 대해 조용히 이야기하고 있는 두 학생을 가리키며) 난 [너희가 발표할 때] 집중해서 들었으니 이젠 너희가 내 얘기를 집중해 들어줘. 내가 얘기할 때 사람들이 나를 쳐다보지 않으면 열 받아.

리타와 더크: (그들이 그린 그림의 상징에 관해 설명한다.)

숀델: 좋은 시구나, 리타.

리타는 이 기회를 꽤 진지하게 받아들였고, 집중하지 않는 학생들에게는 쏘아붙였다. 리타는 회상적 진술을 할 때 다음과 같이 말하면서 이 순간이 얼마나 진지했는지를 묘사하였다. 그녀는 "나는 할머니와 할아버지가 돌아가신 적이 없어요. 내가 아는 사람 중 [죽은 사람은] 아무도 없었어요. 태어나서 장례식에 가본 적이 한 번도 없었어요. 지난번까지는요 … 정말로, 나의 시각에 대해 귀를 기울이지 않고 있는 그쪽에 앉은 애들에게 조금 화가 났어요."라고 했다.

화자의 죽음에 대한 자기 성찰에 대해 리타가 개인적인 연관성을 만들었다는 것은 토론을 이끌어 가면서 하는 말 속에 분명하게 드러났다. 리타가 반에서 한 말과 질문으로 인해 다른 학생들은 삶의 여러 단계에서 죽음에 직면하게 될 수도 있는 방식들에 대해 생각을 하게 되었다. 우리가 재구성한 토론은 학생들이 키이츠의 언어에 대해서보다는 심오한 문제에 대한 그들 자신의 느낌에 대해 더 이야기하고 있음을 드러낸다. 즉, 죽음이 얼마나 운명으로 정해져 있는 것인지에 대해서와 죽음에 직면할 때 종교의 역할, 이 세상에서 삶의 목적, 사후세계의 가능성, 그리고 그밖에 키이츠의 화자가 자기 죽음에 대면하여 던진 질문에 관해서 이야기하였다.

이 토론은 리타가 자신의 친구 언니의 죽음이라는 최근의 경험과 연결함으로써 활발하게 이루어졌으며 회상적 진술을 할 때에도 계속되었다. 리타는 발표에 대해 반성할 때 다음과 같이 말했다.

> 제 부모님과 제가 다니는 교회에서 저에게 신앙을 키워주었는데, 저는 [카톨릭]에 강한 믿음을 갖고 있어요. 하지만 저는 제가 죽은 후에 어떻게 될지 몰라요. 아무도 죽은 후에 어떻게 될지 안다고 말할 수 있는 사람은 없어요. 이것은 마치 [우리가 반에서 발표할 때] 여자애 한 명이 죽기를 두려워하지 않았던 것과 같아요. 그러나 만일 정말 그런 일이 일어났다면 그 애는 죽을 지경으로 무서워했을 거라고 생각해요, 왜냐하면 자신이 어떻게 될지 모르니까요.

리타와 더크는 자신들이 시에서 이끌어낸 주제들에 대해 일주일 이상 계속 집중을 하였다. 그들은 시의 화자의 반추와 친구의 죽음에 자극을 받아 메리와 화자가 삶에 너무 부정적이라는 염려에서 시작하여 죽음을 어떻게 하면 가장 적절하게 대할 것인가라는 더 복잡한 생각으로 옮겨갔다. 이러한 관심은 리타가 발표를 시작할 때 말한 것처럼 "어려운" 시에 대한 반응에서 나온 것이다. 리타와 더크는 처음 읽은 후에 여러 번 반복하여 읽고, 시를 그래픽으로 표현하고, 학급에서 발표와 토론을 하고, 그들의 해석 과정을 재구성하고, 이 연구를 위해 의미 탐색을 함으로써 복합적이고 해석적인 토론과 경험을 거쳐, 특히 리타 친구의 죽음을 둘러싼 강렬한 감정을 거쳐 그들의 생각을 발전시킬 기회가 있었다. 리타와 더크가 시의 언어에 주목하는 것 외에도 그래픽으로 해석한 것은 리타의 말처럼 "이 아이의 죽음에 대한 제 느낌도 표현하는 방법"을 제공해 주었다.

개인별 건축 설계

내가 세 번째로 검토할 텍스트는 앞에서와 같은 고등학교의 건축 디자인 수업에서 만든 것이다. 학생은 릭이라는 백인 남학생이며 실업-기술학교를 12학년 때 중단했다가 이듬해인 19세에 지역 고등학교의 건축 설계 수업에 다시 등록하였다. 릭은 학교를 마치자마자 친구와 자동차를 재조립할 계획을 하고 있었는데 아마도 아버지처럼 차 기술자가 되려고 한 것 같다. 그는 이전에 중단했던 실업-기술학교를 다시 다닐 가능성도 고려하고 있었다. 연구가 끝난 후 몇 년이 지나서 릭에게 연락을 했더니 같은 주의 다른 도시에서 목수 일을 하고 있었다.

릭의 교사인 빌이 내어 준 과제는 다음과 같다. 즉, "1250 제곱피트에서 1800 제곱피트 사이 크기의 집을 설계하는데, 단, 단층이어야 하며 차 두 대를 넣을 차고가 있어야 하고 욕조가 있는 욕실이 적어도 한 개 있어야 한다. 그리고 정식 식사 공간은 없어도 되지만 간이식사 공간이 있는 소형 부엌은 있어야 한다. 침실은 최소한 두 개는 있어야 하고 3/4짜리 화장 붙임 벽돌을 써야 한다." 이 건축 양식은 그 지역에서 건축 도급업을 하는 빌의 형이 설계한 것과 같았으며, 최근에 큰 주택 불황을 겪은 지역에서 거래되고 있는 주거 설계에 부합하는 것이었다. 빌은 더 나아가 학생들 모두에게 그들의 설계를 주 대회에 출품하여 건축가들과 대학의 건축학 교수들에게 그들이 한 주택 설계를 평가받도록 격려하였다. 빌은 학생들 작품에 대한 자신의 평가가 이 심사위원들이 사용하는 평가 기준을 따르는 것임을 밝혔다([그림 3]에서 릭의 설계 참조).

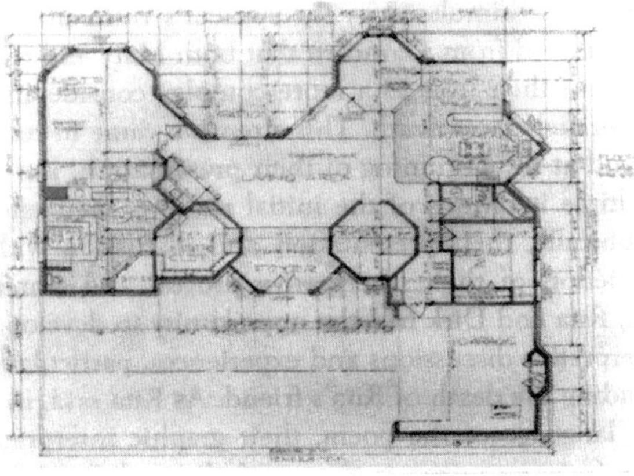

[그림 3] 릭의 건축 설계 학생과 부모의 허가로 수록함

릭은 설계에 자신의 성격의 여러 측면을 써넣었다. 그가 반복적으로 나타낸 전반적인 특징은 남과 다르고 싶어 하는 그의 욕구에서 나온 것이었는데, 릭의 이런 기질은 빌이 그의 설계에 대해 선호하는 사항들과 종종 갈등을 일으켰다. 릭은 교실에서 하는 많은 설계 작업이 지켜야 하는 규준과 관행들을 깨고 싶어 했다.

> 저는 그냥 평범해 보이지 않는 것을 하고 싶었어요. 아시다시피 여기에서 좋은 동네들을 달리다 보면 집들의 기본 모양이 다 같잖아요. 그래서 저는 그냥, 저는 안을 좀 다르게 하고 싶었어요. [저의 집] 설계도를 보면 … 멈춤 표지판같이 생긴 방이 세 개 있어요. 집에 8각형이 세 개 있는 거예요. 그런데 [선생님과 건축가인 여자친구의 아버지는] 이것을 좋아하지 않았어요.

이 8각형들은 릭과 빌의 끊임없는 갈등의 원인이 되었다. 빌은 이런 설계가 시장성이 없으며 그 지역의 집에는 맞지 않는 것이라고 보았다. 그럼에도 불구하고 릭의 설계는 주 대회에서 4등을 차지했다. 이것은 심사위원들이 시장성과 그 밖의 실제적인 고려사항보다는 주택의 가능성을 더 넓은 시각에서 보았다는 것을 시사한다.

릭은 자신의 설계에 이런 독립적인 구석을 그려 넣는 것 외에도 자신이 살고 싶은 방식에 대한 내러티브를 섞어 넣었다. 예를 들어, 릭은 자기가 롤러블레이드 타는 것을 좋아한다는 것을 참작하여 부엌을 설계하였다.

> 부엌에 대해선, 저는 간이식사 공간을 바 형태로 하고 조그만 원형 탁자도 하나 놓고 싶었어요. 이 탁자는 바의 연장 선상에서 부엌 끝까지 차지해요. 그냥 편하게 … 자주, 저는 집에 들어가서 뭘 먹고 싶을 때 먹을 것을 만들어서 식탁에 앉아 먹지는 않을 거예요. 그건 그냥 제가 아니니까요. 그리고 우리는 집에 흰 카펫을 새로 깔았는데 먹을 것을 거실로 가져가지 못하게 되어 있어요. 그래서 저는 먹을 것을 꺼내서 그냥 부엌에서 먹을 거예요. 우리는 바가 없기 때문에 실제로는 앉을 수가 없어요. 만약 제가 온종일 롤러블레이드를 탔는데 앉을 수가 없으면 거기 서서 먹어야 해요. 그래서, 저기, 그게 일부 작용을 했어요. 저는 앉을 데가 있었으면 했어요.

릭의 설계는 겉보기엔 정적이었으나 자신을 그 장소의 거주자라고 생각하고 만든 모든 움직임과 동선이 들어 있었다. 이 움직임은 "집의 이야기"를 제공한 내러티브에 나타났으며 설계에도 표현되어 있었다. 가령, 릭의 현관 입구 디자인은 다음의 내러티브에서 알 수 있었다.

> 릭: 선생님은 거기에 외투를 걸만한 옷장을 넣으라고 했는데 전 안 했어요 … 전체적으로 무엇인가를 없애지 않고는 옷장을 넣을 공간을 생각할 수가 없었어요 …. 선생님은, 좋아, 그러면 이 벽을 이렇게 자르면 여기가 옷장이 되겠다고 했어요. 문이 바로 여기에 있을 거고요. 음, 저한테는 정말로, 그냥 그렇게 하면 안 될 것 같았어요. 그러면 서재가 그렇게 될 거예요. 그건 아닌 것 같아요,

질문자: 그렇게 하면 대칭이 되지 않을까?

릭: 예, 그렇게, 그렇게 하면 설계도가 더 쉬워지겠지요. 하지만 제가 하고자 한 것에는 안 맞아요. 저는 전혀 다른 것을 하려고 했어요. 개방된 멋진 것이면서 동시에 차단된 영역도 원했어요. 저는 … 여기에 나가는 문이 있었어요. 그리고 사실은 파티오가 있었어요. 아침에 나가서 커피를 마시거나 하는 정원처럼 말예요. 그리고, 4피트 길이로 벽돌 담이 쭉 둘러져 있었어요. 있잖아요, 약간의 사적 공간이 있도록 말이에요, 너무 많이는 아니고요. 그건 다이닝 룸의 주제들하고, 있잖아요, 대체로 맞아요. 그 담으로 해서 사적 공간이 약간 생기는데 그늘은 없어요. 하지만 거실은 들어갈 수, 들여다볼 수 있어요.

릭의 설계는 거주자나 방문객이 들어오자마자 간편하게 겉옷을 벗어서 넣을 수 있는 코트 걸이 벽장이 있는 집의 출입구에 대한 빌의 문화적 배경 지식과 맞지 않았다. 그러나 이러한 형태는 릭이 상상하는 이 생활 공간 사용 방법에 대한 내러티브를 통해 증명되듯이 릭의 개방성과 대칭에 대한 요구에 들어맞았다. 하지만 빌은 집에 들어왔을 때 외투와 모자를 걸 곳이 없는 방문객들을 상상하고 이 현관을 다르게 읽어내었다.

릭의 열린 공간 설계에 대한 요구는 다음과 같은 믿음에서 나온 결과였다. 릭은 "저는 밀폐되고 빽빽한 것은 다 싫었어요 …. 많은 집들, 심지어 주 대회 상을 받은 집들도 저한테는 빽빽하고 불편해 보였어요 … 저는 비좁은 데 처박히는 것 같은 느낌이 싫어요. 저는 폐쇄공포증이 엄청 심해서, 싫어요, 넓은 것을 원했어요."라고 했다. 릭의 이러한 열린 공간에 대한 요구는 다르고자 하는 요구와 설계에 자신이 살고 싶은 특정한 종류의 삶을 담고자 하는 요구와 함께 작용했다. 그는 빌이 기대하는 것과 같은 전통적인 가정은 만들 수 없었다. 그는 "모두가 정말 이런 기본 형태를 갖고 있어요. 정사각형이 많이 보이지요. 그런데 저는 여기서 벗어나고 싶었어요."라고 했다. 팔각형의 방들과 비전통적인 배치를 한 릭의 열린 설계는 자신이 선호하며 상상하는 삶에 맞는 가정에서의 생활방식을 써넣은 것이었다. 그의 설계가 지역의 관행에서는 벗어났지만 건축 설계에 대해 보다 넓은 문화적 요구사항들에는 맞았으며 릭이 주 대회에서 높은 등수를 충분히 차지할 수 있도록 해 주었다.

논의

이 세 가지 사례는 학교에서 매우 다른 종류의 그래픽 텍스트들에 자아를 써넣은 것을 보여준다. 영문학 수업에서 만든 텍스트 두 개는 수업의 성격상 읽는 대상과 읽은 것을 해석하는 데 있어서 허용된 방식의 고전적인 성격으로 인해 일반적 배경에서는 흔하지 않은 것이었다. 세 번째 텍스트는 건축 설계 수업에서는 무척 전통적이지만 문식력 교수·학습에 대한 연구에서는 거의 다루어지지 않는 것이었다. 이 사례들은 전반적으로 정체성의 문제를 교수와 학습의 주류에서 더 중심적으로 다루는 방법을 제안하며, 비언어적 텍스트를 만드는 것이 분석적이고 로고스 중심적인 교육과정에서는 불가능한 학습을 학생들에게 어떻게 가능하게 만들어주는지를 제안한다.

브록마이어Brockmeier(2001)는 개인의 정체성이 더 큰 문화적 정체성 안에 짜여 있다고 본다. 어떤 사람의 정체성은 사회의 합목적적인 목적과 사회에서 암시하는 문화적 관행에 의해 매개되고 "우리 존재의 근본적인 궤도의 일부"(p. 216)를 제공한다. "그러한 개인들은 '자신을 이야기에 봉합하여 넣는다'"(p. 221). 사람들의 정체성은 보다 넓은 문화적 내러티브에 결합하여 이질적인 요소들을 종합한 "내러티브 '짜기emplotment'를 창조한다"(p. 225; Ricoeur, 1984 참조). 독자들과 작가들은 개인적 경험에서 나온 기존의 내러티브에 근거하여 각각의 새로운 텍스트상에서 경험을 짤 수 있다. 이것은 다른 텍스트들과의 대화와 연장 선상에 위치한다.

이러한 과정이 이 장에서 검토한 사례연구들에 들어간 것으로 보인다. 학생들은 문화적 현상에 의해 매개된 개인적 경험을 포함시키는 방식으로 자신을 텍스트에 써넣었다. 아메리칸 원주민의 개념들과 이와 관련된 이미지, 종교와 그 밖의 출처에서 나온 두려움과 죽음에 대한 이해, 그리고 건축 설계 그림을 그리는 관행들이 그 예이다. 자아를 학업 상의 텍스트에 써넣는 것과 그래픽 매개물을 이용한 표현과 해석의 가능성 모두는 공교육의 규준과 탈맥락적이고 추상적인 언어적 분석을 강조하는 교육과정 자료의 밖에 놓여있다. 이러한 과제의 행동유도성이 일반적으로 학업에 별 흥미를 못 느끼거나 투자를 하지 않던 학생들을 수업 외의 시간에도 엄청나게 전념할 정도로 몰입시켰다는 점을 고려할 때, 그래픽 방법으로 텍스트를 표현하고 해석하는 것은 졸업의 가망성이 희미한 학생들에게는 학업에 대한 흥미와 성공을 가능하게 하는 잠재력이 상당히 있는 것으로 보인다. 현재 교육의 책무성 풍토는 그러한 가능성에 대한 전망을 더욱더 흐리게 하는 것 같으나, 이 연구들은 학교에서 그래픽 텍스트에 자아를 써넣는 기회를 주는 것이 소외된 학생들이 교육과정이 계속 공부할 가치가 있다고 느끼도록 하는 데 다리를 놓는 일에 기여할 수도 있다는 것을 논증한다.

참고문헌

Brockmeier, J. (2001). Texts and other symbolic spaces. *Mind, Culture, and Activity, 8*, 215-230.

Dewey, J. (1902). *The child and the curriculum.* Chicago: University of Chicago Press.

Gardner, H. E. (1983). *Frames of mind: The theory of multiple intelligences.* New York: Basic Books.

Gee, J. P. (2003). *What video games have to teach us about learning and literacy.* New York: Palgrave/Macmillan.

Jacobs, D. T., & Jacobs-Spencer, J. (2001). *Teaching virtues: Building character across the curriculum.* Lanham, MD: Scarecrow Press.

Ricoeur, P. (1984). *Time and narrative* (K. McLaughlin & D. Pellauer, Trans., Vol. 1.) Chicago: University of Chicago Press.

Rowan, B., & Crrenti, R. (2009). Studying reading instruction with teacher logs: Lessons from A Study of Instructional Improvement. *Educational Researcher, 38*(2), 120-131.

Smagorinsky, P. (2009). The cultural practice of reading and standardized assessment of reading instructions: When incommensurate worlds collide. *Educational Researcher, 38*(7), 522-527.

Smagorinsky, P., Cameron, T., & O'Donnell-Allen, C. (2007). Achtung maybe: A case study of the role of personal connection and art in the literary engagement of students with attentional difficulties. *Reading & Writing Quarterly, 23*(4), 333-358.

Smagorinsky, P., Cook, L. S., & Reed, P. M. (2005). The construction of meaning and identity in the composition and reading of an architectural text. *Reading Research Quarterly, 40*, 70-88.

Smagorinsky, P., Zoss, M., & O'Donnell-Allen, C. (2005). Mask-making as identity project in a high school English class: A case study. *English in Education, 39*(2), 58-73.

Zoss, M., Smagorinsky, P., & O'Donnell-Allen (2007). Mask-making as representational process: The situated composition of an identity project in a senior English class. *International Journal of Education & the Arts, 8*(10), 1-41. Retrieved November 7, 2009 from http://www.ijea.org/ v8n10/v8n10.pdf.

·9장·

전념하기와 창의성:
경험을 예술로 탈바꿈시키기

셰이너 모란

우리의 심리에서 핵심적인 사실은 매개라는 사실이다…
문화는 특별한 형태의 행동을 창조한다(L. S. 비고츠키, 「의식의 문제」).

이 장에서는 비고츠키의 창의성 이론을 사회적 상호작용을 통한 문화적 의미 만들기로서 묘사한다. 여기서는 이러한 생각을 이와 유사한 창의성 체계 모형과 연결시키고 20세기 미국 시인과 소설가들의 전념과 창의성에 대한 연구 결과를 비고츠키의 시각에서 설명하기 위하여 "창의성의 차이가 작가들이 문학 영역과 문화에 전념하여 외재화하는 방식과 어떤 관련성이 있는가?"를 묻는다.

나는 창의성과 예술 작품이 어떻게 생겨나는지를 조사하는 데 있어서 개인의 환경에 대한 의도적인 기여에 특히 관심이 있다 - 즉, 개인이 어떤 결과를 꾀하는지, 그리고 환경의 변동을 겪거나 적대적인 환경에서도 굴하지 않고 어떻게 "끝까지 밀고 나가는지" 말이다(Moran, 2010). 전념이란 어떤 사람이 긴 시간 동안 계속 목표를 추구하거나 어떤 사회적 위치나 정체성을 유지하도록 하는 개인적인 힘을 말한다. 전념을 더 잘 이해하면 한 개인이 자신의 경험을 어떻게 개인적 자원으로 바꾸고 이를 사회와 문화 환경에 보탬으로써 다른 사람들이 이를 어떻게 경험하도록 하는지를 이해할 수 있는 통찰력을 줄 것이다.

사회적 의미 만들기로서의 예술

비고츠키의 창의성에 대한 생각은 나중에 『예술의 심리학』*Psychology of Art*(1925/1971)으로 출간된 학위논문과 배우들에 대한 짧은 논문(Vygotsky, 1999)이라는 예술에 대한 그의 두 저작물 사이에서 많이 산재해 있었다. 창의성에 대한 그의 글들은 여러 책의 장에서 요약되고 맥락화되었다(Moran & John-Steiner, 2003; F. Smolucha, 1992; L. W. Smolucha & F. C. Smolucha, 1986). 비고츠키는 창의성이란 경험에 근거한 의미와 인지적 상징으로 이루어진 구성체이고 종합체로서 문화적 가공물(즉, 창의적 산물)에 구현되는 것이며, 긴 시간을 살아남아 미래 세대에서 평가받게 된다고 주장하였다(Moran & John-Steiner, 2003 참조).

예술작품은 한 개인이 생산하고 그 개인이 같은 문화에 속한 다른 사람들과 공유하는 문화적 가공물이다. 예술작품의 사회적 의미와 중요성은 다른 문화적 가공물과 마찬가지로 문화의 일원들 간에 간주관적인 동의를 얻음으로써 생겨난다. 이러한 의미 만들기는 세 가지 상호작용 과정을 수반한다. 즉, 위 세대에서 이해한 것을 **전유하는 것**appropriation과 개인적 **경험**에 근거하여 예술작품을 나름의 특유한 의미로 상세히 이해하는 것, 그리고 개인적 의미를 **외재화** 혹은 공유함으로써 문화의 다른 일원들이 이를 이해하고 협상하는 것이다(Moran & John-Steiner, 2003). 한 개인이 전유하고 경험한 문화적 자원에서 만들어내는 개인적 의미에 따라 그가 외재화하는 의미가 문화에 – 비교적 순응하는 정도에서부터 변화를 가져오는 정도에 이르기까지 – 다양하게 영향을 줄 수 있다.

예술은 개인이 공동체와 연결하는 데 중요한 역할을 한다. 예술은 개인적인 것과 사회적인 것 사이에서, 그리고 한 사람과 그의 공동체 사이에서 일어나는 상호작용의 매개자이자 조직자이다. 예술은 "감정의 사회적 기술로서, 우리 존재의 가장 사적이고 개인적인 측면을 사회적 삶으로 가지고 오는 사회적 도구이다"(Vygotsky, 1925/1971, p. 249). 우리는 예술을 통해 자기 자신과 서로를 더 잘 이해하게 된다. 더 나아가 예술은 개인의 정신과 마음에 영향을 주고 일상적 삶의 재료에 들어있는 생각과 감정을 이용하고 탈바꿈시키고 더 발전시키도록 함으로써 문화를 영속시키는데 일익을 한다. 예를 들어, 비고츠키(1925/1971)는 셰익스피어가 당대에 사회적으로 인정된 심미적이고 문화적인 기준 속에서 여러 요소를 창의적으로 선별하고 결합함으로써 그의 시대를 초월하는 새로운 감성적이고 이념적인 이해를 어떻게 창조해냈는지를 논의했다.

문화에 대한 기여로서의 창의성

> 모든 상징적 활동 … 은 한때는 사회적 형태의 협력이었다 (L. S. 비고츠키, 「아동 발달의 도구와 기호」).

비고츠키의 창의성 이론은 그의 근접발달영역(ZPD)의 개념을 상세히 설명한다. 근접발달영역은 사람들이 사회적 매개를 통해 그들의 문화를 배우는 공간이다(Vygotsky, 1978). 이 영역은 처음에는 초보자가 더 전문적으로 아는 사람에게서 어떤 문화적 과제를 수행하는 방법을 배우는 환경으로서 우선적으로 이해되었다. 따라서 교육 공동체에서는 ZPD 개념이 교수 도구로서 받아들여졌다. 개인은 근접발달영역 내에서 문화를 내재화하거나 전유한다. 즉, 행동하고 문화적 자원을 사용하는 올바른 방법을 배우는 것이다.

비고츠키는 아동에게 중점을 두고 ZPD를 논했으나 이 개념은 성인을 대상으로도 자세히 설명할 수 있다. 사람들은 평생에 걸쳐 문화적 자원을 다양한 방식으로 이해한다. 문화적 사고의 "복사본"이 우리들 정신 속에 각인된 것이 아니라, 그 반대로 우리는 문화적 사고를 경험을 통해 흡수하고 이해한다. 우리는 사건들을 통해 주관적으로 살아가는데, 비고츠키(1994)는 이것을 **페레지바니예**perezhivanie라고 불렀다. 이 주관성은 환경으로부터 오는 정보의 거름망이자 동시에 프리즘 역할을 한다. 따라서 우리들 각자는 똑같은 사건을 다르게 느끼거나 이해하는 것이다.

우리가 문화적 자원을 내재화할 때 정보를 각 개인의 마음속에 똑같이 복사해내는 것이 아니므로 이해에서도 상당히 많은 차이를 수반한다. 이 차이로 인해 개인과 문화 둘 다 발전 가능성의 목록이 확대되는 잠재력이 생긴다. 우리는 대화와 가르침, 그리고 예술작품이나 책이나 발명품과 같은 문화적 산물의 창조를 통해 우리가 이해하는 것을 다른 사람들과 나눌 때 우리의 문화를 영속시킨다. 위에서 언급했듯이 이 과정을 외재화라고 한다. 근접발달영역은 문화가 외재화를 통해 개인으로부터 배우는 환경을 만드는 것이다.

외재화는 다른 사람들에게 미치는 영향에 따라 "창의적"이라고 이름 붙일 수도 있다. 창의성은 문화적으로 합의된 의미나 사회적 통념, 힘 있는 사람들의 주된 경향이 새로운 외재화로 인해 변화할 때 생긴다. 전문가들은 창의적인 산물이 받아들여진 후에는 문화적 자원을 다르게 고려하고 다르게 가르친다. 따라서 창의적 산물은 어떤 사회적 장소에서 새로우면서도 동시에 적절하다고 여겨지는 것들이 외재화된 것들이다(Amabile, 1996).

어떤 연속 선상을 생각해 보라. 예를 들어 한쪽 끝에는 청사진을 똑같이 복사한 것처럼, 미리 설명한 대로 어떤 물건이나 생각을 똑같이 복제한 것이 있다. 그 사람의 생각은 이미 받아들여지고 사회적으로 합의된 의미에 매우 가깝다. 다시 말해, "사회적 통념"에 들어맞는 것이다. 이것은 순응하는 것이다. 그 사람이 외재화하는 것이 값진 경험이라도 대개는 전혀 창의적이지 않거나 일상적 수준의 창의성(소문자 "c" 창의성little-c creativity)으로 여겨진다. 사람들은 그것이 비교적 일반적인 기준이라고 여기고 그것을 "정상적"이라고 받아들인다.

다른 쪽 끝에는 독창성이 있다. 이것은 자기만의 지문을 찍어서 세상에 기여를 하는 것이다. 이것의 강조점은 나름의 의미 만들기에 있다. 그것은 기존의 재료에서 떠오르는 가능성들에서 새로운 가능성을 낳는 것으로 이해할 수 있다. 이 새로이 실현된 가능성들이 문화의 구성원들에게서 "잘못된 것"이라고 거부당하면 그 문화의 역사적 기록에서 사라지거나 소외된다. 아니면 "창의적"인 것으로 받아들여져서 궁극에는 새로운 규준, 즉 사회적으로 재협상 되어 합의된 의미가 될 수도 있다(Stacey, 1996 참조). 어떤 작품이 뛰어난 수준의 창의성(대문자 "C" 창의성big-C creativity)을 갖기 위해선 그 예술작품이나 다른 문화적 자원을 이것을 만든 사람이 이해하는 것과 같은 의미로 이해하는 사람들이 충분히 있어서 특이한 의미가 일반적인 의미로 되어야 한다(이와 유사한 이론을 보려면 Feldman, 1994 참조).

사회적인 것과 상징적인 것의 상호작용이 가져오는 변화

> 심리적 도구의 적용은 … 천재들이 하는 일의 결과가 모든 사람에게도 가능하도록 하게 함으로써 행동의 가능성을 증대시킨다(L. S. 비고츠키, 「심리학의 도구적 방법」).

비고츠키가 말하는 발달이란 산물의 경험에 근거하여 문화적 의미를 개인적 의미로 내재화하는 것이다. 창의성은 특이한 의미를 외재화한 것이며 다른 사람들이 가치 있고 혁신적인 것이라고 사회적으로 협상한 것이다.

비고츠키의 창의성 모델은 칙센트미하이Csikszentmihalyi(1988)의 개인-장-영역 체계 모델individual-field-domain systems model과 유사하다(Moran, 2009a 참조). 칙센트미하이(1988)의 체계 모델은 비고츠키의 모델을 종합한 것인데, 전문가와-초보자의 한 쌍 만이 아니라 많은 전문가와 초보자의 장field을 포함하며 어떤 전문가들에게는 특별한 "권위자"의 특혜를 준다. 이 권위자들은 그 장의 다른 사람들보다도 어떤 의미 만들기가 문화적인 의미로 받아들여지는지를 결정하는 힘이 있다. 더 나아가, 칙센트미하이의 모델은 한 가지 상징적 과제로부터 상징과 과제들이 많이 연결되어 있는 영역으로 확장된다. 한 **개인**이 산물을 발달시키면 이것을 **장**이나 사회적으로 연결된 집단에 공개한다. 이러한 집단들은 흔히 단체로 조직되고, 단체에서는 조직화된 일단의 지식과 상징체계, 즉 특정한 **영역**에 연관된 과제들을 실행하고 통제하고 표준화한다. 장에서 그 산물을 사용하고 미래 세대에서 실행할 사람들에게까지 전달할 만큼 참신함이 있는 것으로서 받아들인다면 창의성이 생겨난 것이다.

비고츠키와 칙센트미하이의 창의성 모델은 어떤 과제나 역할에서 사회적이고 상징적인 차원의 상호작용을 강조한다. 역할은 과제를 총합한 것이며, 어떤 사람의 흥미와 기술이 환경의 행위에 대한 기준 및 환경이 갖는 연결성들과 이루는 상호작용 속에서 일어난다(Biddle, 1986; Passy & Guigini, 2000). 역할의 사회적 차원에는 힘과 제도, 지위, 관계의 망이 있고, 상징적 차원에는 과제를 수행하기 위해 이용하는 심리적 도구와 정신적 과정이 있다. 일의 역할에 대한 대개의 연구와 이론에서는 개인과 역할 간의 "적합"이나 "일치"를 권장하는데(예를 들어 Gardner, Csikszentmihalyi, & Damon, 2001), 따라서 표준화된 일자리와 행동을 강조하는 경향이 있다.

이처럼 일치를 강조하는 것은 비고츠키의 ZPD를 초보자가 전문가로부터 문화의 "올바른 방식"을 배우는 공간으로서 강조하는 것과 유사하다. 이러한 강조는 문화적 탈바꿈과 진보보다 문화적이고 사회적인 안정에 특권을 주는 것이다. 창의성은 일시적인 불일치라고 볼 수 있는데, 이것은 표준에서 벗어나는 것이며 사회적으로 합의된 의미에서 일탈하는 것이다. 많은 사상가들과 지도자들, 교육자들은 비고츠키처럼 창의성을 개인적이고 문화적인 발달의 자연스러운 측면(Moran & John-Steiner, 2003 참조)으로서 보는 것이 아니라 억제하고 통제해야 하는 것이라고 본다(Moran, 2009b, 2009c). 불일치는 생산적인 것이 아니라 위험한 것으로 간주되기 때문에 문화적 가능성이 흔히 억제된다.

그러나 예술은 창의성이 표준으로서 보전되는 몇 안 되는 장 중의 하나이다. 이 장에서는 창의성을 권장하고 추구하고 소중히 여긴다. 이에 더해, 예술은 일의 사회적인 차원과 상징적인 차원 사이에서 복잡한 상호작용이 일어나는 데 특히 유용한 공간이다. 비고츠키(1925/1971)는 정서가 예술의 상징적 작업을 통해 "사회화되거나 일반화된다."고 이론화하였다(p. 243). 주관적인 의미 만들기와 물리적인 물질들이 상호작용하여 인간의 감정과 구체적인 매개물들에 동시에 영향을 미친다. 이러한 상호작용은 집단적인 의미 만들기와 상징적 변화를 일으키며, 어떤 경우에는 사회적 변화도 야기한다. 비고츠키는 이 과정을 "카타르시스"라고 불렀다.

카타르시스는 불일치의 유용함을 인정한다. 카타르시스는 일상생활의 고통이나 교훈을 심미적 경험의 즐거움으로 변화시키는 감정적 모순과 갈등을 수반한다. 예술작품의 주제나 내용이 비극과 갈등이 있더라도 사람은 예술과 상호작용을 함으로써 이러한 부정적인 것들을 변화시키고 전유하는 것이 가능하다. 사람과 예술 둘 다는 이 카타르시스를 통해 창의적이거나 심미적인 경험을 한 후에 이전과 다르게 변화한다. 예술은 감정과 상상을 통해 예전에는 가능하기만 했던 것을 현실의 영역으로 가지고 온다. 카타르시스라는 그리스어 원어의 의미가 정화였듯이 예술의 카타르시스는 의미의 "정화"를 가지고 와서 문화에 새로운 활력을 준다.

전념: 사회적 매개와 상징적 매개의 윤활유

> 의도는 적절한 상황들과 연결성들을 창조함으로써 자신의 행동을 통제하는 일종의 과정이다(L. S. 비고츠키, 「자아통제」).

비고츠키의 창의성 이론은 다양한 수준의 변증법, 혹은 겉보기에는 모순되거나 상극을 이루는 독립체 간의 상호작용을 포함하기 때문에 복잡하다. 변증법은 (1) 역할의 관계적 측면을 통해서 개인적인 것과 사회적인 것 사이에, (2) 역할의 문화적 측면을 통해서 개인적인 것과 상징적인 것 사이에, 그리고 (3) 역사적 진보에 기여하는 창의성과 예술의 혁신적인 측면을 통해 개인적인 것과 미래 사이에 존재한다. 특히 예술에 있어서 외재화는 심미적 효과를 생산하는데, 이것은 원래의 사회적, 상징적, 역사적 맥락을 뛰어넘어 새로운 관객에게 도달한다(Lima, 1995).

이러한 변증법은 긴장을 창조한다. 비고츠키가 주장했듯이, 내재화와 외재화는 복사본을 만들어내는 것이 아니다. 즉, 상호작용은 완벽하게 일어나지 않는다. 따라서 개인의 특성과 환경의 행동유도성이 어떤 일의 역할 내에서 근접발달영역에 맞추어 완벽하게 "춤을 추는" 일은 드물다(Dawis & Lofquist, 1984). 마찰이 일어나기 마련이고 조절을 하게 된다. 환경은 지지를 통해 조절에 기여하고, 개인은 전념함으로써 이 조절에 기여한다.

전념은 한 개인이 오랜 시간에 걸쳐 자원을 역할에 투자하는 것이다. 어떤 외재화나 산물이 평가받기 위해 장에 나오려면 그 사람은 감정적이고 인지적이며 사회적/평판 상으로, 그리고 물질적이고 심리적인 노력을 투자해야 한다. 또한, 그 산물을 만들어내기 위해 시간 자원을 마음껏 투자할 수 있어야 한다. 전념은 창의적 노력에 있어서 특히 중요한데, 다른 사람들이 처음에는 이해하지 못하기 때문에 환경에서 많은 지지를 받지 못할 수도 있다. 새로운 가능성을 실현하려는 개인들은 장에서 그 새로운 산물이 가치가 있다고 판단을 내릴 때까지는 흔히 "자신이 가진 자원에 의지해서 달리기"를 해야 한다.

일단 전념하기 시작하면 이것이 성향으로 작용한다. 이것은 의미 만들기를 위한 개인적인 거름망의 일부이다. 사람은 전념함으로써 환경에서 정보를 어떻게 지각할 것인지, 그리고 전념하기에 적절한 맥락에서 어떻게 행동할 것인지를 조직한다. 전념은 자기 강화를 하는 경향이 있다. 사람은 전념하는 것에 불일치하는 정보보다 일치하는 정보를 받을 때 더 호의적으로 해석한다(Janis & Mann, 1977). 따라서 전념은 어떤 사람이 경험을 처리하는 방법도 수반한다. 비고츠키의 창의성 이론은 경험을 핵심적인 것으로 인정하는 몇 안 되는 이론 중의 하나이다. 따라서 이 이론은 전념을 조사하기에 특히 유익한 틀이다.

전념은 가장 기본적으로 두 가지 측면을 포괄하고 있다. 즉, 어떤 사람이 투자하는 자원(**자산**)과 그가 전념하는 역할의 차원(**목표**)이 있다. 그러나 비고츠키(1978)가 강조했듯이, 사람과 환경은 발달을 통해 서로를 구성해 가므로, 전념은 **지지/장애**와 **득/실**과 상호작용을 한다. 지지와 장애는 역할에 사회적이고 문화적인 환경이 투자하는 자원 (또는 자원의 부족)을 묘사하는 것이다. 득과 실은 개인이 오랜 시간에 걸쳐 특정한 목표에 투자하는 과정으로부터 받는 피드백으로서 자원이 더해지거나 감소되는 것을 측정하는 것이다.

이러한 세 가지 관계들, 즉 자산 – 목표, 자산 – 지지/장애, 자산 – 득/실의 관계들은 한 개인이 일에 기울이는 전념의 구조와 초점을 이해하기 위해서 분석할 수 있다. 어떤 사람은 전념을 통해 역할에 기여를 하고 환경이 그 역할에 기여하는 지지와 득이라는 혜택을 소비한다. 전념은 단지 환경의 변덕에 좌우된다기보다는 보통 목적과 자기 주도를 더 낳는다. 전념에 대한 조사를 통해 한 개인이 환경의 자극에 어떻게 반응하는가를 이해하는 데 그치지 않고 개인이 자신의 문화와 사회에서 어떻게 이름을 내려고 **의도하는지**를 더 잘 이해할 수 있다.

문학의 장에서 표본 추출하기

> … 예술은 … 우리가 우리의 삶 너머에 놓여있는 모든 것을 향해 가기 위해 분투하도록 만든다(L. S. 비고츠키, 『예술의 심리학』).

비고츠키의 생각을 더 구체화하기 위해 작가들에 대한 연구의 발견물을 제시한다. 나는 비고츠키가 『예술의 심리학』에서 한 것처럼 문학을 연구했다. 연구 질문은 다음과 같다. 창의성의 차이가 작가들이 문학 영역과 문화에 전념하여 표출화하는 방법과 어떤 연관성이 있는가? 다시 말해, 문학 영역을 탈바꿈시킨 작가들과 상당히 표준적인 작품을 쓴 작가들의 몰두 양상에 차이가 있는가?

내 표본은 『파리스 리뷰』*Paris Review*지의 「글 쓰고 있는 작가들」 시리즈에서 인터뷰한 작가들 중에서 1945년 이전에 출생한 20세기 미국 시인과 소설가 36명이다(방법론에 대한 상세한 설명은 Moran, 2009d 참조). 표본 추출을 위해 칙센트미하이의 권위자라는 개념을 이용하여 작가들이 문학 영역에 미친 창의적 영향력에 근거하여 작가들을 구분하였으며, 이로써 20세기 초·중반의 미국 문학 분야에서 의미 만들기의 종합적 과정을 재구성했다. 즉, 비고츠키의 말을 빌려 표현하자면, 어떤 작가의 문학 작품에 대해 사회적으로 합의된 의미가 무엇인지를 다른 작가들의 작품의 맥락 속에서 판단하기 위해서 비평가들의 평가와 수상 경력, 대학과 고등학교 영어 수업 계획서를 조사하였으며, 현재 문학 교수들을 인터넷으로 조사하였다.

장의 이러한 메커니즘에 따라 작가들은 장르 순응자와 실험주의자, 그리고 영역의 혁신가로 나뉘었다. 장르 순응자들은 성공적이었으며 뒤따르는 독자가 모였으나 작품은 흔히 정형화되어 보였다. 실험주의자들의 작품은 (인터뷰를 했던 당시에) 다른 사람들이 많이 사용하고 있지 않은 새로운 접근법을 시도하였다. 그러나 그들은 하위 집단을 낳을 수도 있었다(예를 들어 비트족이나 포스트모더니스트). 영역의 혁신가들의 작품은 다른 사람들에게 새로운 기회를 열어주었다는 인정을 받았다. 이 세 집단에서 전념의 원형적 양상이 다르게 나타났는데, 각 집단의 창의력 등급별로 12명의 작가를 선별하여 그들의 인터뷰를 분석하였다. 표본은 다음과 같다.

장르 순응자들

- 루이스 어친클로스Louis Auchincloss: 변호사이자 뉴욕시 상류층의 '세태소설' 작가.
- 호텐스 캘리셔Hortense Calisher: 소설가. 다문화 가족이고 부모의 나이가 22세 차이가 난다는 점이 광범위한 영역에서 "빛을 발하는 언어"를 구사하는 문학 예술가라는 명성을 얻는데 영향을 미쳤다.
- 조앤 디디언Joan Didion: 수줍지만 지속적인 베스트셀러 소설작가이자 수필가이다. 인기 있는 『흐르는 강물』*Run River*에 등장하는 것 같은 "멍한" 주인공의 묘사로 잘 알려져 있다.
- 윌리엄 고연William Goyen: 『숨 쉬는 집』*House of Breath*에서 처럼 소외와의 싸움에 초점을 두는 작품들을 썼으나, 잘 팔리지도 않았고 많은 호평을 받지도 못했다.
- 도널드 홀Donald Hall: 전 『파리스 리뷰』지의 시 편집자이자 시인으로서, 정형적이고 인상주의적인 시의 다작만큼이나 자신이 인터뷰한 사람들(예를 들어 T. S. 엘리엇과 에즈라 파운드)과 문학 비평 때문에도 유명해진 것 같다.
- 캐롤린 카이저Carolyn Kizer: 테드 레트커Ted Roethke의 태평양 북서부파Pacific Northwest에서 일한 페미니스트 시인. 국무부와 국가예술

기금에서 잠시 공직도 맡았다.

- 제임스 라플린 James Laughlin: 많은 외국 작가들이 미국에서 출간을 시작하게 해 준 영향력 있고 유명한 문학잡지인 『뉴 디렉션스』 *New Directions* 지의 발행인으로서 생애 후반에는 자신의 시를 쓰는 데만 전력했다.
- 아치발드 맥리쉬 Archibald MacLeish: 로스트 제너레이션 시인과 극작가. 그의 『시 전집』 *Collected Poems*은 많은 상을 받았으나 공직을 맡으면서 문학의 장에서 외부인이 되었다.
- 워커 퍼시 Walker Percy: 의학을 전공한 철학자이자 남서부 출신 소설가. 현대 세계의 "불안감"을 그려낸 『영화 구경꾼』 *The Moviegoer*이 그의 제일 유명한 소설이며, 이 작품으로 내셔널 북 어워드 National Book Award를 받았다.
- 윌리엄 스태포드 William Stafford: 북서부의 시인으로서 작은 상들을 많이 받았고 오레곤의 계관 시인 칭호를 받았으나, 글쓰기 워크숍을 이끈 것으로 더 잘 알려졌다.
- 윌리엄 스타이런 William Styron: 인기 있는 남부 소설가로서 다양한 형태의 감금을 고찰하는 글인 『소피의 선택』 *Sophie's Choice*과 『내트 터너의 고백』 *The Confessions of Nat Turner*이 베스트 셀러의 목록에 올랐고, 영화로 제작되거나 대중의 논란을 자아냈다.
- 존 에드가 와이드만 John Edgar Wideman: 흑인계 미국 소설가로서 『홈우드 3부작』 *Homewood Trilogy*과 같은 소설에서 흑인 노동자 계층과 백인 학계 상류층을 망라하는 소설들로 알려졌다.

실험주의자들

- 마야 안젤루 Maya Angelou: 개인적인 정신적 외상을 겪은 후 삶을 다시 찾는 것에 대한 글인 『새장에 갇힌 새가 왜 노래하는지 나는 아네』 *I Know Why the Caged Bird Sings*로 가장 유명한 시인이자 자서전 작가.

- 존 바스John Barth: 철학적이고 풍자적이며 유머 감각이 있는 작품을 쓴 포스트모더니즘 소설가. 문학의 기득권층에서 널리 찬사를 받았으며 다른 문학의 혁신가들에게 영향을 미쳤으나 동시에 난해하다는 비판도 받았다.
- 도널드 바셀미Donald Barthelme: 반어적이고 정확하면서도 완곡한 "언어의 대상들"로 인해 "전형적인 포스트모더니스트"로 간주되는 실험적인 단편 작가이자 소설가.
- 윌리엄 버로스William Burroughs: 비트 제너레이션 소설가로서 『정키』 *Junky*와 『벌거벗은 점심』 *The Naked Lunch*에서 마약과 동성애, 경찰의 박해를 실험적으로 그려냄으로써 열광적인 추종자들이 생겼다.
- 레이먼드 카버Raymond Carver: 알코올중독자이자 버둥거리는 노동자로서의 자신의 실제 삶을 근거로 하여 평범함과 노동자 계층, 그리고 짓밟힌 것들을 주제로 묘사한 것으로 알려진 단편 소설가.
- 존 더스 패서스John Dos Passos: 파리에 거주하는 로스트 제너레이션을 지지하고 『미합중국 3부작』 *U.S.A. Trilogy* 등의 소설에서 영화 기법을 통합한 것으로 알려진 사실주의적인 소설가.
- 윌리엄 개디스William Gaddis: 『인식』 *The Recognitions*과 『제이알』 *JR*과 같은 작품에서 영적인 파산에 대한 복잡한 논평을 하였으며 포스트모더니즘을 일으킨 것으로 여겨지는 소설가.
- 윌리엄 개스William Gass: 철학 교수이자 소설가로서 언어와 문학에 대한 수필들과 『터널』 *The Tunnel*과 같은 소설에서 복잡한 문체의 사용과 메타소설적인 특질로 인해 비판적 논란을 일으켰다.
- 잭 케루악Jack Kerouac: "비트 제너레이션"이라는 용어를 만들어낸 의식의 흐름 기법 소설가.
- 제임스 메릴James Merrill: 서정적 시인으로서 가장 유명한 작품들은 점괘판을 이용하여 영들과 한 대화에 근거하여 쓴 것이라고 추정됨.
- 헨리 밀러Henry Miller: 주로 1920년대와 1930년대에 노골적인 성적 묘사가 들어있는 자서전적 소설들을 써서 알려진 보헤미안 소설가

로서 1960년대까지 미국에서 출간이 금지되었다.

• 매리앤 무어Marianne Moore: 『다이얼』*The Dial* 지의 절충적인 시인이자 편집자. 처음에는 주변적인 인물로 여겨졌으나 20세기 초의 모더니즘 운동에 핵심적인 인물이 되었다.

영역의 혁신가들

• 존 애쉬베리John Ashbery: 초창기부터 재능을 인정받은 모더니즘 시인으로서 음악적이며 모호한 작품의 특징을 인정받아 이후에 많은 상을 받았다.

• 엘리자베스 비숍Elizabeth Bishop: 뛰어난 형식과 묘사로 알려진 모더니즘 시인으로서 작품이 몇 편 되지 않는데도 불구하고 당대에 숭배를 받았다.

• T. S. 엘리엇T. S. Eliot: 시인이자 극작가, 그리고 문학 비평가. 그의 시 『황무지』*The Waste Land*는 모더니즘의 정점으로 여겨지며 주류 문학에 미친 영향으로 인해 1948년에 노벨 문학상을 받았다.

• 랠프 엘리슨Ralph Ellison: 흑인계 미국 소설가로서 생전에 유일하게 출간된 『보이지 않는 인간』*Invisible Man*에서 심리적인 사실주의 묘사를 통해 모호한 정체성의 주인공이 자아의 발견을 향해 가는 것을 그렸다. 이 작품은 문학 공동체뿐만 아니라 다양한 인종 공동체에도 영향을 미쳤다.

• 윌리엄 포크너William Faulkner: 내러티브 기법의 위대한 혁신가로 간주되는 소설가이자 단편 작가로서 1949년에 노벨상을 받았다. 그의 작품은 미국 고등학교와 대학교 강의에서 가장 널리 읽히는 작품 중의 하나이다.

• 로버트 프로스트Robert Frost: 「가지 않은 길」The Road Not Taken과 같이 읽기 쉬우나 풍부한 의미가 있는 무운시들을 씀으로써 생애에 대중의 인기와 비평가들의 찬사를 모두 받은 시인.

• 앨런 긴즈버그Allen Ginsberg: 「울부짖음」Howl과 「캐디쉬」Kaddish와

같은 고백 서사시는 비트 제너레이션의 소외의 노래가 되었으며 1960년대 이래로 젊은 층의 반문화에서 영향력이 있었다.

- 어니스트 헤밍웨이Ernest Hemingway: 소설가이자 단편 소설가로서 명료하고 직설적인 문체로 인해 후대 작가들에게 전무후무한 영향을 미쳤다. 1954년에 노벨상을 받았다.
- 로버트 로웰Robert Lowell: 지식인 가정에서 태어난 시인으로서 고백시들을 써서 후대 시인들에게 더 자전적인 시를 쓰도록 영향을 미쳤다. 볼링겐 상을 받았다.
- 토니 모리슨Toni Morrison: 흑인계 미국인 소설가로서 흑인계 미국인과 여성들의 경험에 대한 묘사와 성찰로 주목받았다. 1993년에 흑인계 미국인으로서는 첫 번째, 여성으로서는 두 번째 노벨상 수상자가 되었다.
- 에즈라 파운드Ezra Pound: 모더니즘 시인이자 비평가로서 20세기 초반의 유명한 작가들의 글을 편집하고 발전시키는데 기여했다. 그의 대작인 「캔토스」The Cantos는 개인적이고 역사적인 내러티브를 서정시로 엮어낸 것이며 대학에서 토론과 논의가 계속되는 작품이다.
- 필립 로스Philip Roth: 성욕과 유대인 중산층의 가정생활의 풍자적 묘사로 잘 알려진 소설가. 폭넓은 실험과 이에 대한 의욕으로 인해 1960년대 이래로 대중적 인기와 비평가들의 찬사를 받고 있다.

작가들 사이에서의 전념

장르 순응자들

… 얼마나 큰 부분이 이름 모를 발명가들의 집단적인 창조 작업에 달려있는가(L. S. 비고츠키, 「아동기의 상상력과 창의성」).

장르 순응자들은 근접발달영역에서 일어나는 전통적인 비고츠키의 전문가-초보자의 상호작용을 보여주었다. 그들은 대개 문화가 어떻게 내재화되는지를 나타낸다. 그들에게는 사회적으로 합의된 의미와 사람들과 조화를 이루는 것이 매우 중요했다. 시인인 아치발드 맥리쉬는 "당신이 정말로 알아야 하는 것은 한 가지, 당신 자신이다. 그 한 가지를 알 수 있는 유일한 방법은 다른 사람들에게 비춰진 모습을 통해서일 뿐이다."라고 말했다. 이와 유사하게 호텐스 캘리셔는 정체성과 창의적 작업을 구성하는 데 있어 개인들 간의 오랜 시간에 걸친 상호작용을 강조하면서 다음과 같이 말했다. 그는 "가족의 역사와 우리가 살았던 모든 장소들. 세대 차. 내 고향 뉴욕의 엄청난 다양성. 우리가 존재하게 된 것은 이러한 혼합물이고 나는 여기에서 왔다."고 했다. 그 작가의 성격과 목적은 다른 사람들과의 상호작용을 통해 구성되었다.

장르 순응자들은 내면화의 대가들이었다. 지배적인 문학의 문화가 어떤 상징적 매개와 도구가 보상받을 것인지를 결정했다. 장르 순응가들은 그러한 보상에 민감했다. 그들은 적절한 기법을 배우기 위해 학교와 워크숍들에 다니면서 자신의 기술을 연마하고, 다른 사람들의 피드백을 통해 자신감을 얻고, 힘 있는 교사와 편집자, 비평가 등의 기대를 만족시킬 수 있도록 다른 사람들에게서 도움을 이끌어내는데 자신의 자원을 투자했다. 그들은 정확하고자 했으며 보다 넓은 작가 공동체의 일부가 되고자 했다. 그들은 작가로서 환영받고 성공적인 문학 작품을 기고했으나 문학의 장의 권위자들에 의하면 이러한 작품들은 기존의 문화에 새로운 보탬이 거의 되지 못했다. 그들이 전념을 통해 얻은 것은 문학 공동체, 즉 문학의 장 안에서 높은 위치를 차지했다는 점이다.

장르 순응가들의 감정적인 색조는 자족감과 같은 것이었다. 그들은 시간이 흐르면서 그들의 사회·문화적 환경 속에서 "안정된" 삶을 살고 싶어 했다. 그 결과, 그들은 보상에 초점을 두고 전념하였다. 그들은 돈이나 명망으로 보상받을 것이라는 것을 알 때 전념하였다. 그들은 서로 상충되는 전념을 요구하는 일 중에서 – 예를 들어, 글 쓰고 편집하기, 일과 가족 또는 개인적 의무 중에서 – 보상을 하였다. 그리고 그들은 재능이나 준비, 혹은 혈통이 부족하다고 파악하면 노력으로 보상했다. 그들은 흔히 그들보다 앞서 간 "위대한" 문학가들을 숭배했으며, 자신들 나름의 이해에 중점을 두기보다는 이런 앞서 간 작가들의 기준과 기대에 맞추려고 열심히 노력하였다.

『저스틴 교구 목사』*Rector of Justin*라는 소설로 가장 잘 알려진 소설가이자 변호사/작가인 루이스 어친클로스는 이러한 장르 순응가의 전형적인 예이다. 그는 뉴욕의 부유한 집안 출신에서 멀리 벗어나지 않았다. 그는 거의 변론 취지서와 같은 상세한 개요에 토대를 두고 뉴욕의 상류층과 법조계 간의 관계를 연대순으로 사실적으로 기록하는 글을 썼다. 그는 "내 책 중 많은 것들이 내가 사는 동안 일어난 큰 사건들을 다루는데, 나는 이것들을 상당히 가까이서 볼 수 있는 자리에 있었다 … 나는 사실을 아주 정확하게 전달하고 싶었다."고 했다.

어친클로스는 비평과 판매 부수에 민감하였으며 그는 이것이 그의 문학 공동체에서의 위치에 영향을 준다고 느꼈다. 그는 그가 대학 다닐 때 쓴 첫 소설을 출판사에서 거절 받자 너무나 충격을 받아 예일 대학을 중퇴하고 버지니아 법과 대학으로 옮겼다. 어친클로스는 그가 그로턴 아카데미를 소설화한 책이 그 학교와 문제를 야기했을 때 일을 바로 해결하는 것이 중요하다고 느꼈다. 그는 사람들이 그의 작품에 대해 내리는 판단들에 대해 논쟁을 하기보다는 받아들이는 경향이 있었으며, "내가 쓰는 종류의 소설에는 플롯이 매우 중요하다. 나는 때로는 플롯을 지나치게 짠 적이 있다. 나는 [비평가] 엘리자베스 제인웨이가 플롯의 상당 부분이 '시끄럽게 돌아다닌다'라고 말한 것을 절대 잊지 않을 것이다."라고 말했다. 그는 퓰리처상과 내셔널 북 어워드에 동시에 후보로 올랐으나 문학의 장에서는 그에게 주요 상을 주지 않고 지나갔다.

실험주의자들

> 시와 소설이 만들어지고 연극과 비극이 무대에 오르며 비가와 소네트가 작곡되는 것은 자신을 위해 정신 속에서 이루어지는 것이다(L. S. 비고츠키, 「청소년기의 상상력과 창의성」).

실험주의자들은 전통적인 비고츠키의 ZPD 상호작용의 왜곡을 보여주었다. 실험주의자 대부분의 작품은 문학의 장에서 적당히 받아들여지거나 작은 소집단에서 "인기"를 얻는 정도에서 그쳤다. 작품의 예로는, 비트족의 마약 문화에 대한 묘사나 포스트모더니즘 소설가의 파편화된 정신에 대한 묘사, 저항시, 혹은 자신에게만 몰두한 자전적 소설 등이 있다.

실험주의자들은 문화를 내재화하려고 하기보다는 그들 자신의 주관성을 강조했다. 현상에 대한 그들 나름의 의미가 사회적으로 합의된 의미보다 우선시 되었다. 실험주의자들은 외재화의 대가들이었다. 그들은 **자신들**이 가장 중요하고 우세하다고 보았으며 상징적인 방법들을 통해 문화에 자신의 주장을 직접적으로 하기를 원했다. 그들은 전통적인 가르침에 저항했다. 소설가 헨리 밀러는 이렇게 재담을 하였다: "탁자를 뒤집어 놓고 우리의 현재 삶의 절대적인 광기와 우리의 모든 가치의 무가치함을 보여주는 것은 신중하고도 의식적인 노력이었다…. 금기가 깨지면 언제나 좋은 일, 활력을 주는 어떤 일인가가 일어난다." 실험주의자들은 더 넓은 외적 개체의 일부가 되기보다는 그들의 자아를 확장시키고 싶어 했다.

그들의 감정적 색조는 분노였다. 소설가인 도널드 바셀미는 "현재 있는 것에 대해 욕을 하는 것은 작가에게는 멋진 기반이다 …. 나는 내 문장이 이성적인 사람들 모두가 동의해야 하는 명제를 제시하기보다는 문장마다 문제가 되는 것들을 끌어들이려고 하는 도덕성으로 떨고 있다고 믿는다."라고 했다. 실험주의자들은 반항하고 기존의 확립된 방식에 저항하기 위해 전념하였다. 그들은 자신들의 자기 탐구를 억제한다고 생각하는 권위들에 대항했다. 실험주의자들은 모방 작품과 풍자, 은유, 추상화를 통해 전통을 비틀어 개인적 의미를 생산해냈다.

그러나 문화를 총괄하고 있는 지배 사회는 그들의 상징적 창조에 저항하였다. 전념은 장애물이라고 인식된 것에 대한 보호적 장치로서, 그리고 환경으로부터 지원받지 못하는 자원을 제공하는 "보조 배터리"로서 기능하였다. 문학의 장의 문지기들은 종종 실험주의자들의 "일탈적인" 시각에 적대적이었으므로 실험주의자들은 환경으로부터 지원을 거의 받지 못하였다. 그들은 스스로 투자를 함으로써 독자들의 지지와 용기, 그리고 통제력을 얻기 위한 노력을 계속하였다. 그들이 몰두를 통해 얻은 것은 스스로 파악한 진정성이었다.

소설가인 윌리엄 개스는 실험주의자의 전형을 보여준다. 그는 자신이 한 말에서 뿐만이 아니라 말의 방식에서도 사회와 불일치하는 입장을 보여주었다. 예들 들어, 그는 인터뷰 내내 적절성을 거부하며 사회적으로 부적당한 말들을 끼워 넣었다. 그는 응징을 원하기보다는 "아주 높이 올라가서 내가 똥을 쌌을 때 못 맞히는 사람이 없기를" 바랬다. 그의 글은 거절당하지는 않았으나 "형형색색의 방귀"조차도 출간되지 못했다.

강한 부정적 감정이 그를 내몰았다. "나는 증오하기 때문에 글을 쓴다. 엄청나게 많이. 만일 어떤 사람이 그다음 질문으로 "왜 그런 글을 쓰나요?" 라고 바보 같이 묻는다면 나는 나의 증오심이 나의 최선의 부분은 아니지만 많은 부분을 차지하고 있으므로 이것이 받아들여질 만한 것이 되도록 하고 싶다고 대답해야 한다."라고 그는 말했다. 그의 관심은 다른 사람들과 이야기하거나 그들을 설득하려는 데 있는 것이 아니라 "맥락 밖으로 나온 문장을 쓰는 것"에 있었다. 개스는 "음식에서 패스트푸드처럼 문학에서" 읽기 쉬운 책들을 쓰는 작가들에 대해 분개하였다.

개스는 기본적으로 자신이 원해서 소외되었다. 그는 "나는 나의 배경을 완전히 거부했을 뿐이다…. 난 나 자신을 새롭게 만들어야 했을 뿐이다. 아니, 새롭게 만든 **것 같다.**"고 했다. 이러한 거부감이 그에게 "과거의 결과를 말소하고자"하는 목적으로 글을 쓰고자 하는 동기를 불어넣었다. 그의 글쓰기는 연결성에 갇히지 않는 자아가 되는 장소를 그에게 제공하였다.

영역의 혁신가들

> 모든 창안자는, 심지어 천재들도, 언제나 그들이 속한 시대와 환경의 산물이다. 그들의 창의성은 그들이 전에 창조했던 욕구에서 나오며, 다시 그들의 외부에 존재하는 가능성에 의존한다(L. S. 비고츠키, 「아동기의 상상력과 창의성」)

문학의 장에서 최고의 창의성이 있다고 본 작가들인 영역의 혁신가들은 그들의 전념에 대해 말할 때 다른 사람들에게 정서적인 영향을 준다는 의미를 가장 강조하였다. 그들은 그들의 작품을 통해 독자들을 놀라게 하고 현재의 규범이나 기준을 넘어 **보다 넓은** 정서적 경험과 **폭넓은** 문화를 받아들이도록 독자들의 마음을 변화시키고자 하였다.

정신을 변화시키고자 하는 이러한 욕구는 비고츠키(1925/1971)가 "사람들에게서 감정을 불러일으키기 위해 심미적 상징들을 결합하고 … 미래의 행동을 조직하는 것"(p. 253)이라고 말한 것과 일치한다. 영역의 혁신가들은 미래에 대한 전망과 작가의 작품에 정서적으로 참여할 독자들의 선택권을 바꾸려고 하였다. 소설가인 랠프 엘리슨은 "나는 소설에 전념하겠다는 결심을 한 이상 미국에서 그 기교를 실행에 옮기는 사람들이 물려받은 책임 중의 하나를 떠맡았다고 느낀다…. 문학의 성장뿐 아니라 내가 바라는 문화를 형성하는 데 기여하는 가능성 말이다."라고 했다.

영역의 혁신가들은 주로 그 영역에 투자하였다. 그 영역은 문학적 작업 과정과 관련된 생각과 지식과 가치체계들과 같은 상징들 자체로 이루어져 있다. 그들은 문학에서 소중하게 여겨지는 측면들을 새로운 정신으로 공유하고 영속화하기 위해 전념하였다. 그들은 리듬이나 문법, 형식, 의미, 인물, 이미지와 사랑에 빠졌다. 그들은 그들이 사랑하는 문학적 측면, 즉 상징적 작업 그 자체로부터 생각이나 이미지 촉매제가 나와서 글쓰기에 추진력이 붙고 계속 글을 쓸 수 있도록 인지적 스캐폴딩이 제공될 때까지 질문을 던지고 연상작용을 하였다(Bruner, 1962도 볼 것). 그들이 얻은 것은 그들의 생각과 이야기와 상징들이 독자들에게 이해 가능하고 감동적인 것이 되도록 하는 것이었다.

영역의 혁신가들의 감정적 색조는 열정이었다. 그들의 진술은 상충하는 감정들의 상호작용이 예상 밖이지만 만족스러운 결과를 가져온다는 비고츠키의 카타르시스로서의 예술 이론과 가장 일치하는 것 같았다. 영역의 혁신가들은 예찬과 고통의 측면에서 그들이 사랑하는 문학의 측면에 열정을 쏟아 부었다. 그들은 문학의 어떤 측면들을 이상화했으며 자신들은 이것을 위해 일한다고 생각했다. 사랑하는 것을 새로운 정신과 연결시키고 다른 사람들이 이것을 숭배하도록 함으로써 영역의 혁신가들은 그 영역이 보다 넓은 문화 안에서도 영향력을 가질 수 있도록 추진력을 더 창조하였다. 그러나 그들은 그 영역에서 가능성이 있다고 생각한 것을 실현하느라 고군분투하면서 그들의 작품이 이상적인 기대에 부합하는지의 여부에 대해 괴로워하였다. 따라서 이 작가들은 그들 자신과 문학적 예술품의 창조 자체에 있어서도 카타르시스의 예가 되었다.

영역의 혁신가들은 예술의 상징적 차원이 얼마나 중요한지도 부각시켰다. 그들은 종종 상징적인 것이 사회적으로 매개되었다기보다는 **그들을** 매개로 하여 사회적이 되었다고 느꼈다. 작가로서 그들은 중요한 감정과 생각들이 간주관적으로 공유될 수 있는 매개체였다. 윌리엄 포크너는 1949년에 받은 노벨상 수상 연설에서 작가의 역할에 대해 설명하기를, "사람의 마음을 고무시켜주고 그의 과거의 영광이었던 용기와 명예와 희망과 자부

심과 동정과 연민과 희생을 상기시켜줌으로써 그가 견딜 수 있도록 도와주는 것이 작가의 특권입니다."라고 하였다. 따라서 영역의 혁신가들은 역할 혹은 ZPD가 활동하고 있는 두 정신의 상호작용을 어떻게 나타내는지를 가장 잘 깨달은 사람들이다. 사회적인 것이란 추상적인 집합체가 아니라 둘 이상의 개인 사이에서 의미를 창조하고 공유하려는 역동성이다.

포크너는 영역의 혁신가가 강조하는 것의 전형적인 예이다. 그는 "작가는 오로지 그의 예술에 대해서만 책임이 있다."라고 말했다. 그는 작가는 "꿈이 있다. 그것은 그를 너무나 괴롭게 하기 때문에 그는 꿈에서 벗어나야 한다. 그렇게 하기 전에는 평화로울 수 없다."고 믿었다. 포크너는 글쓰기가 그를 데려가는 대로 따라갔다: "**소리와 분노**로. 나는 이야기를 하려고 하면서, 그리고 벗어날 때까지 나를 계속 괴롭힐 꿈에서 벗어나기 위해서 그것을 다섯 번에 나누어 썼다."

포크너는 문학의 장이 부여한 작가의 표준적인 사회적 지위를 택하지 않았다. 그는 "나는 문학가가 아니라 그냥 작가일 뿐이다."라고 주장했다. 그가 맺은 관계는 글쓰기 행위와의 관계였다. 그는 장의 구성원들이나 메커니즘에 중점을 두지 않았는데, 그러한 데 관심을 두면 글 쓰는 데 소중한 시간이 뺏기기 때문이었다. 그는 "예술가는 비평가들의 말을 들을 시간이 없다. 작가가 되고 싶은 사람들은 논평을 읽으나, 글을 쓰고 싶은 사람들은 논평을 읽을 시간이 없다…. 예술가라는 것은 중요하지 않다. 그가 무엇을 창조하는가가 중요할 뿐이다."라고 말했다. 그가 필요로 하고 사용한 비계는 다른 사람들의 기준이나 자신의 주관적 선호도가 아니라 이야기와 인물들에서 발전해가는 필요성과 가능성들이었다. 그는 글을 쓸 때 혼자가 아니었음을 이렇게 이야기했다: "왜냐하면 항상 책에는 인물들이 일어나서 일을 떠맡고 끝내는 지점이 있기 때문이다 – 275쪽쯤에서 말이다. 만일 내가 책을 274쪽에서 끝낸다면 당연히 이야기가 어떻게 될지 모른다."

결론

> 창의성은 위대한 역사적 과업을 창조할 때만 존재하는 것이 아니다. 인간의 상상력이 결합하고, 변화시키고, 새로운 것은 어떤 것이든 창조하는 곳이라면 어디에서나 존재한다. (L. S. 비고츠키, 「아동기의 상상력과 창의성」)

"나는 현대의 열렬한 옹호자였으며 싫어하는 것과 감탄하는 것이 엄청나게 많았고 나의 감각을 내세우고 싶었다. 그것이 내가 하버드 재학 시절에 『애드보킷』*Advocate* 지 일을 한 이유이며, 『파리스 리뷰』지 일을 한 이유이며, 인류학을 한 이유이다."라고 장르 순응자 시인 도널드 홀은 말했다. 그는 "내가 젊었을 때에는 비평가들이 나에게 시를 읽는 것을 가르쳐주었다."고 했다.

"내 작품은 모두 멍청하거나 디자인 때문에 지구를 날려버리거나 사람이 살지 못하게 만들어버리는 데 열중하는 사람들을 향한 것이다."라고 실험주의자 소설가 윌리엄 버로우스는 논박했다.

"나는 좋은 시는 기존의 형식을 전복하려는 일종의 정치적인 시도와 같은 것으로는 쓰일 수 없다고 생각한다."라고 영역을 혁신한 시인인 T. S. 엘리엇은 제안했다. 그는 "그것은 그저 대체되는 것일 뿐이라고 생각한다. 사람들은 말할 방법을 찾는다 …. 그 시가 나중에 다른 사람들에게 아무 의미도 지니지 않는다면 분명히 여러분은 만족스러워하지 않을 것이다."라고 했다.

이 세 작가 간의 대화는 실제로 일어난 것은 아니다. 그러나 그들의 진술을 나란히 놓고 보면 그들이 몰두한 것에 어떤 차이가 있는지를 알 수 있다. 그들의 논평은 그들이 어떻게 동기를 유지하고 자기 일을 이끌어 갔는지를 암시한다. 이들 작가들이 기울인 몰두를 비고츠키의 용어로 요약하자면, 장르 순응가들은 내재화의 대가였다. 그들은 창의성에서 적절성이라는 측면을 강조했다. 지배문화는 어떤 상징적 매개와 도구를 지지할 것인지를 결정했으며, 이러한 매개와 도구는 제도화된 사회적 수단을 통해 사람들에게 가르쳐졌다. 한 개인이 상징적 매개나 도구를 기부할 수도 있었으나, 아마도 문화에 의미 있는 참신함을 더하지는 않았을 것이다.

홀은 장르 순응자로서 성공했으며 유명해졌고 독자나 지식인들 사이에서 추종자가 생겼으나, 그의 작품은 시에 변화를 일으키지 않았다. 장르 순응자는 현재의 관례의 영역 안에 머물며 장르의 현 상태의 힘을 공고히 하는데 기여한다. 홀이 위에서 한 말의 초점은 다른 작가들이나 비평가들로부터 현대 문학의 장의 규범과 기대에 일치하는 입장을 유지하기 위한 지지를 얻는 데 있다.

실험주의자들은 외재화의 대가들이었다. 그들은 적절성을 거의 고려하지 않고 창의성에서 새로움이라는 측면을 강조하였다. 그들은 자신들이 주요하고 지배적이라고 보았으며 사회적 장의 중재 없이 상징적인 수단들을 이용해 자신들을 문화에 직접 내세우기를 원했다. 그들은 장의 전문가들의 가르침을 거부했으며 문화를 떠맡고 있는 지배적 사회는 그들의 상징적 창조물을 거부하는 경향을 보였다.

버로우스는 실험주의자로서 현재의 관례를 피하고 자신만의 기법을 사용하여 다른 방향으로 전환하는 것을 좋아하였으며, 이러한 새 기법을 사용하여 지식인들이나 정치가들, 혹은 그 밖의 다른 힘 있는 사람들의 권위를 약화하고자 하였다. 실험주의자는 흔히 기존 질서에 대항하여 자신의 표현을 기도한다. 위의 말에서 버로우스의 초점은 자신을 보호하고 현 사고와 싸우는 데 있다.

영역의 혁신가들은 내재화와 외재화를 통합했고, 새로움과 적절성을 결합하였다. 그들은 상징적 매개를 통해 문화에 기여했다. 따라서 그들의 역할의 상징적 차원은 사회적 차원을 지배했으나, 그들은 사회적 차원을 망각하지 않았다. 그들에게는 그들이 사랑하는 영역을 영속시키기 위해서 청중의 정신이 필요했기 때문에 청중을 소중히 여겼다. 그들은 제도화된 사회적 수단들에 저항하거나 이를 적대시하지는 않았으나, 사회적 수단의 통로에만 자신을 가두어두지도 않았다. 그들은 사람들이 의미를 만드는 데 도움을 주는 상징적 도구와 직접적인 관계가 있다고 느꼈다.

엘리엇은 영역의 혁신가로서 독자와 다른 작가들이 참신함을 이해하고 전용할 수 있도록 문학 영역의 기법과 소재, 형식, 장르 등을 사용하고 발전시켰다. 이러한 영향력을 통해, 영역의 혁신가들의 작품은 받아들여질 만한 것을 변화시켜서 그 영역에 포함되도록 한다. 작품은 문학이 필요로 하는 것을 확장하거나 심화시킨다. 위의 말에서 엘리엇의 초점은 영어에, 영어로 할 수 있는 것에, 그리고 독자와 소통하는 방법에 있다.

이 연구는 두 가지를 함축한다. 첫째, 창의성은 고립이나 이탈로 인한 "외로운 천재"가 아니다. 비고츠키가 한 세기 전에 말했듯이, 창의성은 다른 정신들과의 상징적으로 매개된 관계 맺음이다. 사고를 공유할 수 있는 사회적 연결망이 없다면 문화는 사라질 것이다. 개인의 외재화가 발생할 수 있는 상징적 매개가 없다면 사회는 조용하고 무력해질 것이다. 우리는 개인으로서, 그리고 사회·문화적 집단으로서 우리의 삶의 방식을 안정시키고 영속화하고 한층 더 발전시키기 위해 사회적인 것과 상징적인 것이 모두 필요하다.

둘째, 전념은 사람들이 사회나 문화의 볼모나 소비자가 아니라는 점에 중점을 둔다. 사람들은 보통 목적을 가지고 **기여를 하기 때문이다**. 다양한 외재화들은 문화적 안정과 진보를 지지하고/하거나 반대한다. 이것이 비고츠키(1925/1971)가 예술에서의 모순에 대해 이야기할 때 "질서와 조화"를 "폭발적인" 것과 나란히 놓고 언급한 것과 같다. 예술 작품은 "사람들의 감정을 불러일으키기 위한 목적으로 심미적 상징들을 결합한 것"이다 (p. 5). 예술은 변화의 과정이다. 문화는 정착된 것이 아니라 발전도 한다.

예술은 "열정의 결과를 소개하고, 내면의 평화를 깨고, 의지를 새로운 의미로 변화시키고, 사회가 무력하고 정지 상태에 빠지지 않기 위해 느낌과 감정, 열정, 악덕을 불러일으킨다"(p. 249). 문화의 상징적 차원에서 그러한 움직임과 추진력, 그리고 아마도 휘발성이 없다면 문명은 정체될 것이다. 예술과 함께, 그리고 예술을 통해 우리는 이미 실현되었고 앞으로도 가능한 의미들의 공동체 속에서 연결되어 있는 것이다.

> 발달은 창조적 작업을 결코 끝내지 않는다.
>
> (L. S. 비고츠키, 「나이의 문제」)

참고문헌

Amabile, T. (1996). *Creativity in context: Update to the social psychology of creativity.* Boulder, CO: Westview Press.

Biddle, B. J. (1986). Recent developments in role theory. *Annual Review of Sociology, 12*, 67-92.

Bruner, J. S. (1962). The conditions of creativity. In J. S. Bruner (Ed.), *On knowing: Essays for the left hand.* (pp. 17-30). Cambridge, MA: Harvard University Press.

Csikszentmihalyi, M. (1988). Society, culture, and person: A system view of creativity. In R. J. Sternberg (Ed.), *The nature of creativity* (pp. 325-339). New York: Cambridge University Press.

Dawis, R. V., & Lofquist, L. H. (1984). *A psychological theory of work adjustment.* Minneapolis: University of Minnesota Press.

Feldman, D. H. (1994). *Beyond universals in cognitive development* (2nd ed.). Norwood, NJ: Ablex.

Gardner. H., Csikszentmihalyi, M., & Damon, W. (2001). *Good work: When excellence and ethnics meet.* New York: Basic Books.

Janis, I. L., & Mann, L. (1977). *Decision making: A psychological analysis of conflict, choice, and commitment.* New York: Free Press.

Lima, M. G. (1995). From aesthetics to psychology: Notes on Vygotsky's "Psychology of Art." *Anthropology & Education Quarterly, 26*(4), 410-424.

Moran, S. (2008). Creativity: A systems perspective. In T. Richards, M. A. Runco, & S. Moger (Eds.), *The Routledge companion to creativity* (pp. 292-301). London: Routledge.

Moran, S. (2009a). Metaphor foundations in creativity research: Boundary vs. organism. *Journal of creative Behavior, 43*(1), 1-22.

Moran, S. (2009b). What role does commitment play among writers with different levels of creativity? *Creativity Research Journal, 21*(2/3), 243-257.

Moran, S. (2010). Creativity in school. In. K. S. Littleton, C. Wood, & J. K. Staarman (Eds.), *Elsevier handbook of educational psychology: New perspectives on learning and teaching.* Oxford, UK: Elsevier.

Moran, S., & John-Steiner, V. (2003). Creativity in the making. In R. K. Sawyer, V. John-Steiner, S. Moran, R. J. Sternberg, D. H. Feldman, J. Nakamura, et al. (Eds.), *Creativity and development* (1st ed.,) (pp. 61-90). New York: Oxford University Press.

Passy, F., & Guigini, M. (2000). Life-spheres, networks, and sustained participation in social movements: A phenomenological approach to political commitment. *Sociological Forum, 15*(1), 117 144.

Smolucha, F. (1992). A reconstruction of Vygotsky's theory of creativity. *Creativity Research Journal, 5*(1), 49-67.

Smolucha, L. W., & Smolucha, F. C. (1986). L.S. Vygotsky's theory of creative imagination. *SPIEL, 5*, 299-308.

Stacey, R. D. (1996). *Complexity and creativity in organizations.* San Francisco: Berrett-Koehler.

Vygotsky, L. S. (1925/1971). *The psychology of art.* Cambridge, MA: MIT Press.

Vygotsky, L. S. (1978). *Mind in society: The development of higher psychological processes.* Cambridge, MA: Harvard University Press.

Vygotsky, L. S. (1994). The problem of the environment. In R. van der Veer & J. Valsiner (Eds.), *The Vygotsky reader* (pp. 338-354). Oxford, UK: Blackwell.

Vygotsky, L. S. (1997). Consciousness as a problem for the psychology of behavior (M. J. Hall, Trans.). *The collected works of L. S. Vygotsky* (Vol. 3, pp. 63-80). New York: Plenum Press.

Vygotsky, L. S. (1997). Self control (M. J. Hall, Trans.). In R. W. Rieber & J. Wollock (Eds.), The collected works of L. S. Vygotsky (Vol. 3, pp. 63-80). New York: Plenum Press.

Vygotsky, L. S. (1998a). Imagination and creativity in the adolescent (M. J. Hall, Trans.). In R. W. Reiber & J. Wollock (Eds.), *The collected works of L. S. Vygotsky* (Vol. 5, pp. 151-166). New York: Plenum Press.

Vygotsky, L. S. (1998b). Imagination and creativity in childhood. *Soviet Psychology, 28*(10), 84-96.

Vygotsky, L. S. (1998c). The problem of age (M. J. Hall, Trans.). In R. W. Rieber & J. Wollock (Eds.), *The collected works of L. S. Vygotsky* (Vol. 5, pp. 187-205). New York: Plenum Press.

Vygotsky, L. S. (1999). On the problem of the psychology of the actor's creative work (M. J. Hall, Trans.). In R. W. Rieber & J. Wollock (Eds.), *The collected works of L. S. Vygotsky* (Vol. 6, pp. 237-244). New York: Kluwer Academic/Plenum Press.

Vygotsky, L. S. (1999). Tool and sign in the development of the child. (M.J.

Hall, Trans.). In R. W. Rieber (Ed.), *The collected works of L. S. Vygotsky* (Vol. 6, pp. 3-68). New York: Kluwer Academic/Plenum Press.

감사의 글

모란 박사는 이 장에서 소개한 연구가 미국 대학 여성 협회와 스펜서 재단, 그리고 하버드 교육대학원에서 일부 연구비 지원을 받았음을 밝힌다. 그녀는 또한 『파리스 리뷰』 지와 모든 작가에게 그들의 생각과 느낌을 공개적으로 나눈 것에 대해 감사를 표한다.

| 3부 |

창의적 표현, 학습, 발달의 연관성

· 10장 ·

페레지바니예 연구를 위한 종합적 · 분석적 방법:
비고츠키의 문학 분석을 연극 세계에 적용하기

베스 퍼홀트

> 예술의 효과를 구체화하고 독자나 관중을 흥분시키는 것 외에도 예술을 설명하되 감정이 죽지 않는 방법으로 설명하는 것이 왜 절대적으로 필요한지를 아는 사람은 거의 없다(비고츠키, 1971, p. 254).

학생들이 자신이 한 연극에 대해 토론하는 것은 힘들고도 긴 작업이었다. 바닥에는 어린 아동들이 여기저기 앉아서 양팔에 고개를 파묻고 코를 후비고 신발 끈을 잡아당기고 있었다. 그때 펄[1]이라는 한 아이가 탁자 앞에 앉아서 "이 반에 있는 애들 모두가 나의 제일 친한 친구들이에요."라고 감동적으로 말한다.

논쟁에서 반대편이었던 아이들과 교실의 건너편에서 오후 내내 꼼짝도 하지 않고 있던 아이들 여러 명이 바로 일어나서 펄한테 다가온다. 반대편 측에서 가장 거침없이 주장하던 낸시가 교실을 가로질러와서 펄의 옆에 앉아 무릎에 머리를 기댄다. 교실 건너편에 앉아 있던 또 다른 아이 앨리스는 교실의 양쪽에 있는 모든 아이들의 요구를 충족시키는 방법을 찾았는데, 뜻밖의 해결책을 생각해내자 교실의 양편의 아이들이 크게 미소 지으며 "아!"라고 외치며 환영을 한다.

교사인 마이클은 이를 축하하기 위해 아이들을 운동장에 데리고 나가서 달리기를 한다. 레이첼이라는 아이가 달리면서 "날아가고 있는 것 같아." 라고 말한다. 펄은 뛰면서 하늘을 쳐다보고 "위를 보면 더 빨리 가."라고 말한다. 펄의 여동생인 앤드리아는 뒤로 달리면서 "내가 왜 뒤로 가고 있지?"라고 묻는다. 그리고는 "볼 필요가 없어. 내가 어디로 가고 있는지 아니까."라고 혼자 답한다. 마이클과 나는 아직도 이 사건을 찍은 필름을 같이 볼 때 놀라움으로 서로 쳐다본다. 그때 레이첼과 펄과 앤드리아는 우리가 3년이 걸려 페레지바니예perezhivanie에 대해 이해한 것을, 그리고 동시에 우리가 페레지바니예를 분석하기 위해 이것을 나타내는 방법에 대해 이해한 것을 어떻게 안 것일까?

서론

나는 이 장에서 페레지바니예(혹은 "강렬한 감정으로 살아진 경험")라는 현상이 역동적이고 엄청나게 복잡하며 규정하기 힘들지만, 분석 가능하다고 주장한다. 이것은 그 자체가 페레지바니예를 불러일으키고 나타내는 종합적·분석적 표현 방법을 이용하여 부분적으로 가능하다. 연극은 페레지바니예를 경험적으로 연구할 수 있는 현상으로 만들기 때문에 나는 비고츠키의 문학 작품 분석 방법을 연극에 적용하는 것에 대해 묘사하고 그 중에서 한가지 예에 초점을 두겠다. 그 예에서는 성인과 아동의 협동 연극에 저자를 포함한 한 팀의 연구자들이 참여관찰자 역할을 하고, 우리의 역할을 최대한 이용하는 영화와 연극의 예술 형태를 통해 우리 자신과 다른 사람들이 감정적으로 다시 몰입하는 기회를 높였다. 내가 주장하고자 하는 것은, 이러한 과정은 페레지바니예를 우리가 처음에 경험했었던 것보다 덜 '실제적으로' 보여주지는 않았으나, 우리의 "영화 · 연극"[2]이 아니었다면 우리가 경험한대로의 페레지바니예를 볼 수 없었을 만한 어떤 특질을 드러냈다는 점이다.

이 방법은 우리가 연구하고 있었던, 아동과 성인의 창의적인 상상 방식인 연극과 예술을 결합하는 독특한 연극의 형태에서 직접 파생되어 나온 것이다. 이 영화 · 연극이라는 방법은 프로젝트의 설계와 자료의 수집과 분석, 발견의 제시를 포함하여 우리 연구의 여러 단계에서 떠오른 것이다. 구체적으로 말하자면, 성인과 아동들은 공동의 대본 연기와 즉흥 연기, 의상과 무대 디자인, 그리고 복합양식을 이용한 연습과 반성을 통해 함께 문학 작품에 활기를 불어넣었으며(Lindqvist, 1995, p. 72) 교실을 책에서 영감을 받는 세계로 변화시켰다. 영화를 통한 성인들의 연극은 연극의 창의성이 "살아있는 채로 포착되도록" 하였으므로 우리는 그러한 생생한 경험이 발달에 미치는 영향을 더 잘 연구할 수 있었다.

나는 이 장에서 연극 세계라는 독특한 형태의 놀이에 대해 우선 묘사하겠다(Lindqvist, 1995). 그다음에 페레지바니예 연구를 위한 영화 · 연극이라는 우리의 새로운 방법에 대해 묘사하겠다. 나는 이 방법이 유용하다는 것을 보여주는 연극 세계에 대한 연구에서 한 가지 구체적인 일화에 초점을 두겠으며, 이 방법에 대한 논의로서 끝맺음하고자 한다.

연극 세계

아동의 순수함과 가변성을 강조하는 현대 서구의 아동기에 대한 이상(Aries, 1962; Fass, 2007)은 다양한 사회적 조건들과 결합하여 성인이 결정한 발달 목표를 향해 아동의 놀이를 성인이 지시하고, 아동의 놀이를 성인의 간섭으로부터 성인이 보호하도록 촉진했다. 그러나 성인과 아동 둘 다의 발달과 삶의 질을 증진하기 위한 방법으로 성인이 어린 아동들의 상상 놀이에 적극적으로 들어가는 새로운 형태의 놀이가 근래에 여러 나라에서 생겨났다. 연극 세계라고 불리는 이 새로운 형태의 활동은 인지와 정서, 상상력, 창의력과 같은 주요 심리적 과정들 간에 복잡하고 역동적인 관계들이 눈에 띄도록 만드는데 특별한 잠재력이 있으며, 연구도 가능하다(Ferholt, 2009). 연극 세계를 연구하는 연구자들에 의하면 연극 세계는 아동과 성인 참여자들에게서도 이러한 심리적 과정들의 발달을 촉진하는 것 같다(Marjanovic-Shane, Nilsson, Rainio, Miyazaki와 2009년 5월 22일에 한 개인적 대화).

연극 세계에서는 성인과 아동이 함께 공동의 상상에 들어갔다 나온다. 이것은 폭넓은 경험을 필요로 하는 성인적 형태의 창의적 상상력과 물질적 세계에서 생각의 구체화 혹은 예술과 과학, 연극의 결합을 통한 "중심점"(Vygotsky, 1978)을 필요로 하는 아동적 창의적 상상을 결합함으로써 이루어진다. 연극 세계는 아동과 성인 둘 다의 발달과 삶의 질을 향상시킨다. 이것은 성인이 아동에게 예술과 과학에 참여하라고 강력히 장려하는 더 익숙한 일을 하는 동시에 아동이 성인에게 연극을 함께 하자고 강력히 제안하는 가능성을 창조함으로써 일어난다.

연극 세계는 현재 일본과 스웨덴, 핀란드, 세르비아, 미국[3]에서 행해지고 있다. 당연하겠지만, 연극 세계는 이 5개국마다 상당히 차이가 있다. 민간설화나 고전 아동문학 작품이 연극 세계를 조직하는 주요 가공물이며 극의 상연이 흔히 성인-아동의 중심적인 협동 활동을 이루는 것은 미국에서 행하는 연극 세계의 특징으로서, 구닐라 린드크비스트Gunilla Lindqvist(1995)의 연극 세계에 대한 창시적인 연구와 펜띠 해커레이넌Pentti Hakkarainen(2004)의 내러티브 학습에 대한 연구에서 주로 영향을 받은 것이다. 그러나 이것이 보편적인 것은 아니다.

연극 세계는 학교 안과 밖에서 행해진다. 성인 참여자에는 교사, 그리고/

또는 교사교육을 받고 있는 교사, 연구자, 전문적 시각 예술가, 배우, 음악가들이 있다. 아동 참여자는 2세부터 사춘기까지 나이에까지 걸쳐 있다. 더 나아가, 어떤 연극 세계에서는 참여자들의 정신적 외상이나 어려움이 두드러지지 않지만, 어떤 연극 세계에서는 참여자들의 전쟁과 같은 대규모의 정신적 외상 경험을 포함한다. 또 다른 연극 세계에서는 참여자들이 인종이나 민족성, 종교, 성, 성별, 장애와 관련하여 겪은 어려움을 포함하기도 한다.

미국에서는 지난 6년간 4개의 연극 세계가 무대에 올랐다. 연극 세계 중 한 개는 사립 유아원에서 행해졌고 나머지 세 개는 군사기지에 있는 공립 초등학교에서 행해졌다. 연극 세계에 연구자가 참여하는 것이 세르비아와 미국 외에는 거의 드물지만, 미국의 연극 세계에서 강하게 강조하는 것은 교사의 개입과 교사 개발이다. 교사의 개입과 개발을 장려하는 주요 도구는 연극 세계의 실행에 연구자와 교사를 포함하고 연극 세계의 분석에 연구자뿐만 아니라 교사도 포함함으로써 연구자-교사의 협동을 구축해온 것이다.

영화·연극

연극 세계가 인지와 정서, 상상력, 창의성과 같은 주요 심리적 과정 간의 복잡하고 역동적인 관계를 드러낼 수 있다(Ferholt, 2009)고는 알고 있으나, 이 관계를 어떻게 실증적 조사의 대상으로 만들 수 있는가(즉, 분석하기 위해 어떻게 관찰할 것인가)라는 질문이 아직 남아있다. 이 도전은 골렘의 은유를 이용하여 이해할 수 있다. 골렘은 점토로 만든 거인인데 글씨를 쓴 텍스트를 입에 집어넣으면 살아난다. 골렘이 다시 점토가 되고 영혼이 빠져나가면 움직이지 못할 뿐만 아니라 무게도 가벼워진다. 우리는 "해부하기 위해 죽인다."라는 것을 인정한다. 그러나 우리가 페레지바니예와 같은 어떤 현상을 죽이면 연구를 위한 시체가 아니라 비어있음을 만들어냈다는 것을 알게 될 것이다. 이런 방법론적 딜레마에 대한 한가지 대답이 영화·연극이다. 이것은 성인-성인 상호작용의 한 형태로서 사회적·과학적 기록이자 영화 예술 작품이기도 한 문화 기술적 영화를 놀이처럼 만들고 감상하는 것이다.

비고츠키는 『예술의 심리학』*Psychology of Art*(1925/1971)에서 "생명이 없는 구성체가 어떻게 생명이 있는 유기체로 변화하는지를 목격"(1971, p. 150)할 수 있게 해 주는 고전적인 동시에 낭만적인 분석[4] 과정을 묘사한다. 비고츠키는 이 분석 과정에 대해 다음과 같이 쓴다: "(많은 저자가 그렇게 하고 있듯이) 우리가 해부학이라고 부를 수 있는 내러티브의 정적인 구성체계와 생리학이라고 부를 수 있는 동적인 체계를 구별하는 것이 도움이 된다"(1971, p. 149-150). 비고츠키는 물질의 구조나 시적 기법을 그 자체로서만 볼 때 드러나는 것은 죽이고 해부한 후에 드러나는 요소인 몸의 구조일 뿐이라고 주장한다. 비고츠키가 제안하는 분석 과정은 물질과 시를 같이 놓고 기법의 기능을 전체와의 관련성 속에서 물음으로써 생리학을 연구 가능한 것으로 만드는 것이다.

전통적 사회과학적 방법의 한계는 흔히 대상을 생리학적으로가 아니라 해부학적으로 연구할 수 있게 만든다는 것이다. 그러나 연극 세계의 생리학이 연구 가능하게 되면 연극 세계가 보여주는 여러 가지 현상을 더 잘 이해하는 것이 가능하다. 비고츠키가 단편의 멜로디를 드러내기 위해 물질과 시를 나란히 볼 것을 주장하듯이, 우리는 이 논문의 초점인 연극 세계에 대한 연구의 일화에서 연극 세계의 물질과 시적 표현을 병치함으로써 페레지바니예가 분석을 위해 눈에 보이도록 하였다. 이러한 시적 표현에는 아동과 성인 참여자가 함께 창조한 영화와 소묘, 그림, 콜라쥬, 그리고 연극 세계에 대한 계획을 나타낸 것이 있었다. 이러한 시적 표현은 또한 다양한 노래와 영화, 사진, 책들도 포함했는데, 이 예술 작품들은 연극 세계가 창조되기 오래전에 쓰이거나 상연되거나 출간되었지만, 성인 참여자들이 이 연극 세계를 나타낸다고 본 것들이었다. 우리는 이 방법들을 더 전통적인 접근법들과 결합하였는데, 이에 대해선 연구의 구체적인 일화에 중점을 두기 전에 연극 세계에 대한 이 연구를 간략히 설명할 때 언급하겠다.

연극 세계에 대한 연구

장소와 참여자

우리가 연극 세계를 연구한 학급은 미군기지에 위치한 한 공립 초등학교의 유치원과 1학년이었다. 참여자들은 학생 20명(유치원생 12명과 1학년생 8명)과 교사들, 나, 다른 연구자 3명이었다. 연극 세계가 기반을 둔 책은 C. S. 루이스의 『사자, 마녀, 옷장』*The Lion, the Witch, and the Wardrobe* (1950)이었다.

연극 세계의 실행

연극 세계를 실행한 1년 동안 소설의 처음 절반은 아동들에게 읽어주었으며 나머지 절반은 읽어주지 않았다. 대신에, 아동들은 이야기를 연기하는 데 점점 더 적극적으로 참여하게 되어 결국에는 그 소설의 중심 갈등에 대해 자신들의 결말을 함께 쓰고 연출하게 되었다. 연극 세계는 매주 한 번씩 약 2시간 동안 했는데, 연극 세계 후에는 토론 형식의 개인 반성을 하고 뒤이어 자유 놀이나 미술 활동도 하였다.

연극 세계 시간에는 거의 늘 4명의 연구자 전원이 아동 주인공들의 역할을 하였다. 교사는 중반쯤 지나서 합류하여 악한 하얀 마녀 역할을 하였고, 아동들은 하얀 마녀가 나타난 후에 합류하여 아동들 역할을 연기하였다. 마지막 시간에는 아동들이 성인-아동의 합동 연극에서 주요 계획자가 되어 있었다.

연극 세계 시간에는 언제나 성인들과 아동들이 만든 무대장치와 소품들이 이용되었는데, 참여자들의 촉각과 후각, 청각을 자극하기 위해서 제작된 소품들도 있었다. 교사는 무대장치를 연극 세계 시간이 끝날 때마다 교실 옆쪽으로 옮겼으나 중반이 지날 무렵부터는 그 자리에 한 주 내내 놓아두었다. 교실은 크고 다채로운 구조물로 가득했고, 교사는 모든 교실 활동에 마분지 댐과 동굴, 성 등을 이용하였다.

아동들은 성인-아동의 합동 연기를 마지막으로 끝낸 후에 연극 세계의 연극을 가족들에게 보여주기로 했다. 이렇게 하여 연극 세계 시간을 어른들이 이끌지 않고 아동들이 생각하는 대로 진행하기 시작했다. 교사는 연구자 중 한 명의 조언에 따라 아동들이 연극을 설계하고 연출하고 연습하는 것을 도와주었다. 이 과정에 걸리는 시간이 점점 늘어나면서 나중에는 다른 일정상의 활동들을 생략할 정도로 온종일 차지하게 되었다. 아동들은 학년도의 마지막 주에 부모들에게 연극을 발표하였다. 성인들은 학년이 끝난 후에도 촬영과 그리기, 색칠하기 등을 통합한 성인-성인 상호작용을 포함하여 다양한 여러 가지 형태의 놀이 같은 분석을 통해 연극 세계를 계속하였다.

문화 기술적 자료

우리는 성인들의 연습과 계획을 위한 회의, 성인과 아동 참여자들과의 개별 면담 외에도 연극 세계 프로젝트와 관계된 모든 교실 활동을 녹화하였다. 모든 성인 참여자들이 기록하거나 녹음한 현장 일지와 성인 참여자들 간의 이메일 교신을 수집했을 뿐만 아니라 두 개 이상의 고성능 카메라로 장면들을 동시에 녹음하고 녹화하였으며 자주 디지털 사진을 찍었다. 아동들도 가끔 활동들을 동영상에 담았다. 전문 영화제작자가 활동을 녹화한 적이 두 번 있으며, 아동과 성인 촬영기사들은 전통적으로 사용하는 세워두는 삼각대와 광각 렌즈의 사용은 피하도록 권장되었다.

자료 분석

자료 분석(Baumer et al., 2005; Ferholt, 2009)에서는 두 가지의 분석을 하였다. 즉, 녹화와 녹음의 전사를 이용하여 담화와 의사소통의 교환을 분석하였으며 연극 세계의 자료와 시적 표현의 병치를 분석하였다. 내가 우리의 “시적” 영화 중 한 개의 창조와 이것이 준 영향에 대해 묘사하고 논의할 때 설명하겠지만, 두 번째 분석 방법은 연구 프로젝트의 설계와 자료의 수집과 분석, 그리고 발견의 제시와 일치하였다. 더 나아가, 교사와의 협력은 연극 세계를 모방하는 형태로 연구자-교사 간의 지속적인 공동 분석을 수반하였으므로, 연극 세계 자체는 이 두 번째 분석 방법을 통해 계속 발전했다고 묘사할 수 있다.

우리는 두 번째 분석을 할 때 아동들의 예술작품을 무작위로 고르지 않고 연극 세계에서 특히 감정이 충만한 순간들을 재경험할 수 있는 소묘와 색칠, 지도들을 골랐다. 녹음과 녹화 장면과 사진도 분석했으며, 개인적으로나 집단적으로 여러 수업시간에 우리에게 가장 큰 즐거움을 주고 “가장 맘에 드는” 녹음이나 녹화 장면을 듣거나 보기도 했다. 우리는 연극 세계 밖의 다양한 자료들에 의존하여 우리의 개인적 관점에서 볼 때 강렬한 감정의 특질을 포착한 연극 세계의 예술을 추구했다. 우리는 연극 세계 프로젝트를 수행한 일 년간과 자료 분석을 한 동안 이러한 예술적 표현들을 공유하였다. 이러한 표현에는 노래와 영화, 사진, 시청각적 콜라주가 있었는데, 우리는 이것들을 통해 다른 시각에서 연극 세계 "다시 느끼기"를 할 수 있었다. 그리고 우리는 형식과 내용에서뿐만 아니라 감정을 불러일으키는 면에서도 그 연극 세계를 떠올리게 하고 우리 맘에 드는 소설과 아동들 그림책을 다시 읽었다.

이 방법에서 가장 많은 시간을 차지하고 가장 성공적이었다고 거의 확신할 수 있는 것은 우리의 녹화 장면을 편집하여 연극 세계의 문화 기술적 영화들로 창조하는 것이었다. 이것은 반드시 외부의 관객을 위해서 다듬었다기보다는 사건들을 종합하기 위하여 영화 기법을 이용한 것이었다. 이 영화들 중 어떤 것은 우리의 분석을 진행하기 위해서뿐만 아니라 아동 참여자들과 외부의 아마추어 예술가들, 전문적 학자들을 포함한 다양한 관객을 위해 제작했다. 영화들 중 여러 개는 실험적인 짧은 단편 테이프의 형태였는데, 다양한 관객에게 보여주기 위해 여러 차례 재편집하였다.

우리는 문화 기술적 영화를 통해 우리가 아동들과 연극을 하면서 배운 특별한 기법을 이용하여 우리 자신과 다른 사람들이 연극 세계에 감정적으로 다시 몰입하는 것을 촉진하고자 했다. 아동들의 연극에서는 흔히 생명이 없는 물체에 감정적인 삶과 힘을 불어넣음으로써 상상적인 것이 실제적인 것과 섞인다. 우리는 또한 우리가 찍은 장면을 "자료"의 범주에서 해방시켜 "영화"가 되도록 만들고 녹화 장면에 감정적 삶과 힘을 불어넣음으로써 우리의 장면에 비비안 솝책Vivian Sobchack이 일컬은바 "살아진 추동력lived momentum"(1992, 2004)이라는 영화의 특질을 넣었다.

따라서 이 특별한 방법에서는 무엇이 객관적("개인적 감정이나 의견에 영향받지 않는 것; 치우치지 않거나 사심 없이", 『옥스포드 영어 사전』, 2007)으로 연구하는 것인지를 보는 것이 명백한 목표인 전통적인 사회과학에 대한 비판이 나온다. 이 방법에서는 또한 영화의 표현이 연극의 한 형태가 될 수 있고 이 "영화·연극"이 학자들에게 유용할 수 있다는 주장도 나온다. 이 주장은 문화 기술적 영화는 기록의 수단으로서뿐만 아니라 연구의 목적으로서도 사용할 수 있다는 것을 인정한다. 이렇게 해서 이 주장은 사회과학에서 문화기술적 영화의 이용에 대한 논의에 기여한다.

우리가 사용한 방법은 "종속된 탐구 양식뿐만 아니라 합법적인 탐구 양식들을 한데 모음으로써 분리되고 차별적인 가치를 지니던 지식들을 연결한다"(Conquergood, 2002, p. 151-152). 이 방법은 우리가 아동들과 한 연극에서 나온 것이므로, 우리의 연극은 성인들이 아동들의 연극이라는 창의적인 활동으로부터 연극과 아동, 아동기, 그리고 인간 발달에 대한 것 이상을 배울 수 있다는 것을 보여준다. 우리 성인들은 아동들과 함께 연극/작업을 계속하면서 아동기에 배제되는 지식과 인식자, 그리고 인식 방법을 사회과학에 포함시킨다면 무엇을 이룰 수 있는지를 조금이나마 발견하였다.

영화·연극의 사례 연구

나는 이 영화·연극 방법의 유용함을 설명하기 위해서 이제 다음의 예를 들고자 한다. 교사가 참여하여 하얀 마녀 연기를 했던 연극 세계 시간에 대한 반응을 보면, 어른들과 아동들의 연극 세계에 대한 이해의 불일치가 드러났다. 성인 참여자들은 아이들이 그날의 연극 세계 시간에 집중하지 않았다는 데 이구동성으로 동의했다. 사실 우리는 연기를 망쳐서 연극 세계의 성공을 위태롭게 만들었다고 걱정하고 있었다. 교사 마이클은 그의 연기와 아이들의 반응에 대해 처음에는 무척 낙담해 있었다. 그러나 마이클이 금요일에 연기한 후 월요일에 아이들이 마이클에게 말하기를 그가 정말로 하얀 마녀이고 하얀 마녀가 연극 세계에 다시 올 날을 손꼽아 기다리고 있다고 했다.

아이들은 주의를 기울이고 있었던 것 같으며 하얀 마녀의 등장은 실패가 아니라 성공이었던 것 같다. 이러한 해석의 불일치를 어떻게 이해할 수 있을까? 이 질문에 대한 답을 아는 것은 연극 세계의 성공에 필수적이었다. 왜냐하면, 연극 세계의 성공은 성인들과 아동들의 공동작업과 마이클이 자신이 하얀 마녀라고 믿는 것에 달려있었기 때문이다.

우리는 성인과 아동이 연극 세계에 대해 서로 다르게 이해하고 있는 것에 대한 답을 찾는 과정에서 영화·연극이 연극 세계에서 페레지바니예를 분석 가능하게 드러나게 해주는 강력한 도구라는 것을 발견했다. 우리는 그 이유를 따져보다가 영화·연극이 영화 제작자와 관객들에게 페레지바니예를 재창조해준다는 결론을 얻었다. 다음에 제시하는 영화의 분석은 마일로라는 아동의 페레지바니예를 잘 이해하도록 해 줄 것이다.

성인과 아동의 이해 불일치 해결하기

이 연극의 녹화 장면은 내 맘에 드는 서정적이고 마음을 끄는 자서전적 다큐멘터리를 제작하는 전문적인 영화 촬영 기사가 고품질의 카메라로 촬영한 것이다. 우리는 그 촬영 기사에게 분석을 위한 장면을 찍지 말고 우리가 만들려고 계획하고 있는 놀이 세계에 대한 독자적인 문화 기술적 영화를 위한 촬영을 해 달라고 하였다. 우리는 또한 그에게 촬영 과정을 즐기면서 다양한 각도와 프레임, 움직임, 빛, 카메라 설정 등을 실험하도록 권하였다. 촬영을 시작하기 전에 그에게 이전의 연극 세계 장면들을 보여주고 연극 세계 프로젝트에 대해 설명하였으며 그가 촬영하면 좋을 위치와 초점을 맞추면 좋을 아동들을 지적하였다.

연구자들은 마이클이 하얀 마녀로 처음 등장한 장면을 보았을 때 깜짝 놀랐다. 아이들은 마이클이 하얀 마녀로 나오는 것에 골똘히 집중해 있었다는 것이 분명했다. 연구자들은 마이클이 아이들에게서 그가 정말 하얀 마녀였으며 하얀 마녀가 연극 세계에 올 날을 손꼽아 기다린다는 말을 들은 것이 정말이라는 것을 그제서야 확신할 수 있었다.

우리는 이 아이들과 같은 교실에 있었고 우리 중 일부는 아이들을 비디오카메라 렌즈로 관찰하고 있었는데도 이 장면이 우리에게 보여준 것을 어째서 보지 못했었는지를 이해할 수 없었다. 마이클에게는 이 녹화 장면을 보는 것이 연극 세계의 가장 중요한 전환점 중 하나였다. 그의 말을 빌자면, 그는 "내가 하얀 마녀가 될 수 있다는 것에 안도감(과 기쁨)을 느꼈다 … 특히 테이프를 보기 바로 전에 … 내가 학생들의 기대를 실망시켰다고(즉, 나는 하얀 마녀가 되지 않았었다고) 느꼈던 것과 비교하면 말이다."라고 했다(2008년 7월 28일 마이클과의 개인적 대화).

마이클이 자신이 "하얀 마녀가 될 수 있다."고 확신을 하게 되자 우리는 연구자들이나 마이클이 하얀 마녀가 교실에 왔다고 느끼지 못했을 경우와는 훨씬 다르게 연기 시간을 계획할 수 있었다. 게다가 이 장면들은 우리가 발견을 제시하고 다시 분석으로 돌아가는 내내 흥미로운 궤도를 그려왔다. 이 영화· 연극은 연구자들과 영화 촬영 기사의 상호작용으로 시작하여 장면을 생산해내게 되었다. 이 영화· 연극은 독자가 이 장을 읽고 선별된 영화 정지 장면을 보고 아마도 영화 자체[5]를 보는 현재까지도 계속되고 있다.

영화

앞에서 말한 영화· 연극의 예는 자료 수집에 대한 우리의 접근법을 즉각적으로 변화시켰다. 이러한 사건이 있은 이후 우리는 장비의 질과 촬영하는 사람들의 집중 기술과 질, 그리고 이 사람들과의 상호작용에 훨씬 더 많은 주의를 기울였다. 우리는 또한 잇단 청중들과 다양한 목적을 위해 이 장면을 몇 년에 걸쳐 편집하였다. 즉, 다른 연극 세계 학자들과 페레지바니예에 대해 논의하고 우리의 연구를 학계의 학회에서 발표할 때 사용하기 위해서, 인터뷰할 때 마이클에게 보여주고 그 장면이 그에게 갖는 의미를 묘사하도록 하기 위해서, 그리고 아마추어 예술과 전문적인 예술을 공유하는 일단의 학자들에게 보여주기 위해서였다.

나와 다른 연구자 한 사람은 위에 언급한 마지막 청중을 위해서, 그리고 우리의 예술적 카타르시스(Vygotsky, 1925, 1971)에 대한 욕구를 충족시키기 위해서 극도로 느린 속도로 돌렸을 때 말 그대로 눈에 눈물이 고이는 장면들을 선별하고 함께 엮어 편집하는데 많은 시간을 보냈다. 우리는 우리의 "완성된" 영화를 공식적으로 발표한 후에 사람들이 몇 곡의 노래를 들으면서 함께 볼 수 있는 공공장소에 놓아두었다. 음악은 영화를 볼 때 우리 자신의 감정적인 반응을 더 고양시키므로 하나하나 신중하게 고른 것이었다. 장면들을 이렇게 구현한 것은 우리 연구자들에게 가장 유용한 것임이 드러났다. 왜냐하면, 우리는 그 과정이 완성된 후에 페레지바니예의 한 예를 "포착했었다."는 것을 발견했기 때문이다. 우리는 사건의 정서적 내용은 손대지 않은 채 그 사건에 참여하지 않았던 사람들이 이해할 수 있는 방식으로 연극 세계에서 페레지바니예를 나타내려고 했던 것이다.

다음에는 선곡한 음악과 함께 발표했던 영화와 뒤이어 그 영화의 정지 장면 몇 개에 대해 묘사하겠다. 그 영화는 칼라로 촬영한 장면 두 개로 되어 있으며 2분 23초짜리다. 컨스탄틴 스태니라브스키Konstantin Stanislavsky(1949)의 극적 체계에 근거해 페레지바니예는 배우들이 인물을 자신들의 살아진 경험과 과거의 살아진 경험으로부터 창조해낼 수 있도록 해 주는 도구라는 것을 기억하면 도움이 될 것이다. 즉, 배우들은 그들의 자전적인 감정적 기억들을 되살리면서 인물을 창조한다. 감정은 신체적 동작에 의해 일어나므로, 이러한 감정적 기억이 되살아나는 것은 다른 사람이나 과거의 자신의 신체적 동작을 모방함에 의해서이다.

[그림 1] 마일로(중앙)가 마이클을 가리킨 후에 자기를 가리킨다. 오차원의 허가로 수록한 것임

마이클이 프레임의 옆쪽에서 장갑 낀 손을 흔들 때 마일로라는 아이가 자기의 오른팔을 들고 있다. 아이는 반 학생들과 함께 마이클의 "그러면 여러분은 누가 하얀 마녀라고 생각해요?"라는 질문에 대한 대답으로 팔을 들고 손가락으로 마이클을 가리킨다. 그때 마일로의 오른팔이 갑자기 움직이면서 자기 자신을 가리키기 시작한다([그림 1]을 볼 것). 영화의 이 부분에서 마일로의 얼굴은 지루하고 조심스러운 표정에서 자랑스러운 표정으로 바뀌고 아직 프레임 밖에 있는 마이클은 프레임 안에 완전히 들어올 것처럼 마일로를 향해 움직인다.

그러자 마일로 옆에 앉아있는 루크라는 아이가 마일로의 팔을 잡고 아래로 내림으로써 마일로가 가리키는 것이 중단된다. 루크는 옆에서 마일로를 안으면서 쓰러지는데 그때 루크 옆에 있는 아이인 마야도 몸을 옆으로 기댄다. 세 아이들은 머리를 서로 대고 고개를 위로 젖히고 마이클을 쳐다본다. 그때 마일로가 기운은 빠졌지만, 행복에 잠긴 표정으로 팔을 살짝 들어 엄지를 들어 올린 채 주먹 쥔 손으로 자신의 팔을 아직도 붙들고 있는 루크의 가슴을 친다.

영화의 두 번째 장면에서는 마이클이 루크가 들고 있는 코트를 잡으려고 몸을 기울인다. 마일로는 훨씬 어린아이가 안아달라고 하는 것처럼 작은 양손과 팔을 위로 뻗는데, 이는 마치 마이클이 뻗고 있는 크고 흰 손과 팔을 반사하는 것 같다([그림 2]를 볼 것). 아이는 뒤이어 양손을 벌리고 손바닥을 위로한 채 무릎을 꿇는다. 아이는 무척 평온해 보인다.

사운드 트랙에서는 한 일본 가수가 무척 강한 악센트로 영어 노래를 부른다. 목소리는 거친데, 거의 정지 프레임의 연속인 것처럼 보일 정도의 매우 느림 프레임 속에서 극도로 느린 동작을 시각적으로 강조하는 효과를 준다. 이 노래 가사는 페레지바니예의 측면들을 묘사하는 것으로 해석될 수 있다. "이 노래를 다 같이 불러요-우리의 마음을 열고 그림을 불러 들여요-우리가 눈을 함께 감으면-그러면 우리 모두가 어디에서 왔는지 보일 거예요."

[그림 2] 마일로(오른쪽)가 하얀 마녀의 양손과 팔을 따라서 자기의 팔을 위로 뻗는다. 오차원의 허가로 수록한 것임

영화·연극에 대한 논의: 살아진 추동력

이 연구의 연극 세계 참여자인 마이클은 연극 세계를 이렇게 묘사했다.

> 나는 [연극 세계를 하지 않을 때는] 내가 될 수 없는 것들에 대해 상상은 하지만, 될 수 없는 것들은 **되지** 않아요. 하지만 연극 세계에서는 마녀가 **될 수** 있어요. 아이는 상상을 할 수 없기 때문에 연기를 해야 해요. 나는 내가 실제로 될 수 없다는 것을 알면서 연기해야 해요 …. 연극 세계에서는 아이들과 어른들이 연기**해야 해요**. 어른들은 자기가 될 수 없는 것을 연기하고 있어요. 아이들은 자기들이 내면적으로 상상할 수 없는 것들을 연기하고 있어요(2009년 1월 25일 마이클과의 개인적 대화).

다시 말해, 아동들은 연극을 하지 않고는 상상을 할 수 없기 때문에 연극을 하고 있다. 성인들은 연극에 참여하지 않고 아동들의 상상력 발달을 촉진하고 안내한다. 그들은 연극에 참여하기도 하는데 이렇게 하는 것은 상상력만으로는 경험하기 힘든 일들, 즉 가능성에서 너무 멀어 보여서 연극을 하지 않고는 상상력만으로 경험하는 것이 불가능한 것들을 경험할 수 있기 때문이다. 연극 세계에서 아동들이 성인 형태의 상상하기(아동들이 학교에서 전통적으로 배우는 예술과 과학)를 배우려는 욕구 혹은 절실함은 어른들이 연극 없이 상상만을 통해 **"될 수"** 없는 것이 **"되고자"**하는 욕구와 결합된다.

리차드 셰크너Richard Schechner는 이러한 현상에 대해, 공연은 "개인과 집단 모두에게 예전의 모습으로 다시 돌아가게 해 주거나 가장 흔하게는 예전에는 아니었지만 되고 싶었거나 되고 싶은 사람이 될 기회까지도 준다."(1985, p. 38)고 설명한다. 셰크너는 또한 "공연자와 관객들 간에 진동하는 특별한 감정이입/공감", 즉 "무대로 걸어 들어오거나 무대 주변에 모이는 사람들에게 무대가 발생시키는 특별한 몰입감"(1985, p. 113)에 대해서도 쓴다. 그는 말하기를, 이것은 우리가 "'믿음을 기꺼이 유보'하지 않을 때" 일어난다. (우리는) 믿으면서 동시에 믿지 않는다. (그리고) 이것이 극장의 주된 즐거움이다. 공연은 실제이면서 동시에 실제가 아니다."라고 한다(1985, p. 113).

마이클은 자신의 연극 세계에 대한 정의에 덧붙여, 연극 세계의 아동들이 어른들의 예술과 과학에 대한 전문성과 경험으로부터 얻는 것이 있지만, 연극 세계의 어른들도 아동들과 연기하면서 얻는 것이 있다고 한다. 이것은 단지 아동들이 어른들에게 이렇게 "특별히 몰두"하여 연극을 해 달라고 하고 이러한 상태에 도달할 수 있는 기술과 자신감을 어른들에게 보여주기 때문만은 아니다. 어른들이 믿는 동시에 불신하지 않는다면 아이들은 어른들과 같이 연극하기를 거부함으로써 어른들이 "믿는 동시에 불신하는" 연기를 하도록 촉구하기도 한다 (2009년 1월 25일 마이클과 개인적 대화).

우리는 위에서 논의한 영화를 편집하고 보고 발표하는 내내, 그리고 심지어 장면을 맨 처음 찍는 동안에도 작업모를 쓰지 않고 있었기에 영화 · 연극에 몰두하여 있었다. 우리는 "믿음과 동시에 믿지 않는" "특별한 몰두"에 계속 빠져 있었다. 베잇슨Bateson(1972)에게 있어서 연극은 보이는 그대로이기도 하고 아니기도 하므로 역설이다. 우리가 촬영하고 편집하면서 열심히 만든 영화의 특질은 시간 흐름에 대한 착각인데, 우리는 영화가 사실은 연결되지 않은 정지 사진이라는 것을 알면서도, 아니면 사실 이것을 알기 때문에, 이 착각에 빠진다. 숍책은 영화의 이러한 특질을 "살아진 추동력"(1992, 2004)이라고 부른다.

숍책은 영화는 우리에게 영화가 창조된 프레임을 보여준다고 주장한다. 그는 영화가 가진 역설은 이 프레임에 대한 우리의 지식 – 우리가 경험하는 움직임들이 환상에 불과하다는 지식 – 이 환상을 설득력 있는 것으로 만들어주는 데 있다고 주장한다. 영화는 공간의 프레임에 주의를 끌면서 어떤 공간을 지정한다. 그러면 보는 사람인 우리는 이 공간에 빠지고, 빠지면서 미래를 흘긋 본다.

더 나아가 영화는 추동력, 즉 미래를 향해 발전하는 능력이 있기 때문에 살아있다. 솝책(1992)은 영화가 나름의 활동적인 생명이 있다고 주장한다. 즉, 당신은 영화 속에서 살 수 있지만, 영화도 당신 안에서 살아간다. 비고츠키는 소설의 이와 똑같은 특질을 묘사하는데, 푸시킨(톨스토이에서 재인용하여)을 인용하여 "나의 남녀 주인공들은 이따금 내가 원하지 않는 일들을 한다."고 한다(2004, p. 19).

우리는 영화의 "살아진 추동력"을 이용하는 문화기술학자 중에서 장 루쉬Jean Rouch(1978)의 "디렉트 시네마"(1978)[6]의 영향을 가장 직접적으로 받았다. 우리의 영화-연극 방법은 페레지바니예를 실증적인 조사 대상으로 만든다. 왜냐하면, 우리의 방법은 페레지바니예가 연구를 위해 "살아 있도록" 하는 동시에 그 방법 자체가 페레지바니예의 한 형태이기 때문이다. 루쉬의 문화기술학은 우리의 연구처럼 연구 주제를 반영하므로 연구방법을 더 잘 이해하면 연구주제도 더 잘 이해할 수 있다.

더 나아가 우리의 작품과 로쉬의 『영화제작자 · 관찰자』*Filmmaker-observer*(Rouch, 1978)라는 작품은 그녀가 촬영하는 것을 수정하고 그녀의 촬영에 의해 변화된다. 영화제작자 · 관찰자가 영화 촬영의 대상에게 그 영화를 보여주자, "영화의 '진실'이 영화의 신화적인 표현과 재결합하는 이상한 대화가 시작된다"(Rouch, 1978, p. 58). 내가 "영화 · 연극"이라는 용어를 로쉬에게서 직접 빌어 온 이유가 여기에 있다. 그녀는 자신의 문화 기술적 촬영과 자신이 촬영한 신들림 춤과 마술, 마법 간의 유사점을 상세히 설명하면서 "그것은 "영화 신들림ciné-trance"에 걸린 사람이 "실제 신들림"에 걸린 사람을 촬영하는 것이다."라고 쓴다(1978, p. 64).

우리는 연극 세계의 문화 기술학적 비디오 작업을 할 때 연극 세계를 보고 이를 재경험하는 것에만 그치지 않았다. 연극 세계를 재경험하는 과정 자체는 우리가 연극 세계에 관심을 갖게 된 과정을 반영하였다. 이러한 중첩성은 우리의 "영화 · 연극"의 결과이기도 한 반면, 이런 순환적 과정을 계속하는 데 있어서 우리의 영화를 놀이처럼 만든 것은 프레임을 다시 잡는 행위(Bateson, 1972)이기도 했다. 우리가 우리의 영화를 통해 페레지바니예의 생리학에 접근할 수 있는 까닭은, 그 영화들이 "묘사하는 세계들의 교차점을 우리가 직면할 수 있도록 해 주고"(MacDougall, 2006, p. 348) 새로운 인식을 생성해주기 때문이다. 데이빗 맥두걸David MacDougall은 우리의 영화 · 연극을 축하하면서, 우리가 우리의 문화 기술적 영화로 문화적 현실을 가로질러 건너갈 때 우리는 "초현실의 문턱"에 서는 것이며 초현실주의에서 얻는 "역설의 경험은 그 자체로서 중요하므로 이를 포착하여 새로운 인식이 생성되어야 한다."(2006, p. 348)는 교훈을 얻어야 한다고 주장한다.

더 나아가, 위에서 묘사했듯이, 우리가 연극 세계에 참여했을 때 우리는 아동들로부터 연극에 대해서 배우기로 동의했었다. 우리의 분석이 그 연극 세계의 연속인 한은 우리가 영화를 이용할 때 "연극"을 소외시킨다면 이러한 약속을 깨는 것이며, 연극 세계에 우리와 동등한 기여자로서 참여하기로 한 아동들을 모욕하는 것이다. 영화가 누구의 이야기를 하는가라는 질문은 도덕적이자 존재론적인 중요성을 지닌다: 영화가 "다른 누군가의 이야기 안에" 들어가면 대상들의 존엄성이 흔들리는데(Rouch, 1974)[7], 이러한 이유로 인해 우리는 "그것이 누구의 이야기인가?" (Mac Dougall, 1991)를 자문한다.

아동들이 연극을 통해 우리에게 어떻게 촬영을 해야할지를 알려준 것처럼 우리의 영화 · 연극은 우리가 연극 세계에서 연극을 하도록 도움을 주었다. 즉, 우리의 영화 · 연극이 우리의 연극 세계 창조와 합쳐진 것이다. 우리의 영화 촬영은 "새로운 지식을 갑자기 발견하는, 또는 발견할 수 있는 환경을 창조하는" 수단이 되었으며(MacDougall, 2006, p. 355), 이때 우리의 영화는 그 자체로서 지속적인 연구 과정이 되었다. 만일 아동을 촬영하는 것이 성인과 아동이 어떤 곳에서보다도 더 편안하게 만날 수 있는 공유의 자리를 창조해주지 않았더라면 이 일에 대한 성인과 아동 간의 인식의 차이는 메워지지 않았을 수도 있다.[8]

우리가 관심을 갖는 것은, 우리의 짤막한 실험적 단편 테이프의 내용에 나타났듯이 몰입과 고립 사이에서 이동하거나 이 둘 속에서 이중적으로 존재하는 것이다. 그것은 페레지바니예이며, 우리가 그 영화·연극을 통해 "살아진 추동력" 혹은 "더 몰입하는 동시에 더 고립된 채 세상에 낯설고도 강렬하게 접근하기"(MacDougall, 2006, p. 91)라는 내용을 표현하려고 노력함으로써 얻은 특질이기도 하다. 존재 간 이동이나 이중 존재는 우리 성인들이 아동들과 연극 세계를 창조하기 위해서 얻어야 할 것이기도 하다. 우리가 믿는 동시에 믿지 않는 것을 하지 않는다면 아동들은 우리와 연극을 하지 않으려고 할 것이기 때문이다. 연극 세계의 참여자들은 연극 세계를 현실의 창백한 그림자로서가 아니라, 마이클의 말을 빌리자면, "더 현실적인 것"(2009년 6월 마이클과의 개인적 대화)으로 경험한다. 참여자들은 이러한 경험을 연극 세계를 만들어내는 프레임을 창조할 때만 얻는 것이 아니다. 이 경험은 프레임을 창조하기 때문에 얻는 것이기도 하다.

이러한 이해가 영화·연극을 가능하게 하기 때문에, 페레지바니예를 경험적으로 연구 가능한 현상으로 만드는 것도 이러한 이해이다. 쉽게 포착되지 않는 페레지바니예의 역동적이고 엄청난 복잡성은 다양한 표현 방법으로 분석할 수 있다. 다양한 표현 방법들 중 어떤 것들은 그 자체가 페레지바니예를 불러일으키고 드러냄으로써 그 방법이 나타내려고 했던 페레지바니예의 예가 되기도 한다. 이러한 이해는 전통적인 사회과학에서 전제로 하는 방법과 목적 간의 분리에 대한 도전이라는 더 큰 방법론적 프로젝트에도 일조한다.

아동은 연극을 할 때 자신의 현 잠재력 이상으로 고양되므로, 연극을 하지 않을 때는 성취할 수 없었던 것을 성취하고 잠시나마 우리가 그들의 미래 자아라고 부르는 속에서 산다. 영화도 우리에게 잠재력의 미래와 미래의 자아를 잠시 볼 수 있게 해 주며, "운명 정해진 내러티브의 고정된 틀과 변경될 수 없는 논리를 벗어나서 삶으로의 짧은 비행"(Lupton, 2005, p. 93)을 할 수 있게 해 준다. 그리고 아동은 연극을 할 때 자신들을 한계점까지 밀고 가서 그들이 가장 무서워하는 것 바로 옆까지, 그들의 신체적이고 정서적인 자아를 정말로 위협하는 악마의 바로 옆까지 간다. 아동은 자신에게 도전하기 위해서, 그리고 위험이 없이는 자신에게 도전할 수 없으므로, 위험하다고 지정된 장소에 들어간다. 우리는 영화에 의해 매개되지 않는 "현실의" 시간보다 영화의 시간에 더 빠지므로 영화의 프레임 안에서는 미래를 잠시 볼 수 있는 능력이 현기증처럼 어지럽게 소용돌이치는 감각과 함께 존재한다(Alter, 2006).

연극 세계에서의 페레지바니와 영화·연극의 '살아진 추동력'은 비상하게 되는 추락이며 추락하게 되는 비상이다. 레이첼이 말한 대로 "날아가고 있는 것 같아."와 같은 것이다. 연극과 연극의 생생한 표현 속에서 문득 새로운 지식이 발견되는 환경의 창조에 대해 펄과 앤드리아가 우리에게 다음과 같이 말한다: "위를 보면 더 빨리 가." 그리고 "내가 왜 뒤로 가고 있지? 볼 필요가 없어. 내가 어디로 가고 있는지 아니까."라고.

참고문헌

Alter, N. M. (2006). *Chris Marker.* Urbana, IL: University of Illinois Press.

Aries, P. (1962). *Centuries of childhood.* New York: Knop.

Bateson, G. (1972). *Steps to an ecology of mind: Collected essays in anthropology, psychiatry, evolution,* and epistemology. San Francisco: Chandler.

Baumer, S., Ferholt, B., & Lecusay, R. (2005). Promoting narrative competence through adult-child joint pretense: Lessons from the Scandinavian educational practice of playworld. *Cognitive Development, 20*, 576-590.

Cole, M., Levitin, K., & Luria, A. (2006). *The autobiography of Alexander Luria: A dialog with the making of mind.* Mahwah, NJ: Lawrence Erlbaum Associates.

Conquergood, D. (2002). Performance studies: Inventions and radical research. *The Drama Review, 46*(2), 145-156.

Dagis-TV:s utblidningsprogram om Ett lekpedagogiskt arbetssätt från Hybelejens daghem I Karlstad med Gunilla och Jan Lindqvist. TV-producent: Brigitta Sohlman, UR, 2006-93517-1.

Fass, P. S. (2007). *Children of a new world: Society, culture, and globalization.* New York: New York University Press.

Ferholt, B. (2009). *Adult and child development in adult-child joint play: The development of cognition, emotion, imagination and creativity in playworld.* Unpublished doctoral dissertation, University of California, San Diego.

Hakkarainen, P. (2004). Narrative learning in the fifth dimension. *Outlines: Critical Social Studies, 6*(1), 5-20.

Lewis, C. S. (1950). *The lion, the witch, and the wardrobe.* New York: Macmillan.

Lindqvist, G. (1995). *The aesthetics of play: A didactic study of play and culture in preschools.* Uppsala, Sweden: Uppsala University.

Lindqvist, G. (2001). When small children play: How adults dramatize and children create meaning. *Early Years, 21*(1), 7-14.

Lupton, C. (2005). *Chris Marker: Memories of the future.* London: Reaktion Books.

MacDougall, D. (1991). Whose story is it? *Visual Anthropology Review, 7*(2), 2-10.

MacDougall, D. (2006). *The corporeal image: Film, ethnography, and the senses.* Princeton, NJ: Princeton University Press.

Miyazaki, K. (2007). Teacher as the imaginative learner: Egan, Saitou and Bakhtin. Paper presented at the 2nd Annual Research Symposium in Imagination and Education, Vancouver, Canada.

Nilsson, M. (2008). Development of voice through the creative process and multimodal tools in digital storytelling. Paper presented at the Second Congress of the International Society for Cultural and Activity Research, September pp. 9-13, 2008, San Diego, CA.

Rainio, A. P. (2005). Emergence of a playworld. The formation of subjects of learning in interaction between children and adults. *Working Papers 32.* Center for Activity Theory and Developmental Work Research, University of Helsinki, Finland.

Rainio, A. P. (2008a). Developing the classroom as a figured world. *Journal of Educational Change, 9*(4), 357-364.

Rainio, A. P. (2008b). From resistance to involvement: Examining agency and control in a playworld activity. *Mind, Culture and Activity, 15*(2), 115-140.

Rouch, J. (1974). The camera and man. *Studies in the Anthropology of Visual Communication, 1*(1), 37-44.

Rouch, J. (1978). On the vicissitudes of the self: The possessed dancer, the magician, the sorcerer, the filmmaker, and the ethnographer. *Studies in the Anthropology of Visual Communication, 5*(1), 2-8.

Schechner, R. (1985). *Between theater and anthropology.* Philadelphia: University of Pennsylvania Press.

Sobchack, V. C. (1992). *The address of the eye: A phenomenology of film*

experience. Princeton, NJ: Princeton University Press.
Sobchack, V. C. (2004). *Carnal thoughts.* Berkely: University of California Press.
Stanislavsky, K. (1949). *Building a character.* New York: Theater Arts Books.
Tobin, J., & Hsueh, Y. (2007). The poetics and pleasures of video ethnography of education. In R. Goldman (Ed.), *Video research in the learning sciences* (pp. 77-92). New York: Lawrence Erlbaum Associates.
Vygotsky, L. S. (1971). *The psychology of art.* Cambridge, MA: MIT Press.
Vygotsky, L. S. (1978). *Mind in society: The development of higher psychological processes.* Cambridge, MA: Harvard University Press.
Vygotsky, L. S. (2004). Imagination and creativity in childhood. *Journal of Russian and East European Psychology, 42*(1), 7-97.

감사의 말

퍼홀트 교수는 이 프로젝트를 같이 한 사람들과 멘토들에게 진심으로 감사를 전하고자 한다. 그들은 "마이클"의 학급 아동들과 "마이클", 소냐 바우머, 로버트 르커세이, 라스 로슨, 마이클 콜, 패트릭 앤더슨, 베네타 줄스-로제트, 애나 마랴노비치-셰인, 모니카 닐슨, 키요타카 미야자키, 펜띠 해커레이넌, 애나 레이니오이다.

‖ 미주 ‖

1 참여자들의 사생활을 보호하기 위해 이름을 모두 가명으로 바꾸었다.
2 영화와 비디오가 다른 점들이 있다고 일반적으로 알려져 있으나, 이 장에서는 이에 대해 논의하지 않을 것이다. 비디오는 사실에 대한 것이며 영화는 허구에 대한 것이라는 논의는 나의 주장과 관련되나 반드시 필요한 것은 아니다. 따라서 나는 '비디오'와 '영화'라는 말을 혼용하겠다.
3 이러한 연극 세계에 대한 묘사와 분석에 대해선 다음을 볼 것. Baumer et el., 2005; Hakkarainen, 2004; Lindqvist, 1995, 2006; Miyazaki, 2007; Nilsson, 2008; Rainio, 2005, Rainio, 2008a & 2008b.
4 알렉샌더 루리아는 "관찰을 올바르게 한다면 대상의 다양한 풍부함을 보존한다는 낭만적 목적을 간과하지 않으면서 사실의 설명이라는 고전적인 목적을 달성한다." (2006, p. 178)고 말한다.
5 영화를 이 장에 넣을 수는 없었으나 저자에게 요청하면 볼 수 있다.
6 우리는 연극 세계 양식의 상호작용 장면들을 처음에 여러 가지 방법으로 촬영했다. 그중에서 "살아진 추동력"이 장면에 더 즉각적으로 들어가도록 촬영 기사에게 비디오 장면이 아니라 영화 장면처럼 보이게 카메라를 조절해 달라고 한 것이 있다.
7 조셉 토빈Joseph Tobin과 예 쉐이Yeh Hsueh(2007)는 아동 연극의 다른 학자들로서, 영화를 사회적·과학적 기록이자 예술 작품으로서 분석하기 위해 제작한다. 그러나 그들의 자료를 이루는 것은 영화 자체가 아니라 영화가 촉발하는 대화이다.
8 로쉬(1974)는 "참여적 인류학"을 옹호하면서 이렇게 주장한다.

• 11장 •

생각과 언어로 놀이하기:

중등학교 문식력 수업에서 가르치기, 그리기, 쓰기와 미학

미셸 조스

비고츠키는 『예술의 심리학』 *Psychology of Art*(1925/1971)에서, 예술은 경험에서 구성되지만, 경험이 예술 없이 구성될 때보다 경험에 더 많은 의미를 불어넣는다고 주장한다. 그림은 사회적 공간에서 구성된 감정이 들어간 상황 예술 작품이다. 이 속에서 예술가는 개인적 반응들로 짜여진 이미지를 만드는 기회를 갖는데, 개인적 반응에는 생각이나 사물이나 경험을 통해 아는 사람에 대한 세부사항들을 포함한 물질적 정보와 정서 같은 것이 있다. 예술가는 최종의 산물을 만들기 위해 자신의 개인적 경험을 자신이 창조하는 대상들에 통합한다.

현대의 미국 학교에서는 학생들이 영어를 수학과 과학과 예술과 연결성이 없이 분리된 조각으로 학습한다. 영어 수업 내에서도 짤막한 문법 활동으로 수업을 시작하고 단편을 읽은 후에 일련의 쓰기 연습을 하는 것처럼 활동들이 고립된 단위로 분리될 수 있다. 각 활동들은 교과서나 교과서 시리즈 단원의 일부일 수도 있는데 이것 역시 학생들의 개인적 삶에서 단절되어 있다. 나는 이 장에서, 영어 수업 시간에 시각 예술을 수업에 이용함으로써 교육과정 내에서 연결성을 만들고 학생들의 경험과도 연결하려고 노력한 교사를 소개한다. 내가 조사하는 교사는 특히 문식력 교사인데, 학생들이 그림 그리기와 글쓰기를 함께 이용하여 문학에 대한 반응을 작성하도록 하고 교실의 사물들과 학교에 매일 가지고 오는 것들을 묘사하고 재정의하면서 언어로 놀이하도록 가르치는데 관심이 있다. 그 교사는 교육과정 내에서 언어와 이미지를 가지고 놀이를 함으로써 교실에서 이용하는 사물들에 학생들이 개인적 경험을 짜 넣는 기회를 창조하는 데 도움을 준다.

비고츠키(1925/1971)는 미학과 예술에 대한 논의에서 예술 작품을 지각하는 사람과 관련된 감정과 신체, 예술 작품의 역할을 고려한다. 그는 "예술은 느낌과 상상의 결합에 바탕을 둔다."(p. 215)고 주장한다. 이 말은 교실의 학생들과 교사들의 작품이 개인적 이야기와 경험과 감정을 교육과정에 가지고 오는 기회라고 보는 시각을 창조한다. 비고츠키(1994)는 감정과 사고의 연관성을 더 설명하기 위해 **페레지바니예**perezhivanie라는 개념을 써서 한 개인이 그의 환경과 사고-감정과 변증법적 관계를 맺고 있다는 생각의 틀을 제공한다(Connery, 2006). 코너리(Connery, 2006)가 설명하듯이, 한 개인이 만들어내는 의미들에는 "현재 눈앞에 보이는 맥락에 대한 의식이나 이해, 해석, 강조, 태도와 감정적인 상태"(p. 49)들이 포함되어 있다. 다시 말해, 이 연구의 교사와 학생들의 작품을 보는데 있어서, 수업에 연관된 의미 만들기 활동을 다차원적이고 감정이 포함되며 교실의 구체적인 환경에서 일어나는 것으로서 이해하는 것이 도움이 된다. 나는 이 교실에서 일어나는 활동을 학생들과 교사, 그리고 그들이 사용하고 만드는 자료들의 상호 관계뿐만 아니라 수업시간에 그들이 하는 말과 만드는 산출물들에 드러나듯이 그들이 이러한 관계에 부여하는 의미들 간의 복잡한 관계로 이해한다.

나는 이 장의 초점인 교실의 참여 관찰자로서, 학생들이 그림과 의상,

글쓰기, 스토리텔링을 통해 교육과정에 대한 생각을 드러내는 것을 관찰하고 귀를 기울였다. 나는 이 학교 공간에서 보고 들은 것을 조사하기 위하여 수호Suhor(1984, 1992)의 기호학 기반의 교육과정을 근거로 하였다. 기호학 기반의 교육과정은 인간이 의사소통을 위해 사용하는 다중 기호 체계들이 탐구할 만한 영역으로서의 가치가 있다고 본다. 교육과정에 대한 이러한 시각은 의사소통과 표현을 언어를 넘어서는 복잡한 활동으로 본다. 다시 말해, 의사소통은 언어와 이미지, 몸짓, 구성 등의 기호를 이용하여 독자적이면서도 동시적으로 일어날 수 있는 것으로 이해된다. 존-스타이너John-Steiner(1995)는 인지적 다원주의에 대한 연구에서 여러 가지 기호 체계를 이용한 다양한 의사소통 수단을 강조한다. 그는 성인과 아동들 연구를 통해 사고가 어떻게 다차원적이며 언어에만 제한되어 있지 않은지를 보여준다. 여기에서 강조하는 수업들에서는 학생들이 여러 가지 다른 기호 체계들을 이용하는데, 그 예로 구어와 문어의 언어 기호, 행동과 의상의 몸짓 기호, 그림의 영상 기호들이 있다. 이 공간에서는 학생들이 다양한 의사소통 양식을 이용하여 생각을 시각적이고 언어적으로, 그리고 공간적으로 나타내 보이고 놀이를 함으로써 다양한 양식의 사고가 촉진된다. 비고츠키(1925/1971)는 "예술은 우리의 몸을 이용하고 몸을 통해서 행해진다."(p. 253)고 단언한다. 이 장에서 보여주고자 하는 교실에서는 실제로 학생들의 몸과 감정이 학습 활동의 매우 중요한 부분이 된다.

이 장에서는 한 교사가 다양한 표현 수단을 수용하는 문식력 지도를 위해 교육과정을 개발해가는 길을 보여준다. 학생들이 언어와 이미지와 몸짓으로 만든 작품들은 교육과정을 확장한 것으로서(Eisner, 2002), 교육과정의 문을 열어 감정을 포함하였다. 교사는 이렇게 기호학적이고 정서적으로 풍부한 환경 속에서 학생들이 학업을 그들의 학교 안과 밖의 산 경험들과 연결시키도록 이끌었다.

이 연구의 문식력 교사는 미국 동남부의 시골 지역에서 가르치는 셰렐이다. 셰렐은 6학년 수업을 매일 80분간 했으며, 영어와 읽기를 가르쳤다. 이 수업의 교육과정은 전반적으로 주에서 정한 6학년 수행 기준을 따르고 있었다. 그러나 셰렐의 교실의 교육과정은 학생들이 말의 부분들을 밝히거나 설득하는 에세이 쓰기 혹은 실용문 쓰기의 개요를 설명하는 것 이상이었다. 그녀는 학생들이 단어를 사용하여 문학 텍스트에서 발견한 용어들과 교실에서 찾을 수 있는 사물들 간의 관계를 밝히도록 하였으며, 그림을 이용하여 학생들 자신의 문학 경험과 학교에 다니는 개인적 경험들을 탐구하도록 하였다.

나는 이 장에서 셰렐이 세 번의 수업에 걸쳐 단어와 문학 반응과 개인적 내러티브를 어떻게 가르치는지에 대해 쓰면서 교사가 교실에서 언어와 작문을 어떻게 시각적으로 만들고 계속 다루는지를 논의한다. 셰렐은 학생들에게 언어가 교실의 시각적 풍경의 일부라는 것을 가르치려고 노력했다. 단어는 단지 책이나 포스터의 일부로서뿐만 아니라 교실의 물리적 공간을 묘사하고 재정의하는데도 쓰일 수 있었다. 셰렐은 학생들에게 그들 교실의 시각적 공간에 어떻게 주의를 기울여야 할지를 가르치면서 언어적인 세부사항에도 주의를 기울이도록 하였다. 그녀는 학생들에게 등장인물들이 연루된 상황을 시각화하기 위하여 문학 작품의 세부사항에 주목하라고 하였으며, 이러한 시각화를 위해 소품들을 이용하여 급우 한 명에게 의상을 입히도록 한 후 그 단편에 나오는 인물의 초상화를 그리도록 하였고, 마지막으로는 읽은 것과 의상, 연기, 그리고 그림을 통해 갖게 된 시각에서 그 인물에 대한 글을 써보도록 하였다. 셰렐은 다른 수업에서는 학생들에게 학교에 메고 오는 가방의 물리적이고 정신적인 무게를 생각해보고 그들의 6학년 경험 전체를 생각해 보도록 하였다. 학생들은 자신들의 가방을 크게 그린 후 그들이 갖고 다니는 눈에 보이는 것들과 보이지 않는 것들에 대해 적었다. 수업은 학생들이 학교에서 겪는 개인적 경험들에 대부분 의지하였다. 이 세 번의 수업은 영어와 읽기에서 학생들이 수행해야 할 과제들을 제공하는 주 단위 교육과정을 따르되, 학생들이 언어와 이미지를 가지고 놀이하며 자신들의 읽기와 쓰기, 학교 다니기에 대한 경험들을 활용하는 기회를 만드는 교육과정을 빚어냈다. 이제 세 번의 수업 각각에 대한 논의를 시작하겠다.

단어 수업과 놀이, 교실의 시각적 공간

셰렐은 단어를 다면적인 활동으로 가르쳤는데, 이러한 활동 속에서 학생들은 교육과정에 연결된 특정한 단어들의 의미를 정의하기 위하여 언어와 이미지, 물리적 공간들을 이용하였다. 셰렐은 단어를 가르칠 때 학생들이 맺는 개인적 연관성에 중점을 두고, 학생들에게 단어와 환경 간에 새로운 연관성을 만들어내는 방식으로 교실의 물리적 공간과 사물들을 인지하도록 했다. 학교의 모든 교사는 교실에 단어를 시각적으로 붙여놓아야 했는데, 많은 교사는 게시판 크기의 자리를 차지하는 "워드 월"에 수업시간에 교과서와 소설, 워크북 등 교육과정에서 사용하는 기타 자료들에서 발견하는 단어들을 붙여 놓고 있었다. 셰렐의 교실에는 방습지로 만든 큰 거미가 "단어 망" 위에 자리 잡고 있었다([그림 1] 참조). 셰렐은 여러 주에 걸쳐서 매주 대여섯 개의 단어를 골라서 거미줄에 붙였다. 이 단어들은 그녀와 학생들이 문학 선집 텍스트에서 읽고 있는 단편과 시에서 나온 것이었다. 단어는 월요일에 붙여졌으며 학생들은 이 몇 안 되는 단어로 전형적인 단어 활동들을 하였다. 학생들은 용이사전이나 사전을 이용하여 종이에 단어를 정의하고 각 단어가 말의 어느 부분에서 쓰였는지를 밝힌 후, 그 단어를 이용하여 문장을 썼다. 셰렐이 학생들에게 시킨 활동에서 이것보다 덜 전형적인 것은 단어의 정의를 쓰고 이 단어를 묘사하는 장면을 그리는 것이었다. 예를 들어, 어떤 주에는 "도사리다"라는 단어가 나왔는데, 여러 명의 학생이 동굴 속에서 늑대의 눈이 나무나 수풀 사이로 내다보고 있는 것을 그렸다. 도사린다는 말은 늑대에 대한 단편에서 나온 것이었으며 학생들은 단어 그림 그리기를 하기 위해 이야기에서 발견한 정보를 이용했다.

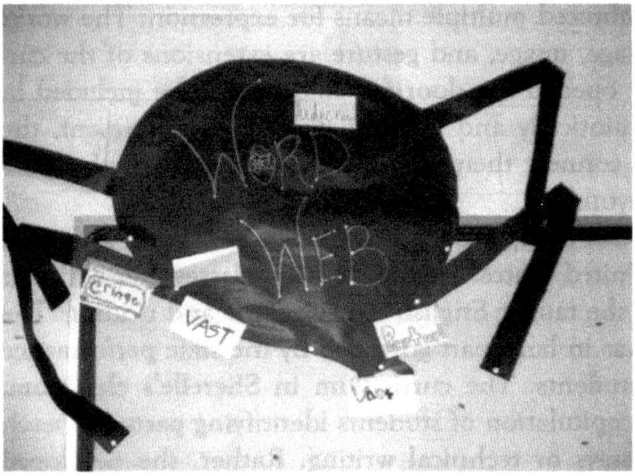

[그림 1] 거미 단어 망 셰렐 패티솔의 허가로 수록함

셰렐은 주중에는 단어들을 거미 단어 망에 붙여 놓고 수업시간에 학생들에게 의미를 정의하고 그림을 그리도록 하고, 그들이 쓴 글과 그림을 공부하여 금요일에 치는 시험을 준비하도록 했다. 학생들은 시험에서 단어를 정의와 짝짓고, 각 단어가 말의 어느 부분에 해당하는지를 밝히고, 단어를 정의하는 문장을 쓰고, 마지막으로 한 단어를 골라 그림을 그렸다. 학생들은 그 주의 단어 중 어느 것이든지 그림으로 그릴 수 있었다. 그림은 A4용지 크기의 종이 전체를 차지해도 되었으며 짤막하게 묘사하는 글을 곁들였다. 셰렐은 단어를 이미지로 나타낼 때는 예술가/작가의 의도를 이해시키기 위해서 글 묘사가 있어야 한다고 설명했다.

셰렐은 시험을 친 후에 거미줄에서 일주일을 보낸 단어들로 하는 마지막 활동을 소개했는데, 이것은 의미가 거미의 손 밖으로 나와서 살게 되는 새로운 삶에 대한 것이었다. 그녀는 학생들에게, 거미는 사실 채식주의자이므로 거미줄에 걸린 단어들을 잡아먹는 데 관심이 없다고 하였다. 그리고 학생들이 단어들에게 교실 공간에서 새로운 삶을 살 기회를 줄 수 있다고 제안하였다. 단어들이 새집에서 삶을 계속하려면 거미줄에서 "풀려나야" 했다. 따라서 학생들이 해야할 일은 단어의 뜻을 기억하는 데 도움이 될 새집을 찾아주는 것이었다. 학생들은 소집단으로 모여 단어 한 개를 받고 그 단어를 뒷면에 접착력이 있는 카드지에 큼직하게 쓴 후 그 단어가 평생을 어디에서 보내야 할지를 결정하였다. 그러고 나서 각 그룹은 교실에서 단어의 뜻을 기억하기 위해 이용하고 싶은 장소에 단어를 붙였다. 셰렐은 영어와 읽기를 세 반을 가르쳤기 때문에 각 반에서 교실에 풀어놓아 줄 단어들이 나왔다. 따라서 "은신처", "거대하다", "동요하다", "방해하다" 등의 단어에 대해 세 장씩의 카드가 공간 여기저기에 놓이게 되었다. 각 그룹은 단어들을 사물에 확실히 붙인 후에 그들이 받은 단어와 그 단어의 새집이 어디에 있는지, 그리고 그 위치를 잡은 데 대한 이유를 학급에 보고했다.

단어들은 교실 전체의 사물들과 다른 단어들 옆에 붙여졌다. 셰렐의 6학년 학급의 행동 규칙을 적은 작은 포스터와 텔레비전은 "방해하다"라는 단어를 뽐내고 있었다. 텔레비전에 "방해하다"를 붙인 학생들은 텔레비전이 그들이 집에서 숙제하는데 방해가 될 수 있기 때문이라고 설명했다. 반면에, "방해하다"를 규칙 위에 붙인 그룹은 그 규칙들이 그들이 학교에서 친구 사귀는 것을 방해하고 또래들끼리 발전시키고 싶은 관계를 억누를 수도 있기 때문이라고 설명했다. "방해하다"라는 단어의 두 예만 보아도 학생들이 교실 공간이 학교 밖의 자신들의 삶(텔레비전)과 어떻게 연결되며 동시에 학업 수행(숙제하는데 방해가 됨)과 어떻게 연결된다고 생각했는지를 보여주었다. 교실 공간은 또한 학생들이 학교에서 자신들의 행동에 대해 기대하는 것(또래들과의 관계 형성)과 그들의 행동에 대한 교사의 기대(존중과 책임에 대한 집단 규칙)를 상기시켜주는 역할도 했다.

거미 자체도 학생들이 단어를 놓는 곳 중의 하나였다([그림 1]을 볼 것). 두 그룹이 거미에 "거대하다"와 "터무니없다"를 붙였는데, 두 그룹 다 거미의 상대적인 크기가 그러한 이름표를 붙인 이유라고 하였다. 다른 그룹은 거미의 감정을 묘사하였다. 그 그룹은 "동요하다"를 이용하여 거미가 자기가 먹지 못하는 단어들이 거미줄에 걸려 있는 것에 대해 어떻게 느낄지를 나타냈다. 한 그룹은 개인적 연관성을 찾는 수단으로서 거미를 사용하기로 하였다. 이 그룹은 거미에 "움찔하다"라는 단어를 붙였는데 그룹 중 한 학생이 거미를 무척 무서워해서 그 학생이 진짜 거미를 보면 어떻게 반응하는지를 이 거미가 떠올려준다고 설명하였다. 이 거미는, "방해하다"라는 단어를 붙인 것처럼, 언어가 학생들의 환경을 묘사하는 데 어떻게 유연하게 이용될 수 있는가에 대한 학생들의 생각의 발달을 보여주는 공간이다. 그 거미는 분명히 거대하다는 이름표 외에는 다른 것은 붙지 않을 수도 있었다. 그러나 학생들은 거미에 대한 생각을 확장시켜서 거미류의 가슴둘레가 터무니없다고 묘사하고, 그들이 단어들을 교실 여기저기에 흩어 놓는 이유를 생각하고 동요라는 인간 감정이 일부 기인하는 것으로 보면서, 거미에 대한 그들의 일반적인 느낌을 우스꽝스러우리만치 큰 종이로 만든 거미에 연결하였다.

나는 이 교실에서 연구자로 일하면서 단어를 이렇게 재정의하는 것이 학생들에게 언어와 시각적 환경 사이에서 유연하고 목적이 있는 관계들을 창조해주는 것을 보았다. 다시 말해, 셰렐이 이용한 이런 단어 활동들은 학생들이 단어의 다중적이고 다양한 의미들을 창조하기 위해 글쓰기와 그리기, 그리고 지각하기를 이용하여 언어적 용어들을 학습할 수 있게 해주었다. 거미 단어 망에서 단어를 "풀어주는" 행위는 학생들이 단어 지각

놀이를 하고 그들이 적어도 매일 80분을 보내는 더 큰 물리적 공간과 단어 간의 잠재적인 연관성을 가지고 놀이를 하는 시간을 주었다.

시지스먼드Siegesmund(1999)는 미학aesthetics이라는 말의 어원이 바움가튼 Baumgarten(1750/1961)이 "지각하다"를 뜻하는 고대 그리스어 "aisthanesthai"에서 만들어낸 단어에서 온 것임을 언급하면서 관계를 지각하는 것은 미학과 관련된 것이라고 한다. 이 경우에 지각은 지각하는 사람과 지각되는 것 사이의 관계이며, 양자는 서로에게 영향을 미친다. 셰렐의 교실에서 단어를 풀어주는 수업은 학생들이 특정한 단어들을 이용하여 매일 마주치는 시각적 공간에 영향을 미치는 수단이었으며, 나중에는 이름표가 붙은 공간이 단어들이 특정한 맥락에서 무엇을 뜻하는지를 상기시켜줌으로써 학생들에게 영향을 주었다. 셰렐은 학생들에게 학습할 단어를 몇 개 주었으며 학생들은 공간과 상호작용을 하였다. 따라서 교실의 물리적 공간은 학생들이 필요에 따라 소비하도록 교사가 전적으로 구성한 것이 아니었다. 이와 반대로, 물리적 공간은 진행 중이었으며 학생들이 의미 만들기 놀이를 발전시킴에 따라 정의되고 재정의되었다. 스마고린스키Smagorinsky(2001)는 개념 발달의 중심점으로서의 감각과 발화에 대한 비고츠키의 연구에 근거하여, 학생들이 잠정적인 텍스트를 쓰면 그 텍스트를 어떤 개념에 대한 그들의 현재 이해에 대한 표시인 동시에 그 개념의 지속적인 발달의 매개로써도 사용할 수 있다고 주장한다. 셰렐의 교실에서 단어를 어느 위치에 놓은 것은 그 단어가 뜻할 수 있는 의미에 대한 잠정적인 텍스트였다. "방해하다"와 같이 어떤 한 단어가 여러 군데에 놓인 것은 한 단어 (또는 개념)의 의미는 변화할 수 있는 것이며, 그 단어/개념이 놓인 맥락이 중요한 것이고, 다양한 의미의 여지가 있는 것이라는 것을 학생들에게 알려준다.

학생들에게 반드시 말로 표현된 것은 아니지만, 이 단어 수업에서 셰렐의 행동은 단어에 대한 이해를 발달시키는 학습이 개념의 발달 또한 어떻게 매개하는지를 보여준다. 이것은 언어에서 한 단어의 기능은 맥락과 지각하는 사람(학생)이 발견하는 맥락 속의 관계들 속에서 변할 수 있고, 자유롭게 활용될 수 있으며, 바뀔 수 있다는 생각과 같다. 궁극적으로, 단어를 교실 여기저기에 놓는 것은 학생들이 단어에 대한 자기 나름의 의미와 급우들이 똑같은 단어에 대해 가질 수 있는 잠재적인 의미를 형성하는 데 도움을 주었다. 스마고린스키(2001)는 매개된 활동을 통한 개념의 발달을 설명하는데 비고츠키의 **감각**과 **의미**라는 개념을 이용한다. 학생들은 단어와 단어의 의미가 가변적이고 변화할 수 있다는 것을 배우면서 단어에 대한 자신들의 감각을 지속적으로 발달시킨다. 이 경우에 감각이란 빗방울로 가득한 의미의 구름과 같은 것이며 빗방울은 의미의 발화이다. 달리 말해, "움찔하다"라는 의미에 대해 어떤 학생의 감각은 실제 거미를 경험하면서 형성되기 시작하고, 그 학생이 그 단어를 단편의 맥락에서 읽으면서 발달되고, 교실 벽에 붙은 거대한 거미를 볼 때마다 계속 확장된다. 그 학생이 거미 단어 망이 있는 교실이라는 이 특정한 맥락에서 "움찔하다"가 무엇을 뜻하는지를 표현하는 것은 거미가 그 학생의 몸을 이렇게 반응하도록 만든다는 설명과 함께 그 단어를 거미에 붙이는 것이다. 움찔한다는 의미는 이 개별적인 발화의 빗방울에 제한되어 있지는 않다. 왜냐하면 그 학생의 감각 구름에는 그가 맥락들에 따라 다양한 의미로 발화할 수 있도록 해 주는 다른 경험들이 많이 들어있기 때문이다. 단어 풀어주기 활동은 셰렐이 학생들이 개념의 발달과 단어와의 개인적 연관성을 시각적이고 언어적으로 표현하도록 어떻게 가르쳤는지를 보여주는 예이다. 전통적인 의미에서의 그림은 아니지만, 교실 전체에 단어를 배치하는 구성은 교실 환경에 대한 학생들의 지각을 시각적으로 구성하는 것이다.

읽기, 몸짓, 그리기, 쓰기를 통해 인물을 시각화하기

셰렐은 단편 단원을 이용하여 학생들에게 텍스트 읽기에 대한 그들의 생각을 그림으로 그리도록 하였다. 학생들은 단편 세 개를 읽었는데, 나는 여기에서 작품을 만드는 과정의 일부로 몸짓이 들어간 이야기에 초점을 두겠다. 학생들은 커트 보네거트Kurt Vonnegut(1961)의 단편 『해리슨 버저론』*Harrison Bergeron*을 읽었다. 이 이야기는 세상 사람들이 보네거트가 "장애화" 과정이라고 묘사하는 것을 통해서 평등하게 되는 유토피아 사회에 대한 이야기이다. 즉, 외모가 아름다운 사람들은 눈썹을 밀고 흉측한 가면을 써서 평범한 외모가 되고, 똑똑한 사람들은 굉음과 쾅 치는 소리를 아무 때나 내는 장치를 내이에 이식해서 일관성 있는 생각이 계속 일어나는 것을 억눌러야 한다. 이야기의 주인공인 해리슨 버저론은 지상에서 가장 잘생기고 힘세고 똑똑한 사람이다. 그 결과로 그는 여러 가지 심한 장애를 겪어야 한다. 셰렐은 학생들에게 이 이야기를 읽은 후에 해리슨 버저론이라는 인물의 세부사항에 주목하고 바람직한 특질들을 가진 사람을 "장애화"시킨다는 것이 무엇을 뜻하는지를 생각해보라고 했다. 학생들은 서너 명씩 그룹을 지어 "아름답다", "민첩하다", "똑똑하다"와 같은 특질이 쓰여 있는 카드를 받았다. 그룹마다 다른 특질들을 받았는데 이러한 특질들을 억누르기 위해 공동의 물건들을 이용하여 그룹별 한 명씩에게 의상을 입히는 것이 목적이었다. 셰렐이 의상 치장을 위해 교실에 가지고 온 공동의 물건들에는 스카프, 스웨터, 셔츠, 모자, 조리도구, 장갑, 벨트, 선글라스가 있었다. 학생들은 교실에서 볼 수 있는 다른 사물들도 무엇이나 사용할 수 있었다. 따라서 사전은 민첩하고 힘센 특징을 누르고 방해하는 무거운 것이 되었으며, 종이로는 아름다움을 변화시키는 가면을 만들었고, 연필과 펜은 지적인 생각을 방해하는 무선 송신기 안테나로 부착되었다.

"해리슨 버저론 만들기"를 위해 학급 친구를 꾸미는 과정에는 발표 준비도 포함되었다. 의상 없이 수행해야 했던 한 가지 특질은 "유머감각이 있다"는 것이었다. 학생들은 반 친구들이 그들에게 씌워 준 모든 장애물로 거추장스러운 가운데 어떻게 하면 웃기지 않게 보일지를 생각해야 했다. 그래서 학생들은 정말로 나쁜 농담을 하기로 했다. 의상을 꾸미는 과정과 발표 연습 전반에 웃음소리가 간간이 터져 나왔다. 각 그룹에서 한 명씩 변신하면서 교실에서 놀이의 감각이 뚜렷하게 드러났다. 그 학생들에게 의상에 대한 여러 가지 아이디어가 몰리자 의상을 만들어내는 학생들이 의상이 가능할지를 자신의 몸에 해 보았다. 예를 들어, 해리슨이 아닌 학생이 그룹에서 해리슨으로 정해진 학생에게 모자를 씌우기 전에 모자를 자신의 눈에 대고 그 물건이 장님 상태를 만들 수 있는지를 시험해 보았다. 학생들은 주걱과 숟갈들로 머리와 손, 발과 다리를 누르면서 신체 부위 중 어느 곳이 이런저런 도구로 가장 방해를 받을지를 판단했다. 학생들은 속삭이고 소리치고 낄낄 웃으며 생각을 큰 소리로 이야기하면서 사전을 묶은 스카프를 해리슨 역할을 하는 학생 허리에 묶으려고 하였다. 이것은 당면한 문제를 해결하기 위해 학생들이 웃고 움직이고 서로 얘기하는 활동이었다. 그들은 필요로 하는 물건을 찾을 수 없어서 대체물을 찾기 위해 도움을 요청할 때만 셰렐과 의논을 했다. 셰렐은 그룹을 돌아다니며 학생들이 주어진 문제의 특질을 어떻게 해결하고 있으며 다양한 의상들이 어떻게 그들이 문제를 해결하는 특징이 되는지를 물었다. 각 그룹은 "해리슨 버저론 만들기" 의상이 완성된 후에 교실 한가운데에 서서 반 친구를 단편에 나오는 인물처럼 어떻게 바꾸어놓았는지를 발표했다.

셰렐은 의상 입히기와 공연이 끝난 후에 학생들을 제 자리에 돌아가도록 하고 그 단편에서 해리슨 버저론의 신체적 특징을 묘사하는 부분을 다시 읽도록 하였다. 그 후에 학생들은 그들이 보네거트의 글에서 본 것을 시각적으로 보여주기 위해 상세한 언어적 묘사와 함께 해리슨의 초상화를 그렸다. 학생들은 연필과 매직펜을 가지고 가로 8.5인치와 세로 5.5인치 크기의 종이에 그림을 그렸다. 그림을 완성한 후에는 해리슨 버저론에 대한 묘사와 이야기 속에서 그가 사는 삶을 묘사하는 글을 썼다. 그림과 글은 학생들이 이 단편을 읽으면서 배운 것을 보여주는 작품으로서 나중에 교실에 전시되었다.

놀이의 기회를 제공하는 수업으로서, 『해리슨 버저론』을 읽고 극과 그림/글쓰기를 구성한 것은 학생들이 이야기의 언어를 가지로 어떻게 놀이를 할 수 있는지를 보여주는 훌륭한 예이다. 나는 언어로 놀이한다는 것의 의미가 학생들이 아름답고 똑똑하고 힘이 센 특질을 어떻게 반대로 만들지를 생각하기 위해 의상을 가지고 놀이를 한 후에 그림과 글로 자신들의 해리슨에 대한 시각을 창조하기 위해 보네거트가 사용한 언어로 놀이하는 것이라고 본다. 에이버리라는 한 학생은 다음과 같이 썼다.

> 내 그림은 잘 생긴 사람을 그린 것이다. 아니면 잘 생겼던 사람. 해리슨은 미래에 모든 사람이 다 똑같이 생긴 가운데에서 강제로 주변의 모든 사람과 똑같게 된다. 그는 자신에게 계속해서 충격을 주는 귀 장치를 해야 한다. 그는 금속 조각과 거대한 안경을 써야 하고 눈이 시뻘겋게 된다. 대단한 미래이지 않은가.

이 지문에서 에이버리의 논평은 자신이 보네거트가 구상한 미래를 상상할 수 있음을 보여준다. 마지막 문장에서의 풍자는 에이버리가 동일함에 기본을 둔 사회의 가치를 어떻게 문제시했는지를 보여준다. 그러나 이러한 서술들은 에이버리가 사람들을 똑같게 만드는 것에 관련된 많은 어감을 탐구할 수 있도록 해 주는 시간과 자료가 수업 중에 있었기 때문에 가능한 것이었다. 학생들은 해리슨 버저론을 반 친구로 꾸미고 해리슨을 문학적 인물로서, 그리고 글로 묘사할 수 있기 위해서 수업 전체에 걸쳐 "언어와 몸짓, 시각적 기호의 체계 사이에서 움직였다"(Suhor, 1984). 이러한 공간에서 학습의 가능성은 교사가 교실에서 지식을 가진 유일한 사람이고 학생들은 교사에게서 답을 구한다고 보는 교육의 "유산 모형heritage model"을 따르는 것이 아니다(Smargorinsky & Taxel, 2005). 오히려 학습은, 존경받는 신체적, 사회적 특질을 이해하고 이 특질들을 억제하거나 "장애화"하는 방법을 찾은 후에, 사회적으로 구성된 이러한 지식을 이용하여 혼자의 힘으로 허구의 인물에 대해 그림을 그리고 글로 쓰는 일련의 문제 해결을 하는 과정에서 학생들과 셰렐 사이에 놓여 있었다.

학습은 다양한 반응을 허용하는 다양한 기호 체계에 동시적이면서 계속적으로 바탕을 두고 있었다(Eisner, 2002; Suhor, 1984). 수업은 단편을 읽으면서 언어 체계 속에서 시작되었고, 그다음에 학생들은 소품들을 이용하여 해리슨의 특질에 대해 시각적인 의상과 몸짓으로 이야기했다. 마지막으로, 학생들은 다시 그림과 언어 기호 체계를 이용하여 그림과 글쓰기라는 멀티미디어 텍스트를 구성하였다. 아이즈너Eisner(2002)는 그림과 글쓰기, 행위하기와 같이 다양한 매개들로 학습하는 것은 학생들이 풍부한 반응을 구성하도록 해 주며, 각 개인의 매개물 속에서 똑같이 복사될 수 없는 것이라고 주장한다. 다시 말해, 학생들의 그림과 글쓰기와 행위는 한 가지 생각을 세 가지 시각으로 창조하는 것이다. 학생들은 이 수업만으로도 단편 "해리슨 버저론"에 대한 이해를 다층적인 이미지로 만들어내며, 만들어낸 것 각각이 이야기의 주제와 인물과 의미를 가지고 놀이하는 기회를 더 제공한다.

학교에서 학생들의 살아진 경험과의 연결성

셰렐은 세 번째 수업에서 학생들에게 매일 학교에 메고 오는 가방의 물질적인 요소들에 대해 자세히 생각해보도록 하였다. 학생들은 수업시간에 가방을 그리고, 어떤 단편의 발췌 부분을 듣고, 그들이 학교에 가지고 오는 것들에 대한 수필을 적어야 했다. 이 수업은 내용을 창의적인 작품 속에 융합하는 것에 대한 비고츠키(1925/1971)의 개념도 보여준다. 다시 말해, 그림 그리기/수필 쓰기의 내용은 가방을 일 년 내내 메고 다니는 데 대한 감정과 기억뿐만 아니라, 가방 자체를 만들어내는 것이기도 했다. 셰렐은 문학 작품 속에서 찾은 단어로 시작하는 단어 수업이나 단편 읽기로 시작하는 극적인 그림 그리기 수업과 달리, 이 활동을 이미지에 먼저 위치시킨 후에 언어에 위치시켰다. 가방을 그리고 단편을 듣고 가방에 넣고 다니는 물건에 대한 수필을 쓰는 활동을 이론화하자면, 시지스먼드(2005)는 이러한 수업은 감정뿐 아니라 선과 형태와 무늬와 같은 특질에도 초점을 둔 수업이라고 지적한다. 이 가방 수업은 학생들을 언어의 상징에 알맞게 맞추는 단어 수업과는 달리, 그림을 구성하면서 비상징적인 세부사항을 지각하는 데 초점을 둔다. 학생들은 가방의 불룩하고 우묵한 곳들을 지각하면서 가방의 무게에 주의를 돌리고, 그런 형태와 무늬에 대한 감정적이고 신체적인 유대감에 대해 생각할 수 있다. 학생들은 180일 이상 학교에 메고 온 가방 안에 무엇이 들었는지를 상상할 수 있다. 그들은 가방의 천이 시간이 지나면서 얼마나 거칠어지거나 부드러워졌는지를 느낄 수 있다. 이 수업은 "예술은 느낌과 상상의 결합에 바탕을 둔다."(Vygotsky, 1925/1971, p. 215)는 것을 상기시키면서, 비고츠키의 예술에 대한 입장에서 인간이 어떻게 정신과 감정 둘 다를 사용한다고 보는지를 설명한다. 수업은 가방이라는 물체를 손과 정신으로 생각하고 가방을 드는 느낌으로 생각을 하는데 시간을 들인다.

가방 수업은 셰렐이 교사교육 프로그램을 들을 때 배운 활동이었다. 학생들은 학교에 매일 메고 오는 가방을 그리고, 가방 속에 든 보이는 물건과 보이지 않는 것들에 대해 생각하고, 그림을 완성한 후에 그 물건들의 부피와 크기에 대해 생각하면서 그것들에 대한 글을 써야 했다. 셰렐은 쉘 실버스타인Shel Silverstein(1974)의 「자루 안에 무엇이 들었니?」What's in the Sack?라는 시와 삽화를 따라 칠판에 그림을 그리면서 3일간의 수업을 시작했다. 그 그림은 어떤 사람이 등에 지고 있는 무척 큰 자루의 무게에 눌려 몸이 구부정한 모습을 묘사한 것이다. 그다음에 셰렐은 그림과 연결하여 시를 읽어준 후에 학생들에게 그들이 자신의 배낭이나 가방에 대해서, 그리고 그 가방 안에 무엇을 넣고 다니는지에 대해서 생각해볼 것이라고 말했다. 학생들은 큰 도화지와 바인 목탄을 받았다. 종이는 학생들의 책상 윗면을 덮을 만큼(18인치 × 24인치) 큼지막했다. 학생들은 가방을 의자 위에 놓고 책상 옆에 서서 가방을 거의 실물 크기만하게 그렸다.

학생들은 가방의 선과 곡선을 공중에 그리는 연습한 후에 종이에 그리는 것을 강조하는 미니레슨을 받았다. 셰렐은 수업 내내 "보인다고 생각하는 것을 그리지 말고 보이는 것을 그려라."라는 모토를 사용하였다. 학생들은 그들의 팔과 손을 가방의 형체를 따라 움직이면서 공중에 가방의 윤곽을 그리는 것을 연습한 후에 바인 목탄을 가지고 종이에 비슷한 동작을 하였다. 종이가 학생들이 수업시간에 보통 그림을 그릴 때 쓰는 종이의 거의 세 배나 되므로 학생들은 그림을 완성하는 데 두 시간이나 걸렸다. 학생들은 가방의 윤곽을 완성하자 그림자뿐만 아니라 지퍼와 주머니, 접힌 금, 불룩한 부분, 패인 부분, 끈과 같은 세부 묘사로 들어갔다.

수업의 둘째 날 학생들이 세부 묘사를 마지막으로 덧붙이고 있을 때 셰렐은 팀 오브라이언 Tim O'Brien(1992)의 단편 『그들이 가져간 것들』 *The Things They Carried*을 발췌하여 읽어주었다. 이 이야기는 베트남전 동안 밀림을 횡단하는 미군들의 이야기로서 몸에 지니고 다니는 개인적인 것과 개인적이지 않은 장비들을 모두 나열하고 묘사하는 것을 통해 인물들이 발전한다. 오브라이언은 특히 군인들이 가지고 다니는 것 중에 눈에 보이는 것과 보이지 않는 것들의 무게에 대해 쓰면서, 무전기가 나르기에 무거웠으나 때로는 공포가 훨씬 더 무거웠다고 지적한다. 셰렐은 그림 그리기에서 글쓰기로 옮겨가도록 하기 위해서 군인들이 가지고 다닌 물건 중 눈에 보이는 것과 보이지 않는 것에 대해 반 전체가 같이 이야기하도록 하였으며, 학생들에게 매일 학교에 올 때 가방에 무엇을 넣고 오는지 생각해 보라고 했다. 학생들은 친구한테서 받은 쪽지가 물리적으로는 그다지 무게가 많이 나가지 않는 가벼운 종이이지만 그 쪽지는 그들에게는 학교에서 중요한 사람들과의 관계와 그들로부터 인정받는다는 것을 나타내므로 보이지 않는 무게가 상당히 있다고 했다. 둘째 수업이 끝나갈 때 학생들 모두가 그림을 끝내고 책상에 앉아 그들의 가방과 그들이 가지고 다니는 물건들에 대한 수필 초고를 쓰고 있었다. 세 번째 80분짜리 수업에서는 글쓰기만 했다. 학생들은 수필 초고를 끝냈고, 반 친구들이나 셰렐과 공유한 후에 수정하고 최종 원고 형식으로 다시 글을 썼다. 셰렐은 그 작문을 쓰기/그리기의 이중 작품으로 전시했다. 학생들의 그림과 수필이 교실 벽을 가득 채웠다.

학생 두 명이 셰렐에게 그들의 그림과 수필이 그들이 이제껏 학교에서 한 것 중 최고라고 단언했다. 레이첼은 수필에서 자신이 가지고 다니는 물건 중 눈에 보이는 것과 보이지 않는 것 사이에 특별한 연관성을 지었다.

> 이 손가방에 나는 연필과 펜, 돈, 열쇠, 화장품, 메모를 넣고 다닌다. 가방 자체는 조금 오래됐지만 정말 새것처럼 보인다. 캔디 껍질과 작은 종잇조각들도 있다. 나는 물건을 많이 넣지 않으려고 하지만 매일 연필과 기타 물건들을 가방에 새로이 가득 넣는다. 모든 연필에는 내 수업과 그 수업이 얼마나 재미있었는지에 대한 기억이 있다. 나는 과거와 곧 다가올 미래에 대한 메모들이 있다. 내 희망과 꿈은 잠겨 있고 열쇠를 기다리고 있다. 매일 난 가방을 들고 학교에 온다. 가방은 내 일기와 같다.

레이첼은 수필에서 연필이라는 구체적인 물체를 학교에서의 경험에 대한 기억과 어떻게 연결하는지를 보여주었다. 레이첼의 가방은 흔한 수집

품처럼(Sumara, 1996) 물질적인 물체와 형이상학적인 생각 두 가지를 다 수집하는 장소였다. 레이첼은 이 특별한 연결성을 수필에 넣음으로써 학교 경험의 일부로서 가지고 다니는 눈에 보이는 것과 보이지 않는 것들 간의 연결성을 어떻게 이해하고 있는지를 보여주었다.

가방 수업에 대해 강한 즐거움을 단언한 두 번째 학생은 매디슨이었다. 매디슨은 수필에서 학교의 사회적 경험이 어떻게 자신이 가지고 다니는 눈에 보이지 않는 물건의 일부인지에 대해서 썼다.

> 내 가방에 나는 많은 것을 넣고 다닌다. 나는 펜과 연필, 지우개, [기타 개인적 물건들]을 가지고 다닌다. 나는 내가 멋져 보이고 좋은 냄새가 나도록 해 주는 물건들도 갖고 다닌다. 이 물건들은 머리 리본, 제취제, 립스틱, 베이비 로션, 챕스틱이다. 나는 또한 내 팅커벨 지갑에 사랑의 쪽지들과 친구들한테서 받은 쪽지들, 그리고 돈을 넣고 다닌다. 내가 가지고 다니는 또 다른 것은 나한테 무척 중요한 것이다. 그것은 내 가방 안쪽 주머니에 들어있는 휴대폰이다.
>
> 이 가방에 나는 추억이 되는 꿈들도 넣고 다닌다. 어떤 꿈들은 이루어졌기 때문에 이제는 더 이상 꿈이라고 할 수 없다. 이제 그것은 내 [평생]동안 간직할 수 있는 추억이다. 나는 또한 누가 내 친구처럼 행동할 것인지에 대해서나 수업시간에 무엇을 할지에 대한 질문도 넣고 다닌다. 나는 성취감과 남들에게서 인정받는 것도 넣고 다닌다. 나는 일 년 내내 매일 학교에 오고 좋은 성적을 받는 데서 얻는 성취감을 가지고 다닌다. 나는 또한 어디에 가건 희망을 내 가방 안에 넣고 다닌다. 나는 눈에 보이는 것과 보이지 않는 이 모든 것들을 내게 무척이나 큰 의미를 지니는 가방에 넣고 다닌다.

매디슨의 글에서 묘사한 물건들에 연결된 감정에는 사회적 특질이 있다.

다시 말해, 그녀의 쪽지와 휴대폰은 추억과 질문, 성취감, 인정받음을 결합한 것이다. 메디슨은 자신의 추억과 꿈을 "소중히 간직[했으며]" 이 꿈들을 싣고 나르는 배를 "내게 무척이나 큰 의미를 지니는 가방"으로서 소중히 여겼다. 나는 레이첼과 매디슨의 수필이 그들이 가방에 넣고 다니는 개인적 물건과 학교와 교실에서의 우정 간의 사회적 관계를 보여준다고 이해한다. 이 학생들은 추억과 "내게 재미있었던 것들"을 소중히 여기면서 그들이 학교에서 경험한 것뿐만 아니라 그들의 감정들도 가방에 넣어 두었다. 감정은 이 학생들의 머릿속에만 있었던 것이 아니라, 학교의 안팎에서와 다른 사람들과 함께 경험한 시간의 연속 선상에서 더 넓은 사회적 관계의 일부였다. 따라서 가방 활동은 학생들이 이미지와 언어로 감정과 기억을 표현하는 수단을 제공하였다. 그림과 글쓰기, 그리고 이후에 작품을 교실에 전시하는 행위는 이러한 감정과 기억을 표현하는 사회적 수단이 되었다(Vygotsky, 1925/1971).

셰렐은 이 활동에서 그림을 이용함으로써 학생들이 어떻게 이미지와 감정을 결합하여 수업의 문식력 내용에 수반되는 구성물을 만드는지를 가르쳤다. 즉, 셰렐은 학생들에게 바로 앞에 놓인 텍스트인 가방을 자세히 보도록 하고, 우선 가방의 물리적인 무게를 생각하고 그다음으로 가방의 심리적인 무게를 탐구함으로써 그들 자신과 그 텍스트와의 감정적인 연결성을 생각하도록 했다. 시지스먼드(1999, 2005)는 이 수업은 학생들이 시각적인 특질과 감정적인 특질을 구체적이고도 집중적으로 생각하도록 함으로써 학생들이 보고, 그리고, 글을 쓰는 시간이 주어지지 않았더라면 만들지 못했을 연결성을 만들도록 격려한다고 주장한다. 다시 말해, 만일 학생들이 그냥 오브라이언(1992)의 시를 읽고 그들이 가지고 다니는 물건들에 대해 수필을 쓰기만 했다면, 그들은 눈에 보이지 않는 것들과 감정적인 연결을 형성하지 않았을 수도 있다. 비고츠키(1925/1971)는 예술이 감정의 사회적 표현이라고 상정한다. 셰렐의 가방 활동의 목적은 익숙한 물체에서 시각적이면서 감정적인 세부사항에 어떻게 주의를 기울이는지를 명확하게 가르쳐주는 데 있었다. 결과로서 나온 구성물인 그림과 글은 학생들이 보고, 느끼고, 언어와 이미지로 묘사할 수 있는 것을 다른 사람들에게 표현한 것이었다. 이미지/수필의 구성물에서는 물리적이고 구체적인 물체들이 학생들이 학교에서 6학년으로서 경험하는 동안 마주친 감정적이고 추상적인 감각들과 연결되었다. 가방 수업은 정점을 이루는 활동으로서, 학생들이 학교에 가지고 오는 것과 180일 동안 6학년으로 생활하면서 배운 것 같은 것들을 표현하였다.

이미지와 언어의 관계를 만드는 교사에게서 배우기

내가 이 장에서 제시하는 세 수업은 한 교사가 시각 예술을 포함하는 문식력을 가르치기 위한 교육과정을 만들기 위해 걸어간 길을 보여준다. 셰렐이 수업에서 똑같은 반복 작업을 하는 대신에 그림 그리기와 시각적 공간의 지각에 주의를 기울인 것은 교육과정의 확장을 나타낸 것이며(Eisner, 2002) 학생들이 학업에 그들의 감정을 포함시키도록 문을 열어준 것이다. 이 교실은 책상과 의자를 매일 가득 채우고 앉아 있는 학생들의 풍부하고 감성적이고 창의적인 삶으로부터 문학과 글쓰기가 분리된 메마른 교실이 아니었다. 이와 반대로, 이 교실은 감각을 중시하고 느낌을 포용하며 글쓰기가 단어를 종이에 적는 것 이상이 되는 곳이었다.

언어를 기반으로 한 문식력 수업에서 감정과 그림의 침입을 걱정하고 문제시하는 회의주의자들은 셰렐과 그의 학생들의 작품의 가치를 받아들이기 힘들 것이다. 셰렐도 똑같은 문제에 대해 걱정하였다. 교장이나 부모나 경험 많은 교사가 교실에 들어와서 학생들이 매직펜과 크레용을 작문의 도구로 사용하고 있는 것을 본다면 어떻게 될까? 이 질문은 그녀가 처음 몇 년간 가르치면서 여러 번 생각했던 질문이었다. 그녀에게 떠오른 해결책은 자신의 수업과 주에서 정한 6학년 수행 기준 간의 관계를 꼼꼼하게 기록하고, 있을 수 있는 회의주의자들을 대비해서 근거를 자신의 수업 계획과 마음속에 적어놓는 것이었다. 셰렐이 내게 말하기를, 그녀는 이러한 종류의 행동을 하는 교사로서 그 수업들이 중요하다는 것을 알고 있으며, 그 수업들이 문식력을 가르치는데 의식 있는 접근법을 나타내는 것이며, 그런 수업은 학생들의 성공을 위해서 필요한 것이라는 것을 자신의 교실에 들어오는 사람에겐 누구에게나 분명히 설명할 수 있어야 한다고 했다. 나는 의식 있는 접근법이라는 말에서 셰렐의 교실의 학생들이 그들의 생각과 질문과 문제에 대한 해결을 표현하는 다양한 기회와 다양한 방법을 가졌다는 것을 뜻한다. 이렇게 해서, 교육과정에 대한 의식 있는 접근법은 생각이 깊은 청소년으로 발달하는 데 유익하도록 언어를 사용하기도 하고 언어를 넘어서기도 하면서 의사소통을 중시하는 기호학에 토대를 둔 접근법이다.

셰렐은 자신의 수업을 진공 속에서 하지 않았으며, 문을 닫고 혼자 동떨어져서 세상을 변화시키려고 노력하면서 자신을 고립시키고자 하지도 않았다. 그와는 반대로, 그녀는 자신의 읽기와 쓰기를 그림과 함께 가르치는데 대한 생각에 대한 상담자들로서 다른 교사들의 충고와 도움을 학교 안팎에서 구했다. 그녀는 아는 미술 교사의 도움으로 원래 중학교 시각 미술 수업을 위해 설계되었던 수업을 몇 개 개발하고 변형하여 그림을 문학 읽기와 연결하였다. 그녀는 학생들에게 자화상의 세부적인 것을 가르치는 데서 끝나지 않고 자신의 이미지를 소설 속의 상상적 인물의 얼굴로 바꾸도록 가르쳤다. 나는 시각 예술 수업을 예술 기반의 문식력 수업으로 바꾸는 셰렐의 행동에서 창의적 사고가 작용했음을 본다.

셰렐의 교실에서는 생각 깊은 구성 활동이 발전되었으며, 창의성이 학생과 교사의 작업 둘 다에서 중요시되었다. 가령, 단어는 문장과 수필, 시험, 숙제에서 반복적으로 베껴 적어야 하는 것으로서만 가르쳐지지 않고 교실 공간을 부분적으로 정의하는 역할을 했다. 학생들은 그들의 환경에서 그들을 둘러싸고 있는 사물과 생각들에 이름을 붙이고 이들을 묘사할 수 있었다. 셰렐이 교육과정에 거미 단어 망을 포함한 것은 학생들로 하여금 사물이 가질 수 있는 다중적인 의미뿐만 아니라 단어가 가질 수 있는 다중적인 정의를 가지고 놀이를 하도록 하였다. 그 거미는 단순히 벽에 붙어 있는 거미가 아니라, 터무니없이 컸고, 의인화되어 거미줄에 먹을 수 없는 단어들이 있는 것에 대해 동요되었고, 바라보는 학생들에게 두려움이나 움찔하는 느낌을 불러일으키는 것이었다.

이 교실에서는 학생들이 언어의 문제를 해결하는 방법을 생각하고 어떤 대상이나 사람을 묘사하는 방법을 다양하게 시도할 때 감정이 중요한 것으로 여겨졌다. 학생들은 급우들을 "해리슨 버저론으로 만들기"를 하고 해리슨의 초상화를 그렸을 때 몸짓과 이미지와 언어로 그들의 해결책을 표현하였다. 그들은 장애가 무엇이고, 무엇을 수반하는지, 그리고 보네거트의 단편에서처럼 그려진 것이 무엇인지에 대한 이해를 발전시키기 위해 의상과 색깔, 형태, 단어들로 놀이를 하였다. 해결책이 있는 것도 아니었으며, 교사에게서 알아낼 수 있는 마법의 대답도 없었다. 이 교실의 학생들은 자신들 나름의 해결책을 찾기 위해 함께 혹은 각각 작업을 한 후에 서로 공유를 하였다.

학년 말에 셰렐이 가방 수업을 소개했을 때 학생들은 그들이 해 온 경험을 되돌아보았다. 셰렐은 학생들의 주의집중을 물리적인 물체로 돌리고 그들과 함께 통학해 온 물건을 파악하는데 시간을 보내도록 하였으며, 이것에 대해 다중적인 기호 체계로 의사소통하도록 하였다. 학생들의 그림과 수필의 내용은 전적으로 그들의 학교 경험에 대한 것이었다. 교실 여기저기 놓여 있는 단어에 대한 이해와 해리슨에 대한 이해가 이전의 수업들에서 중요했던 것처럼 학생들이 가지고 다니는 것에 대해 쓴 이야기들이 글쓰기의 자료로써 중요하였다. 더 나아가, 언어와 이미지와 몸짓을 통한 다중적 사고 양식이 중시되는 이러한 공간에서 교육과정에 대한 학생들과 셰렐의 감정적인 몰입은 교육과정에서 인지적 다양성을 구성하는 중요한 요소였다(John-Steiner, 1995). 이 교실에서는 학생들과 교사의 사고 속에서 정서와 글쓰기, 그리고 문학이 작용할 수 있는 시간이 주어졌다. 생각과 언어가 이 공간에 작용하고 있었으며, 그 결과는 상상력과 느낌이 함께 표현으로 나타나는 풍부한 교실 환경이었다.

참고문헌

Baumgarten, A. (1961). *Aesthetica.* Hildesheim: G. Olms. (Original work published 1750)

Connery, M. C. (2006). *The sociocultural-semiotic texts of five and six year old emergent biliterates in non-academic settings.* Unpublished doctoral dissertation, University of New Mexico.

Eisner, E. W. (2002). *The arts and the creation of mind.* New Haven, CT: Yale University Press.

John-Steiner, V. (1995). Cognitive pluralism: A sociocultural approach. *Mind, Culture, & Activity,* 2(1), pp. 2-11.

O'Brien, T. (1992). The things they carried. In J. C. Oates (Ed.), *The Oxford book of American short stories* (pp. xiv, 763). New York: Oxford University Press.

Siegesmund, R. (1999). Reasoned perception: Aesthetic knowing in pedagogy and learning. In L. Presler & N. C. Ellis (Eds.), *Arts and Learning Research,* 1998-1999. *The Journal of the Arts and Learning Special Interest Group of the American Educational Research Association* (Vol. 15, pp. 35-51).

Washington, DC: American Educational Research Association.

Siegesmund, R. (2005). Teaching qualitative reasoning: Portraits of practice. *Phi Delta Kappan, 87*(1), 18-23.

Silverstein, S. (1974). *Where the sidewalk ends: The poems & drawings of Shel Silverstein* (1st ed.). New York: Harper & Row.

Smagorinsky, P. (2001). If meaning is constructed, what's it made from? Toward a cultural theory of reading. *Review of Educational Research, 71*(1), 133-169.

Smagorinsky, P., & Taxel, J. (2005). *The discourse of character education: Culture wars in the classroom.* Mahwah, NJ: Lawrence Erlbaum.

Suhor, C. (1984). Towards a semiotics-based curriculum. *Journal of Curriculum Studies, 16*, 247-257.

Sumara, D. J. (1996). *Private readings in public: Schooling the literary imagination.* New York: Peter Lang.

Vonnegut, K. J. (1961). Harrison Bergeron. [Short story]. *Magazine of Fantasy & Science Fiction* (October), 5-10.

Vygotsky, L. S. (1971). *The psychology of art* (Scripta Technica, Trans.). Cambridge, MA: The M.I.T. Press. (Original work published 1925).

· 12장 ·

발달의 순간 창조하기:

창조적 활동으로서의 교수와 학습

캐리 롭먼

가장 값진 학습은 사람들이 어떤 일 - 상상력을 지적이고 사회적, 예술적, 문화적으로 이용할 수 있는 일 - 에 창조적으로 몰두할 때 일어난다(Egan, 2005; Eisner, 1999, 2005; Greene, 1988; Holzman, 2009). 창조적인 몰두가 결여된 학습은 인간에게 가능한 풍부한 의미 만들기 활동보다는 실험실 안의 동물에게 가능한 일에 더 가깝다. 현재 대부분의 교육 이론은 이 사실을 인식하고 있으며, 아동이 빠르게 변화하는 세계에 직면하여 창조적으로 행동하고 비판적이고 유연한 사고 능력을 갖도록 준비시키는 것이 중요하다는 점에 여러 방식으로 중점을 둔다(Bruner, 1990; Dewey, 1938; Eisner, 1999, 2005; Greene, 1988; Vygotsky, 1978).

창의성의 중요함에 대한 인식은 많은 교육자로 하여금 예술을 교육에 포함시키는 것을 지지하도록 하였다(Eisner, 1999; Hoffman-Davis, 2005). 아이즈너 Eisner(1999)는 다음과 같이 말하였다.

> [학교는] 학생들이 가치 있는 삶을 창조하기 위해 예술을 경험하고 이용하는 법을 배우도록 소중한 기회를 주어야 한다. 실제로, 우리들의 학교에서 예술을 위한 제대로 된 장소를 제공하는 것은 진정한 학교 개혁을 일으키기 위해 우리가 내디딜 수 있는 가장 중요한 첫걸음 중의 하나일 것이다.

이러한 관점에서 볼 때, 예술은 인간의 학습을 지식의 축적으로 이해하고 인지를 미학과 정서와 분리하여 정의하는 데 우선 중점을 두는 현 교육정책의 편협함에 대한 해독제 역할을 하는 것이라고 생각된다. 예술이 학습에 방해되기 보다는 도움이 된다는 강력한 증거들이 있음도 불구하고(Catterall, 2002; Deasy, 2002; Herbert, 2004; Murfee, 1995), 창의성 관련 프로그램들은 경제적인 이유나 학과목으로 간주되는 것들의 시험 점수가 낮다는 이유로 인해 없어지기 쉬운 위치에 있다. 또한, 도심지의 학생들이 시험 준비를 위한 암기와 "맹목적 반복 연습"에 전념하는 반면에 창의성 예술 프로그램들은 중산층 학생들을 대상으로 하는 학교에서 훨씬 더 많이 발견된다(Kozol, 2005). 전반적으로 창의성에 관련된 프로그램은 정규교과로서든 보충활동으로서든 미국 학생들 대부분의 매일 매일의 학습 경험을 변화시키는 데 실패했다. 2020년으로 접어드는 시점에서, 대다수의 아동들, 특히 빈곤층과 유색인종의 아동들은 기본적으로 백 년 전에 배웠던 것과 똑같은 방법으로 배우고 있다.

그러나 창의성과 학습 간의 관계에 대한 우리의 이해에 더 큰 변화가 일어나야 하며(Lobman & Lundquist, 2007; Newman & Holzman, 1993; Holzman, 1997, 2009), 그 결과 학교에서 창의성이 어떤 모습을 띠어야 하는지에 대해서도 보다 큰 변화가 일어나야 한다고 주장하는 사람들이 있다. 교육자들은 창의성과 상상력을 교수·학습에 집어넣어야 할 것으로서 인식하기 보다는(따라서 예술을 학교로 가지고 오기보다는) 교수와 학습 자체를 아동과 교사가 함께 참여해야 할 창조적이고 상상력이 풍부한 활동이라고 볼 필요를 느낀다.

창의적이라는 말에 대한 한 마디

"**창의적**"이라는 말을 해체하면 교육과정에 예술을 추가하는 것과 교수·학습의 문화적, 예술적 방법론을 창조하는 것 간의 차이를 이해하는 데 도움이 될 것이다. 『아메리칸 헤리티지 사전』*American Heritage Dictionary*(2009)에 의하면 창의적이라는 말에는 두 가지 정의가 있다.

1. 창조하는 능력이나 힘이 있는 것: 인간은 창의적인 동물이다.
2. 독창성과 표현력이 있는 것, 상상력이 있는 것: 창의적 글쓰기.

사람들이 학교에서의 예술 교육을 지지할 때 일반적으로 적용하는 정의는 독창성과 표현력을 가리키는 두 번째 것이다. 그러나 교수·학습 자체를 창조적인 예술로 보는 관점에서 가장 중요한 것은 창조하는 능력이나 힘을 가리키는 첫 번째 정의이다. 독창성과 표현력은 인간이 창조할 수 있는 어떤 것들에 대해 멋진 정의가 될 수 있으나, 물건을 만들고 세우고 개발하는 것 - 특히 가장 일상적인 형태로 - 혹은 대화를 창조하거나 피크닉을 가거나 혹은 각도에 대한 수업을 창조하는 것은 인간의 능력임에도 불구하고 대부분의 학교에 결여되어 있다. 창조해낸 것이 독창적인지 완전히 평범한 것인지는 교사와 학생들이 그들이 공유하는 환경의 창조자라는 점보다 덜 중요하다.

평범한 창의성이 학교에 결여되어 있다는 것은 무엇을 의미할까? 한편으로는, 교사와 학생들은 분명히 무엇인가를 늘 창조하고 있다. 교사와 학생이 이것 아니면 할 일이 무엇이 있겠는가? 그러나 다른 한편으로는 인간 역사상 대부분의 사람들이 자신의 창의성으로부터 소외되어 왔다. 이용 가능한 물질을 사용하여 다른 사람들과 함께 집단적으로 창조하는 일에 몰두하지 않고 이미 쓰여 있는 연극의 대본을 연기해내듯이 삶을 살아가는 것이 가능하다. 환경이 고정되어 있거나 이미 결정된 것처럼 보고, 환경을 **창조**해내기보다는 사람이 그 속에 **존재**하고 있는 것처럼 보는 경향이 있다.

학교는 가르치는 것과 배우는 것이 어떠해야 하는지에 대한 수 세기 동안의 믿음에 의해 형성되어 온 기관이기에, 우리의 창의적 능력으로부터의 소외가 특히 강하게 나타날 수 있다. 이 소외는 많은 경우에 교사와 학생들이 자신들이 무엇을 함께 창조하고 있다는 것을 의식하지 못한다는 것을 의미하는데, 이를 의식할 때라도 정체되고 전혀 도움이 되지 않는 스크립트를 집어 던지고 서로에게, 그리고 배워야 할 것에 관계를 맺는 새로운 방법을 창조할 수 있는 도구를 갖고 있지 못한 경우가 흔하다.

교육 외의 다른 분야, 가령 기업에서는 근무 환경을 적극적으로 만들고 창조하는 사람들이 최고의 학습자이며 따라서 일도 더 잘한다는 인식이 최근 몇 년 사이에 생겨났다(Barrett, 1998; Hosking, 1988). 청소년 발달을 비롯한 학교 밖의 학습 프로그램에서는 자신의 프로그램을 적극적으로 만들고 창조하는 청소년들이 더 많이 성장하고 발전한다는 것을 인식해왔다(Farmer, 2008; Feldman & Silverman, 2004; Heath, 2000; Gordon, 2002; Gordon, Bowman, & Mejia, 2003). 이런 경우들은 창의성의 첫째 정의－즉, 창조하는 능력이나 힘이 있는 것－에 중점을 둔다. 이 정의는 사람들이 이미 정해진 공연의 수동적인 소비자가 되기보다는 자신의 일과 삶의 제작자이자 창조자가 될 것을 지지한다.

앞에서 언급했듯이, 교육에서는 창의성에 대한 대화가 혹시라도 나오면 특별하고 독특한 독창성이 있고 표현적이라는 의미로서의 창의성에 중점을 두어 왔다. 표현력을 강조함으로써 수반되는 결과 중의 하나는 창의력이 학습에 반대되는 입장에 놓이기 쉬웠다는 점이다. 학습한다는 것은 지식과 기술을 습득하는 것인데, 이것이 창의적인 활동은 아니다. 또는, 창의적이라고 하는 것은 독특하고 특별한 무엇인가를 만들어내는 것인데, 이것이 반드시 학습은 아니다.

창의성과 학습이 반대되는 것이 아니라면 우리는 이 둘의 관계를 어떻게 이해해야 하는가? 한 가지 선택은 이 둘의 관계를 변증법적으로 이해하는 것이다. 학습은 학습의 환경을 **창조**하는 활동과 분리할 수 없다. 이런 시각에서 본다면 창의성은 학습의 결과물에 있는 것이 아니라 학습 환경의 창조 과정과 창조된 것 간의 변증법적 관계 속에 있다.

비고츠키에 대한 포스트모더니즘적 시각

창의성과 학습에 대한 변증법적인 시각은 비고츠키(1978)의 학습과 발달 간의 관계에 대한 이해에 깊이 뿌리박고 있다. 비고츠키에 의하면 "학습과 발달은 아기가 태어나는 날부터 서로 연관되어 있다."(1978, p. 84)고 한다. 학습과 발달은 변증법적이고 발생적인 과정의 일부이며, 학습은 인간의 전반적인 발달을 이끌고 뒷받침하므로 발달에서 분리될 수 없다. 비고츠키가 교육자들에게 가장 크게 한 공헌 중의 하나는 발달이 성숙의 여러 단계를 거치면서 일어난다기보다는 인간이 사회적이고 문화적으로 **창조**하는 활동이라고 본 것이다. 비고츠키는 "인간의 학습은 구체적인 사회적 성격과 과정을 전제로 하는데, 아동들은 이를 통해 성장하면서 주변 사람들의 지적 삶을 따른다."(p. 88)고 한다. 비고츠키의 글은 학습을 개인 학습자가 객관적인 지식을 습득하는 것으로 보는 표준화된 이원론적 모형과는 매우 달리, 학습은 계속적으로 발생하는 사회적 활동이며 발달과 변증법적인 연결성이 있다고 밝힌다.

비고츠키는 학습이 발달을 이끄는 활동이라는 것을 이해하는 데 도움을 주는 개념인 근접발달영역(ZPD)을 소개한 것으로 아마도 가장 잘 알려져 있을 것이다. 비고츠키의 글에서 ZPD에 대한 정의는 많이 있으나(Newman & Holzman, 1997; Holzman, 2009), 현재 교육자들의 대부분은 ZPD를 더 발달한 어른이나 동료가 덜 발달한 아이가 혼자 하지 못하는 일을 할 수 있도록 만들 만큼의 도움을 주는 교수 도구라고 정의해왔다(Bodrova & Leong, 1996; Rogoff, 1984; Wood, Bruner & Ross, 1976). 뉴맨Newman과 홀츠맨Holzman(1993, 1997)은 ZPD의 도구적 정의에서 그치지 않고 ZPD가 창조적이며 즉흥적인 활동이라고 본다. ZPD는 아동들(과 어른들)이 시도하고 실수를 하면서 아직 어떻게 해야 할지 모르는 일들을 서로 도와서 할 수 있는 환경을 창조하는 활동이다. ZPD는 따로 분리된 정보들을 배우는 도구라기보다는 "현재의 상태와 되어감 사이에서 늘 생성되고 계속적으로 변화하는 '거리'이다. ZPD를 탄생시키고 키우는 것은 인간의 활동이며, ZPD의 창조와 함께 인간의 학습과 발달도 창조된다"(Holzman, 2000, p. 5).

뉴맨과 홀츠맨(1993)의 시각에서 본다면 ZPD는 기술이나 거리로도 볼 수 없다. ZPD는 사람들이 집단적으로 참여하는 활동이다. 사람들은 발달이 일어날 수 있는 환경을 창조하는데 참여함으로써 발달한다. ZPD에 대한 이러한 시각은 학습이 ZPD **안**에서 일어난다고 보는 데서 ZPD**의** 적극적 창조에 의해 일어난다고 보는 것으로 초점을 옮기는 것이다. ZPD는 구체적인 것들을 배우는 교수 도구라기보다는 "도구와 결과"의 활동이다(Newman & Holzman, 1993, pp. 86-89). ZPD를 창조하는 활동, 즉 발달을 위한 환경을 창조하는 활동은 그 결과로 일어나는 발달과 분리될 수 없다.

ZPD에 대한 이러한 이해는 어떤 면에서는 매우 간단하지만, 학습이 획득되어야 할 상품으로 보이는 사회에서는 창조적인 ZPD가 어떤 모습을 띄어야 할 지를 상상하는 것이 어려울 수도 있다. 비고츠키(1978)는 어린 아이들의 가상 놀이를 ZPD라고 묘사하면서 다음과 같은 예를 들었다.

> 놀이와 발달의 관계를 교수와 발달의 관계와 비교할 수 있기는 하나, 놀이는 욕구와 의식에서 훨씬 더 폭넓은 변화의 배경을 제공한다. 상상의 영역에서, 즉 상상적 상황 속에서 하는 행동, 자발적인 의도의 창조, 실제 삶에서 계획과 자유의지에 의한 동기들의 형성, 이 모두가 놀이에 나타나므로 놀이는 취학 전의 발달에서 가장 높은 수준의 것이다(pp. 102-103).

비고츠키에 의하면 모든 놀이에는 규칙과 상상적 상황이 있으나, 가상 놀이에서 이 둘 간의 관계는 규칙의 지배를 더 받는 게임 같은 것에서 보이는 관계와 반대이다. 가상 놀이에서 규칙은 외부에서 주어진 것도 아니고 놀이의 전제조건이 되지도 않는다. 그와 반대로, 규칙은 상상적 상황을 위해 쓰이며 상상적 상황에서 규칙의 필요성이 생긴다. 아동은 놀이할 때 규칙과 상상적 상황 둘 다를 적극적으로 창조한다. 이것은 중요한데, 비고츠키가 지적하듯이 아동들은 평생 자신들에게 부과되는 규칙을 따르기 훨씬 오래전부터 놀이를 할 때 자신들이 창조하는 규칙을 따르기 때문이다. 아동들은 적극적인 규칙 수립자로서 자신들의 현재 발달 단계를 넘어설 수 있다. 뉴맨과 홀츠맨(1993)에 의하면 놀이를 하고 있는 아동은 현재의 자아인 동시에 되어가고 있는 자아이다.

여기서 "창의적"이라는 단어에 대한 두 가지 정의의 차이를 다시 생각해보자. 네 살짜리 아이와 소꿉놀이나 슈퍼히어로 놀이를 해 본 사람이라면 누구나 가상 놀이가 반드시 독특하거나 특징적이라는 의미에서 창의적인 것은 아니라는 것을 알게 될 것이다. 아동들은 같은 놀이를 여러 번 반복하거나 이야기나 인물을 텔레비전이나 책에서 따온다. 어린 아동들의 놀이가 창의적인 것은 놀이의 내용이나 산출물이 특별히 독창적이기 때문이 아니라 놀이에 참여하는 아동들이 놀이를 적극적으로 창조해내고 있기 때문이다. 아동들은 놀이할 때 창의적인 능력에서 소외되지 않는다. 아동들은 지식을 수동적으로 받아들이기보다는 학습과 발달의 기회를 만드는 활동을 적극적으로 창조한다. 비고츠키는 가상 놀이가 사람들이 살아가면서 어떻게 배우고 발달해야 하는지를 보여주는 모델이 되어야 한다고 하지는 않았으나, 다른 이들은 삶의 여러 영역에서 이렇게 적극적이고 창의적으로 환경을 만들어가는 것의 가치에 대해 적었다. 이런 영역에는 학교 밖에서 일어나는 학습(Farmer, 2008; Gordon, Bowman, & Melija, 2000)과 치료법(Holzman, 2009; Newman, 2009), 그리고 전문성 개발(Holzman, 2006; Salit, 2003)이 있다.

ZPD가 창조되는 것이 어떤 것인지를 이해하는 한 가지 방법은 사람들이 연극을 하고 있다고 보는 것이다. 연극에는 분명히 여러 가지 의미가 있으나, 연극을 이해하는 한 가지 방법은 이것을 현재의 나이자 동시에 현재의 내가 되지 않을 수 있는 인간적 능력으로서 보는 것이다. 비고츠키(1978)의 어린 아동의 놀이에 대한 묘사와 같이 더 큰 아동이나 성인도 연극을 할 때 현재의 자신이기를 그만두는 것이 아니라 현재의 자신에 의해 제약을 받지 않는다. 뉴맨과 홀츠맨(Newman, 2003; Newman & Holzman, 1993; Holzman, 1997, 2009)은 우리가 연극을 할 수 있는 능력은 무대에서만 사용하기에는 너무나 소중한 도구라고 주장한다. 그들의 관점에서는 인간은 연극을 할 수 있는 능력, 즉 현재의 나이면서 동시에 현재의 내가 아닌 모습이 될 수 있는 능력에 의해 자신의 발달을 적극적으로 창조한다. 연극을 이렇게 이해한다면 가상하기와 놀이, 그리고 상상하기는 정서적, 사회적, 도덕적, 인지적 발달에 필수적이다.

우리가 ZPD를 집단적인 삶의 활동이라고 본다면, ZPD는 우리가 가르치는 행위를 바라보는 시각을 변화시킬 잠재력을 갖고 있다. 학습 자체가 창조적인 활동으로서, 즉 인간이 적극적으로 학습을 창조하는 것으로서 이해된다면, 학습과 발달을 다시 시작하기 위해 필요한 것은 교정교육이 아니라 학생과 교사가 놀이와 같은 활동에 참여하여 학습과 발달이 일어나는 환경을 창조하는 것이다. 이때, 초점이 이러한 환경의 산출물로부터 학습해야 할 것과 학습과 발달을 위한 환경의 창조 간의 변증법적인 관계로 이동한다.

교실에서 발달의 순간 창조하기

비고츠키가 자신의 이론을 발전시킨 후 거의 한 세기가 지나는 시점에도 학교는 여전히 학습을 발달과 분리된 것으로 보는 시각을 갖고 있다. 학교는 젊은이들의 정서적, 인지적, 문화적, 사회적인 측면의 총체적 발달을 지원하기보다는 지식과 기술을 습득하는(혹은 습득하지 못하는) 것에 지나치게 집착하고 있다. 대부분의 학교는 아동들(또는 교사들)이 규칙이나 환경을 창조할 수 있는 장소가 되지 못하고 있다. 학교는 젊은이들이 학습 환경을 창조하는 발달적 활동에 적극적으로 몰입하는 장소라기보다는, 그들이(취학 전 시기에는 대부분이 몰두했었지만) 창조할 수 있는 능력에서 소외되고 따라서 배우는 능력도 소외되는 장소이다.

학교가 젊은이들이 발달을 창조해낼 수 있는 활동에 전적으로 몰두할 수 있는 환경으로 변화하도록 하기 위해선 교육정책에 주요한 변화가 일어나야 한다. 여러 곳에서 변화가 일어나고는 있으나(예를 들어 차터스쿨과 예술기반 학습 기획들) 전반적인 체제상의 변화는 아직 요원한 것 같다. 이로 인해 젊은이들의 발달을 걱정하는 사람들은 학교 밖에서 이루어지는 학습 환경에 의존하게 되었다. 이러한 비공식적인 학습 프로그램은 젊은이들에게 적극적인 창조자가 되는 자유를 더 부여한다(Gordon, 2002; Heath, 2000). 그러나 교사와 학생들은 하루의 대부분을 학교에서 보내므로 이러한 환경에도 발달의 기회를 조금 불어넣는 방법을 찾는 것이 중요하다.

학교 문화가 창의적인 경우는 보기 힘들지만, 교사는 전통적인 학습 환경 가운데에서도 발달적인 순간을 포착하거나 창조할 수 있다. 이러한 순간이야말로 아동과 교사 모두가 고정된 교육과정이나 금지된 수업목표를 뛰어넘어 학습과 발달의 적극적인 창조자가 되는 기회를 창조할 수 있는 때이다. 이렇게 하기 위해선 고정된 학교 교육 밖으로 나오거나 고정된 것에서 새로운 것을 창조해냄으로써 아동들이 자신이 창조자라는 느낌이 들도록 해야 한다.

발달주의 교육자 되기

교사인 친구 한 명이 전에 나에게 말하기를, 한 아이가 수학 수업 시간에 산만하게 구는 것을 열 번이나 야단쳤는데 그래도 산만하게 굴자 똑같은 잔소리를 다시 장황하게 늘어놓고 바로 수업을 계속했다고 했다. 그 아이와 학급 전체가 자기를 몇 초 동안 뚫어져라 쳐다보았으나, 그 친구 말에 의하면 그렇게 하는 것이 오히려 수업시간에 (최소한 잠시나마) 더 창의적인 환경을 만들었다고 하였다. 나는 이러한 순간들이 그렇게 드물게 일어난다고 생각하지 않는다. 학교는 그다지 발달적인 환경은 아니지만, 제한적인 여건에서나마 일상 속에서 창의성의 순간을 갖고 창조하는 방법을 찾는 사람들로 가득하다. 창의성을 공유하는 이런 순간들은 관련된 모든 사람이 창조자로서의 자기 자신과 연결되는 경험을 할 수 있도록 해 주므로 모든 사람에게 발달적인 순간이다.

이와 같은 순간은 즉발적으로 일어날 수도 있지만, 교사들이 그러한 순간을 구하고 그러한 순간이 일어날 때 이를 이용하는 것에 대해 배울 수도 있다. 이 장의 후반부에서는 나와 두 사람의 교육자의 연구에 대해 설명할 것이다. 이 교육자들은 뉴욕시의 이스트사이드 협회(East Side Institute;

ESI)에서 뉴맨과 홀츠맨의 사회적 치료 접근법(Newman, 2003; Newman & Holzman, 1993; Holzman & Mendez, 2003) 교육을 받은 사람들이다. ESI는 1970년대 후반부터 학습에 대한 비전통적인 접근법을 개발해오고 있는 독립적인 비영리단체이다. ESI는 수년간 사회적 치료법 social therapeutics이라는 것에 대한 이해를 발전시키고 실행해 왔다. ESI는 한 독립 초등학교에서 치료 접근법의 시도를 포함해 다양한 프로그램을 시행하였으며 학교 밖의 여러 청소년 개발 프로그램들과도 긴밀한 관계를 유지해 왔다(이 프로그램들에 대한 상세한 정보는 Holzman(2009)을 참조할 것). 이 프로그램들은 학교에서서는 어떠한 지원이나 돈도 받지 않으며, 개인적 기부와 자원봉사자들의 도움으로 독립적으로 운영된다.

ESI는 수년간 일회성 워크숍과 단기 연수, 지속적 지도 그룹, 비공식적 멘토링들을 결합하여 교사들에게 사회적 치료법을 교육해왔다. 2006년에 사회적 치료법의 영향을 넓히기 위해 한 가지 시도를 하던 중에 협회장이 나에게 성장 교사 펠로우쉽 프로그램을 시작해 달라고 요청했다. 이 프로그램은 뉴욕시 지역에서 교사자격증이 있으며 현재 공립학교에서 가르치고 있는 교사들을 대상으로 1년 동안 교육을 하는 것이다. 이런 교사교육 프로그램들은 모두 학습이 발달을 이끌고 인간의 '공연' 능력(현재의 우리이자 되어가고 있는 우리가 되는 능력)이 질적 변화를 가능하게 한다는 데 대한 이해에 기반을 둔 것이다. 이 장에 이야기를 소개하는 교사들은 제도와 교육과정 상의 제약 속에서 발달의 순간들을 포착하고 창조하는 것을 배웠다. 이러한 순간은 일상적인 것도 있고 고조된 감성적 순간도 있다. 이 순간들에 공통적인 것은 적어도 일시적이나마 교사와 학생들이 창조라는 인간적 능력을 사용하고 있다는 것이다.

체스 학습 환경 창조하기

나는 유아원에서 몇 년간 3세 반부터 5세까지의 아동들을 가르쳤다. 여러 해를 가르친 후에 다방면에서 재능을 보이는 한 아동을 맡은 적이 있다. 그 아이는 4세였는데 수에 대한 이해가 잘 발달되어 있었으며(덧셈과 뺄셈, 그리고 간단한 곱셈을 암산으로 할 수 있었다) 체스를 둘 줄 알았다. 신동이라고 부를 정도는 아니었지만, 어느 정도 복잡한 단계의 체스를 둘 수 있었다. 말들을 움직이는 법을 다 알고 있었으며 게임 한 판을 끝까지 할 수 있었고, 전략을 어느 정도 이해하면서 판 전체를 보는 법을 알고 있었다. 당연한 말이지만, 반에서 체스를 둘 줄 아는 아이는 그 아이밖에 없었다. 나도 체스의 말들을 움직이는 법을 알았으나 그 아이가 나와 내 협력교사보다 훨씬 잘했다.

나는 흥미로운 질문이 떠올랐다. 예전에는 어떤 것을 드물게 잘하는 아이가 있으면 그 아이에게 내재하는 재능과 결부시키는 경향이 있었다. 로버트의 수학과 체스 기술은 그 아이에게 특유한 것이기에 아동 중심적인 유아원 교사로서 내가 해야 할 일은 아이에게 맞게 가르치는 적절한 방법을 찾는 것이었다. 그래서 로버트가 잘하는 것을 더 발전시키도록 자극하기 위해 특별한 활동들을 제공하든지 로버트의 체스 놀이를 독립된 기술로서 높이 평가하고 아이가 상대적으로 덜 잘하는 것(이 경우엔 사회적 기술)에 대해 가르치든지 했다. 나는 아이의 강점들이 개인적인 것이며 그 아이에게는 특별한 것이지만 반의 다른 아이들이나 전체적인 학습 환경과는 별 관련이 없다고 보는 경향이 있었다.

나는 로버트가 내 학급에 있던 때에 아동 중심적인 교수 접근법의 한계를 느끼게 되었다. 무엇 때문에 좌절감을 느꼈는지는 쉽게 알 수 없었지만, 23명 개개인의 필요에 맞추려고 노력하는 동안 아이들과 내가 서로 더 많은 것을 줄 수 있을 것 같다고 느꼈다. 나는 나중에 이 느낌이 복잡한 식당에서 일하는 종업원과 같은 느낌이라고 설명할 수 있게 되었다. 모든 아이에게 적절한 경험을 제공하려고 하였지만, 이러한 도전의 과정에서 아이들을 학습의 생산자나 창조자가 아니라 학습의 소비자가 되도록 가르치고 있었다.

내가 로버트를 담당하고 있었을 때는 이스트사이트 협회에서 받고 있는 사회적 치료법 교육의 일부로서 즉흥극 수업을 듣기 시작할 때였는데, 이 수업이 나에게 학급과 교수활동을 새로운 방식으로 보기 시작하도록 해주었다. 텔레비전이나 코미디 클럽에서 보듯이, 즉흥극은 어떤 극에서 대본 없이 장면이나 이야기를 집단적으로 만들어내는 공연예술이다. ESI에서는 사람들이 환경의 창조자로 발전하도록 돕기 위해 즉흥극을 이용한다. 왜냐하면, 즉흥극은 창조의 결과물에 지나치게 초점을 두지 않고 극에 초점을 맞추고 인간의 창조력에 관심을 두기 때문이다(Lobman & Lundquist, 2007).

내게 일어난 가장 중요한 변화 중의 하나는 내가 학급을 개인의 집합으로서 보다는 즉흥적인 극으로 보기 시작했다는 것이다. 대부분의 유아원 교사들이 아이들이 함께 학습하고 노는 것을 배우도록 돕는 데 신경을 쓰지만, 나는 즉흥극의 관점에서 이 일을 특별한 방식으로 이해하게 되었다. 즉흥극에서 각 공연자가 하는 일은 극이 좋은 모습을 보이도록 하는 것이다. 이러한 관점에서 보면 개인의 재능과 생각, 심지어는 실수까지도 극단이 극을 창조하는 재료가 된다. 즉흥극에서 창의성은 집단이 새로운 무엇인가를 창조해내기 위해 가능한 모든 것을 사용하는 과정을 말한다. 개개인은 우습게 보이거나 재능이 있게 보일 수도 있지만, 무엇보다도 중요하게 이해되는 것은 극단의 노력이다. 교사들은 즉흥극 수업에서 우스운 말이나 익살을 만들어내는 능력보다는 귀 기울여 듣고 돕는 기술을 강조한다.

학급을 즉흥극단으로 보고 나 자신을 공연자의 한 명으로 보게 되자 아이들이 제안하는 것들 중에서 학급의 발전에 유용할 수도 있는 것들을 찾기 시작하게 되었다. 로버트의 체스 두기는 이런 맥락에서 하나의 기회로 보였다. 나는 로버트의 기술을 이용하여 우리가 학급 전체의 발전을 돕고 모두가 체스를 배우는 것 외에도 학습자와 교사로서도 발달할 수 있는 환경을 창조할 수 있는지를 보기로 결정했다. 이런 맥락에서 나는 아이들이 체스를 배우는 것 자체보다는 로버트가 우리에게 체스를 가르쳐줄 수 있는 환경을 창조하는데 아이들이 참여하도록 하는 것에 더 관심이 있었다. 초점은 최종의 결과물이 아니라 체스 놀이하기와 체스 학습자 되기 놀이 간의 관계에 있었다.

나는 로버트와 여러 차례 대화하다가 반 아이들이 체스 배우는 것을 도와줄 수 있는지를 물었고 로버트는 그렇게 하겠다고 했다. 로버트의 어머니가 말들의 이동 방법을 도식으로 그려 놓은 초보자용 체스 세트를 보냈다. 로버트는 교실의 한가운데에 있는 "장난감용" 테이블에 체스 센터를 만들었고, 체스를 배우고 싶은 사람은 아이들이건 교사건 로버트에게 시간을 내어 가르쳐달라고 할 수 있었다.

어떤 극단에서나 그렇듯이, 반 학생들은 체스를 배우는데 여러 가지 기술을 가지고 왔다. 어떤 아이들은 전통적인 체스와 유사한 것은 전혀 배울 준비가 되어 있지 않다는 것이 분명하게 드러났다. 로버트와 이런 아이들은 그 사실을 가지고 씨름해야 했다. 2, 3주 이내에 소수의 그룹의 남자아이들이 파워레인저 체스라는 것을 만들어냈는데, 이것은 말들이 언제든지 파워레인저로 "변신"할 수 있는 것이었다. 로버트는 이것을 당황스러워했지만 받아들일 수 있었으며, 시간이 지나자 이런 방식의 놀이를 무척 좋아하게 되었다. 로버트의 어머니는 아이가 할아버지(로버트에게 처음 체스를 가르쳐 준 분)에게 이 새로운 버전을 가르쳐주기까지 했으며 이제는 할아버지와 "더 진지한" 게임 대신 이 방식으로 하는 것을 즐긴다고 알려주었다. 더 표준적인 게임을 간절히 배우고 싶어하는 사람들도 있었는데 그중에 나도 있었다. 나는 로버트가 매우 인내심이 있는 교사라는 것을 알게 되었고,

그 해 말에는 로버트를 게임에서 가끔 이길 수도 있게 되었다.

그러면 이 이야기가 창의성과 무슨 관련이 있는 것인가? 로버트를 포함한 아이들과 나는 로버트가 우리에게 체스를 가르쳐줄 수 있는 환경을 창조하는 법을 생각해내야 했다. 다시 말해, 우리는 근접발달영역을 함께 창조해야 했는데, 이것은 특정한 기술을 배우는 도구가 아니라 사회적이고 즉흥적으로 만들어진 놀이 영역이었다. 이것은 나의 오랜 유아원 교사 경력 중 한순간에 불과했지만 나는 이에 대해 종종 생각한다. 우리가 학습을 상품으로 본다면 아이들이 배운 것을 가지고 할 수 있게 되는 것 중의 하나는 그것을 꼭 붙잡고 혼자 갖고 있는 것이다. 아이들이 어떤 것에 특히 재능이 있다면 이것이 특별히 강하게 나타날 수 있다. 어른들과 다른 아이들은 그 아이들의 기술에 감탄하겠지만 이렇게 하는 것이 그들을 집단으로부터 고립되게 만들 수도 있다. 그러나 우리가 학습과 교수를 창조적인 과정으로 보고 발달과 학습이 일어나는 환경을 사람들이 함께 창조한다면, 기술과 지식은 집단이 사용할 수 있는 재료로 탈바꿈할 것이며 아이들은 건설자와 창조자가 되는 것을 배울 것이다. 로버트는 스타 혹은 괴짜가 되기보다는 자신이 교사이고 리더이며 다른 사람들과 함께 창조하는 능력이 있다는 것을 배운 것이다.

학교 대본 창조하기

놀이는 아직도 대부분의 유아원에서는 적절한 활동으로 여겨지지만, 아동이 초등학교에 들어가면 교사와 학생이 함께 참여하는 활동은 사실상 사라진다. 어떤 발달 단계 이론가들은(Piaget, 1962) 가상놀이가 더 큰 아이들과 어른들의 규칙이 지배하는 게임에 자리를 내어준다고 본다. 비고츠키(1978)도 어떤 면에서는 이렇게 본다. 덧붙여, 어떤 학자들은 유아기의 가상놀이가 아이들이 더 크고 어른이 되면서 내면화되고 상상력이 된다고 주장한다(Gajdamaschko, 2005). 아이들이 가상놀이를 통해 규칙을 따라 게임 놀이를 하는 기술을 많이 발달시키는 것이 이러한 경우이다. 상상력과 놀이는 서로 관련성이 있는 것처럼 보인다. 그러나 창의성을 만들고 창조하는 활동으로 이해하고 ZPD를 발달을 위한 환경의 사회적 창조로 이해한다면 더 큰 아이들과 성인들도 어린아이들의 방식으로 놀이함으로써 얻는 것이 있을 것이다. 그것은 규칙을 따르기만 하는 것이 아니라 집단적으로 창조하는 능력에도 달려 있다.

짐 마티네즈는 사회적 치료 접근법을 활용하는 청소년 개발 프로그램에서 자원봉사자로 일하면서 사회적 치료법 교육을 받았었다. 그는 테크놀로지에서 경력을 쌓은 후에 공립학교 교사가 되었을 때 학교 환경이 자신과 학생들의 발달에 별로 도움이 안 된다는 것을 발견하고는 이스트사이드 협회에 와서 교육과 지원을 더 받고자 하였다. 아래의 짧은 글에서 짐은 고정된 교육과정 속에서 가르치지만, 의무적으로 따라야 하는 목표를 버리지 않고도 학생들과 창조하는 방법을 발견하였음을 보여준다.

> 내가 남부 브롱크스에서 가르치고 있었을 때 한 단원에서 연극 대본을 읽고 쓰는 작업을 한 적이 있다. 아이러니하게도, 그 단원은 대본쓰기에 대한 것이었는데도 고정된 교육과정의 일부였으므로 스크립트를 따라야 했다. 하루는 내가 오버헤드 프로젝터용 필름으로 가르치고 아이들이 이것을 따라 읽고 있었을 때였다. 봄학기 중간이었는데 나는 피로하고 지루했으며 아이들도 마찬가지였다. "말 안 듣는" 남자아이 중 한 명인 죠니가 교실 뒤편에서 장난을 치기 시작했다. 나는 정말 짜증이 났지만, 아이한테 소리를 지르는 대신에 다른 방법을 쓰기로 했다. 나는 고정된 대본이 있는 프로젝터 필름 대신 백지 필름을 대고 다음과 같이 써 내려갔다.
>
> 교사: 앉아, 죠니야!

나는 학생들에게 "죠니가 뭐라고 말해야 하지요?"라고 물었다. 학생들이 순식간에 여기저기에서 손을 들기 시작했고 죠니도 손을 들었다. 내가 한 학생을 부르자 그 아이가 "죠니가 싫대요"라고 말했다. 그래서 나는 이 말을 적었고, 선생님이 그다음 대사에서 뭐라고 말할지를 물었다. 학생들이 모두 손을 들었고 그다음 대사는 선생님이 말해야 한다고 했다. 이런 식으로 대사를 좀 더 써내려 가면서 나는 아이들이 모두 이 대본을 알고 있다는 것을 깨달았다. 아이들은 내가 무슨 말을 할지를 알고 있었으며 죠니가 무슨 말을 할지도 알고 있었다. 아이들은 이 대본 쓰기에 아주 열심이었으며 우리는 차례로 대사를 써 내려갔다.

나는 우리가 이 연극을 몇 분 동안 더 써 내려간 후에 몇 명의 아이들이 죠니의 대사를 그 자리에서 조금 새로 만들 수 있는지를 보려고 하였다. 나는 자발적으로 원하는 아이 중 "착한 아이"를 한 명 불러서 교사의 대사를 새로 몇 개 적으려고 했으나 그 아이는 "말 안 듣는 아이" 역할을 하고 싶어 하였다. 나는 다른 아이들 두어 명을 시켰으나 비슷한 결과였다. 아이들은 모두 교사에게 말대답하고 "말 안 듣는" 학생이 되는 것을 즐기고 있었다.

창의성에 계발하고 만드는 활동이 포함되고 우리가 창조할 때 이용할 수 있는 것이 우리 삶의 재료라면, 학교에서 학생과 교사가 가지고 놀이를 할 수 있는 것 중의 하나는 학교이다. 짐이 해야 할 일은 교장과 교육과정의 시각에서 보면 아이들에게 대본에 대해서와 극작에 대해 가르치는 것이었다. 아이러니하게도, 대본과 극작은 전통적인 관점에서는 창의성에 들어가지만 짐이 이것을 가르쳐야 했던 방법은 창의적인 면이 거의 없는 것으로 보인다. 그러나 짐은 학생들이 창조자와 개발자로서 발달하는 것에도 초점이 있었다. 이러한 관점에서 그는 학생들이 학습기술과 정보를 배우는 것을 넘어서 자신을 자신 삶의 적극적인 개발자와 창조자로 보도록 돕는 기회를 찾고 있었던 것이다.

짐은 위의 짧은 글에서 보듯이 당혹스러운 순간을 그냥 넘기지 않고 그와 학급이 무엇보다도 대본을 같이 창조하고 있었다는 사실로 주의를 돌렸다. 학생들의 대답에서, 학생들이 대본이라는 말은 하지 않았지만, 이것을 알고 있었다는 것이 분명하게 드러난다. 짐은 그 대본을 공개함으로써 학생들에게 도전의식을 주었다. 학생들은 이 갈등을 자동적으로 받아들이기보다 갈등을 가지고 놀이를 할 수 있었다. 그들은 각자의 개인적인 부분을 드러내기보다는 집단적인 연극을 창조해낼 수 있었다. 학생들은 죠니의 "나쁜 행동"과 짐의 짜증을 자료로 이용하여 함께 새로운 것을 창조할 수 있었다. 위의 짧은 인용의 끝에서 짐은 아이들이 대본을 더 낫게 바꾸거나, 상황을 덜 살벌하게 만들거나, 죠니가 자신을 "말 안 듣는 아이"로 볼 필요가 없게 하려고 한 것 같다. 그러나 아이들은 그 방향으로 가고 싶어하지 않았으며 짐은 이것을 실패라고 보지 않았다. 반대로, 그 순간에 그들이 창조한 "새로운" 대본은 그전 것과 똑같아 보이지만 놀이의 수단이 되고 의식적으로 창조되었다는 점에서 완전히 다른 것이기도 하다.

새로운 즉흥극 하기

학교에서 종종 어른-아이 간의 관계는 창의성이 거의 없다. 학생들은 교사의 버튼을 누르는 일들을 하지만 교사들은 그 순간에 창의적으로 반응하기보다는 추상적인 규율이라는 것에 근거하여 반응한다. 일반적으로 학생들과 교사의 관계는(특히 아동이 중간 학년에 들어가면서) 흔히 대본화된다. 교사와 학생의 역할이 분명하고 각 역할에게 허용된 반응의 범위가 매우 제한된다.

레이첼 파머는 이스트사이드 협회의 성장 교사 펠로우십 프로그램 졸업생이다. 이 프로그램에서 사용하는 도구 중에는 연기하는 사람들이 연극

이전에 준비하고 다른 사람들과 함께 발견하고 창조하는 기술을 연습하기 위해 사용하는 즉흥 게임들이 있다. 레이첼은 학생들이 교사에게서 부당한 대우를 받고 있다고 느낄 때 피해를 당하기보다는 힘을 갖도록 도움을 주기 위해 자신의 4학년 교실에서 관계 게임을 이용하였다. 관계 게임에서는 두 학생에게 어떤 관계와(예를 들어 자매, 의사/환자, 교사/학생) 첫 대사를 준다(가령, "네가 내 지갑을 훔쳤어."나 "난 피스타치오가 싫어."와 같은 것들). 그러면 참여자들은 그 장면을 여러 번 연기하는데, 매번 첫 대사는 똑같이 시작하지만, 그 대사에 대한 대답으로 여러 가지의 다른 대화를 즉석에서 만들어낸다. 이 활동을 반복하면서 참여자들은 가능한 줄 몰랐던 대답을 발견하고 일상적인 반응을 넘어 새로운 것을 창조하는 데 종종 도움을 받는다.

> 어느 날 오후 애리아나라는 한 학생이 학교의 다른 교사에 대해 무척 화가 나서 수업에 들어왔다. 그 학생이 화가 난 이유는 그 교사가 자기의 말을 들어주지 않고, 불공평하며, 화장실 가는 것을 허락하지 않는다고 느끼기 때문이었다. 이유는 끝이 없었다. 나는 그 자리에서 결정하기를(나는 더 자주 이렇게 하도록 배워오고 있었다), 그 학생과 관계 게임을 하되 게임의 전제로서 교사-학생의 관계를 사용하기로 하였다. 그 학생은 자신과 연기를 같이 할 사람을 골랐고 우리는 "저 화장실 가야 해요."를 첫 대사로 선정하였다. 애리아나는 그 장면을 세 번 연기했으며 우리는 매번 연기할 때마다 토의하였다. 반 학생들은 애리아나가 연기를 할 때마다 사용하는 말은 달랐으나 느끼는 분노는 시종일관 똑같다고 지적했다. 반 학생들은 "모든 연기가 감성이 비슷해요."라고 하였다. 애리아나와 함께 연기한 나탈리는 연기의 분위기를 바꾸려고 시도하였으나 애리아나가 그렇게 하지 않으려는 것이 분명히 보였다.
>
> 이 점에 대해 반 학생들과 토론하는 것은 매우 흥미로웠다. 우리는

> 다른 두 사람에게 똑같은 장면을 연기시키기로 결정하였다. 그 장면은 세 번 연기하는 동안 무척 다르게 연기되었으며, 우리 삶에서 연기가 갖는 힘에 대해 더 많은 토론이 이루어졌다. 애리아나는 우리가 이 게임을 한 후에도 그 선생님이 자신이 새로운 연기를 하면 응답하지 못할 것이라고 느끼고 있었다. 반 학생들은 애리아나에게 선생님이 변화하기를 기다리지 말고 새로운 연기를 시도하라고 제안했다 (Lobman, 2009, 개인적 기록).

레이첼은 학생들의 삶의 연기자이자 창조자로서 그들과 관계를 맺고 있었다. 그녀는 이 짧은 글에서 반 학생들이 어려운 상황에서 관계를 형성하는 새로운 방법과 놀이를 하는 환경을 창조하였다. 애리아나는 자신이 권위적인 인물에게 통솔권을 줄 수 없다고 느꼈을지 모르지만, 레이첼은 애리아나와 반 학생들에게 그들이 선생님들과의 관계에 얼마나 더 책임감을 가질 수 있는지를 볼 수 있는 기회를 주었다. 감정은 흔히 변화하지 않거나 반응적인 것이며 창조적인 것과는 관련성이 없는 것으로 이야기된다. 그러나 위의 짧은 글에서 레이첼과 그녀의 학생들은 감정이 고정된 것이라기보다는 유동적이고 변화하는 것으로 그들에게 연결된다고 보고 놀이를 하였다. 그녀는 학생들에게, 반응밖에 할 수 없다고 느끼는 상황과 그들의 힘으로는 어떻게 할 수 없는 상황에서 창의적으로 행동할 수 있는 선택권이 있음을 가르쳤다.

결론

도심의 학교는 지식의 소비자로서 학생들과 교사들과 관계를 맺는데, 분명한 것은 많은 아동이 이러한 상황에서 학습에 실패한다는 것이다. 그러나 이 장에서 제시한 비고츠키의 시각에서 보면 인간은 기본적으로 소비자도 아니며 인식자도 아니다. 우리는 창조자이며 생산자이자 연기자이다. 우리는 우리의 삶과 우리의 학습, 그리고 우리의 발달의 창조자이다. 이 장에 언급한 교사들은 창의성은 찾아보기 힘든 대도시의 도심 학교 체제 속에서 일하면서도 학생들과 작지만 중요한 방식으로 창조할 수 있는 순간을 포착하였다. 이 교사들은 사회적 치료법 교육을 통해 자신과 학생들을 창조적인 존재로 보는 법을 배웠다. 이러한 창조의 순간들은 학교 환경이나 의무적인 교육과정을 부정하는 것이 아니라, 교사들이 주변 환경의 자료를 활용하여 자신들과 학생들에게 새로운 것, 그리고 바라건대 더 발전적인 것을 창조하는 데 있다.

나는 창의성의 산물 – 특별한 곡과 아름다운 춤, 그리고 우스운 코미디 – 을 무척 좋아한다. 그리고 나는 학생들이 여러 가지 예술 형식을 연습하는 기회를 갖는다면 학교가 훨씬 더 인간적인 장소가 되리라 믿는다. 그러나 나는 대화를 창조하거나 음식을 만드는 것, 또는 철자법을 배우는 것과 같은 평범하고 일상적인 형태의 창의성에 대한 열정도 있다. 나는 교사이자 교사교육자로서 사람들에게 창의성이 교육과정에 들어갈 때까지 기다리지 말고 교수와 학습을 포함하여 자신의 삶의 모든 것을 창의적인 활동과 연결시킬 수 있도록 가르치려고 노력한다. 그들은 자신의 학생들에게 사용 가능한 자료를 이용하여 일상적이고 평범한 방식으로 창조하는 발달적 경험을 할 수 있게 해줄 수 있다. 이 장에 소개된 예시들이 이러한 창조의 산물이라고 볼 수 있으나, 나는 또한 독자들이 이 장에 쓰여 있는 것들을 자신 나름의 지속적인 창조 과정을 위한 자료로 선택하기를 바란다.

참고문헌

Barrett, F. (1998). Creativity and improvisation in jazz and organizations. *Organization Science, 9*(5), 605-622.

Bodrova, E., & Leong, D. J. (1996). *Tools of the mind: The Vygotskian approach to early childhood education.* Englewood Cliffs, NJ: Merrill/Prentice Hall.

Bruner, J. (1990). *Acts of meaning.* Cambridge, MA: Harvard University Press.

Catterall, J. (2002), Involvement in the arts and success in secondary school. In R. Deasy (Ed.), *Critical links: Learning in the arts and student achievement and social development.* Wachington, DC: AEP.

Creative. (2009). *The American Heritage® Dictionary of the English Language, Fourth Edition.* Retrieved June 9, 2009, from Dictionary.com.website: http://dictionary.reference.com/browse/creative.

Deasy, R. (Ed.) (2002). *Critical links: Learning in the arts and student achievement and social development.* Washington, DC: AEP.

Dewey, J. (1933/1998). *How we think* (Rev. ed.). Boston, MA: Houghton Mifflin Company.

Dewey, J. (1938). *Experience and education.* (The Kappa Delta Pi lecture series, n. 10). New York: Simon & Schster.

Egan, K. (2005). *An imaginative approach to teaching.* San Francisco: Jossey-Bass.

Eisner, E. (1999). *The kind of schools we need: Personal essays.* Portsmouth, NH: Heinemann.

Eisner, E. (2005). *Re-imagining schools: The selected works of Eliot Eisner.* London: Routledge.

Farmer, E. (2008). From passive objects to active subjects: Young people, performance and possibility. *Journal of the Community Development*

Society, 39(2), 60-74.

Feldman, N., & Silverman, B. (2004). The let's talk about it model: Engaging young people as partners in creating their own mental health program. In K. E. Robinson (Ed.), *Advances in school-based mental health, best practices and program models.* New Jersey: Civic Research Institute.

Gajdamaschko, N. (2005) Vygotsky on imagination: Why an understanding of the imagination is an important issu for schoolteachers. *Teaching Education, 16*(1), 13-22.

Gordon, E. (2002, March). The idea of supplementary education. *Pedagogical Inquiry and Praxis: Informing the Development of High Academic Ability in Minority Students, 3*, 1-3. New York: Institute for Urban and Minority Education, Teachers College, Columbia University.

Gordon, E., Bowman, C., & Mejia, B. (2003). *Changing the script for youth development: An evaluation of the All Stars Talent Show Network and the Joseph A. Forgione Development School for Youth.* New York: Institute for Urban and Minority Education, Teachers College, Columbia University.

Greene, M. (1988). *The dialectic of freedom.* New York: Teachers College Press.

Heath, S. (2000). Making learning work. *Afterschool Matters, 1*(1), 33-45.

Herbert, D. (2004). Finding the will and the way to make the arts a core subject: Thirty years of mixed progress. *The State Education Standard, 4*(4), Washington, DC: National Association of State Boards of Education.

Hoffman-Davis, J. (2005). *Framing education as art: The octopus has a good day.* New York. Teachers College Press.

Holzman, L. (1997). *Schools for growth Radical alternatives to current educational models.* London: Lawrence Erlbaum Associates.

Holzman, L. (2000). Performative psychology: An untapped resource for educators. *Educational and Child Psychology, 17*(3), 86-103.

Holzman, L. (2006). Lev Vygotsky and the new performative psychology: Implications for business and organizations. In D. M. Hosking and S. McNamee (Eds.), *Organisational behaviour: Social constructionist approaches.* Oslo, Norway: CBS Press.

Holzman, L. (2009). *Vygotsky at work and play.* London: Routledge.

Holzman, L., & Mendez, R. (2003). *Psychological investigations: A clinician's guide to social therapy.* London: Routledge.

Hosking, D. (1988). Organizing, leadership and skillful process. *Journal of Management Studies, 25*(2), 147-166.

Hosking, D., Dachler P., & Gergen, K. (1995). *Management and organization: Relational alternatives to individualism.* Aldershot, UK: Avebury.

Kozol, J. (2005). *The shame of the nation: The restoration of apartheid schooling in America.* New York: Three Rivers Press.

Lobman, C., & Lundquist, M. (2007). *Unscripted learning: Using improve activities across the* K-8 *curriculum.* New York; London: Teachers College Press.

Murfee, E. (1995). *Eloquent evidence: Arts at the core of learning.* Washington, DC: National Assembly of State Arts Agencies.

Newman, F. (2003). *Performance of a lifetime.* New York: Castillo International.

Newman, F. (2009). Where is the magic in cognitive therapy? (A philo/psychological investigation). In R. House & L. Lowenthal (Eds.), *Against and for CBT towards a constructive dialogue?.* Ross-on-Wye, UK: PCCS Books.

Newman, F., & Holzman, L. (1993). *Lev Vygotsky: Revolutionary scientist.* New York: Routledge.

Piaget, J. (1962). *Play, dreams and imitation in childhood.* New York: W. W. Norton.

Rogoff, B, & Gardner, W. P. (1984). Guidance in cognitive development: An examination of mother-child instruction. In B. Rogoff & J. Lave (Eds.),

Everyday cognition: Its development in social context (pp. 95-116). Cambridge, MA: Harvard University Press.

Salit, C. R. (2003). The coach as theater director. *Journal of Excellence, 8*, 20-41.

Vygotsky, L. (1978). *Mind in society.* Cambridge, MA: Harvard University Press.

Wood, D. J., Bruner, J., & Ross, G. (1976). The role of tutoring in problem solving. *Journal of Child Psychology and Psychiatry, 17*(2), 89-100.

· 13장 ·

창의성 교육의 문화 · 역사적 접근

애나 마랴노비치-셰인
M. 캐스린 코너리
베라 존-스타이너

이 책의 첫 부분에서 우리는 예술이 인간 발달에 관심이 있는 사람들에게서 등한시되어온 이유를 질문했다. 이러한 연구는 우리 사회의 미래를 책임지고 있는 교육자와 행정가, 정책 결정자들에게 중요하다. 우리 사회가 혁신적이고 비판적인 사고를 하는 사람들을 배출하려면 창의성이 사치나 교육과정에서 쉽게 없앨 수 있는 부수적인 것으로 여겨져서는 안 된다. 우리는 모든 교육적 시도에서 개혁과 진보가 일어나려면 학습에 대한 정의를 확장해야 한다고 주장한다.

우리는 학습의 본질은 창의적인 것이라고 단언한다. 실제적이고 지속적이며 의미 있는 학습이 일어나려면 교육을 문화적이고 체계적인 형태의 의미 만들기로 이해해야 한다. 오늘날 많은 학교에서는 학습과 창의성이 이분화되어 있다. 역설적이게도 학생들과 교사들 사이에서 흔히 창의성이 억압되어 있다. 우리가 가르치는 내용과 가르치는 방법이 빈번히 학습과 분리되어 있는데, 이것은 우리의 교수와 교육과정 상의 일들이 사회화나 문화상의 실행인 것임에도 불구하고 이를 고려하지 않기 때문이다.

우리는 아동들이 역사와 인문학, 사회과학의 "여기가 아니고" "현재가 아닌" 추상적 개념들의 의미 만들기에 적극적으로 참여할 때, 그리고 학생들이 수학과 물리학, 자연과학에서 새로운 개념적 연관성을 상상하는데 몰두할 때 창의적 활동에 참여하고 있는 것이라고 주장한다. 창의적인 교육 실행은 아동들의 전 존재와 살아진 경험lived experience을 동원하여 그들의 발달을 이끌고, 향상시키고, 격려하는 것이다.

시인 랠프 월도 에머슨Ralph Waldo Emerson은 우리의 마차를 별에 묶으라고 충고했다. 이 목적을 이루려면 창의성이 모든 교육적 노력의 중심 특질이 되어야 한다. 따라서 우리는 독자들에게 정신의 창의적 삶을 시작하고 조사한 L. S. 비고츠키의 생각을 소개했다. 뒤이어 12개의 장에서 연구자들과 예술가들, 실행가들이 비고츠키의 틀을 이용하여 연극과 상상적 과정들과 예술에서 실현된 다중양식 의미 만들기나 학습은 나뉠 수 없을 뿐만 아니라 사고와 감정에 혁신적이고 통합적인 본질이 있음을 설명했다.

이 장에서는 예술 기반 프로그램들의 장점과 상충하는, 창의성을 둘러싼 일반적 통념에 대해 논의한다. 우리는 비고츠키의 이론에 기반을 두고 아동과 성인의 학습과 발달, 그리고 행복의 증진을 추구하는 창의적 프로젝트들을 탐구한다. 이에 덧붙여 교수와 학습이 창의적이고 협력적인 과정이라는 것을 강조하기 위해 비고츠키와 그 밖의 저자들의 글에서 파생되어 나온 창의성 교육에 대한 문화·역사적 접근을 제공한다. 우리는 이러한 상호 과정이 인간관계 속에서 생겨나고 유지되는 동시에 새로운 목적들을 발생시킨다는 점을 강조한다. 마지막으로 우리는 창의성과 예술이 교육과 사회에 중심적인 역할은 아니더라도 근본적인 역할을 한다고 주장한다.

창의성에 대한 일반적인 통념

알버트 아인슈타인이 상상력이 지식보다 더 중요하다고 말했을 때, 그는 창의성에 대해 널리 퍼져있는 일반적인 여러 가지 통념들 중 하나를 염두에 두었다. 우리의 개인적이고 공적인 위대한 성취들은－소문자 "c"의 창의성에서 나온다고 보는 일상적인 작은 성취들이건 대문자 "C"의 창의성을 나타내는 위대한 예술 작품과 혁신이건－다양한 형태의 지식과 상상적 과정 간의 균형을 요구한다. 불행히도 우리가 더 큰 대화 속에서 나누는 허구적인 이분법은 이러한 사고 과정을 총체적인 인간 경험에서 분리하며, 인간 경험을 통합적이고 전체적인 현상으로 이해하는 것을 방해한다. 이 책에서 캐리 롭먼Carrie Lobman은 학습과 창의성을 뚜렷하게 인지적이거나 정의적인 활동이라고 나누는 것이 잘못된 이분법임을 밝혔다. 로이스 홀츠맨Lois Holzman은 더 나아가 현재 받아들여지고 있는 학습과 놀이 간의 구분을 인식하였다. 다양한 요인들이 이러한 대중적 통념의 근원으로 밝혀질 수 있으나, 랩킨Rabkin과 레드먼드Redmond(2004)는 이러한 잘못된 이분법이 "교육과 예술의 역사적 갈등"(p. 2)에서 기인한다고 한다. 웨이크포드Wakeford(2004)가 말하듯이, "예술가는 주관성과 즉발성과 상상력의 화신인 반면에, 과학자의 숫자는 실증적인 탐구와 이성과 인지의 역할을 맡아왔다"(p. 81).

그 결과로서 학교는 전통적으로 감정과 놀이와 상상력에 반대되는 지적 능력과 노력과 이성을 키우는 기관으로 이해되어 왔다. 과학과 수학이 한 편에, 그리고 예술과 인문학이 다른 한 편에 놓여 둘 사이의 균열이 일어난 것은 실제적이고 이론적인 활동뿐만 아니라 논리와 직관, 진리와 상대성을 양극화시킨 잘못된 사고에 근거한 것이었다. 우리의 기술주의적이고 물질주의적인 문화에서는 창의성에 부정적 가치가 부과되었다. 비극적인 일이지만, 상상력과 창의적 표현의 발달은 교육의 목적에서 흔히 가치가 없고 비용이 많이 들며 중요하지 않은 것으로 여겨진다. 두 세기에 걸쳐 심리와 교육 연구에서 이와 상반되는 결과를 발견해왔음에도 불구하고, 놀이와 탐사, 탐구는 현재의 교육법에서 대수롭지 않고 중요하지 않은 것으로 폄하되어왔다. 우리의 시각에서 볼 때, 창의성을 교육 체계의 중심에서 가장 핵심적인 원칙과 통합적인 목적이라는 위치에 놓기 위해서는 근본적인 변화가 필요하다. 이렇게 할 때 교수와 학습은 의미 만들기라는 장르에 참여하고 상호보완적이며 혁신적이라고 평가될 수 있다.

교육에서 창의성과 예술 기반 프로그램의 효과

전통적으로 교육에서의 창의성은 아동들이 이용할 수 있는 예술 프로그램의 숫자에 의해서 측정되어왔다. 이러한 관행은 창의성이 예술 영역에만 속한다는 그릇된 가정을 한 가지 더 드러내는 것이며, 수학과 과학 프로그램이 상상적이고 혁신적인 방법을 이용하면 가장 잘 실행될 수 있다는 것을 간과하는 것이다. 그럼에도 불구하고, 상당수의 문헌에서 정규 교과와 방과 후에서 예술과 과학 프로그램의 효과를 강조한다(Brice-Heath & Roach, 1999; Brice-Heath & Robinson, 2004; Brice-Heath, Soep & Roach, 1998; Burton, Horowitz & Abeles, 1999; Catterall, Chapleau & Iwanga, 1999; Catterall & Waldorf, 1999; Deasy, 2002; McArthur & Law, 1996; Oreck, Baum & McCartney, 1999; Rabkin, 2004; Stevenson & Deasy, 2005; Wakeford, 2004). 이러한 프로그램의 영향에 대한 연구에서는 학생이 예술 활동을 하는 것이 여러 가지 긍정적인 효과와 연관된다고 밝힌다(Catterall et al., 1999). 캐터럴Catterall과 그의 동료들은 25,000여 명의 학생들을 대상으로 한 국가적 차원의 장기 연구를 수행하면서 예술 프로그램에 지속적으로 참여하는 것이 긍정적인 학업 발달과 상관관계가 있다는 결론을 얻었다. 예를 들어, 캐터럴 외(1999)는 중등학교에서 음악 수업에 참여하는 것이 12학년 때 높은 수준의 수학에 숙달하는 것과 의미 있는 연관성이 있음을 발견하였다. 극장 예술에 장기적으로 참여하는 것은 읽기 능숙도와 긍정적인 자아개념, 동기, 공감, 그리고 남에 대한 인내심의 영역에서 학업적 발달과 개인적 발달의 향상과 직접적인 상관관계가 있었다.

브라이스-히스Brice-Heath와 로취Roach(1999)가 한 중등학교 방과 후 프로그램의 조사에서는 지역 봉사나 체육 프로그램보다 예술 기반의 교육과정들이 긍정적인 학업적 결과 및 개인적 결과를 낳는데 더 강한 영향을 미쳤다. 예술 교육 프로그램은 정신적 외상이나 이민, 편견, 전쟁으로 고통받는 개인들뿐만 아니라 "위험한 상태"에 놓여 있고 저소득층에 속하며 다언어와 다문화 아동인 경우에 특히 긍정적인 영향을 미쳤다는 점에 주목해야 한다. 랩킨Rabkin(2004)은 "예술에 높은 참여를 보이는 저소득층의 학생들은 또래들보다 학업도 더 나았고 더 나은 삶을 살았다."고 했으며, 그들이 점수가 더 높았고 리더로서의 기술을 보여주었다는 것을 발견했다(p. 7). 브라이스-히스Brice-Heath와 로빈슨Robinson(2004)는 연구에서 특히 빈곤과 전쟁 속에서 성장하는 청소년들이 예술 기반의 프로그램에 참여하는 것이 중요하다는 점에 주목하면서 "젊은이들은 예술이 – 개인적으로나 사회를 위해서나 – 고유의 사회적이고 교육적인 역할을 한다고 보며, 그들의 작업이 현실적이고 무척 중요하며 필요한 것이라고 간주한다."(p. 108)고 적었다. 한 참여자는 "그것은 세상에 대한 여러분의 인식을 바꿀 거예요." (Brice-Heath & Roach, 1999, p. 24)라고 설명했다.

예술 기반 프로그램들의 가치를 규명하는 연구들에도 불구하고, 예술교육파트너십(Ruppert, 2008)에서 실시한 전국 설문조사는 이러한 프로그램이 격감했음을 보고했다. 어떤 경우에는 주의 재정 지원까지 완전히 회수되었다. 게다가 이 조사에서는 특히 다문화와 다언어 아동들이 사는 저소득층과 도심 지역에서 예술 기반 프로그램이 부재함을 주시하였다. 랩킨(2004)

도 예술 교육이 특히 재정적으로 어려움을 겪고 있는 학군들에서 "포괄적인 침식"이 일어난다는 것을 지적하였다. 루퍼트Rupert(2008)는 낙오학생방지법No Child Left Behind Act의 결과로서 예술 기반 프로그램의 격감을 초래한 일련의 요인들을 보고했는데, 이 요인들에는 표준화 시험 점수에 중점을 두는 요점 중심의 협소한 보충 교육과정, 충분한 수의 자질 있는 교사의 부족, 모호한 주 법률, 졸업이나 대학 입학 조건에 예술 수업의 부재가 포함되었다. 이전의 입법적 지원에도 불구하고, 주 단위 예술 교육 정책은 교육의 책무성이 거의 없거나 전혀 없는 지역적 통솔권 안에서 시행되고 있다(Ruppert, 2008).

우리가 보기에 미국의 공교육 체계는 창의성의 발전에서 전망과 실행이 심각하게 결여되어 있다. 유치원부터 12학년까지의 구조와 관행을 볼 때, 여러 과목에 걸친 상상력과 놀이와 창의력이 구속되거나 억제되거나 방해받고 있다. 예술 기반 프로그램을 유지하거나 실행하는 것이 가치 있는 시작이 되기는 하겠지만, 음악과 그림 그리기, 조각, 연극, 글쓰기 수업들을 더 많이 통합한다고 해서 해결되는 것은 아니다. 우리의 저자들이 입증하듯이, 모든 영역의 교수와 학습이 창의적 과정으로서 실행되어야 한다. 학습에서 의미를 만들려는 혹은 배우려는 아동들의 강한 성향은 원래의 산물을 창의적으로 구성하고 혁신적인 해결책을 만들어내는 것에서 분리될 수 없다. 만일 이러한 능력이 아동의 인격 형성기 때 육성되고 확장되지 않는다면 13년 동안의 학교 교육을 마친 후에 남아있을 것이라고 우리 사회가 어떻게 기대할 수 있겠는가? 사실, 우리가 창의성 육성에 소홀하면 개인과 지역사회 모두에게 있어 성취와 실패 사이의 중요한 차이를 나타낸다. 문화·역사적 이론으로써 뮤즈와 춤추고 마차를 별에 묶는 **동시에** 창의성을 우리의 학교와 사회를 몰고 가는 바퀴의 중심에 놓을 수 있다.

문화·역사적 이론에서 고취된 현재의 시도들

비고츠키의 놀이와 창의성, 예술에 대한 생각들은 다양한 국제 교육 연구와 심리 연구를 시작하도록 자극을 주었다. 문화·역사적 이론에 토대를 둔 조사들은 이전 소비에트 연방에서 스탈린 시기 이후에 처음으로 나타났다(Elkonin, 1978, 1981을 볼 것). 소비에트 연방에서 기울인 노력은 1960년대 후반에 이전의 유고슬라비아에서 처음으로 놀이와 창의성에 대한 연구들을 함으로써 이어졌다(Iviė, 1981; A. Marjanovic, 1982, 1983; S. Marjanoviė, 1972, 1977, 1979; Ognjenoviė, 1986, 1987 등 다수의 연구 참조). 비고츠키의 글은 1980년대에서 1990년대까지 스웨덴과 핀란드, 미국, 일본에서 학자들의 연구를 촉발하였다(Hakkarainen, 1999, 2004, 2006; Lindqvist, 1995a; Miyazaki, 2005, 2007, 2008 참조). 1990년대 후반에 미국 공립학교의 구조에 일어난 중요한 변화들은 연구자들로 하여금 전통적인 수업 시간과 아동과 청소년을 위해 설계된 방과 후 프로그램에서 놀이와 의미 만들기, 창의성, 예술에 대해 재검토하고자 하는 동기를 주었다(Baumer, Ferholt & Lecusay, 2005; Cole & Consortium, 2006; Holzman, 1997, 2009).

현재까지 여러 창의성과 예술 기반 교육 프로그램들이 이 연구에 토대를 두어왔다. 문화·역사적 학자들은 아동들과 성인들에게 연극 세계와 컴퓨터 프로그램, 연극의 기회를 주고 실행해 왔다. 베스 퍼홀트Beth Ferholt가 자신이 쓴 장에서 말하듯이, 연극 세계는 아동들과 성인들이 공통의 환상세계에 함께 들어갔다 나오면서 협력하여 구성하는 상상의 세계이다. 이전 유고슬라비아에서는 산다 마랴노비에Sanda Marjanoviė와 그의 학생들과 동료들의 노력으로 어린이집과 학교와 방과 후 기관에서 창의성이 교육의 선두가 되었다(S. Marjanoviė, 1973, 1975, 1977, 1987b, 1990). 이러한 혁신은 교육 프로그램과 교사 교육에서 국가적 개혁의 기초가 되었다. 스웨덴에서는 구닐라 린드크비스트Gunilla Linqvist가 어린이집과 유치원과 학교에서 연극 세계의 활용을 선도했다(Linqvist, 1995b, 2001a, 2001b, 2003). 린드크비스트의 교육적 접근은 비고츠키가 정서적, 인지적, 사회적 발달에서 미학이 중심적이라고 강조한 데서 얻은 것이었다. 그녀의 연극 세계에서는 전통적이고 문화적으로 중요한 문학 작품에 기초하여 성인과 아동들이 함께 극화에 참여한다.

핀란드의 연극 세계(Hakkarainen, 1999, 2004, 2006)는 아동들에게 학업을 준비시키고 발생적 문식성을 촉진하기 위해 다양한 주제를 기반으로 하고 있다. 핀란드의 연극 세계는 형식적 기술이나 전통적인 교육과정에 중점을 두지 않고 린드크비스트(1995b)의 연극 교수법을 따라 학습자들이 내러티브를 창조하도록 동기를 부여한다(Hakkarainen, 2004; Rainio, 2005). 미국에서 행해진 연극 세계에 대한 연구에서는 그러한 프로그램들이 내러티브에 대한 자신감을 증진한다고 시사한다(Baumer et al., 2005). 일본에서는 연극 세계에 비고츠키의 이론과 교자이 가이샤쿠Kyouzai-Kaishaku(역주: 교재 해석이라는 뜻)라는 일본의 전통적인 교육 철학을 결합한다. 이런 경험들을 일 년간에 걸쳐 하는 동안, 상상력이 풍부한 교사들은 교육 공동체의 모든 일원을 위해 주제를 새롭고도 놀라운 방식으로 감정을 넣어 재해석하는데, 여기엔 미술 전문가들과 미술 활동을 하는 것도 포함된다(Miyazaki, 2007).

마이클 콜Michael Cole과 같은 미국의 교육자와 심리학자들도 미국 내의 방과 후 기관들을 위해 컴퓨터를 매개로 한 놀이 프로그램들을 창조하였다. 5차원the Fifth Dimension이라고 알려진 이 독특한 시도는 아동과 방과 후 교사, 지역 대학의 통신이나 교육과 학생들의 협력으로 이루어진다. 콜Cole과 컨소시엄Consortium(2006)은 5차원 프로그램의 설계 요소와 상호작용 규칙이 존 듀이와 G. H. 미드, L. S. 비고츠키, A. 루리아, A. N. 레온테브에게서 파생된 원칙들과 생각들을 구현한 것이라고 보고한다.

비고츠키의 이론은 심리학자와 치료사, 연구자들이 개발한 아동과 청소년을 위한 창의적 예술 프로그램의 중심에도 놓여왔다. 예를 들어, 예술 기반 프로그램은 1990년대에 유고슬라비아에서 일어난 전쟁의 여파로 고통받는 아동들과 청소년들에게 도움을 주었다(Ognjenviė & Skorc, 2003). 뉴욕시에 소재한 이스트사이드 단기 집단 심리 치료협회는 창의적 상상력과 완성, 그리고 연극이라는 개념들에 기초를 두고 있다. 비고츠키와 비트겐슈타인의 생각들은 실험적인 바바라 테일러 학교Barbara Taylor School(Holzman, 2009, p. 53-54)와 청소년 무대Youth on Stage 프로젝트인 올 스타 장기자랑All Stars Talent Show; YO!, 그리고 그 밖에도 여러 가지 방과 후 청소년 프로그램들을 포함하여 교육적 시도들을 안내해왔다.

창의성 교육의 문화·역사적 접근

비고츠키는 모든 발달의 근원과 실체는 인간관계에 놓여있다는 점을 강조하였다. 우리는 문화적으로 구성된 상징체계를 이용하여 사회적 실행에 적극적으로 관여함으로써 배우고 성장한다. 그러한 관여는 개개인이 개인적이고 공적인 활동에 인지적·정서적으로 전적으로 참여함을 수반한다. 이 원칙은 학습과 발달에 대한 포스트모더니즘과 구성주의적 접근의 주춧돌 역할을 한다(Stetsenko & Arievitch, 1997 참조). 이 책에서 우리는 개인과 집단으로서 놀이와 상상력, 창의성, 예술이 학습과 발달에서 차지하는 중심적 역할에 주의를 기울일 것을 요구한다.

창의성 교육에 대한 문화·역사적 접근은 우리에게 유치원 전 단계부터 12학년까지의 체계의 모든 측면을 재구성하도록 요구한다. 교육적 환경과 프로그램과 모형들은 발달 과정의 창의적 본질을 확인하고 지지하는 시각에서 기초를 잡고 설계되어야 하며, 혁신적이고 상상적인 구조와 목표와 실행을 우리의 교육적 실행의 중심에 두어야 한다. 유감스럽게도 우리의 자본주의적이고 실증주의적인 사회에서는 가르친다는 것이 이미 만들어지고 처방된 지식을 전달하는 것으로 개념화되었다. 비극적이게도 학습은 흔히 인식과 유지, 정보의 구조적 적용이라는 기초적 과정으로 축소된다. 예를 들어, 블룸Bloom의 교육 목표 분류체계에서 보여주는 사고 과정은 학습을 기억과 이해, 적용과 같은 기초적이거나 낮은 인지 과정으로부터 분석과 평가, 창조와 같이 복잡하거나 고차원적인 사고로 이동해 가는 것으로 묘사한다(Pickard, 2007). 연구는 아동들이 학교에서 대부분 낮은 수준의 인지적 활동을 한다는 것에 몇 번이고 반복해서 주목해왔다. 분석과 평가와 창조에 할애되는 시간과 주의집중은 훨씬 적다. 수치스럽게도 이러한 관행은 가장 어린 학습자들과 다언어와 다문화 아동들, 그리고 가난의 그림자 속에서 성장하는 학생들에게 특히 두드러진다. 사실 예비교사와 재직 교사, 그리고 행정가 교육에 현재 사용되고 있는 교재에는 창의성이나 상상력, 놀이, 예술에 대한 정보가 거의 없거나 아예 없다. 그런 책들이 교수와 학습에서 다중양식적인 의미 만들기에 대해 제한적인 공간만을 제공하는 자세를 낳는다는 것은 당연하다.

우리는 교수와 학습이 모든 연령대와 발달 단계에서 상호보완적이고 협력적이며 창의적인 과정이라고 재규정되어야만 개혁이 일어날 수 있다고 주장한다. 학습 환경은 근접발달영역(ZPD)들이 상호 중첩되는 것으로서 이해되어야 한다. 창의성 교육은 이 영역의 주의 깊고 세심하고 적극적인 구성을 요구한다. 우리는 이 책을 쓰면서 ZPD가 초보자가 혼자서 달성할 수 있는 것과 더 능력 있는 파트너와의 상호작용을 통해 성취할 수 있는 한 방향의 활동을 지지하는 정의라는 편협한 이해를 극복하였다. 우리는 그 대신 이제 ZPD가 의미를 만들 수 있는 조건을 조직하는 동시에 지식과 반성의 새로운 층들을 쌓고 자아와 관련된 중요한 측면들을 매개하면서 여러 방향으로 일어나는 협력적인 구성이라고 본다. ZPD는 이렇게 개인과 사회의 탈바꿈의 과정에서 진화와 혁명을 활성화하는 역동적이고 다차원적인 진화의 과정이다.

창의성을 모든 교수와 학습 활동의 중심에 놓는 것은 학습 환경과 교육과정, 교수, 평가를 포함하여 교육의 모든 측면에 의미를 지닌다. 우리는 이러한 교육적 의미를 창의성 교육의 문화·역사적 접근에 대한 다음 논의에서 다루겠다.

창의성과 인간관계

창의성 교육에 대한 문화·역사적 접근은 학습의 깊은 뿌리를 인간관계 속에서 찾는다. 예를 들어, 애나 마랴노비치-셰인Ana Marjanovic-Shane은 창의성과 놀이가 사회적 상호작용에 가져다주는 영향을 포착하였다. 그녀는 놀이가 긴장과 두려움과 희망을 반성과 이해의 근원으로 어떻게 전환시키고 관계를 탈바꿈시키는지를 보여주었다. 로이스 홀츠맨Lois Holzman은 또한 개개인은 창의적 모방과 완성과 놀이를 통해 자신과 서로 간, 그리고 물질적 세계와의 관계를 계속 빚어낸다고 강조하였다.

"상상력은 자유롭게 작용하는 것이 아니라, 마치 누군가의 지시에 따르듯이 누군가의 경험에 의해 인도된다."는 비고츠키의 주장(1930/2004, p. 17)은 패트리샤 세인트 존Patricia St. John이 설명한 아동들의 악기를 이용한 자유로운 놀이에서 명확히 관찰 가능하다. 이와 유사하게, 베스 퍼홀트Beth Ferholt가 묘사한 연극의 극적인 순간에 경험한 아동의 발현도 이러한 심리적 현상을 설명한다.

셰이너 모란Seana Moran은 이에 덧붙여 작가들은 개인적 경험을 그들 작품의 자원으로 변화시킨다고 하였다. 이러한 내적 자원은 더 큰 문학적 규준과 전통과의 관계 속에서 외재화된다. 예술가들은 의미를 예술적 형태로 나타냄으로써 이러한 자산을 다른 사람들에게 기증하고 사회·문화적 환경을 풍성하게 만든다. 창의적 과정의 사회적 본질은 우리의 첫 장 제목에서 사용한 은유에 가장 잘 포착되어 있다. 첫 장의 제목은 우리가 손을 잡고 서로 간의 관계 속에서 의미의 춤에 공동 창조자로서 참여한다는 것을 의미한다. 공동체의 창의적 집단 안에서 우리는 춤추는 사람이자 뮤즈이다. 공동의 놀이에 의해 매개되거나 예술 기반 프로젝트 혹은 기타 창의적 프로젝트에 공동 참여를 수반하는 관계들은 협력적 관계 속에서 강화된다. 존-스타이너John-Steiner(2000)는 이런 창의적 협력의 혜택을 강조하면서 "강력한 협력관계 속에서는 새로운 기술이 습득된다…. 우리는 협력을 통해 생물학적인 한계와 시간과 습관에서 오는 제약을 초월할 수 있고, 고립된 개인의 한계와 재능을 넘어 더 충만한 자아를 성취할 수 있다."(p. 187-188)고 말했다.

협력적 과정으로서의 창의성 교육에 대한 문화·역사적인 접근은 교사와 학생의 역할과 관계를 다시 정의한다. 교사들은 그들이 가르치는 주제에 대해서나 활성화 혹은 확장하려고 하는 과정에 대해 아는 것만으로는 충분하지 않다. 교사들은 주제나 전략을 훈시하듯이 "가르치지" 않는다. 대신에 그들은 창의적인 의미 만들기를 촉진하는 환경을 창조하면서 학생들 나름의 고유한 욕구를 알고 이를 다룸으로써 아동들이 배우려고 하는 시도를 돕는다.

마랴노비치(1987a)는 "교육에서 창의성을 양성하려면 교육이 학생과 교사 간에, 그리고 학생들 사이에서 지식과 경험을 교환하는 열린 체계로 변화되어야 한다."(p. 100)고 하였다. 창의성 교육에 대한 문화·역사적 접근은 한 방향의 전달 혹은 은행 거래(Freire, 1970) 접근 대신에 교수와 학습을 모든 참여자가 지식의 자원을 공유하고 구축하는 상호보완적인 의미 만들기의 형태로 본다(Moll, 2001).

매터서브Matusov(1999)는 유타 주의 혁신적인 한 학교에서 가르치기 시작하면서 처음 경험한 것에 대해 묘사했는데, 거기서 그는 "교사들이 학생들과의 토론을 지원하기 위해 창의적 질문을 발견하려고 노력하는 것"을 목격했다(p. 162). 이렇게 하는 것은 그가 "한 번에 한 명씩에게만 말하거나 반 전체를 한 개인처럼 대하면서 의사소통하는 것만이 가능했던"(p. 162) 때 사용한 더 전통적인 방법과 대조를 이루었다. 더 나아가 그는 "상호작용을 완전히 통제하려고 했다. 어떤 학생의 참여도 내가 미리 허락하지 않은 것은 … 토론에 자유롭게 참여하는 것으로 보이는 [대신에] 방해로 여겨졌다."(p. 162)고 했다. 그는 이러한 힘의 관계가 학습을 억누르고 개념이 비상할 수 있는 잠재력을 약화시킨다는 것을 곧 깨달았다. 학생들이 지식 창조에 적극적이고 자유롭게 참여할 기회를 만들어주고 참여하도록 이끌지 않는다면 교사들은 학생들의 이해와 성장을 제한하는 것이다.

학습과 발달은 즉흥극처럼 종종 공동체 일원들 간의 즉발적인 상호작용을 통해 일어난다. 참여자들 간의 실제적이고 의미 있는 상호작용이 신중하고 세심한 교수 목적으로 되어야 한다. 교수법에서 교사의 역할이 "학습자 중 으뜸가는"(Miyazaki, 2007) 전문 가이드로서 지지되어야 한다. 그러한 자세는 아동들이 숙련된 문제 해결자와 발달하는 창의성과 다중양식 의미 만들기와 학습의 모형을 관찰하고 이들과 상호작용할 수 있게 해준다. 배우고 가르치는 것이 협동적 의미 만들기의 형태로 이해되면 교육과정의 수준이 향상된다. 아동들과 청소년, 그리고 성인들은 교육과정을 발판으로 이용하여 새로운 생각과 사건과 산물의 비판적 구성에 참여한다. 그 결과로서 학습은 동기화되고 역동적이고 활성화하는 특질을 띠며, 교수활동은 고도로 전문적이고 발달적이며 예술적인 과정으로 재구성된다.

통합된 과정으로서 사고와 감정

창의성 교육에 대한 문화·역사적 접근은 사고와 감정이 상호보완적이고 통합적인 과정으로서 존재한다고 확언한다. 실제로 감정은 학습과 교수에 적어도 세 가지의 뚜렷한 방식으로 스며들어 있다. 첫째, 감정은 아동들과 교육과정을 개인적 방식으로 결합하는 촉매제이다. 둘째, 감정은 교수·학습 관계의 특질에서 필수적인 차원으로서 존재한다. 셋째, 감정은 수업을 구성하는 개인과 집단 양자의 정체성에서 중요한 측면을 형성한다.

비고츠키의 카타르시스와 페레지바니예에 대한 독창적인 글은 인지와 밀접한 관련이 있는 정서를 창의적 과정의 중심에 놓고 사고와 감정에 똑같은 중요성이 있음을 강조한다(Vygotsky, 1925/1971, 1930/2004, 1933/1976). 그는 놀이와 예술작품 만들기와 심미적 반응이 우리가 강력한 느낌과 의미를 경험하고 탐사하고 해결하도록 해 준다는 것을 밝혔다. 캐스린 코너리Cathrene Connery는 예술이 갖는 카타르시스의 잠재력이 우리가 어떻게 심리적 균형을 되찾고 우리의 삶과 우리 자신에 대해 새로운 이해 방식을 생성하도록 해 주는지를 설명했다. 비고츠키는 더 나아가 인지와 정서의 내적 통일을 주시하면서 "모든 상상의 구성물은 우리의 느낌에 영향을 미치는데, 이 구성물이 현실과 일치하지 않더라도 그것이 환기하는 느낌은 어떤 사람이 진정으로 경험하는 실제 느낌이다."(1930/2004, p. 19-20)라고 표현했다. 피터 스마고린스키Peter Smagorinsky와 미셸 조스Michelle Zoss는 창의적 몰두의 정서적인 측면이 어떻게 더 큰 이해를 촉진하고 교육과정과 연결성을 활성화하는지를 묘사했다.

우리가 감정과 정서적 문식력을 교육과정에 다시 써넣는 것은 필수적이다. 비고츠키는 "책의 페이지나 무대의 예술적 이미지에서 감정이 … 우리를 사로잡을 때 [그 감정은] 완벽하게 실제적인 것이고 우리는 그것을 진실되고 진지하게 깊이 경험한다."(1930/2004, p. 20)고 했다. 즉, 감정은 우리의 이해와 발달에 현실성과 의미와 중요성을 부여하는 뮤즈의 역할을 한다. 이와 유사하게, 비고츠키는 "느낌의 내적 논리는 가장 주관적이고 가장 내적인 형태의 상상력을 나타낸다[낼 것이다]."(1930/2004. p. 19)라고 성찰했다. 무척 개인적인 주제들은 아동들에게는 흥미롭다. 교사와 학생이 개시하는 상상적 과정들은 교육과정에 대한 의미 만들기를 위한 적극적인 메뉴를 제공한다. 주제에 대한 감정적인 몰두가 없이는 잠재적으로 생기 넘치는 본질을 가지고 있는 교육과정의 개념들과 주제들은 생명력 없고 무의미하며 하찮은 것이 된다.

감정적인 안전과 존중은 창의성 교육을 위한 핵심적 요건이다. 학생들과 교사들은 그들이 존중받고 보호받는다고 느낄 때 자신을 가장 잘 표현하고 살아진 경험들을 이야기하며 그들의 정체성을 탐사하고 신뢰의 관계를 구축한다. 학습 환경이 어떻게 조직되었는가에 따라 창의성을 위한 정서적이고 상호관계적인 조건이 조성되거나 저지된다. 학습 환경의 조성이라는 목적을 위해 여러 학자가 문화·역사적 이론에 근거하여 실행공동체 communities of practice에 내재한 특징들을 밝혔다(Lave & Wenger, 1991; Rogoff & Gardner, 1984; Rogoff & Lave, 1984; Rogoff, Turkanis & Bartlett, 2001; Wenger, 1998). 이 연구들에 의하면 실행공동체는 네 가지 구성요소를 적극적으로 포함한다. 이 구성요소들은 공동체에 속하고 이를 신뢰한다는 느낌, 자아와 개인적 정체성의 발달, 경험하기와 의미 만들기로서의 학습, 관련된 활동에서 수행하고 몰두하는 것으로서의 학습이다(Wenger, 1998, p. 4-5 참조). 참여자들은 실행공동체에서 그들의 다양한 개인적 관심과 열정이 존중받고 소중하게 여겨진다는 것을 알고, 의견과 느낌을 표현할 자유가 있다. 교사와 학생들 모두가 그들의 의견을 신뢰하고, 입장들은 경청 되고, 고려되고, 공동의 의사결정 시에 참조될 것이다.

창의성 교육에 대한 문화·역사적 접근에서 교사와 학생들, 학부모, 행정가들은 상호 신뢰와 존중으로 구축된 환경의 의식적인 구성과 유지를 위해 나름의 역할을 한다. 긍정적인 관계들은 교수·학습 공동체의 모든 일원이 위험을 감내하고 창의적인 몰두를 하는 것을 지지하고 새로운 통찰력과 성취를 얻는 결과를 가져다준다. 이에 대해 존-스타이너(2000)는 "그러한 유대감을 이룩하기 위해선 협력자들은 서로의 말에 주의 깊게 귀를 기울이고, 그들의 말이 협력자의 말을 통해 반향 되는 것을 듣고, 공동의 목표를 바탕으로 상대방의 말에 특별한 주의력을 가지고 듣는 것을 배워야 한다 … 상대방의 정신 속에 사는 것은 신뢰와 자신감을 요구한다."(p. 190)라고 썼다.

창의성 교육은 이러한 목적을 위해 특정한 형태로 평가와 사정을 하는 근거와 구조, 영향을 재고한다. 현재의 학생 평가는 학생 개인과 인종이나 사회경제적 집단들을 능력이라고 하는 미리 짜여지고 탈맥락화된 연속 선상에서 비교하고 분류하기 위해 이루어진다. 이러한 시각의 타당성에 의문을 제기하는 많은 문헌에도 불구하고 이 관행은 "과학적" 수단에 의해 쉽게 측정될 수 있고 수량화될 수 있는 지식과 능력이 존재한다는 것을 가정한다.

현재의 평가는 교수와 학습의 감정적, 문화적, 언어적, 사회심리학적 차원을 고려하지 않은 채 행해지고 있다. 실제성 있는 평가는 교실의 역동성을 풍부하게 하면서 아동의 자아 존중감과 정체성, 학습 과정을 향상시킨다. 몰두에서 벗어나게 하고 침묵과 소외를 조장하는 평가는 부적합하고 해로우며, 우리가 보기엔 학업 폭력의 한 형태이다. 학생들과 교사들은 발달적 과도기가 미래 성장의 지점 역할을 하는 창의적 과정을 가질 권한이 있다.

창의성이 교육이라는 수레바퀴의 축에 놓이면 평가와 사정의 목적이 변화할 것이다. 납세자들의 돈으로 정부와 기업체, 군대의 이득을 위해 시행되는 잘못된 평가 대신에 책임감 있는 평가를 한다면 교수와 학습 과정에 대한 존중감과 민감성이 있고 도움이 되는 평가가 될 것이다. 창의성 교육의 문화·역사적 접근은 진정성 있는 평가와 관련된 발달적이고 생성적이고 맥락적인 방법에 기초하여 지적이고 정확하며 혁신적인 평가와 사정의 실행을 수용한다. 창의적 평가에 대한 문화·역사적 접근은 정치나 이윤을 염두에 둔 측정이 아닌, 진정으로 교육적인 자세에 의해 동기화된다. 그러한 측정 방법을 위해 학생과 학부모, 교육자, 기타 이해관계자들이 학습 공동체를 만들어 의사결정 과정과 프로젝트를 평가하는 도구와 규약들을 개발할 수 있다. 학생들의 적극적인 자기평가 역시 자신의 자아와 미래를 형성하고 재정의하도록 해 주는 강력한 도구가 된다.

다중양식 의미 만들기

문화·역사적 시각에서는 창의성 교육의 사회적이고 정서적인 차원을 지적하는 것 외에도, 창의성이 내적이자 외적인 형태의 다중양식 의미 만들기를 수반한다는 것을 인식한다. 이 책에서 여러 저자가 창의성이 다양한 형식과 양식을 통해 육성되고 인식될 필요가 있다는 것에 주목했다. 연극과 그림, 춤은 인간이 상징체계를 통해 의미를 매개하고 내면화하고 외재화하고 함께 구성하도록 해 주는 여러 방법 중의 몇 가지에 지나지 않는다. 예술작품 만들기의 자료와 요소들은 사회적 스크립트와 아동기의 **페레지바니예**perezhivanie에서 파생되어 나오고, 배리 오렉Barry Oreck과 제시카 니콜Jessica Nicoll이 말했듯이 자유로운 놀이와 혁신적 실험, 모방, 그리고 동료와 선배, 전문가들과의 협동 발견으로 풍부해진다.

말과 색칠, 음악, 춤은 상징적 텍스트를 짜는 다양한 방법을 제공한다. 이러한 기호학적 수단이 갖는 힘은 우리가 다중양식을 이용해 새로운 이해의 공동 구성에 참여하도록 하는 데 있다. 예를 들어, 은유는 가장 선명한 특질들을 가장 추상적인 개념과 연결할 수 있도록 해 준다. 예술이 구현하고 불러일으키는 다중양식적 의미는 우리가 창의성 교육 속에서 계속적으로 연결을 만들 수 있는 강력하고 상징적인 방법들을 제공한다.

창의성 교육 프로그램들은 학생들과 교사들의 인지적 복수주의를 인정하고 타당성을 부여하며 보완하고 확장한다. 다중양식 학습이 확실하게 일어나게 하려면 충분한 시간과 계획, 그리고 충분한 양의 물리적 도구와 자료들이 주어져야 한다. 예술이 제공하는 심리적 도구의 전 범위가 창의성 교육 안에 들어있다. 이렇게 해서 고차원적인 사고가 교육과정의 근원이자 초점이자 산출물이 된다. 고차원적 사고의 발달은 그룹 토론과 협력적 노력을 통해 발달시킨 비판적 사고를 통해 내용 영역의 의미 이해와 전략을 발전시킴으로써 얻어지기도 한다.

창의성 교육에 대한 문화·역사적 접근법의 교수 목적에는 공통적이자 독자적인 지식과 기술, 전략, 성향의 발달이 포함된다. 학생들은 능력이 미리 결정되고 지식과 관심, 자신의 표현 방법이 똑같은 천편일률의 학습자로 여겨지지 않고 똑같이 되도록 요구되지도 않는다. 아동들의 인지적 복수주의와 다문화주의, 이중언어·이중문식력의 능숙도의 향상은 토의와 역할극, 실험, 탐구, 예술창작, 공연과 같은 다양한 교수·학습 형태에 적극적으로 참여함으로써 촉진된다.

창의성의 혁신적 잠재력

마지막으로, 이 책의 모든 장에서는 변화를 가져오는 창의성 교육의 특질을 강조한다. 창의적 변화는 학습과 발달의 진정한 기회를 구축한다. 여러 형태로 모습을 드러내는 창의적 과정은 성인과 아동 모두가 몸담고 있는 현실 전반에서 인지적·정의적 연결성을 구축할 수 있도록 해 주므로 우리는 가능하고 새롭고 깊은 것을 상상할 수 있다. 초보자와 실습생, 전문가들은 이 교육적 춤 속에서 문화 집단에 입장하고 문화의 성격을 계속적으로 재정의한다. 우리가 개인적으로나 집단적으로 우리의 역할과 가치를 이해하고 우리의 살아진 경험을 넘어서는 행동을 하게 됨에 따라 창의적 과정은 우리 자신과 우리의 관계들, 그리고 우리의 문화·역사적 순간을 더 잘 이해할 수 있도록 해 준다. 가장 중요한 것은, 이러한 춤이 우리에게 중요성과 소속감을 발달시켜준다는 것이다.

창의성 교육의 문화·역사적 접근에서는 우리가 무엇을 어떻게 배우거나 가르치는가가 개인적이고 집단적으로 타당성을 띄게 된다. 교육과정은 진화하고 유연하고 점차 발전하는 프로젝트로서 재정의된다. 언제 어떻게 배울 것인가 외에도 무엇을 배워야 할 것인가가 학습 공동체의 모든 일원들에 의해 결정된다. 협력관계와 협동은 가정과 학교, 지역사회에서 나이를 불문하고 전문가와 초보자를 결합하면서 구축된다. 그러한 관계의 망은 새로운 관계와 성장 경험의 기회를 많이 창조하는 잠재력이 있다. 이렇게 할 때, 부모들은 자녀의 교육으로부터 소원해지거나 소외되지 않으며 오히려 지시하고 보조하고 원하는 결과를 얻는 데 적극적으로 참여하게 된다. 이와 비슷하게, 행정가들이 창의성의 조건을 조성하고 유지하는 책임을 지고 있는 동안 교사와 학생들은 탐구할 교육과정 상의 주제를 만든다. 학생들이 질문을 제기하고 어려움을 해결하고 꿈을 실현하는 동안 교사는 연구하고 탐사하고 새로운 교수 방법을 만들어낸다. 교육과정은 일상생활과 정치적, 교육적 대화에 너무나 많이 결여되어 있는 다문화적이고 비판적인 시각뿐만 아니라 학생들과 그들의 공동체의 개인적 의미와 문화적 경험들을 나타내기 위해 맥락화된다. 수업과 토론, 현장 학습, 그 밖의 다른 활동들은 기준들이나 교과 영역, 주제들이 이 세상에서 학생들의 위치와 어떻게 연결되는지를 다루기 때문에 아동들은 더 큰 세계에서 자아에 대한 감각과 타당성에 대한 감각을 발달시킨다. 그러한 창의적 변화는 놀라운 영향을 미치는 잠재력이 있다. 학생들이 학습 과정과 학과목에 다시 몰입하게 되면서 교사들은 학생들을 재발견하는 것이다. 한편, 학생들은 자신감을 키우고 흥미를 발달시키고 미래에 대한 열정을 키운다. 모든 관계자들은 실행공동체의 참여자로서 책임감과 몰두, 창의성을 키우고 유지할 책임이 있다.

교육과 카타르시스적 순간

우리는 다시 책의 시작 부분으로 돌아가서 인지적·정서적 변화의 형태로서의 카타르시스에 대한 비고츠키의 독창적인 글을 언급하면서 이 책을 마치겠다. 카타르시스는 갈등의 감정을 창의적으로 병치한 것이 폭발하면서 이전에 존재하지 않았던 새로운 것을 생산할 때 일어난다. 카타르시스의 순간에 개인과 집단은 과거를 극복하고 자신들과 타인들과 세계에 대한 인식을 변화시킨다.

창의성 교육의 문화·역사적 접근은 카타르시스의 순간의 기회를 풍부히 제공한다. 그 순간은 새로운 개념을 이해하면서 불현듯 "아하"를 외칠 때나 어떤 팀이 과학 프로젝트를 하는 도중에 획기적인 통찰력을 경험할 때, 초보자와 멘토가 복잡한 사회·역사적 문제를 머리를 짜내어 훌륭하게 해결했을 때 일어난다. 새롭고 유쾌한 춤 동작과 합창 공연에서 경험하는 압도적인 결속감, 그리고 학교 팀을 응원하려는 불가항력적인 욕구, 이 모두가 다양한 카타르시스적 순간이라고 묘사될 수 있는 교육적 경험들이다. 그러한 순간들은 개인적으로나 집단적으로 감정의 발산을 촉진하고 새로운 이해를 이끌며 우리의 정체성을 강화한다. 카타르시스는 성장을 낳는다. 즐거움이나 성취, 놀라움의 느낌은 우리를 인간의 공동체로 안내하고 인간 종족의 발전을 확고히 한다. 수학적 증명의 순수한 아름다움은 우리를 하늘 높이 올라가게 할 수 있다. 고대의 정치적 음모는 우리를 먼지가 자욱한 도서관의 서가로부터 과거 사건의 장면과 냄새, 소리로 이동시켜 줄 수 있다. 자연 세계는 우리를 현미경 아래에서 복잡함과 찬란함에 놀라게 한다.

바이올린 연주자의 활이 스치자 현이 노래한다. 몸이 격렬한 북의 심장 박동에 따라 움직이는 동안, 빛과 그림자가 비단의 강처럼 무대 위에 드리운다. 점토가 물레 위에서 원통형의 돔으로 올라올 때 해바라기가 캔버스

위에서 꽃망울을 터트린다. 우리 의견으로는 이러한 순간이 없는 학교 교육은 교육이라고 볼 수 없다. 그런 관행은 인식되지 못한 형태의 아동 노동이다. 우리는 아동과 성인으로서 놀이하고, 의미를 만들고, 창의적 과정에 몰두하도록 격려받는다. 우리는 시간과 장소, 정치와 종교를 가로질러서 뮤즈와 무용가, 교사와 학습자로서 우리의 집단적 역할 속에서 결속된다. 가장 진실된 의미에서의 교육은 우리 개인과 집단의 성장에 미치는 사회적이고 정서적이고 혁신적인 영향력에 의해서만 측정될 수 있다.

참고문헌

Baumer, S., Ferholt, B., & Lecusay, R. (2005). Promoting narrative competence through adult-child joint pretense: Lessons from the Scandinavian educational practice of playworld. *Cognitive Development, 20*, 576-590.

Brice-Heath, S., & Roach, A. (1999). Imaginative actuality: Learning in the arts during the non-school hours. In E. B. Fiske (Ed.), *Champions of change* (pp. 19-34). Washington, DC: Arts Education Partnership.

Brice-Heath, S., & Robinson, S. K. (2004). Making a way: Youth arts and learning in international perspective. In N. Rabkin & R. Redmond (Eds.), *Putting arts in the picture* (pp. 107-125). Chicago: Columbia College.

Brice-Heath, S., Soep, E., & Roach, A. (1998). *Living the arts through language and learning:* A *report on community-based youth organizations.* Washington, DC: Americans for the Arts.

Burton, J., Horowits, R., & Abeles, H. (1999). Learning in and through the arts: Curriculum implications. In E. B. Fiske (Ed.), *Champions of change: The impact of the arts on learning.* Washington, DC: The Arts Education Partnership.

Catterall, J. S., Chapleau, R., & Iwanga, J. (1999). Involvement in the arts and human development: General involvement and intensive involvements in music and theater arts. In E. B. Fiske (Ed.), *Champions of change* (pp. 1-18). Washington, DC: Arts Education Partnership.

Catterall, J. S., & Waldorf, L. (1999). Chicago arts partnership in education: Summary evaluation. In E. B. Fiske (Ed.), *Champions of change.* Washington, DC: Arts Education Partnership.

Cole, M., & Consortium, D. L. (2006). *The Fifth Dimension: An after-school program built on diversity.* New York: Russell Sage.

Deasy, R. (Ed.). (2002). *Critical links: Learning in the arts and student academic and social development.* Washington, DC: Arts Education Partnership.

Elkonin, D. B. (1978/1981). *Psihologija Decje Igre* [Psychology of child's play]. Beograd: Zavod za Udžbenike I Nastavna Sredstva.

Freire, P. (1970). *Pedagogy of the oppressed.* New York: Herder and Herder.

Hakkarainen, P. (1999). Play and motivation. In Y. Engeström, R. Miettinen, & E.-L. Punamäki (Eds.), *Perspectives on activity theory* (pp. 231-249). New York: Cambridge University Press.

Hakkarainen, P. (2004). Narrative learning in the Kajaani fifth dimension. Paper presented at the American Educational Research Association 2004 Annual Meeting, San Diego.

Hakkarainen, P. (2006). Learning and development in play. In J. Einarsdottir & J. T. Wagner (Eds.), *Nordic childhoods and early education* (pp. 183-222). Greenwich, CT: Information Age.

Holzman, L. (1997). *Schools for growth: Radical alternatives to current educational models.* Mahwah, NJ: Lawrence Erlbaum Associates.

Holzman, L. (2009). *Vygotsky at work and play.* New York: Routledge.

Ivić, I. (1981). *Igra deteta I njena uloga u razvoju.* Beograd: PA za obrazovanje vaspitaca predskolskih ustanova.

John-Steiner, V. (2000). *Creative collaboration.* Oxford, NY: Oxford University Press.

Lave, J., & Wenger, E. (1991). *Situated learning: Legitimate peripheral participation.* Cambridge, UK; New York: Cambridge University Press.

Lindqvist, G. (1995a). *Lekens estetik, en didaktisk studie om lek och kultur I főrskolan.* Karlstad: Hőgskolan I Karlstad.

Lindqvist, G. (1995b). *The aesthetics of play: A didactic study of play and culture in preschool* (Vol. 62). Uppsala, Sweden: Acta Universitatis Upsalensis.

Lindqvist, G. (2001a). The relationship between play and dance. *Research in Dance Education, 2*(1), 41-53.

Lindqvist, G. (2001b). When small children play: How adults dramatize and children create meaning. *Early Years, 21*(1), 7-14.

Lindqvist, G. (2003). Vygotsky's theory of creativity. *Creativity Research Journal, 15*(4), 245-251.

Marjanović, A. (1982). Šta je novo u metafori? [What is new in metaphor?]. *Psihologija,* XV(4), 63-79.

Marjanović, A. (1983). Criteria of metaphoricity of children's utterances. *Metaphor Research Newsletter, 3*(1), 8-9.

Marjanović, S. (1972). Savremena shvatanja o stvaralaštvu (Contemporary understanding of creativity). *Kreavnost Mladih I Slobodno Vreme (Creativity of Youth ans Free Time)* (pp. 20-41). Zagreb: Nasa Djeca.

Marjanović, S. (1973). Govor u igri predŠkolskog deteta [Speech in play of the pre-school child]. *Zbornik* (Vol. 6). Beograd: Naučna Knjiga.

Marjanović, S. (1975). Jezičke igre predŠkolskog deteta [Speech in play of the pre-school child]. *Predskolsko Dete, 5*(2), 11-32.

Marjanović, S. (1977). *Dečja igra I stvaralaštvo* [Children's play and creativity]

(Vol. 70). Belgrade: Prosvetni Pregled.

Marjanović, S. (1979). Stvaralaštvo, igra I vaspitanje [Creativity, play and education]. *Predškolsko Dete* (1-2), 1-15.

Marjanović, S. (1987a). Dečja igra I stvaralaštvo [Child play and creativity]. *Predskolsko Dete, 17*(1-4), 85-101.

Marjanović, S. (1987b). Tematsko programiranje: Izvori, konceptualizacija, pedagoška razrada I primena, effekti [Thematic programming: sources, conceptualization, pedagogical development and applications, effects]. *Predskolsko Dete, 17*(1-4), 39-55.

Marjanović, S. (1990). Igra kao forma uvodjenja deteta u jezik I govor [Play as a form of introducing a child to the language and speech]. In S. Marjanović, R. Ivanović, S. Janković, & S. Gašić-Pavišić (Eds.), *Dečje Jezičke Igre* [Children's language games]. Beograd: Zavid za udžbenike I nastavna sredstva.

Matusov, E. (1999). How does a community of learners maintain itself? Ecology of an innovative school. *Anthropology & Education Quarterly, 30*(2), 161-186.

McArthur, D., & Law, S. A. (1996). *The arts and prosocial impact study: A review of current programs and literature.* Los Angeles, CA: Rand Corporation.

Miyazaki, K. (2005). Drama play project in Ibi kindergarten summer 2004: First report of a Japanese practice relating to LCHC 5D Drama play project. Paper presented at the AERA Annual Meeting, Montreal, Canada.

Miyazaki, K. (2007). Teacher as the imaginative learner: Egan, Saitou and Bakhtin. Paper presented at the 2nd Annual Research Symposium on Imagination and Education. Vancouver, Canada.

Miyazaki, K. (2008). Imagination as collaborative exploration: Art education in

Saitou pedagogy. Paper presented at the 3rd Annual Research Symposium on Imagination and Education. Vancouver: Canada/

Moll, L. C. (2001). The diversity of schooling: A cultural-historical approach. In M. de la Luz Reyes & J. Halcón (Eds.), *The best for our children: Critical perspectives on literacy for Latino students* (pp. 13-28). New York: Teachers College Press.

Ognjenović, V. (1986/87). O emocionalnim aspektima dečje igre [On emotional aspects of children's play]. *Zbornik Pedagoske Akademije za Vaspitače.*

Ognjenović, V., & Skorc, B. (2003). *Hi neighbor: Evaluation of the program.* Beograd: Akademska Stampa.

Oreck, B., Baum, S., & McCartney, H. (1999). Aristic talent development for urban youth: The promise and the challenge. In E. B. Fiske (Ed.), *Champions of change* (pp. 63-70). Washington, DC: Arts Education Partnership.

Pickard, M. J. (2007). The new Bloom's Taxonomy: An overview for family and consumer sciences. *Journal of Family and Consumer Sciences Education, 25*(1), 45-55.

Rabkin, N. (2004). Learning and the arts. In N. Rabkin & R. Redmond (Eds.), *Putting the arts in the picture: Reframing education in the 21st century* (pp. 5-15). Chicago: Columbia College.

Rabkin, N., & Redmond, R. (Eds.). (2004). *Putting the arts in the picture: Reframing education in the 21st century.* Chicago: Columbia College.

Rainio, P. (2005). *Emergence of a playworld. The formation of subjects of learning in interaction between children and adults* (Working Papers 32). Helsinki, Finland: Center for Activity Theory and Developmental Work Research.

Rogoff, B., & Gardener, W. (1984). Guidance in cognitive development: An examination of mother-child instruction. In B. Rogoff & J. Lave (Eds.), *Everyday cognition: Its development in social context* (pp. 95-116). Cambridge, MA: Harvard University Press.

Rogoff, B., & Lave, J. (1984). *Everyday cognition: Its development in social context.* Cambridge, MA: Harvard University Press.

Rogoff, B., Turkanis, C. G., & Bartlett, L. (2001). *Learning together: Children and adults in a school community.* Oxford, New York: Oxford University Press.

Ruppert, S. S. (2008). State of the states: Results of the 2007-2008 AEP Arts Education State Policy Survey. 1-19. Retrieved July 5, 2009 from www.aep-arts.org.

Stetsenko, A., & Arievitch, I. (1997). Constructing and deconstructing the self: Comparing post-Vygotskian and discourse-based versions of social constructivism. *Mind, Culture, and Activity, 4*(3), 159-172.

Stevenson, L. M., & Deasy, R. J. (2005). *Third space.* Washington, DC: Arts Education Partnership.

Vygotsky, L. S. (1925/1971). *The psychology of art.* Cambridge, MA: MIT Press.

Vygotsky, L. S. (1930/2004). Imagination and creativity in childhood. *Journal of Russian and East European Psychology, 42*(1), 7-97.

Vygotsky, L. S. (1933/1976). Play and its role in the mental development of the child. In J. S. Bruner, A. Jolly, & K. Sylva (Eds.), *Play-Its role in development and evolution* (pp. 537-554). New York: Penguin Books.

Wakeford, M. (2004). A short look at a long past. In N. Rabkin & R. Redmond (Eds.), *Putting the arts in the picture: Reframing education in the 21st century* (pp. 81-107). Chicago: Columbia College.

Wenger, E. (1998). *Communities of practice: Learning, meaning and identity.* Cambridge, UK: Cambridge University Press.

기고가 소개

M. Cathrene Connery, Ph.D.

캐스린 코너리는 이타카 대학Ithaca College 교육학과 교수이다. 이중언어의 옹호자이자 교육자, 그리고 교수로서 그녀는 화가와 조각가로서 받은 시각예술 교육을 이용하여 언어와 문식력, 사회문화적 연구 분야에서 연구와 전문 활동을 해왔다. 코너리 박사는 지난 25년간 미국에서 문화적·언어적으로 다양한 아동 교육에 대한 이론적이고 교육학적인 관심과 교육 프로그램에 대한 관심에 대해서 발표해 왔다. 그녀는 회화 전공의 미술학사 학위가 있으며 여러 편의 작품을 개인 소장하고 있다.

Beth Ferholt, Ph.D.

베스 퍼홀트는 뉴욕의 브룩클린 대학Brooklyn College의 교육학과 교수이다. 그녀의 현재 연구는 성인과 아동의 상상적 세계의 공동 구성과 예술적 매개를 어린이들의 놀이와 결합하는 것에 관한 것인데, 그 연구는 그녀가 뉴욕시에서 어린이집 교사와 읽기 교사, 그리고 방과 후 교사로서 일한 10년 동안의 기간 중에 시작되었다. 퍼홀트 박사는 스토리텔링을 즐기며 지난 15년에 걸쳐서 여러 편의 문화기술학적 비디오를 만들었다.

Lois Holzman, Ph.D.

로이스 홀츠만은 이스트 사이드 집단 및 단기 심리치료 연구소East Side Institute of Group and Short Term Psychotheraphy 소장이다. 이 국제적 연구 및 훈련 센터는 가상놀이와 즉흥연기를 통해 수행하는 인간 능력을 정서적, 사회적 그리고 지적인 성장과 행복의 핵심적 요소로서 탐구하는 새로운 심리학 발달에 관여하고 있다. 그녀는 최근에 『일하고 놀이하는 비고츠키』 *Vygotsky at Work and Play*(2009, Routledge)를 출간하였다. 홀츠만 박사는 지난 20년에 걸쳐서 수행과 수행 심리학에 관여해왔다.

Vera John-Steiner, Ph.D.

베라 존-스타이너는 뉴멕시코 대학University of New Mexico의 언어학과 교육학 명예리전트 교수이다. 그녀는 창의성과 협동, 문화·역사적 활동이론에 관한 국제적인 권위자이다. 심리언어학과 인지심리학 그리고 문화간 교육에 관한 저명한 학자로서 존-스타이너 박사는 지난 35년간 세계적인 연구소와 학회에서 발표했다. 그녀는 100개가 넘는 논문과 책의 장, 그리고 14개의 서평을 썼으며, 미국 심리학회의 윌리엄 제임스 상을 받은 *Notebooks of the Mind*를 포함하여 10권의 책을 쓰고 공동 편집했다. 존-스타이너 박사는 평생 무용에 관심을 가지고 있다.

Carrie Lobman, Ed.D.

캐리 롭만은 럿거스 대학Rutgers University 교육대학원의 교육학 교수이다. 그녀의 연구 관심은 연기, 놀이, 교사교육 그리고 유아기 교육이다. 이전에 유아 교육가였던 롭만 박사는 즉흥연기와 연극 배경을 가지고 있다.

Ana Marjanovic-Shane, Ph.D.

애나 마랴노비치-셰인은 체스넛 힐 대학Chestnut Hill College의 교육학 교수이다. 그녀는 지난 6년 동안 뉴욕시에 있는 문화교육센터(ZMAJ)의 대표와 프로그램 책임자로서 이전 유고슬라비아 어린이들과 그들의 가족들을 도왔다. 은유와 놀이 그리고 창의성 영역의 전문가로서 마랴노비치-셰인은 전문가 조직과 국제기관의 초대로 광범위하게 강연을 하였다. 그녀는 공연예술 배경을 가지고 있다.

Seana Moran, Ed.D.

셰이나 모란은 스탠포드 대학Standford University 청소년 센터에서 청소년 목적 프로젝트의 연구 관리자이다. 그녀는 하버드 대학Harvard University에서 인간발달과 심리학 전공으로 박사학위를 취득했다. 모란 박사는 창의성, 헌신, 지혜 그리고 목적에 관한 연구를 하고 있다.

Jessica Nicoll, B.A.

제시카 니콜은 현재 뉴욕시에 있는 헌터 칼리지Hunter College 무용 프로그램 교수이다. 그녀는 지난 25년 남짓 예술가와 작가 그리고 교사로서 활동했으며, 또한 아츠커넥션과

메트로폴리탄 오페라 협회, 그리고 뉴욕시립센터를 포함한 예술교육 조직들을 자문해 오고 있다. 니콜은 여러 상을 받았고, 뉴욕시의 공립학교와 92번가에 있는 Y Harkness 무용센터에서 어린이와 어른들을 가르쳤다.

Barry Oreck, Ph.D.

베리 오렉은 뉴욕시의 브룩클린에 있는 롱 아일랜드 대학Long Island University과 버펄로에 있는 뉴욕주립대학State University of New York at Buffalo의 교육학 겸임교수이다. 그는 뉴욕시를 위한 학교 전체 심화학습 모델의 전문가 개발 책임자로 일하고 있다. 그의 연구는 예술 재능, 자기관리, 예술평가 그리고 교실 교사와 가르치는 예술가들의 전문성 개발에 초점이 있다. 오렉 박사는 그의 전 생애를 통해 연기와 시각예술 활동뿐만 아니라 연극, 음악, 무용, 그리고 글쓰기에 관여해오고 있다.

Peter Smagorinsky, Ph.D.

피터 스마고린스키는 조지아 대학University of Georgia 언어와 문식력교육 학과의 영어교육 프로그램에서 가르친다. 그는 교사교육협회(ATE)와 미국교육연구학회(AERA) 그리고 영어교사 국가위원회(NCTE)로부터 여러 상을 받았다. 스마고린스키 박사의 연구는 비고츠키 이론의 기호학적 함축과 의미 만들기에서 비언어적 텍스트 구성의 역할에 초점이 있다. 그는 조경예술 분야에서 10년 동안 일했다.

Patricia St. John, Ed.D.

패트리샤 세인트 존은 콜럼비아 대학Columbia University 교사대학원Teachers College의 음악과와 음악교육과의 겸임 조교수이다. 그녀는 캐론델렛 음악센터에 소속되어 있다. 세인트 존은 30년 이상 동안 피아니스트 겸 음악교육가로 활동해 오고 있다. 그녀의 전공분야는 유아음악 교육이다.

Michelle Zoss, Ph.D.

미셸 조스는 조지아 주립대학Georgia State University 영어교육과 교수이다. 문식력과 시각예술을 연결하는데 대한 그녀의 관심은 미국의 초등학교와 고등학교에서 미술과 영어를 가르친 경험으로부터 나왔다. 조스 박사는 어린 시절 이후로 소묘와 회화를 통해 자신을 표현해왔다.